港口起重机
学习指导与课程设计

梅 潇 编
董达善 审

上海交通大学出版社
SHANGHAI JIAO TONG UNIVERSITY PRESS

内容提要

本书是教材《港口起重机》(董达善主编)的教学辅导书，分上、下两篇。上篇各章在结构上分为四部分：第一部分为教学目标和知识要点，对各章节中的基础知识和教学要点进行了扼要的归纳和提炼，便于读者课前预习和课后复习；第二部分为工程算例，以典型的港口起重机为例，配合附录中的部分零部件样本，供读者参考研习；第三部分为复习思考题，读者可以通过自问自答的方式检验学习成效；第四部分为计算题，针对各章内容，编写出部分计算类练习题，供读者参考训练。下篇为与教材配套的课程设计，是为多学时课程安排的、具有工程背景的综合练习，包括起升机构和平衡式变幅机构设计两个项目，各适合安排两周的课时。

本书可作为港口机械相关专业的教学辅导书，也可作为学生了解起重机设计规范的参考书和工程设计人员的设计指导书。

图书在版编目(CIP)数据

港口起重机学习指导与课程设计/梅潇编. —上海：上海交通大学出版社，2021

ISBN 978-7-313-24610-3

Ⅰ.①港… Ⅱ.①梅… Ⅲ.①港口起重机 Ⅳ.①U653.921

中国版本图书馆 CIP 数据核字(2021)第 000443 号

港口起重机学习指导与课程设计

GANGKOU QIZHONGJI XUEXI ZHIDAO YU KECHENG SHEJI

编　　者：梅　潇

出版发行：上海交通大学出版社　　地　　址：上海市番禺路 951 号

邮政编码：200030　　电　　话：021-64071208

印　　制：上海景条印刷有限公司　　经　　销：全国新华书店

开　　本：787mm×1092mm　1/16　　印　　张：22.25

字　　数：551 千字

版　　次：2021 年 3 月第 1 版　　印　　次：2021 年 3 月第 1 次印刷

书　　号：ISBN 978-7-313-24610-3

定　　价：59.00 元

前　　言

港口是陆运和海运的交接点，是影响和带动经济发展的国际运输节点，是世界贸易的重要组成部分，也是国家对外开放的重要门户。随着我国国民经济的持续稳定增长和全球经济一体化格局的形成，港口物资流通量急剧增长。代表港口码头载运能力的港口起重机，其机械化、自动化等技术水平不断提高，采用新技术、新工艺已成为港口起重机行业适应物流发展的必然趋势。

作为引导起重机设计的规范性文件——《起重机设计规范》(GB/T 3811—2008)(简称《规范》)于 2008 年修订完成并正式颁布。如何正确理解新规范内容，将规范的条款贯彻到工程设计中，是高校和企业面临的一个新课题。编者在讲授港口起重机这一课程中发现，多数教材重点讲理论，缺乏有效的例题、计算题和思考题，难以使学生全面掌握课程的重点和难点；实践教学中又缺乏经典的工程案例和项目，难以培养学生灵活运用知识的思维习惯。

根据多年的教学经验和产学研合作的成果，编者撰写了这本与港口起重机课程配套使用的辅导书。本书上篇注意拓宽基础知识面，加强工程训练，在内容的叙述方面，力求简洁，提炼出学生必须重点掌握的起重机设计基础知识，增加了教学案例和训练习题，为教学评估提供依据。下篇的课程设计为上篇的应用和深化，密切结合工程应用，面向具体的机构，培养学生解决实际问题的能力，使学生运用所学完成设计或构建优化的设计系统，也为实践教学提供范例。

本书由上海海事大学董达善教授担任主审，他对全稿进行了认真的审阅，并提出了宝贵意见。上海振华重工集团有限公司提供了合适的工程案例，在此对以上支持本书编写的单位和个人表示衷心的感谢！

由于编者水平有限，书中难免有疏漏、不当之处，敬请广大读者予以批评指正。

目　录

上篇
港口起重机课程学习指导

下篇
港口起重机课程设计

上篇

港口起重机课程学习指导

第一章　绪　论

一、学习目标

（一）知识目标

（1）了解港口起重机的发展概况及类型。
（2）掌握典型起重机的基本组成及其主要工作机构。
（3）掌握起重机各基本参数的含义以及合理选用各参数的原则或依据。
（4）了解港口起重机的设计原则及国内外与起重机设计相关的主要规范和标准。

（二）能力目标

（1）正确识别各种类型的港口起重机，了解港口起重机与其他工程起重机的区别。
（2）根据工作要求和使用场合，能够选用合适的起重机类型。
（3）正确理解和选择起重机的基本参数。
（4）理解并遵循相应的起重机设计规范和标准。

二、学习要点

（一）港口起重机及其分类

港口起重机是一种循环、间歇运动的机械，用来垂直升降物品或兼作物品的水平移动，以满足物品的装卸、转载和安装等作业要求。

港口起重机是根据港口装卸作业特点和要求设计的，具有工作速度快、装卸效率高、启制动频繁等特点。其中岸边集装箱起重机（quayside container crane，简称岸桥）、集装箱门式起重机（rubber tyre gantry crane/rail-mounted gantry crane，简称轮胎吊/轨道吊）和桥式抓斗卸船机（bridge type grab ship unloader）属于桥架型起重机；门座起重机（portal crane，简称门机）和浮式起重机（floating crane，简称浮吊）属于臂架型起重机。

（二）起重机的组成

起重机由驱动装置、工作机构、取物装置、操纵控制系统和金属结构组成。

起重机的主要机构包括起升机构(hoist mechanism)、大车运行机构(gantry drive mechanism)或小车运行机构(trolley drive mechanism)、回转机构(slewing mechanism)和变幅机构(luffing mechanism),可称为起重机的四大工作机构。

在所有的机构中,起升机构是最主要、最基本的工作机构,其他机构中有些是配合起升机构实现物品搬运的工作性机构,有些是非工作性机构,主要用于调整起重机的工作位置。

一般根据起重机的类型和使用要求设置工作机构的组成,如臂架型门座起重机通常设有上述的四大工作机构,而桥架型起重机则设有起升、小车运行和大车运行三大工作机构。

为了满足特殊需求,起重机上还设有衍生的机构,如岸桥中的俯仰机构(boom hoist mechanism)是非工作性机构,在船舶靠岸或离岸时仰起前大梁以避让集装箱船的上层结构,其工作原理与非工作性变幅机构相似,在驱动装置的零部件组成上与起升机构类似。

(三)港口起重机基本参数

港口起重机的基本参数是表征起重机作业性能的主要技术指标,也是设计和选择起重机的技术依据。一般起重机的能力是用它的起重量、幅度(或外伸距)来衡量的。

1. 起重量 Q

起重量(lifting capacity)表征起重机的起重能力。起重量指起重机在正常工作条件下允许吊钩吊起重物的最大质量。起重机在采用抓斗、电磁吸盘、集装箱吊具或其他经常拆卸的吊具作业时,它们的质量应包括在起重量之内;对于不经常拆卸的吊具,如集装箱起重机的专用吊具和吊钩等不包括在起重量内。在规定工作条件下用来设计起重机的标称起重量称为额定起重量。

大多数港口起重机的额定起重量与起重量是相同的。桥架型起重机的额定起重量是定值。工作性变幅的臂架型起重机的额定起重量随工作幅度而变化,用对臂架下铰点的起重力矩来表征,臂架处于最小幅度时的起重量称为最大起重量,即起重机铭牌上标定的起重量。

国家标准 GB/T 783—2013 规定了起重机械基本型的最大起重量系列,交通行业标准 JT/T 81—1994、JT/T 563—2004 分别规定了港口门座起重机、港口浮式起重机的基本参数系列。

2. 幅度 R

对于臂架型起重机,幅度(range)表征起重机的工作范围,可以是固定的,也可以是变化的。幅度可变时,从最大幅度 R_{max} 到最小幅度 R_{min} 的区段称为有效幅度,此时臂架型起重机的工作范围由有效幅度决定。起重机的标称幅度指最大幅度,标注在起重机铭牌上。

回转起重机的幅度是指回转起重机在水平停放条件下,空载吊具铅垂中心线至回转中心线之间的水平距离;非回转起重机的幅度是空载吊具铅垂中心线至臂架下铰点之间的水平距离;非回转浮式起重机的幅度为空载吊具铅垂中心线至船首(或船尾)护木外侧的水平距离。

港口起重机的最大幅度 R_{max} 根据轨道布置、作业船最大宽度、是否要求外挡过驳作业等条件来确定,最小幅度 R_{min} 受到起重机构造布置和安全要求等条件的限制。

3. 外伸距 l

对桥架型起重机,外伸距表征起重机的工作范围,指桥架型起重机悬臂侧轨道中心线至悬臂端吊具铅垂中心线之间的最大水平距离。

岸边集装箱起重机和桥式抓斗卸船机水侧(海侧)的外伸距称前伸距(outreach),用 l_1 表示;陆侧的外伸距称后伸距(backreach),用 l_2 表示。前伸距根据岸边轨道布置、船宽、是否过驳作业等条件来确定,后伸距则取决于作业要求和现场条件。

臂架型回转起重机在水平停放条件下,空载吊具铅垂中心线至起重机倾覆线之间的水平距离称为距倾覆边线伸距。

4. 总起升高度 H

总起升高度(lifting height)表征起重机的工作范围,为起升高度 h_1(轨上起升高度)和下降深度 h_2(轨下起升高度)之和,即 $H=h_1+h_2$,一般以地面或轨顶为基准面。对于浮式起重机,通常以水面为基础。起升高度 h_1 是指从起重机支承(停放)平面或运行轨道顶面向上至吊具最高工作位置(采用吊钩时算到吊钩环中心,采用抓斗或其他吊具时算到其最低点)之间的垂直距离。下降深度 h_2 是指从起重机支承(停放)平面或运行轨道顶面向下至吊具最低工作位置之间的垂直距离。

在确定总起升高度时,除应考虑起升物品所需的最大提升高度、取物装置本身的高度和悬挂钢丝绳最小安全长度外,港口起重机和浮式起重机还应考虑船倾、潮位、船舶空载或满载对起升高度的影响。下降深度应保证取物装置在最低潮位、船舶满载时能取到舱底的物品。

5. 跨度 L 和轨距 S

桥架型起重机运行轨道中心线之间的水平距离称为跨度(span)。国家标准 GB/T 790—1995 规定了电动桥式起重机的跨度,其取决于厂房跨度。GB/T 19683—2005 给出了轨道式集装箱门式起重机的跨度参数系列,该参数与集装箱的堆垛列数和集卡通道尺寸有关。

臂架型起重机运行轨道中心线之间的水平距离称为轨距(gauge)。选取轨距时应考虑起重机的最大轮压及稳定性的控制要求。岸边集装箱起重机和桥式抓斗卸船机中大车运行轨道中心线之间的水平距离习惯上也称为轨距。

6. 基距(轴距)B

基距(base distance)指同一轨道上起重机或起重小车两支承点中心线之间的水平距离。当运行支承装置配有平衡梁时,基距为同侧轨道上两个一级平衡梁与门架连接铰轴之间的水平距离。起重机的基距根据构造布置、轮压和稳定性要求来确定,受整机宽度的限制。小车的基距则取决于小车架的结构布置。

轮胎起重机的基距为前后两组支承轮胎中心线间的水平距离,也称为轴距。轴距由转弯半径、轴荷分配和车架结构尺寸等要求来确定。

7. 尾部半径 r

起重机尾部半径(tail radius)指回转起重机中回转部分尾部的最大回转半径。

码头起重机的尾部半径通常由用户单位提出,或者根据起重机轨距、岸边轨道布置、船舶上层建筑、多机联合作业等情况来确定,其值受机房平面尺寸、活对重和对重杠杆尺寸等因素的制约。

8. 工作速度

起重机工作速度(operation speed)根据起重量、工作行程、货种、作业效率、机构工作性质和使用要求来确定。

(1) 起升(下降)速度 v_q(hoisting speed)。起升(下降)速度指起重机吊起额定起重量时吊具匀速上升(下降)的速度。

(2) 回转速度 n_h(rotational speed)。回转速度指起重机位于水平面上,回转部分的回转角速度,单位为 r/min。

(3) 运行速度 v_y(travelling speed)。起重机(或起重小车)运行速度指起重机吊有额定起重量,在水平路面(或水平轨面)上匀速运行时的速度。

无轨运行起重机在平坦路面上稳定行驶时的速度称为起重机行驶速度,用 v_0 表示。起重机吊有额定起重量时平稳行走的速度称为吊重行驶速度。

(4) 变幅速度 v_{btop}(derricking speed)。变幅速度指臂架型起重机在水平面上吊有额定起重量变幅时,吊重水平移动(不计启制动)的平均速度。

某些无轨运行起重机不采用变幅速度作为参数而采用变幅时间,变幅时间指起重机吊有相应于最大幅度的起重量(对工作性变幅)或不带载(对非工作性变幅),由最大幅度运动到最小幅度(不计启制动时间)所需的时间,用 t 表示,单位为 s。岸边集装箱起重机和桥式抓斗卸船机前桥架(又称前大梁)俯仰全过程所耗费的时间(不计启制动时间)称为俯仰时间(boom hoist time)。

9. 最大轮压 P_L

最大轮压(wheel load)指起重机(或起重小车)的一个车轮传递到轨道或地面上的最大垂直载荷。

轮压是设计计算运行机构参数(如确定车轮大小、数量,打滑验算等)、起重机支承装置(如车轮、轮胎、平衡梁、轨道等)以及码头水工结构的重要依据,按起重机工作情况的不同,可分为工作轮压和非工作轮压。同一车轮的轮压值随着起重机工作状态的不同而变化。

在现有轨道基础上设计一台新的起重机时,必须把最大轮压控制在现有轨道承载能力范围之内,承载能力范围的最大值称为许用轮压。

10. 生产率 A_n

生产率(productivity)指起重机在规定装卸条件下,每小时装卸货物的总质量或装卸标准集装箱的数量,单位为 t/h 或 TEU/h。它是衡量起重机装卸能力的综合性指标,除了与有效起重量、工作行程、工作速度有关外,还与机构工作的协调情况、被装卸物品的类别、操作者的熟练程度等有关。

生产率分为计算生产率(理论生产率)和技术生产率(实际生产率)两种。按额定起重量、额定工作速度和典型路径作业周期算出的生产率为计算生产率,又称额定生产率。起重机作业时实际达到的生产率称为技术生产率。影响技术生产率的因素很多,一般只能由统计方法得到。

三、思考题

(1) 根据用途和构造特征的不同,起重机可分为哪几类?

(2) 请举例说明较常见的港口起重机械。

(3) 请写出图 1-1 中对应的起重机名称,其中属于桥架型或臂架型起重机的有哪些?

(a) (b) (c)

(d) (e)

图 1-1 典型港口起重机

(4) 起重机设计所需的基本参数有哪些？它们是如何定义的？

(5) 起重机常用的工作机构有哪些？各机构的作用是什么？

(6) 起重机中哪些机构是工作性机构，哪些是非工作性机构？

(7) 起重机订购合同中与设计相关的内容有哪些？

(8) 简述港口起重机的特点和发展趋势。

第二章 港口起重机的工作级别与载荷组合

一、学习目标

(一) 知识目标

(1) 了解起重机工作级别的划分方法和依据。

(2) 掌握作用在起重机上各种载荷的定义以及载荷的计算方法。

(3) 了解起重机机械设计、起重机稳定性和支承反力计算或验算的载荷情况。

(二) 能力目标

(1) 正确理解和合理确定起重机整机、各机构、结构件和机械零件这三类工作级别，理解各类工作级别之间的联系和差异。

(2) 正确理解并准确计算自重载荷、额定起升载荷、风载荷、水平惯性力等主要载荷及其动载系数。

(3) 正确分析在工作或非工作情况下作用在起重机上的载荷，了解这些载荷对起重机及其零部件、起重机稳定性和支承反力的影响。

二、学习要点

(一) 起重机的工作级别

不同类型起重机的使用工况和使用条件差异很大。为了合理地选用、设计和制造起重机，为设计者、制造者和使用者提供一个共同的依据，以取得良好的技术经济效果，《起重机设计规范》(GB/T 3811—2008)中按使用等级(class of utilization)和载荷状态(state of loading)，对起重机整机、机构、结构件和机械零件的工作级别(group classification)进行分级。

(1) 起重机整机分级中考虑的两个因素：起重机的使用等级(总工作循环数 C_T，total operating cycle)和起重机的起升载荷状态(起升载荷谱系数 K_P，hoisting load spectrum coefficient)。根据起重机的 10 个使用等级(U_0，U_1，…，U_9)和 4 个载荷状态级别(Q1，Q2，Q3，Q4)，起重机整机划分为 A1～A8 共 8 个工作级别，见与本书配套使用的《港口起重机》(董达善主编)教材中的表 2 - 3。之后书中提到的教材均为此教材。

(2) 各机构的分级中考虑两个因素:机构的使用等级(总使用时间 t_T,)和机构的载荷状态(载荷谱系数 K_m)。根据机构的 10 个使用等级(T_0, T_1, …, T_9)和 4 个载荷状态级别(L1, L2, L3, L4),机构划分为 M1～M8 共 8 个工作级别,见教材表 2-7。

(3) 结构件和机械零件的分级中考虑的两个因素:结构件和机械零件的使用等级(总应力循环数 n_T)和应力状态(应力谱系数 K_s)。根据结构体和机械零件的 11 个使用等级(B_0, B_1, …, B_{10})和 4 个载荷状态级别(S1, S2, S3, S4)将其划分为 E1～E8 共 8 个级别,见教材表 2-11。

(二) 载荷的定义

起重机在作业过程中,承受载荷的复杂性不仅反映在载荷种类的多样性上,而且随着起重机作业状况的不同,载荷表现出多变的特征。载荷是起重机及其组成零部件受力分析的原始依据,也是零部件报废或事故原因判断分析的依据,确定载荷的准确与否将直接影响计算结果的准确性和事故分析的正确性。

起重机上作用的载荷根据发生概率的大小可分为常规载荷、偶然载荷、特殊载荷及其他载荷。

1. 常规载荷

常规载荷是指在起重机正常工作时经常发生的载荷,在防屈服、防弹性失稳及在必要时进行的防疲劳失效等验算中应考虑这类载荷。

(1) 重力载荷,即由质量在重力场作用下产生的静力载荷,包括自重载荷 P_G(结构、机械设备、机电设备及机上常置物料等产生的载荷)和起升载荷 P_Q(起升质量的重力,包括物品、经常拆卸的取物装置和悬挂挠性件等产生的载荷)。

(2) 惯性载荷和振动载荷,即由于结构、机构质量在一定空间内的运动速度、方向或两者同时随时间变化所产生的动力载荷。

惯性载荷为狭义刚体运动惯性力,包括如表 2-1 所示的几种类型。

表 2-1　惯性载荷特征

运动机构	运动质量	方向	说　明
运行机构	自重和起升质量	水平	不平稳运行水平惯性力
回转机构	回转运动质量	水平	法向和切向惯性力
变幅机构	变幅运动质量	水平	不平稳运行水平惯性力

振动载荷中弹性体受激动力增长,包括如表 2-2 所示的几种类型。

表 2-2　振动载荷特征

运动机构	运动质量	方向	引起的动载系数	起　因
起升机构	起升质量	垂直	ϕ_1, ϕ_2, ϕ_3, ϕ_6	由起升质量离地或下降启制动激发
运行机构	自重和起升质量	垂直	ϕ_4	由行经不平路面或轨道接头激发

（续表）

运动机构	运动质量	方向	引起的动载系数	起　因
运行、回转、变幅机构	自重质量	水平	ϕ_5	由启制动的快速作用激发
运行机构	自重质量	水平	ϕ_7	小车或大车撞击缓冲器时激发

2. 偶然载荷

偶然载荷是指起重机正常工作时偶然出现的载荷，在防疲劳失效的计算中通常不考虑这些载荷。偶然载荷包括①工作状态下的最大风载荷 P_{WII}，②偏斜运行时的水平侧向载荷 P_s；③坡道载荷 P_α、冰雪载荷 P_{SI}、温度载荷 P_T 等(根据实际情况决定是否考虑)。

3. 特殊载荷

特殊载荷是指非工作状态下可能受到或工作状态下偶然受到的最不利载荷，在防疲劳失效的计算中也不考虑这些载荷。特殊载荷包括①非工作状态最大风载荷 P_{WIII}；②碰撞载荷 P_C、试验载荷 P_t 以及运输吊装载荷等。

4. 其他载荷

其他载荷是指在某些特定情况下发生的载荷。其他载荷不能用载荷所属的类别来判断它是否属于重要或关键载荷，因为有相当多的事故发生在这些情况下，所以对它也应予以特别注意。其他载荷包括①工艺性载荷(起重机在工作过程中为完成生产工艺需要进行的动作而产生的载荷)；②作用在起重机的平台或通道上的载荷等。

(三) 计算载荷和载荷系数

1. 自重载荷 P_G 的动力效应

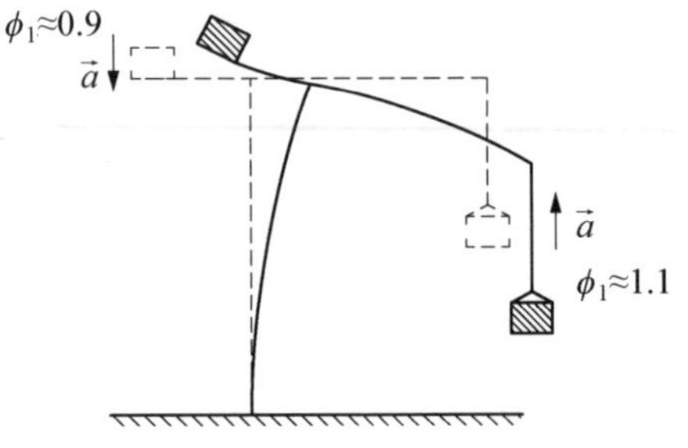

图 2-1　系数 ϕ_1

自重载荷(dead load)的垂直激振将引起载荷增长。根据分析，主要发生在以下两种情况：

(1) 当物品离地起升时，或将悬吊在空中的部分物品突然卸除时，抑或悬吊在空中的物品下降制动时，须考虑起升冲击系数 ϕ_1，即采用 $\phi_1 P_G$，规范推荐 $\phi_1 = 0.9 \sim 1.1$。在进行计算时，对于起不利作用的自重载荷，$\phi_1 = 1.0 \sim 1.1$；反之，$\phi_1 = 0.9 \sim 1.0$。

(2) 起重机或起重机的部分装置在不平的道路或轨道上运行时，须考虑运行冲击系数 ϕ_4，即采用 $\phi_4 P_G$(运动部分)。对有轨运行的非焊接轨道接头：

$$\phi_4 = 1.1 + 0.058 v_y \sqrt{h} \tag{2-1}$$

式中，v_y 为运行速度(m/s)；h 为轨道接头处两轨面的高度差(mm)。

2. 起升载荷 P_Q 的动力效应

(1) 当物品无约束地起升离地或下降制动时，须考虑起升载荷(lifted load)动载系数 ϕ_2，即采用 $\phi_2 P_Q$。ϕ_2 的值与起升状态级别及起升驱动系统的控制情况有关，即

$$\phi_2 = \phi_{2\min} + \beta_2 v_q \tag{2-2}$$

式中，$\phi_{2\min}$ 为与起升状态级别相对应的起升动载系数的最小值(见教材表 2-12)；β_2 为按起升状态级别设定的系数(见教材表 2-12)；v_q 为稳定起升速度(m/s)，与起升机构驱动控制型式及操作方法有关(见教材表 2-13)。

(2) 起重机带载行经不平的道路或轨道时(冲击)，须考虑运行冲击系数 ϕ_4(与自重载荷中处理相同)，即采用 $\phi_4 P_Q$。

(3) 有的起重机正常工作时会在空中从总起升质量 m 中突然卸除部分起升质量 Δm(如使用抓斗或起重电磁吸盘进行空中卸载)，须考虑空中突然卸载冲击系数 ϕ_3(专为结构计算，对起重机结构产生减载振动作用)，即采用 $\phi_3 P_Q$。

$$\phi_3 = 1 - \frac{\Delta m}{m}(1 + \beta_3) \tag{2-3}$$

式中，Δm 为突然卸除的那部分起升质量；m 为总起升质量；β_3 为系数，对于用抓斗或类似的慢速卸载装置的起重机，$\beta_3 = 0.5$，对于用电磁盘或类似的快速卸载装置的起重机，$\beta_3 = 1.0$。

3. 惯性载荷 P_A 及其动力效应

惯性载荷是指各机构做刚体变速运动和刚体回转运动时产生的水平惯性力，属于基本载荷。根据达朗贝尔原理：

$$P_A = -ma$$

式中，"—"表示 P_A 与 a 的方向相反。

由于加速度迅速增大，刚体运动惯性力对弹性结构的作用不是静态的，由此引起的结构振动和相应的动力增大，须考虑动载系数 ϕ_5 与相应刚体运动惯性力的乘积，即采用 $\phi_5 ma$。动载系数 ϕ_5 如教材表 2-15 所示。

(1) 起重机或小车运行惯性载荷(直线运动)(lateral load gantry, LATG 或 lateral load trolley, LATT)为

$$P_A = \phi_5 ma \tag{2-4}$$

式中，m 为起重机或小车自身质量和总起升质量，$m = (P_G + P_Q)/g$；ϕ_5 为动载系数，此时 $\phi_5 = 1.5$；a 为运行机构启制动时的平均加速度。

对于自行式运行机构，运行惯性载荷的最大值不大于主动轮与轨道之间的黏着力。

(2) 回转运动惯性载荷(圆周运动)(rotary inertial load)。起重机回转与变幅启制动时的水平惯性力按其各部(构)件质量与该质心的加速度乘积的 ϕ_5 倍计算(计算机构和抗倾覆稳定性时，$\phi_5 = 1$)，并把总起升质量视为与起重机臂端刚性固接，其加(减)速度取决于该质量在起重机上的位置。

$$法向：P_{An} = mr\omega^2 \approx 0.01mrn^2 \tag{2-5}$$

$$切向：P_{At} = mr\varepsilon = mr\frac{\omega}{t} \approx 0.1mr\frac{n}{t} \tag{2-6}$$

式中，m 为所讨论的集中回转部分的质量，如起升质量、机电设备质量和结构的分块质量(kg)等；r 为各部(构)件质心至回转轴的距离(m)；n 为回转机构的额定转速(r/min)；t 为回转机构的启制动时间(s)。

(3) 变幅运动惯性载荷(variable amplitude inertial load)包括由臂架结构质量和起升质量引起的载荷。由臂架结构质量引起的载荷分为法向和切向两部分:法向载荷的方向沿臂架轴线,一般忽略不计(减载,偏安全);切向载荷的方向垂直于臂架轴线,一般也都忽略不计(较小)。由起升质量引起的载荷一般仅在工作性变幅机构中予以考虑,其方向总与法向保持水平,通常在涉及起升载荷偏摆载荷的偏摆角 α 时考虑。

(4) 臂架起重机起升质量的偏摆载荷(swing load of lifting capacity)按起重钢丝绳相对于铅垂线的偏摆角所引起的水平分力来计算:

$$P_A = P_Q \tan\alpha \tag{2-7}$$

式中,α 为起重钢丝绳相对于铅垂线的偏摆角。

$$\alpha = \arctan\left(\frac{a_t + a_n + a'}{g} + \frac{P_W}{P_Q}\right) \tag{2-8}$$

式中,a_t、a_n 分别为回转切向和法向加速度;a'为变幅惯性加速度;P_W 为风载荷。

在进行不同类别的计算时,选用不同的 α 值(见教材表 2-17)。

4. 偏斜运行时的水平侧向载荷 P_S

起重机或小车在做稳定状态的纵向运行或横向移动时,作用在它的导向装置(如导向滚轮或车轮的轮缘)上,由于导向的反作用引起的一种偶然出现的载荷分别称为大车水平侧向载荷(gantry skew load, SKG)和小车水平侧向载荷(trolley skew load, SKT)。

$$P_S = \frac{1}{2}\lambda \sum P \tag{2-9}$$

式中,λ 为水平侧向载荷系数,与跨度 S 和基距 B(或有效轴距 a)的比值有关,查教材图 2-8;$\sum P$ 为起重机承受侧向载荷一侧的端梁上与有效轴距有关的相应车轮经常出现的最大轮压*之和。

在多车轮的起重机中,用有效轴距 a 代替起重机的基距 B 进行水平侧向力的计算。有效轴距 a 的取法如教材图 2-10 所示。

5. 风载荷

(1) 风载荷(wind load)。风载荷是一种大小和方向均随机的水平力。起重机的风载荷分为工作状态风载荷(operation wind load, OWL)和非工作状态风载荷(stowed wind load, SWL)两类。风载荷的计算公式为

$$P_W = CK_h pA \tag{2-10}$$

式中,p 为计算风压(N/m^2);C 为风力系数;A 为起重机构件或起吊货物垂直于风向的有效迎风面积(m^2);K_h 为风压高度变化系数。

(2) 计算风压 p(air pressure)。计算风压是风的速度能转换为压力能的结果,与阵风风速和空气密度有关。

* 用于计算偏斜运行水平侧向载荷的"最大轮压"不是同侧两个车轮的"最不利轮压"或"极限轮压"之和,而是同侧轮压和的最大值,且为静轮压,即不考虑动力效应。

$$p=\frac{1}{2}\rho v_s^2=0.625v_s^2 \tag{2-11}$$

式中，ρ 为空气密度；v_s 为计算风速(m/s)；0.625 为系数(按 1 个标准大气压，温度 15℃时的空气干密度为 $1.2255\,kg/m^3$ 及纬度 45°处的重力加速度为 $9.80\,m/s^2$ 计算得到，即 $\frac{1.2255}{2\times0.980}=0.625$)，该系数随海拔高度不同而变化，因此各国标准中规定的系数稍有不同。

设计起重机时，采用三种计算风压：

a. 工作状态最大计算风压 $p_{Ⅱ}$，$p_{Ⅱ}$ 是一种人为按地区规定的允许起重机继续作业的上限风压值(按阵风风速考虑)，用于计算机构零部件和金属结构强度、结构的刚性及稳定性，验算驱动装置的过载能力以及起重机整机的抗倾覆稳定性、防风抗滑安全性等。

b. 工作状态正常的计算风压 $p_{Ⅰ}$，取 $p_{Ⅰ}=0.6p_{Ⅱ}$，用于电动机功率的选型计算及发热验算。

c. 非工作状态正常的计算风压 $p_{Ⅲ}$，$p_{Ⅲ}$ 是一种根据客观统计得到的与地区有关的风压。

计算风速 v_s 为空旷地区离地 10 m 高度处的阵风风速，即 3 s 时距的平均瞬时风速，取值为 10 min 时距平均风速的 1.5 倍。非工作状态的阵风风速为空旷离地 10 m 高度处 3 s 时距内的常年最大平均瞬时风速，其值取为 10 min 时距平均风速的 1.4 倍。

(3) 风压高度变化系数 K_h(height variation coefficient of wind pressure)。风压高度变化系数的取值：①起重机的工作状态计算风压不考虑高度变化，即 $K_h=1$。②除浮式起重机外，起重机非工作状态的计算风压均需考虑高度变化系数，即

$$K_h=(h/10)^{\alpha} \tag{2-12}$$

式中，h 为离地(海)面高度(m)，分段取值；α 为系数，陆上 $\alpha=0.3$，海上及海岛 $\alpha=0.2$。

计算非工作状态风载荷时，可沿高度划分成 10 m 高的等压段，即风载荷按阶梯状分布，并以各段中点的高度计算系数 K_h。实际使用时，可采用教材表 2-20 中所列数据。

(4) 有效迎风面积 A。有效迎风面积(effective frontal area)分为以下 3 类：

a. 法向风作用下各构式构件的有效迎风面积：

$$A=A_0\varphi \tag{2-13}$$

式中，A_0 为迎风物体的外形轮廓面积在垂直于风向平面上的实体投影面积；φ 为结构的迎风面充实率。

b. 货物的有效迎风面积：

$$A=1.2A_Q \tag{2-14}$$

式中，A_Q 为吊运物品的最大迎风面积(m^2)。

c. 角度风作用下的有效迎风面积：

$$A=A_0\cos^2\theta \tag{2-15}$$

式中，θ 为构件迎风表面的法线与风向的夹角 ($\theta<90°$)。

(5) 风力系数 C(wind coefficient)。单根构件、单片平面桁架结构的风力系数按教材表 2-22 选取。多片结构或构件的风力系数应考虑重叠挡风折减作用，引入挡风折减系数 η，

如教材表 2－23 所示。

第一片：$P_{W1}=CK_h pA$

第二片：$P_{W2}=\eta CK_h pA$

第三片：$P_{W3}=\eta^2 CK_h pA$

……

第 n 片：$P_{Wn}=\eta^{n-1}CK_h pA$

因此，总的风载荷是

$$P_W=(1+\eta+\eta^2+\cdots+\eta^{n-1})CK_h pA=\frac{1-\eta^n}{1-\eta}CK_h pA \tag{2-16}$$

6. 碰撞载荷 P_C 及其动载效应

(1) 计算碰撞载荷(collision load，COLL)的基本假定：①起重机结构是绝对刚性的；②具有挠性悬挂的起升质量不包括在移动质量内；③移动质量的碰撞动能在碰撞过程中完全由缓冲器吸收。

(2) 碰撞载荷的动载效应。在考虑动载效应的情况下，结构所受的实际碰撞载荷为

$$P_{C0}=\phi_7 P_C \tag{2-17}$$

ϕ_7 的取值与缓冲器的特性有关：对于具有线性特性的缓冲器(如弹簧缓冲器)，ϕ_7 为 1.25；对于具有矩形特性的缓冲器(如液压缓冲器)，ϕ_7 为 1.6；对于其他缓冲器(如橡胶、聚氨酯缓冲器等)，ϕ_7 的值要通过试验或计算确定。

7. 试验载荷 P_t(test load)

起重机投入使用前，必须进行超载静载试验及超载动态试验，试验场地应坚实、平整，试验时风速应不大于 8.3m/s。载荷应作用于起重机最不利位置。

静态试验的目的是检验起重机及其各部分结构的承载能力，试验时，应平稳无冲击地加载。动态试验的目的是验证起重机各机构和制动器的功能，试验时起重机须完成各种运动和组合运动。详见《起重机　试验规范和程序》(GB/T 5905—2011)。

静载试验载荷取为 $1.25P_Q$，动态试验载荷取为 $1.1P_Q$。在验算时，动态试验载荷应乘以试验载荷起升动载系数 ϕ_6，即

$$P_t=1.1P_Q\phi_6,\ \phi_6=0.5(1+\phi_2) \tag{2-18}$$

8. 起重机基础的外部激励载荷

起重机基础受到外部激励引起的载荷是指由于地震或其他震波(如波浪)迫使起重机基础发生振动而对起重机引起的载荷。

(1) 地震载荷 P_E。只有处于地震区的起重机才考虑由地震作为基础外部激励引起的载荷。地震载荷 P_E(earthquake load)计算公式如下：

$$P_E=k_E P_G \tag{2-19}$$

式中，k_E 为地震载荷系数，与地震烈度有关，$k_E=0.025\sim0.2$；P_G 为起重机自重载荷(N)。

地震载荷通常按水平方向、沿地震引起的水平加速度的反方向作用，并以加速度的形式施加于起重机整机结构，所施加的加速度大小为 $k_E g$，其中 g 为重力加速度。验算地震载荷情

况时，起重机上悬吊着的物品静止不动，不考虑风载荷。对沿轨道方向作用的地震载荷，通常考虑起重机受到驱动车轮与轨道间的黏着力或制动转矩的约束。对无轨运行起重机，不必考虑地震载荷的作用。在强烈地震中，港口码头设施也会遭受破坏，与房屋建筑一样，其破坏程度主要由自身的抗震能力决定。

(2) 波浪载荷 P_{wa}(wave load)。浮式起重机和整机船运的起重机都要承受船体的摇摆载荷，船体有三种摇摆形式：①横摇，即船体绕其纵轴线摇摆，以横倾角 θ_t 的周期变化表示；②纵摇，即船体绕其通过质心的横轴前后摇摆，以纵倾角 θ_l 的周期变化表示；③上下起伏摇摆，即船体质心沿半径 $r_v=h/2$(h 为浪高) 圆形轨迹做周期运动。以上三种摇摆引起的载荷合称为波浪载荷，详见《船舶与海上设施起重设备规范(2007 版)》。

(四) 载荷情况与载荷组合

1. 起重机机械设计

起重机机械所受的载荷可分为两类：①P_M 型载荷，即由电动机驱动转矩或制动器制动力矩所确定的载荷，作用在传动零部件上的载荷与电动机的驱动转矩或制动器的制动力矩相匹配；②P_R 型载荷，即与电动机及制动器的作用无关、作用在机构零件上、但不能与驱动轴上的转矩相平衡的反作用力载荷，主要针对支承零件(如取物装置、行走支承装置、回转支承装置和防风抗滑装置中的零件)，由静力学平衡条件确定。

设计计算时考虑以下三种载荷情况。

情况Ⅰ：无风正常工作情况(normal service without wind)；情况Ⅱ：有风正常工作情况(normal service with wind)；情况Ⅲ：特殊载荷作用情况(exceptional loadings)。

根据起重机的实际载荷将可能和允许同时作用在起重机上的载荷进行组合，组合时再乘以一个增大系数 γ'_m(amplifying coefficient)来平衡由于计算方法不完善和无法预料的偶然因素而导致实际出现的应力超出计算应力。系数 γ'_m取决于机构的工作级别(见教材表 2 - 24)。

2. 起重机稳定性计算

在计算起重机整体抗倾覆稳定性时考虑的载荷组合如下：基本稳定性，即无风时起升静载试验载荷；动态稳定性，即有风工作时起升正常工作载荷；抗暴风稳定性，即非工作时最大风载荷袭击；抗后倾覆稳定性，即突然空中卸载，且有向后吹的工作风载。

考虑起重机的结构形态及其零部件的位置时，各项载荷与力作用的方向及其影响均按实际可能出现的最不利载荷组合的原则来考虑。计算载荷按教材表 2 - 26 选取(不考虑其他动力系数的影响)。

3. 起重机支承反力计算

支承反力(supporting reaction force)是起重机的重要参数，是设计运行机构、行走支承装置(如车轮、轮胎、铰接式平衡梁等)和打滑验算的依据，也是轨道、起重机支承结构及码头水工结构设计的原始数据。《起重机设计规范》中未规定起重机支承反力计算的载荷情况和应考虑的载荷，因此，可遵循买卖双方合同中的相关内容或参考教材表 2 - 26 计算。在计算中，起重机及其部件的位置、载荷的影响、风载荷的方向应取最不利方向的组合。

三、思考题

(1) 为什么要进行起重机的分级？起重机整机的工作级别是由哪些因素决定的？试举一个典型的机型说明。

(2) 机构的工作级别是怎么划分的？港口装卸用吊钩门座起重机各机构的工作级别是什么？

(3) 请说明起重机工作级别与机构工作级别之间的联系。

(4) 起重机计算载荷的类型有哪四种？为什么要这样分类？

(5) 什么是自重载荷？常用的估计方法有哪些？

(6) 自重载荷对起重机常见的作用方式是什么？其计算中是否应包括额定起重量？怎么考虑其受到的动力效应？

(7) 什么是额定起升载荷？起重机械的起重量和额定起升载荷之间有何异同？在什么情况下要考虑起升动载系数 ϕ_2、突然卸载冲击系数 ϕ_3？

(8) 针对不同机构运动，起重机的惯性载荷是如何计算的？

(9) 起升质量偏摆时产生的水平载荷，其最大值应怎样计算？当按教材表 2－17 采用推荐值计算起升载荷的偏摆载荷后，是否还需额外考虑被吊物品所受的风载荷？

(10) 运行冲击系数 ϕ_4 是在什么情况下产生的？

(11) 在多车轮的起重机中，计算偏斜运行时水平侧向载荷基距 B 的计算方法是什么？

(12) 影响风载荷大小的因素有哪些？什么情况下风载荷需用工作状态的正常计算风压 p_{I} 来计算？

(13) 计算风压的公式是什么？公式中计算风速是如何选取的？

(14) 起重机由不同形状的结构件组成，哪种形状的截面(如圆管、箱形、工字形)风力系数最小？

(15) 如何计算多片结构或构件的风力系数？

(16) 当风向改变或杆件与地面不垂直时，如何分别正确计算风载荷的有效迎风面积？

(17) 在起重机设计中怎样考虑碰撞载荷的影响？

(18) 我国《起重机设计规范》(GB/T 3811—2008)中对起重机的静载、动载试验有什么规定和要求？

(19) 起重机可能承受的基础激励载荷有哪些？它们是如何作用在起重机上的？

(20) 挂舱载荷是如何引起的？

(21) 起重机在工作状态下会受到哪些主要动载荷的作用？这些动载荷是在什么情况下产生的？如何计算？

(22) 工作级别不同对机构的设计计算及运行有何影响？

第三章 港口起重机总体设计

一、学习目标

（一）知识目标

（1）掌握港口起重机生产率计算方法，解释各机构的合理工作速度。

（2）了解起重机支承反力的概念，理解其与运行机构支承装置设计、打滑验算、防风抗滑安全性计算，以及起重机支承结构、码头水工结构设计之间的关系；掌握不同车架假设下起重机腿压（轮压）的计算原理。

（3）掌握在码头前沿用于装卸的起重机最易发生倾覆的工况、倾覆线的位置，了解防止起重机倾覆的保护措施。

（4）了解起重机在正常工作情况、非工作情况下抗风防滑所要满足的条件。

（二）能力目标

（1）正确理解起重机的生产率，了解其影响因素并合理选择机构工作速度。

（2）合理选择车架假设条件，能熟练计算各载荷情况下的起重机腿压或轮压，理解其局限性，并能在轮压过大时采取恰当的措施。

（3）全面考虑起重机的载荷情况，正确分析引起起重机倾覆的原因、发生倾覆的情况、具有抗倾覆稳定性的条件，并采取措施防止倾覆现象的发生。

（4）掌握起重机防风抗滑安全性验算方法，正确分析发生整机滑移的载荷情况和诱因，并能采取相应的安全措施。

二、学习要点

（一）生产率

港口起重机的实际生产率与司机的熟练程度和码头装卸工艺、码头条件、船舶装载情况、船型等有很大关系。因此，这里讨论的生产率是不涉及这些因素的理论生产率。港口起重机生产率 A_n 可表达为

$$A_n = Q_P N' \tag{3-1}$$

式中，Q_P 为每次吊运货物的有效质量；N' 为港口起重机每小时的作业循环次数，其与作业循环时间 T 有关，即 $N'=3600/T$。

当取物装置经常拆卸时，$Q_P=Q-G_1$，Q 为额定起重量，G_1 为抓斗、电磁吸盘、集装箱吊具或其他经常拆卸的吊具质量。当取物装置为集装箱专用吊具时，Q_P 为每一次起吊的 20 英尺标准集装箱(twenty equal a unit, TEU)的箱数；当起吊一个 40 英尺集装箱时，$Q_P=2$。

作业循环时间 T 是指以吊具位于货物上方取料位置为起始位置，在起重机吊起并运移一次货物后，吊具又回到起始位置时所需的时间，又称作业循环周期。其定义为

$$T=\sum t+t_j \tag{3-2}$$

式中，T 为每次作业循环所需时间，其包括各个工作机构加速、匀速、减速的运转时间，一般不考虑机构的联动情况；$\sum t$ 为在一个工作循环中机构的运转时间(s)；t_j 为挂钩或摘钩等辅助工作所占用的时间(s)。

(二) 起重机支承反力

1. 支承反力的定义

起重机支承反力是指移动式起重机与基础支承结构接触时，基础对起重机的反作用力，其包括三个分量：水平面内垂直大车行走方向的 R_x(通过车轮的轮缘传递给轨道或通过轮胎的横向摩擦力传递给基础)，水平面内沿大车行走方向的 R_y(用于防风抗滑安全性计算和自行式运行机构的车轮打滑验算)和铅垂方向的 R_z(即腿压或轮压，以压为正)。

在设计起重机时，需要计算支承反力的最大值和最小值。最大值用于运行机构零部件及其金属结构的强度计算，并根据基础(轨道支承结构及码头水工结构)设计所规定的许用轮压，确定每个支点下的车轮数和尺寸。最小值用于运行机构启动或制动时车轮的打滑验算，检验车轮或支腿是否离地造成整机失稳。疲劳计算所用的载荷则是由最大值和最小值等效换算而得到。

2. 计算的基本假设

大多数起重机都有四个支点，为空间的超静定问题。各支点上的支承反力和支承结构的形式与基础的刚性有关，还与起重机及轨道的制造和安装精度等因素有关，计算较为复杂。在工程实际中，常引入刚性和铰接车架支承两类假设，将超静定问题简化为静定问题求解。

(1) 刚性车架支承假设：将支承结构看成是一个绝对刚体，在载荷作用下车架的四个支承点始终保持在同一平面上。

(2) 铰接车架支承假设：将支承结构看成由许多互相铰接的纵、横筒支梁组成，在载荷作用下，支承结构的四个支承点不再保持在同一平面上，随基础的变形而变形。

实际起重机结构的支承弹性状况总是介于这两者之间，手工计算时可根据支承的刚性选择一种假设进行简化。通常，按刚性车架假定计算的最大轮压要比按铰接车架假定的小一些，而最小轮压则比按铰接车架假定的要大一些。如有条件，可采用合理的有限元分析方法获得更为精确的腿压或轮压。

3. 铅垂支承反力(腿压)计算的原理和案例分析

1) 刚性车架支承假设时铅垂支承反力

计算原理：车架支点在受载前后始终在一个平面上，即满足平面假设，此时将起重机所承

受的外载荷(见图 3-1)向支承平面形心 O 平移后,得到三个力分量 N(矢量沿$-z$ 轴方向)、M_x(矢量沿$-x$ 轴方向)、M_y(矢量沿$+y$ 轴方向),则四个支腿所承受的铅垂支承反力分别为

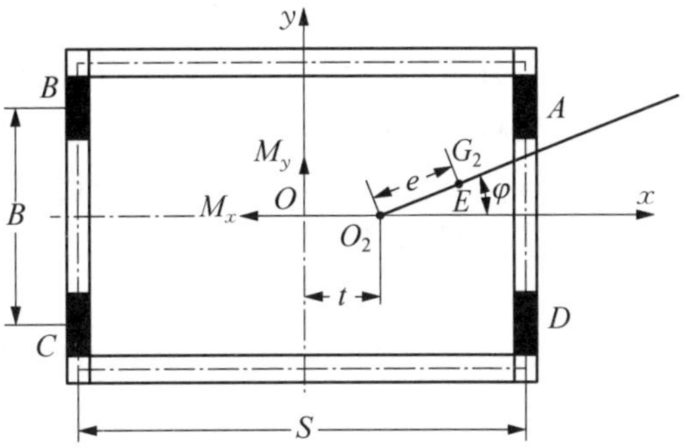

图 3-1 门座起重机铅垂支承反力几何关系

$$\begin{cases} R_{zA}=\dfrac{N}{4}+\dfrac{M_x}{2B}+\dfrac{M_y}{2S} \\ R_{zB}=\dfrac{N}{4}+\dfrac{M_x}{2B}-\dfrac{M_y}{2S} \\ R_{zC}=\dfrac{N}{4}-\dfrac{M_x}{2B}-\dfrac{M_y}{2S} \\ R_{zD}=\dfrac{N}{4}-\dfrac{M_x}{2B}+\dfrac{M_y}{2S} \end{cases} \tag{3-3}$$

【案例】若起重机固定部分(非变幅回转部分)的自重为 G_1(作用于形心 O 点),变幅回转部分的自重为 G_2(包括起升载荷 P_Q,重心在 E 点),回转中心 O_2 点到 O 点的距离为 t;沿$+x$ 轴方向由水平载荷 F_x 引起的弯矩为 M_{Hy};沿$+y$ 轴方向由水平载荷 F_y 引起的弯矩为 M_{Hx},求各个支腿的铅垂支承反力(腿压)R_z 值。

【案例分析】该起重机所承受的外载荷向 O 点平移后得 $N=G_1+G_2$,$M_x=G_2e\sin\varphi+M_{Hx}$,$M_y=G_2(e\cos\varphi+t)+M_{Hy}$,代入式(3-3)得四个支腿的铅垂支承反力为

$$\begin{cases} R_{zA}=\dfrac{G_1}{4}+\dfrac{G_2}{4}\left(1+\dfrac{2t}{S}\right)+\dfrac{1}{2B}(G_2e\sin\varphi+M_{Hx})+\dfrac{1}{2S}(G_2e\cos\varphi+M_{Hy}) \\ R_{zB}=\dfrac{G_1}{4}+\dfrac{G_2}{4}\left(1-\dfrac{2t}{S}\right)+\dfrac{1}{2B}(G_2e\sin\varphi+M_{Hx})-\dfrac{1}{2S}(G_2e\cos\varphi+M_{Hy}) \\ R_{zC}=\dfrac{G_1}{4}+\dfrac{G_2}{4}\left(1-\dfrac{2t}{S}\right)-\dfrac{1}{2B}(G_2e\sin\varphi+M_{Hx})-\dfrac{1}{2S}(G_2e\cos\varphi+M_{Hy}) \\ R_{zD}=\dfrac{G_1}{4}+\dfrac{G_2}{4}\left(1+\dfrac{2t}{S}\right)-\dfrac{1}{2B}(G_2e\sin\varphi+M_{Hx})+\dfrac{1}{2S}(G_2e\cos\varphi+M_{Hy}) \end{cases} \tag{3-4}$$

2) 铰接车架支承假设时铅垂支承反力

【案例】某门座起重机固定部分(非变幅回转部分)自重为 G_1(作用于形心 O 点),变幅回转部分的自重为 G_2(包括起升载荷 P_Q,重心在 E 点),回转中心 O_2 点到 O 点的距离为 t;由 G_2 的偏心作用和水平力(如起升质量的偏摆载荷 P_A 和风载荷 P_W)引起的弯矩可分解成两个力矩分量 $\boldsymbol{M}\cos\varphi$ 和 $\boldsymbol{M}\sin\varphi$(力矩 $\boldsymbol{M}$ 的矢量方向见图 3-2)。求各个支腿的铅垂支承反力(腿压)R_z 值。

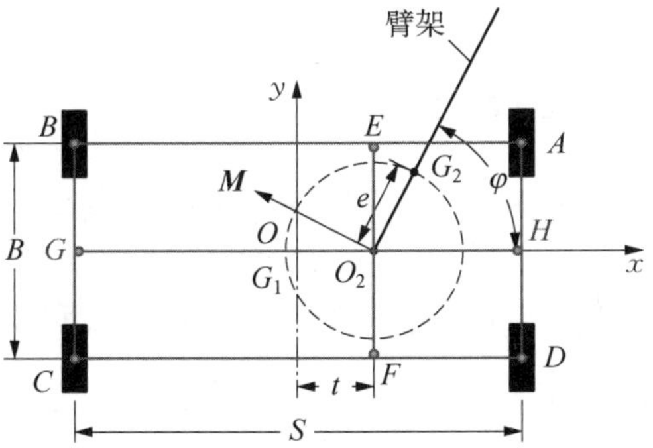

图 3-2 第一种铰接假定四点支承轮压计算简图

(1) 第一种铰接车架假设。

计算原理:起重机回转部分支承在通过回转中心的纵横假想梁上,两假想梁又分别支承在车架四周的边梁上,所有梁的连接都是铰接,如

图 3 - 2 所示。

【案例分析】非变幅回转部分的自重 G_1 由于作用于形心 O 点(无偏心),则通过经 O 点的简支梁,按杠杆原理均匀作用在四支点上。

回转部分自重 G_2 通过纵向假想梁 EF 平分到 AB 和 CD 两边梁的点 E 和点 F 上,然后再按杠杆比分别平分到 A、B 支点和 C、D 支点。力矩分量 $M_x(\varphi)$ 通过纵向假想梁 EF 传递到 AB 和 CD 两边梁上,使 AB 梁上产生正压力,然后再按杠杆原理分配到 A、B 支点和 C、D 支点上;力矩分量 $M_y(\varphi)$ 通过横梁 GH 传递到 BC 和 AD 梁上,再平均分配到四个支点上,可得

$$
\begin{cases}
R_{zA} = \dfrac{G_1}{4} + \dfrac{G_2}{4}\left(1+\dfrac{2t}{S}\right) + \dfrac{M_x}{2B}\left(1+\dfrac{2t}{S}\right) + \dfrac{M_y}{2S} \\
R_{zB} = \dfrac{G_1}{4} + \dfrac{G_2}{4}\left(1-\dfrac{2t}{S}\right) + \dfrac{M_x}{2B}\left(1-\dfrac{2t}{S}\right) - \dfrac{M_y}{2S} \\
R_{zC} = \dfrac{G_1}{4} + \dfrac{G_2}{4}\left(1-\dfrac{2t}{S}\right) - \dfrac{M_x}{2B}\left(1-\dfrac{2t}{S}\right) - \dfrac{M_y}{2S} \\
R_{zD} = \dfrac{G_1}{4} + \dfrac{G_2}{4}\left(1+\dfrac{2t}{S}\right) - \dfrac{M_x}{2B}\left(1+\dfrac{2t}{S}\right) + \dfrac{M_y}{2S}
\end{cases}
$$

式中,$\boldsymbol{M}$ 为作用在回转部分的载荷(偏心自重和水平载荷)向回转中心 O_2 简化而引起的力矩;M_x、M_y 分别为力矩 M 的沿 $-x$ 轴、$+y$ 轴方向的分量(标量),是臂架位置 φ 的函数。

(2) 第二种铰接车架假设。

计算原理:支承结构由铰接梁连接而成。将所有水平力引起的力矩 M_H 和回转部分总重量 G_2 合成一个作用在变幅臂架上的力,即将纵梁 EF 平行移动到 $E'F'$处,如图 3 - 3 所示。

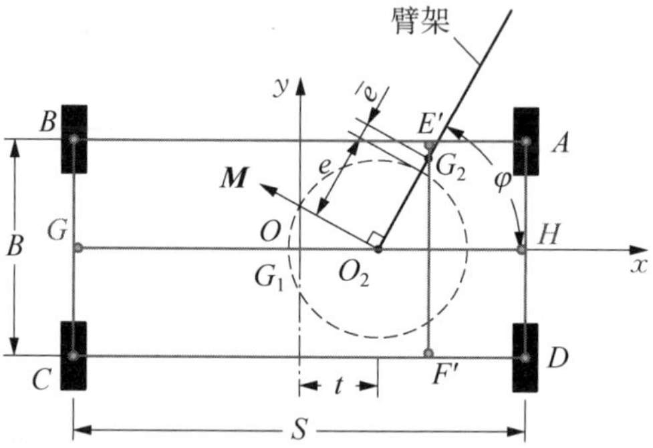

图 3 - 3　第二种铰接假定四点支承轮压计算简图

【案例分析】非变幅回转部分自重 G_1 无偏置,则通过经 O 点的简支梁,按杠杆原理均匀作用在四支点上。

水平载荷引起的力矩数值 $M=P_A h_A+P_W h_W$(h_A、h_W 分别为起升质量偏摆载荷 P_A 和风载荷 P_W 的作用高度)用回转部分总重量的当量偏心力矩 $G_2\bar{e}$ 代替,即 $\bar{e}=\dfrac{M}{G_2}$,因此 G_2 的总偏心距为 $e+\bar{e}$。

在偏置后的 G_2 作用点设立假想的纵梁 $E'F'$,力 G_2 先通过该假想梁按杠杆比分配到 AB

和 CD 两边梁的 E' 点和 F' 点上，然后再分别通过边梁按杠杆比分配到 A、B 支点和 C、D 支点上。根据上述描述可得

$$\begin{cases} R_{zA}=\dfrac{G_1}{4}+\dfrac{G_2}{4}\left(1+\dfrac{e+\bar{e}}{B/2}\sin\varphi\right)\left[1+\dfrac{t+(e+\bar{e})\cos\varphi}{2S}\right] \\ R_{zB}=\dfrac{G_1}{4}+\dfrac{G_2}{4}\left(1+\dfrac{e+\bar{e}}{B/2}\sin\varphi\right)\left[1-\dfrac{t+(e+\bar{e})\cos\varphi}{2S}\right] \\ R_{zC}=\dfrac{G_1}{4}+\dfrac{G_2}{4}\left(1-\dfrac{e+\bar{e}}{B/2}\sin\varphi\right)\left[1-\dfrac{t+(e+\bar{e})\cos\varphi}{2S}\right] \\ R_{zD}=\dfrac{G_1}{4}+\dfrac{G_2}{4}\left(1-\dfrac{e+\bar{e}}{B/2}\sin\varphi\right)\left[1+\dfrac{t+(e+\bar{e})\cos\varphi}{2S}\right] \end{cases}$$

3）三支点支承时铅垂支承反力

若按刚性车架或铰接车架假设计算出的最小轮压为负值或等于零(第二种铰接车架假设中不会出现)时，说明起重机四个支承点中有一个支承点已离开地面，如发生在支点 C 上，则此时起重机实际上只支承在 A、B、D 三个支点上，为静定问题(见图 3-4)，因此分别对 $\triangle ABC$ 的三个棱边取矩可得

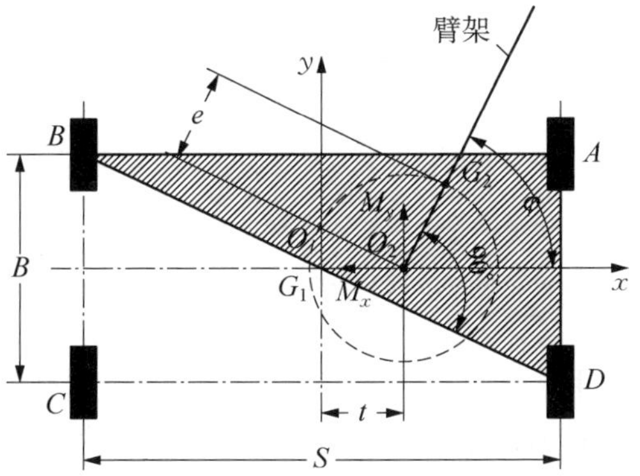

图 3-4　三支点轮压计算简图

$$\begin{cases} R_{zA}=\dfrac{1}{S}[G_2(t+e\cos\varphi)-M_y]+\dfrac{1}{B}(G_2e\sin\varphi+M_x) \\ R_{zB}=\dfrac{1}{2}(G_1+G_2)-G_2\dfrac{t+e\cos\varphi}{S}-\dfrac{M_y}{S} \\ R_{zD}=\dfrac{1}{2}(G_1+G_2)-G_2\dfrac{e\sin\varphi}{B}-\dfrac{M_x}{B} \end{cases} \tag{3-5}$$

4）铅垂支承反力(腿压)的极值

利用 $\dfrac{dR_{zA}}{d\varphi}=0$，可得出支点 A 出现最大轮压对应的最不利臂架位置(即 φ 角)，从而得到该支点的最大腿压值 $R_{zA\max}$。由于臂架型起重机可以实现全回转，φ 值应在以对支点最不利的情况下选取。

4. 轮压或车轮数

在起重机中，通过铰接式平衡梁保证支承点处的各个车轮轮压相等，即可得轮压 P_L 和腿

压 R_z 的关系为

$$m=\frac{R_z}{[P_L]} \tag{3-6}$$

式中，m 为单个支点上的车轮个数；$[P_L]$为起重机根据基础（轨道支承结构及有关土建）设计所规定的许用轮压，起重机整机的许用轮压由港口码头用户方提供。

（三）起重机抗倾覆稳定性

起重机抗倾覆稳定性是指起重机在自重和外载荷作用下抵抗翻倒的能力。支承在轨道或路面上的起重机可能由于操作不当、起升质量超载、风载荷过大、坡度过大、惯性载荷过大等原因发生倾翻，造成机损和人身伤亡的严重后果。因此，在设计和制造中必须保证起重机有足够的抗倾覆安全性，即具有足够的稳定性。

国内外对起重机抗倾覆稳定性的校核主要有三种方法：力矩法、稳定系数法和按临界倾覆载荷标定额定起重量的方法。我国《起重机设计规范》(GB/T 3811—2008)采用力矩法，其校核的基本原则是当稳定力矩的代数和大于倾覆力矩的代数和时，则认为该起重机整机是稳定的，即

$$\sum M \geqslant 0 \tag{3-7}$$

式中，$\sum M$ 为相应载荷组合中各载荷对危险倾覆线的力矩代数和，起稳定作用的力矩为正，起倾覆作用的力矩为负。

式(3-7)还可以描述为

$$\sum M=\sum_{j=1}^{n} M_j-\sum_{i=1}^{m} M_i>0 \tag{3-8}$$

式中，M_j 为起重机第 j 组部件的自重载荷对倾覆线的力矩，起稳定作用，取为正；M_i 为除自重载荷以外其他第 i 个载荷对倾覆线的力矩，起倾覆作用，取为负。

计算时还需注意以下问题：

(1) 抗倾覆验算的基本假定。进行起重机整体抗倾覆稳定性计算时，假定起重机在坚实、水平的支承面上或轨道上工作。若起重机需要在倾斜面上工作，在校核计算时应考虑此特定条件，加上倾斜坡度的影响并予以说明。

(2) 倾覆线的选取。在计算时应标明倾覆线，即起重机发生倾翻时绕其翻转的轴线，其与起重机的构造、验算工况和臂架位置等因素有关。

门座起重机的危险倾覆线或为一侧轨道，或为左右车轮中心连线。但验算动态稳定性时，还应补充臂架回转到与倾覆线成 45°时的稳定性，由于风载荷对起重机倾翻的影响加大，还应考虑回转机构起(制)动引起的切向惯性力的影响。

门式起重机和岸边集装箱起重机倾覆线为大车单侧轨道车轮中心的连线。车架为平衡梁时，倾覆线为作用平衡梁销轴中心连线。验算动态稳定性时，由于风载荷对整机倾覆的影响较大，因此，还应考虑风向与大车轨道成某一夹角的状态。

(3) 工作状态的抗后倾覆稳定性。当起重机处于卸载状态，所有可移动工作部件都缩回到最靠近向后倾覆线的位置时，按力矩法或重力法校验其抗后倾覆稳定性。

a. 力矩法。计算倾覆线时，由工作状态风载荷 $P_{W\text{II}}$ 和惯性载荷 P_A 构成的倾覆力矩不应

大于稳定力矩的 90%。

$$\sum M = 0.9\sum_{i=1}^{m} M_j - \sum M_q > 0 \tag{3-9}$$

式中，M_q 为工作状态风载荷 $P_{W\text{II}}$ 和惯性力 P_A 构成的倾覆力矩的代数和。

b. 重力法。不考虑风载荷作用时，静止起重机的质心在水平面上的投影位置不应超过从前支点到倾覆线距离的 80%，详见教材图 3-10。

(4) 其他说明。

a. 风载荷的作用。工作状态按最不利的方向施加风载荷：对于不能随风回转的起重机，非工作状态按最不利的方向施加风载荷；对于可随风回转的起重机，非工作状态风载荷应按设计预期方向作用于起重机的上部结构，并按最不利方向作用于起重机的下部结构。

b. 起重机的基础。起重机制造商应规定起重机对地面或承载结构物的作用力。如果是用基础来保证起重机全部或部分抗倾覆稳定性，制造商应对基础的要求做出规定。

c. 临时辅助稳定装置。临时辅助稳定装置是指为增加起重机的整体抗倾覆稳定性而对起重机基本或正常的结构增加的临时辅助附件，它应能迅速并方便地投入使用。当需要设置临时辅助稳定装置时，起重机使用说明书应全面叙述需要的临时辅助稳定装置的类型、正确的安装方法，并说明它们的作用是否用于满足工作、非工作或抗后倾覆的稳定性。

d. 关于大变形的影响。对由于固定载荷、变动载荷、风载荷或动载的影响而产生显著弹性变形(即大变形)的起重机，在计算整体抗倾覆稳定性和抗后倾稳定性时应考虑大的弹性变形的影响。

(四) 防风抗滑安全性

防风抗滑安全性是指起重机在工作状态和非工作状态下抵抗因风力作用而发生滑行的能力。在露天工作的轨道式起重机，当防滑能力不够时，起重机在突发大风的作用下会开始滑行，然后速度加快，如果滑行距离较长，有可能撞上轨道终端的止挡器或其他静止的起重机。由于起重机质量大、动能大，其惯性就有可能造成整机倾覆垮塌。

为保证露天工作的轨道式起重机安全可靠地工作，必须使起重机具有足够的防风抗滑安全性：工作状态下，通常用制动装置产生的制动力来保证起重机不被工作风载荷吹跑；非工作状态下，一般用防风夹轨器、锚定装置、防风拉索来保证起重机安全可靠地停在原地。

1. 正常工作状态

起重机正常工作状态下设定为带载、顺风、下坡运行制动，此时

$$P_{z1} \geqslant 1.1P_{W\text{II}} + P_\alpha + P_A - P_f \tag{3-10}$$

式中，P_{z1} 为运行机构制动器在驱动车轮踏面上产生的制动力(N)；$P_{W\text{II}}$ 为起重机承受的工作状态风载荷(N)；P_α 为起重机自重载荷和起升载荷沿坡度方向产生的滑行力(N)；P_A 为起重机运行停车减速惯性力(N，$\phi_5=1$)；P_f 为起重机运行摩擦阻力(N)，$P_f=\omega(P_G+P_Q)$，ω 为运行摩擦阻力系数。

2. 非工作状态

$$P_{z2} \geqslant 1.1P_{W\text{III}} + P_{\alpha G} - P_f \tag{3-11}$$

式中，P_{z2} 为由制动器与夹轨器、锚定装置或防风拉索等沿轨道方向产生的抗风防滑阻力(N)；P_{WIII} 为起重机的非工作状态风载荷(N)；$P_{\alpha G}$ 为空载时自重载荷沿坡道方向产生的滑行力(N)；P_f 为非工作状态下阻止起重机被风吹移动的摩擦阻力，即被制动轮与轨道的黏着力(N)，$P_f=P_G f$，f 为静摩擦系数。

当制动力等抗风阻力 P_{z1}、P_{z2} 大于被制动车轮与轨道的黏着力时，P_{z1}、P_{z2} 用被制动车轮与轨道的黏着力代替。仅有部分车轮制动力大于车轮与轨道的黏着力时，则应按不同情况分别进行计算。

实践证明，对于受很大风载荷作用的起重机，如岸边集装箱起重机等，采用将全部车轮(主动轮和从动轮)都制动的方法可获得良好的防风抗滑安全性，还可采用主动轮两级制动的方式。

三、本章例题

(一) 生产率

1. 设计基本参数

图 3-5 所示为一双悬臂轨道式集装箱门式起重机，其轨距为 40 m(跨中堆放 13 列集装箱)，起升高度为 21.3 m(堆六过七)，主梁两端有效悬臂长度均为 5 m(1 列集装箱拖挂车道)。该起重机采用一个 40 ft(1 ft≈0.305 m) 的集装箱吊具，满载起升速度 v_q 为 36 m/min，空载起升速度 v'_q 为 80 m/min，满载起升加减速度 a_q 为 0.5 m/s^2，空载起升加减速度 a'_q 为 0.5 m/s^2。小车运行速度 v_{yt} 为 120 m/min，小车运行加减速度 a_{yt} 为 0.4 m/s^2。假设起重小车的平均运行距离 L 为 16.5 m，装车平均起升高度 H 为 17.2 m，堆箱平均起升高度 h 为 12.5 m；集装箱吊具对位和松开转锁所需时间为 10 s。请计算该起重机的生产率。

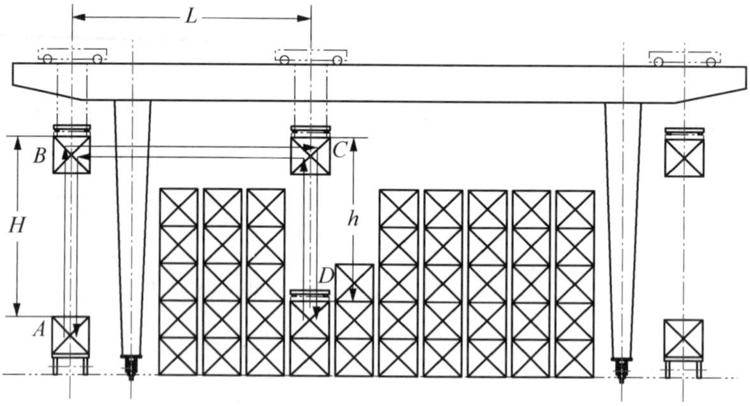

图 3-5 堆场作业典型模式

2. 生产率计算

满载起升速度 v_q 为 36 m/min=0.6 m/s，空载起升速度 v'_q 为 80 m/min=1.33 m/s，小车运行速度 v_{yt} 为 120 m/min=2 m/s。计算中不考虑机构的联动，此类起重机的典型作业循环过程如图 3-6 所示。

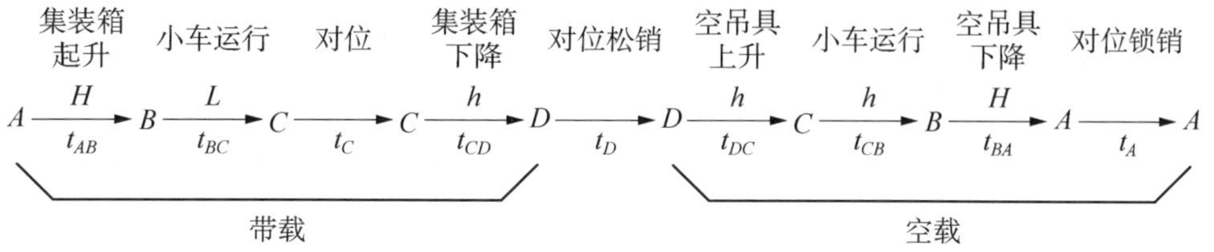

图3-6 典型作业循环过程

(1) 计算集装箱(满载)从 A 起升到 B 所需的时间 t_{AB}。

起升加速时间 $t_{q1}=\dfrac{v_q}{a_q}=\dfrac{0.6}{0.5}=1.2(\text{s})$,起升加速距离 $H_{q1}=\dfrac{1}{2}a_q t_{q1}^2=\dfrac{1}{2}\times 0.5\times 1.2^2=0.36(\text{m})$。

起升减速时间 $t_{q3}=\dfrac{v_q}{a_q}\dfrac{0.6}{0.5}=1.2(\text{s})$,起升减速距离 $H_{q3}=\dfrac{1}{2}a_q t_{q3}^2=\dfrac{1}{2}\times 0.5\times 1.2^2=0.36(\text{m})$。

匀速起升距离 $H_{q2}=H-H_{q1}-H_{q3}=17.2-0.36-0.36=16.48(\text{m})$。

匀速起升时间 $t_{q2}=\dfrac{H_{q2}}{v_q}=\dfrac{16.48}{0.6}=27.46(\text{s})$。

则 $t_{AB}=t_{q1}+t_{q2}+t_{q3}=1.2+27.46+1.2=29.86(\text{s})$。

(2) 计算集装箱(满载)从 B 小车运行到 C 所需时间 t_{BC}。

运行加速时间 $t_{y1}=\dfrac{v_{yt}}{a_{yt}}=\dfrac{2}{0.4}=5.0(\text{s})$,运行加速距离 $L_{y1}=\dfrac{1}{2}a_{yt}t_{y1}^2=\dfrac{1}{2}\times 0.4\times 5^2=5.0(\text{m})$。

运行减速时间 $t_{y3}=\dfrac{v_{yt}}{a_{yt}}=\dfrac{2}{0.4}=5.0(\text{s})$,运行减速距离 $L_{y3}=\dfrac{1}{2}a_{yt}t_{y3}^2=\dfrac{1}{2}\times 0.4\times 5^2=5.0(\text{m})$。

匀速运行距离 $L_{y2}=L-L_{y1}-L_{y3}=16.5-5.0-5.0=6.5(\text{m})$。

匀速运行时间 $t_{y2}=\dfrac{L_{y2}}{v_{yt}}=\dfrac{6.5}{2}=3.25(\text{s})$。

则 $t_{BC}=t_{y1}+t_{y2}+t_{y3}=5+3.25+5=13.25(\text{s})$。

(3) 计算集装箱(满载)从 C 下降到 D 所需时间 t_{CD}。

下降加速时间 $t_{q1}=\dfrac{v_q}{a_q}=\dfrac{0.6}{0.5}=1.2(\text{s})$,下降加速距离 $h_{q1}=\dfrac{1}{2}a_q t_{q1}^2=\dfrac{1}{2}\times 0.5\times 1.2^2=0.36(\text{m})$。

下降减速时间 $t_{q3}=\dfrac{v_q}{a_q}=\dfrac{0.6}{0.5}=1.2(\text{s})$,下降减速距离 $h_{q3}=\dfrac{1}{2}a_q t_{q3}^2=\dfrac{1}{2}\times 0.5\times 1.2^2=0.36(\text{m})$。

匀速下降距离 $h_{q2}=h-h_{q1}-h_{q3}=12.5-0.36-0.36=11.78(\text{m})$。

匀速下降时间 $t_{q2}=\dfrac{h_{q2}}{v_q}=11.78/0.6=19.63(\text{s})$。

则 $t_{CD}=t_{q1}+t_{q2}+t_{q3}=1.2+19.63+1.2=22.03(\text{s})$。

(4) 集装箱(满载)在 D 点对位和松开转锁所需时间 $t_D=10\,\text{s}$。

(5) 计算吊具空载从 D 点上升到 C 点所需时间 t_{DC}。

上升加速时间 $t'_{q1}=\dfrac{v'_q}{a'_q}=\dfrac{1.33}{0.5}=2.66(\text{s})$,上升加速距离 $h'_{q1}=\dfrac{1}{2}a'_q t_{q1}^2=\dfrac{1}{2}\times 0.5\times 2.66^2=1.77(\text{m})$。

上升减速时间 $t'_{q3}=\dfrac{v'_q}{a'_q}=2.66\,\text{s}$,上升减速距离 $h'_{q3}=\dfrac{1}{2}a'_q t_{q3}^2=\dfrac{1}{2}\times 0.5\times 2.66^2=1.77(\text{m})$。

匀速上升距离 $h'_{q2}=h-h'_{q1}-h'_{q3}=12.5-1.77-1.77=8.96(\text{m})$。

匀速上升时间 $t'_{q2}=\dfrac{h'_{q2}}{v'_q}=8.96/1.33=6.74(\text{s})$。

则 $t_{DC}=t'_{q1}+t'_{q2}+t'_{q3}=2.66+6.74+2.66=12.06(\text{s})$。

(6) 吊具空载从 C 点运行回 B 点所需时间 $t_{CB}=13.25\,\text{s}$。

(7) 计算吊具空载从 B 下降到 A 所需时间 t_{BA}。

下降加速时间 $t'_{q1}=\dfrac{v'_q}{a'_q}=2.66(\text{s})$,下降加速距离 $H'_{q1}=\dfrac{1}{2}a'_q t'^2_{q1}=\dfrac{1}{2}\times 0.5\times 2.66^2=1.77(\text{m})$。

下降减速时间 $t'_{q3}=\dfrac{v'_q}{a'_q}=2.66(\text{s})$,下降减速距离 $H'_{q3}=\dfrac{1}{2}a'_q t'^2_{q3}=1.77(\text{m})$。

匀速下降距离 $H'_{q2}=H-H'_{q1}-H'_{q3}=17.2-1.77-1.77=13.66(\text{m})$。

匀速下降时间 $t'_{q2}=\dfrac{H'_{q2}}{v'_q}=13.66/1.33=10.27(\text{s})$。

则 $t_{BA}=t'_{q1}+t'_{q2}+t'_{q3}=2.66+10.27+2.66=15.59(\text{s})$。

(8) 在 A 点对位和转锁所需时间 $t_A=10(\text{s})$。

(9) 计算一个循环所需总时间 T。

$$T=29.86+13.25+22.03+10+12.06+13.25+15.59+10=126.04(\text{s})。$$

(10) 计算起重机作业生产率 A_n。

作业循环次数 $N'=\dfrac{3\,600}{T}=\dfrac{3\,600}{126.04}\approx 28$。生产率 $A_n=Q_P\times N'=28\times 2=56\,\text{TEU/h}$,即本起重机的理论生产率为 56 TEU/h。其理想作业循环图如图 3-7 所示。

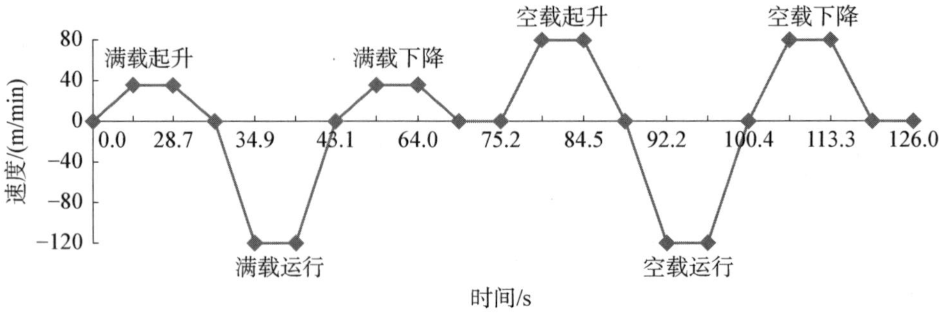

图 3-7 起重机的作业循环过程

（二）轮压和稳定性

1. 设计基本参数

一台25t－35m抓斗门座式起重机（见图3－8），已知：额定起重量Q为25t，其中抓斗质量为9t；最大工作幅度R_{max}为35m；起升速度v_q为55m/min；象鼻架端点高h为38.2m，回转中心距门架中心距离t为0m；轨距S为12m，基距B为12m；工作风速为20m/s；非工作风速为55m/s；码头许用轮压在工作状态下$[P_L]_{Ⅱ}$为25t；非工作状态下$[P_L]_{Ⅲ}$为30t。试确定该起重机的车轮数，并进行整机稳定性校核。

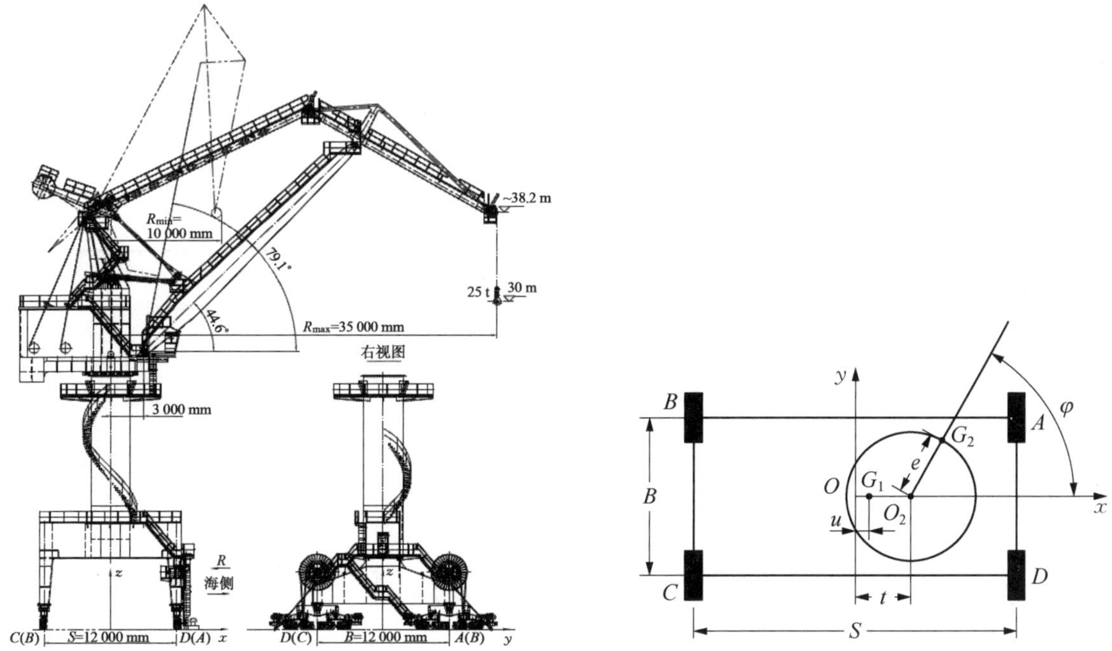

图3－8 起重机总图和坐标

2. 载荷组合

计算起重机轮压的载荷组合如表3－1所示，一般不考虑动载效应的影响。

表3－1 支承力计算载荷组合

载荷/载荷组合	Ⅰ	Ⅱ	Ⅲ
起重机自重载荷 P_G	P_G	P_G	P_G
起升载荷 P_Q	P_Q	P_Q	—
风载荷 $P_{WⅡ}/P_{WⅢ}$	—	$P_{WⅡ}$	$P_{WⅢ}$
惯性载荷 P_A	P_A	—	—

稳定性验算的载荷组合根据GB/T 3811—2008表54，需验算整机的Ⅰ基本稳定性、Ⅱ的动态稳定性、Ⅲ非工作时的最大风载荷和Ⅳ突然卸载四种情况，如表3－2所示。

表 3-2 整机稳定性计算载荷组合

载荷/载荷组合	Ⅰ	Ⅱ	Ⅲ	Ⅳ
起重机自重载荷 P_G	P_G	P_G	P_G	P_G
起升载荷 P_Q/P'_Q	$1.5P_Q$	$1.3P_Q$	—	$-0.2P_I$
风载荷 $P_{WⅡ}/P_{WⅢ}$	—	$P_{WⅡ}$	$1.2P_{WⅢ}$	$P_{WⅡ}$
惯性载荷 P_A	—	P_A	—	—

注：P_I 是起重机的有效载荷，不包括在起重机工作状态中作为永久性起升附件的重力。

3. 载荷计算

在初步设计时，用类比法估算获得各部分的自重及重心坐标、风载荷及其作用点坐标，如表 3-3～表 3-7 所示。当整机设计完成后，根据实际的施工图纸将表格中的数据进行更新，并重新审核。

表 3-3 各部分质量、重心坐标及重力矩

部分	序号	部件名称	质量 G_i/t	重心水平坐标 x/m 及重力矩 M/(t·m)				重心高度坐标 z/m 及重力矩 M/(t·m)			
				幅度 $R=10$m		幅度 $R=35$m		幅度 $R=10$m		幅度 $R=35$m	
				坐标 x	力矩 M	坐标 x	力矩 M	坐标 z	力矩 M	坐标 z	力矩 M
回转部分	1.1	吊重 1(抓斗空载)	9.00	10.00	90.00	35.00	315.00	30.00	270.00	30.00	270.00
	1.2	吊重 1(抓斗满载)	25.00	10.00	250.00	35.00	875.00	30.00	750.00	30.00	750.00
	2	钢丝绳及配件	1.50	10.00	15.00	35.00	52.50	30.00	45.00	30.00	45.00
	3	主臂架、栏杆及铰点	22.60	5.10	115.26	11.00	248.60	37.80	854.28	34.60	781.96
	4	象鼻梁、栏杆及铰点	12.70	9.10	115.57	24.50	311.15	50.80	645.16	44.90	570.23
	5	大拉杆、栏杆及铰点	4.60	3.30	15.18	8.00	36.80	48.70	224.02	43.80	201.48
	6	连杆及铰点	1.80	0.20	0.36	3.30	5.94	37.60	67.68	36.20	65.16
	7	对重杠杆、栏杆及铰点	7.50	−4.30	−32.25	−4.00	−30.00	37.40	280.50	40.80	306.00
	8	动配重	21.00	−5.70	−119.70	−6.10	−128.10	35.70	749.70	41.60	873.60
	9	变幅齿条	1.00	−2.30	−2.30	1.60	1.60	33.10	33.10	33.30	33.30
	10	起升缠绕系统	1.20	5.00	6.00	16.00	19.20	42.00	50.40	43.00	51.60
	11	主起升机构	19.70	−5.50	−108.35	−5.50	−108.35	26.90	529.93	26.90	529.93
	12	变幅机构	8.80	−0.50	−4.40	−0.50	−4.40	33.10	291.28	33.10	291.28
	13	回转机构	12.30	0.00	0.00	0.00	0.00	26.40	324.72	26.40	324.72
	14	上部机器房	14.60	−3.20	−46.72	−3.20	−46.72	28.40	414.64	28.40	414.64
	15	司机室	2.00	4.50	9.00	4.50	9.00	27.30	54.60	27.30	54.60
	16	上转柱	25.00	−0.30	−7.50	−0.30	−7.50	32.10	802.50	32.10	802.50

（续表）

部分	序号	部件名称	质量 G_i/t	重心水平坐标 x/m 及重力矩 M/(t·m)				重心高度坐标 z/m 及重力矩 M/(t·m)			
				幅度 $R=10$ m		幅度 $R=35$ m		幅度 $R=10$ m		幅度 $R=35$ m	
				坐标 x	力矩 M	坐标 x	力矩 M	坐标 z	力矩 M	坐标 z	力矩 M
	17	转盘	42.00	−2.20	−92.40	−2.20	−92.40	25.50	1071.00	25.50	1070.00
	18	上部电器系统	5.00	−2.50	−12.50	−2.50	−12.50	26.50	132.50	26.50	132.50
	19	回转部分梯子平台	2.00	−2.50	−5.00	−2.50	−5.00	31.00	62.00	31.00	62.00
	20	回转部分其他附件	2.00	−2.50	−5.00	−2.50	−5.00	30.00	60.00	30.00	60.00
	21	回转固定配重	65.00	−7.20	−468.00	−7.20	−468.00	25.00	1625.00	25.00	1625.00
抓斗放下时回转部分总计 $\sum 2\sim21$			272.30	−2.31	−627.75	−0.82	−223.18	30.55	8318.01	30.46	8295.50
空载回转部分总计 $\sum 1\sim21$			281.30	−1.91	−537.75	0.33	91.82	30.53	8588.01	30.45	8565.50
满载回转部分总计 $\sum 1\sim21$			297.30	−1.27	−377.75	2.19	651.82	30.50	9068.01	30.43	9045.50
固定部分	22	门架系统	57.50	0.00	0.00	0.00	0.00	7.00	402.50	7.00	402.50
	23	圆筒体	25.60	0.00	0.00	0.00	0.00	18.30	468.48	18.30	468.48
	24	大车行走机构	40.00	0.00	0.00	0.00	0.00	1.20	48.00	1.20	48.00
	25	电缆卷筒	6.60	3.00	19.80	3.00	19.80	5.20	34.32	5.20	34.32
	26	防风系固装置	1.00	0.00	0.00	0.00	0.00	1.80	1.80	1.80	1.80
	27	下部电器系统	3.00	0.00	0.00	0.00	0.00	7.00	21.00	7.00	21.00
	28	固定部分梯子平台	3.00	0.00	0.00	0.00	0.00	8.00	24.00	8.00	24.00
	29	固定部分其他附件	2.00	0.00	0.00	0.00	0.00	8.00	16.00	8.00	16.00
固定部分总计 $\sum 22\sim29$			138.70	0.14	19.80	0.14	19.80	7.33	1016.10	7.33	1016.10
非工作状态(抓斗落地)		臂架在海侧	411.00	−1.48	−607.95	−0.49	−203.38	22.71	9334.11	22.66	9311.60
		臂架平行轨道	411.00	0.05	19.80	0.05	19.80	22.71	9334.11	22.66	9311.60
		臂架在陆侧	411.00	1.58	647.55	0.59	242.98	22.71	9334.11	22.66	9311.60
整机空载		臂架在海侧	420.00	−1.23	−517.95	0.27	111.62	22.87	9604.11	22.81	9581.60
		臂架平行轨道	420.00	0.05	19.80	0.05	19.80	22.87	9604.11	22.81	9581.60
		臂架在陆侧	420.00	1.33	557.55	−0.17	−72.02	22.87	9604.11	22.81	9581.60
整机满载(25 t)		臂架在海侧	436.00	−0.82	−357.95	1.54	671.62	23.13	10084.11	23.08	10061.60
		臂架平行轨道	436.00	0.05	19.80	0.05	19.80	23.13	10084.11	23.08	10061.60
		臂架在陆侧	436.00	0.91	397.55	−1.45	−632.02	23.13	10084.11	23.08	10061.60

注：表中坐标均以轨道面与门架中心交点为原点，并以垂直于轨道指向海侧的方向为 x 轴正方向。

表 3-4　工作状态下起重机的风载荷及其作用高度

（风沿着臂架方向吹）

	序号	部件名称	满载(25 t)位于最大幅度 $R_{max}=35\,m$				
			C_f	A/m^2	h_{WII}/m	P_{WII}/t	$P_{WII}h_{WII}/(t\cdot m)$
回转部分	1	货物	1.10	12.00	23.00	0.33	7.59
	2	象鼻梁及其附件	1.20	8.00	37.00	0.24	8.88
	3	起重臂	1.20	48.00	36.00	1.44	51.84
	4	大拉杆	1.20	4.00	43.70	0.12	5.24
	5	对重杠杆	1.20	8.00	40.00	0.24	9.60
	6	连杆	1.10	1.00	36.00	0.03	0.99
	7	上转柱	1.20	8.50	34.00	0.26	8.67
	8	变幅机构	1.20	2.10	33.10	0.06	2.09
	9	机器房	1.20	35.00	28.00	1.05	29.40
	10	转盘	1.20	12.00	25.00	0.36	9.00
	11	司机室	1.20	5.00	27.30	0.15	4.10
	12	回转部分梯子平台	1.20	3.00	25.00	0.09	2.25
固定部分	13	门架系统	1.20	91.00	5.00	2.73	13.65
	14	大车行走机构	1.10	15.00	1.15	0.41	0.47
	15	大车电缆卷筒	1.10	3.00	10.00	0.08	0.83
	16	固定部分梯子平台	1.20	3.00	10.00	0.09	0.90
满载		$\sum 1\sim16$	1.18	258.60	20.25	7.69	155.49

表 3-5　工作状态下起重机的风载荷及其作用高度

（风垂直于臂架方向吹）

	序号	部件名称	满载(25 t)位于最大幅度 $R_{max}=35\,m$				
			C_f	A/m^2	h'_{WII}/m	P'_{WII}/t	$P'_{WII}h'_{WII}/(t\cdot m)$
回转部分	1	抓斗及吊重	1.10	8.00	23.00	0.22	5.06
	2	象鼻梁及其附件	1.20	25.00	37.00	0.75	27.75
	3	起重臂	1.20	40.00	36.00	1.20	43.20
	4	大拉杆	1.20	8.00	43.70	0.24	10.49
	5	对重杠杆	1.20	9.00	40.00	0.27	10.80
	6	连杆	1.10	2.30	36.00	0.06	2.28
	7	上转柱	1.20	17.00	34.00	0.51	17.34

（续表）

	序号	部件名称	满载(25 t)位于最大幅度 $R_{max}=35\,m$				
			C_f	A/m^2	h'_{WII}/m	P'_{WII}/t	$P'_{WII}h'_{WII}/(t\cdot m)$
	8	变幅机构	1.10	0.80	33.10	0.02	0.79
	9	上部机器房	1.20	42.00	28.00	1.26	35.28
	10	转盘	1.20	15.00	25.00	0.45	11.25
	11	司机室	1.20	8.00	27.30	0.24	6.55
	12	回转部分梯子平台	1.20	2.00	25.00	0.06	1.50
固定部分	13	门架系统	1.20	97.00	12.00	2.67	34.92
	14	大车行走机构	1.10	5.00	1.10	0.14	0.15
	15	大车电缆卷筒	1.10	5.00	10.00	0.14	1.38
	16	固定部分梯子平台	1.20	1.00	5.50	0.03	0.17
满载		$\sum 1\sim 16$	1.16	285.10	24.94	8.26	208.90

表 3-6 非工作状态下起重机的风载荷及其作用高度

（风沿着臂架方向吹）

	序号	部件名称	空载位于最小幅度 $R_{min}=10\,m$				
			C_f	A/m^2	h_{WIII}/m	P_{WIII}/t	$P_{WIII}h_{WIII}/(t\cdot m)$
回转部分	1	抓斗及吊重	—	—	—	—	—
	2	象鼻梁及其附件	1.20	12.00	46.00	2.72	125.24
	3	起重臂	1.20	68.00	39.80	15.43	614.02
	4	大拉杆	1.20	5.00	48.60	1.13	55.13
	5	对重杠杆	1.20	9.50	37.00	2.16	79.75
	6	连杆	1.10	1.00	37.00	0.21	7.69
	7	上转柱	1.20	8.50	34.00	1.93	65.57
	8	变幅机构	1.20	2.10	33.10	0.48	15.77
	9	上部机器房	1.20	35.00	28.00	7.94	222.34
	10	转盘	1.20	12.00	25.00	2.72	68.06
	11	司机室	1.20	5.00	27.30	1.13	30.97
	12	回转部分梯子平台	1.20	3.00	25.00	0.68	17.02
固定部分	13	门架系统	1.20	91.00	5.00	20.65	103.23
	14	大车行走机构	1.10	15.00	1.15	3.12	3.59
	15	大车电缆卷筒	1.10	3.00	10.00	0.62	6.24

（续表）

	序号	部件名称	空载位于最小幅度 $R_{min}=10\,m$				
			C_f	A/m^2	$h_{W\mathrm{III}}/m$	$P_{W\mathrm{III}}/t$	$P_{W\mathrm{III}}h_{W\mathrm{III}}/(t\cdot m)$
	16	固定部分梯子平台	1.20	3.00	10.00	0.68	6.81
空载	$\sum 1\sim 16$		1.18	273.10	23.07	61.60	1421.41

表3-7 非工作状态下起重机的风载荷及其作用高度

（风垂直于臂架方向吹）

	序号	部件名称	空载位于最小幅度 $R_{min}=10\,m$				
			C_f	A/m^2	$h'_{W\mathrm{III}}/m$	$P'_{W\mathrm{III}}/t$	$P'_{W\mathrm{III}}h'_{W\mathrm{III}}/(t\cdot m)$
回转部分	1	货物	—	—	—	—	—
	2	象鼻梁及其附件	1.20	25.00	46.00	5.67	260.91
	3	起重臂	1.20	40.00	39.80	9.08	361.19
	4	大拉杆	1.20	8.00	48.60	1.82	88.21
	5	对重杠杆	1.20	9.00	37.00	2.04	75.55
	6	连杆	1.10	2.30	37.00	0.48	17.70
	7	上转柱	1.20	17.00	34.00	3.86	131.13
	8	变幅机构	1.10	0.10	33.10	0.02	0.75
	9	上部机器房	1.20	42.00	28.00	9.53	266.81
	10	转盘	1.20	15.00	25.00	3.40	85.08
	11	司机室	1.20	8.00	27.30	1.82	49.55
	12	回转部分梯子平台	1.20	2.00	25.00	0.45	11.34
固定部分	13	门架系统	1.20	97.00	12.00	22.01	264.08
	14	大车行走机构	1.10	5.00	1.10	1.04	1.14
	15	大车电缆卷筒	1.10	5.00	10.00	1.04	10.40
	16	固定部分梯子平台	1.20	1.00	5.50	0.23	1.25
空载	$\sum 1\sim 16$		1.17	276.40	26.43	62.49	1625.09

工作状态风压：$p_{\mathrm{II}}=0.625v_s^2=0.625\times 20^2=250(N/m^2)$，相当于 $0.025\,t/m^2$。

非工作状态风压：$p_{\mathrm{III}}=0.625v_s^2=0.625\times 55^2=1890.625(N/m^2)$，相当于 $0.189\,t/m^2$。

4. 轮压计算

按第一铰接车架假设计算腿压。本例中起重机固定部分自重（G_1 为 138.7t）的作用点沿 x 方向偏离支承中心 O 的距离 u 为 0.14m，即固定部分重心坐标为(0.14，0)，因此腿压计算公式为

$$\begin{cases} R_{zA}=\dfrac{G_1}{4}\left(1+\dfrac{2u}{S}\right)+\dfrac{G_2}{4}\left(1+\dfrac{2t}{S}\right)+\dfrac{M\sin\varphi}{2B}\left(1+\dfrac{2t}{S}\right)+\dfrac{M\cos\varphi}{2S} \\ R_{zB}=\dfrac{G_1}{4}\left(1-\dfrac{2u}{S}\right)+\dfrac{G_2}{4}\left(1-\dfrac{2t}{S}\right)+\dfrac{M\sin\varphi}{2B}\left(1-\dfrac{2t}{S}\right)-\dfrac{M\cos\varphi}{2S} \\ R_{zC}=\dfrac{G_1}{4}\left(1-\dfrac{2u}{S}\right)+\dfrac{G_2}{4}\left(1-\dfrac{2t}{S}\right)-\dfrac{M\sin\varphi}{2B}\left(1-\dfrac{2t}{S}\right)-\dfrac{M\cos\varphi}{2S} \\ R_{zD}=\dfrac{G_1}{4}\left(1+\dfrac{2u}{S}\right)+\dfrac{G_2}{4}\left(1+\dfrac{2t}{S}\right)-\dfrac{M\sin\varphi}{2B}\left(1+\dfrac{2t}{S}\right)+\dfrac{M\cos\varphi}{2S} \end{cases}$$

式中，M 为由 G_2 引起的偏心力矩和由货物偏摆和风载荷产生的水平力矩(N·m)。

由 $\dfrac{dR_{zA}}{d\varphi}=0$ 知，支点 A 的腿压 R_{zA} 的极值发生在 $\varphi=\arctan\dfrac{S+2t}{B}$ 时，即 $\varphi=45°$(臂架位于 A 支点的上方)，或者发生在 $\varphi=225°$(臂架位于 C 支点的上方)时。

遍历所有载荷组合情况后可知，在各种可能的情况下，起重机的最大腿压发生在支点 A 上，且工作情况Ⅱ、非工作情况Ⅲ中出现最大腿压的状态描述如下。

工作工况Ⅱ：臂架位于 A 支点的上方 ($\varphi=45°$)，幅度最大，工作状态风沿着臂架由后向前吹。

非工作情况Ⅲ：抓斗落地，臂架位于 C 支点的上方 ($\varphi=225°$)，幅度最小，且暴风沿着臂架由前向后吹。其具体计算过程如下。

(1) 工作工况Ⅱ下起重机的最大支承反力。

此时水平力矩为

$$M_{\text{Ⅱ}}=G_2e+P_{\text{WⅡ}}h_{\text{WⅡ}}+P_{\text{Q}}R_{\max}=297.30\times2.19+155.49+25\times25=1431.58(\text{t}\cdot\text{m})$$

式中，G_2 为满载时回转部分的总质量，$G_2=297.3\,\text{t}$；e 为满载最大幅度时回转部分重心位置，$e=2.19\,\text{m}$；$P_{\text{WⅡ}}h_{\text{WⅡ}}$ 为工作状态风载荷引起的力矩，$P_{\text{WⅡ}}h_{\text{WⅡ}}=155.49\,\text{t}\cdot\text{m}$。

则四支点中 A 的腿压最大，且最大支承反力为

$$\begin{aligned} R_{zA\max}&=\frac{G_1}{4}\left(1+\frac{2u}{S}\right)+\frac{G_2}{4}\left(1+\frac{2t}{S}\right)+\frac{M_{\text{Ⅱ}}\sin45°}{2B}\left(1+\frac{2t}{S}\right)+\frac{M_{\text{Ⅱ}}\cos45°}{2S} \\ &=\frac{138.70}{4}\left(1+\frac{2\times0.14}{12}\right)+\frac{297.30}{4}+\frac{1431.58\sin45°}{2\times12}+\frac{1431.58\cos45°}{2\times12} \\ &=194.17(\text{t}) \end{aligned}$$

(2) 暴风工况Ⅲ下起重机的最大支承反力。

此时水平力矩为

$$M_{\text{Ⅲ}}=G_2e+P_{\text{WⅢ}}h_{\text{WⅢ}}=-272.30\times2.31-1421.41=-2050.42(\text{t}\cdot\text{m})$$

式中，G_2 为空载时回转部分总质量，$G_2=272.30\,\text{t}$；e 为空载最小幅度时回转部分重心位置，$e=-2.31\,\text{m}$(回转部分重心随着臂架位置的改变，其坐标会发生变化，此时偏向 $-x$ 轴)；$P_{\text{WⅢ}}h_{\text{WⅢ}}$ 为非工作状态风载荷引起的力矩，$P_{\text{WⅢ}}h_{\text{WⅢ}}=-1421.41\,\text{t}\cdot\text{m}$。

则四支点中 A 的腿压最大，且最大支承反力为

$$R_{zA\max}=\frac{G_1}{4}\left(1+\frac{2u}{S}\right)+\frac{G_2}{4}\left(1+\frac{2t}{S}\right)+\frac{M_{\mathrm{III}}\sin 225^\circ}{2B}\left(1+\frac{2t}{S}\right)+\frac{M_{\mathrm{III}}\cos 225^\circ}{2S}$$
$$=\frac{138.70}{4}\left(1+\frac{2\times 0.14}{12}\right)+\frac{272.30}{4}+\frac{2\,050.42\sin 45^\circ}{2\times 12}+\frac{2\,050.42\cos 45^\circ}{2\times 12}$$
$$=224.38(\mathrm{t})$$

(3) 确定起重机的车轮数。

根据上述计算，起重机满足工作状态时码头许用轮压的单支点下大车轮数为

$$m=\frac{R_{zA\max}}{[P_{\mathrm{L}}]_{\mathrm{II}}}=194.17/25=7.78(个)$$

起重机满足非工作状态时码头许用轮压的单支点下大车轮数为

$$m=\frac{R_{zA\max}}{[P_{\mathrm{L}}]_{\mathrm{III}}}=224.38/30=7.5(个)$$

结论：该门座式起重机每个支点下的车轮数应为 8 个。

5. 整机稳定性校核

整机稳定性校核时的坐标系如图 3-8 所示，边 AD、BC 为轨道边，以 $\varphi=0^\circ$ 为 x 轴正向，此即为垂直于大车运行轨道指向海水侧；以 $\varphi=90^\circ$ 方向为 y 轴正向。由表 3-3 可知起重机工作或非工作状态下，臂架不同位置时的整机（除抓斗和吊重外）自重和合成重心坐标（见表 3-8）。

表 3-8　不同位置时整机自重和合成重心坐标

	整机自重(除起升质量)/t	臂架位置角 φ/(°)	重心坐标/m	
			x_G	y_G
工作状态（最大幅度）	411.0	0	−0.14	0
		90	0.05	−0.19
		180	0.23	0
非工作状态（最小幅度）	411.0	0	−1.48	0
		90	0.05	−1.53
		180	1.58	0

(1) 基本稳定性：无风，满载起升，臂架处于最大幅度状态。

根据臂架在回转平面内的不同位置，稳定性验算如下：

a. 臂架垂直于大车轨道，面向海侧 ($\varphi=0^\circ$)，倾覆线为 AD 边，各载荷对倾覆线的合力矩为

$$\sum M=P_G(S/2+x_G)-1.5P_Q(R_{\max}-t-S/2)$$
$$=411\times[12/2+(-0.14)]-1.5\times 25\times(35+0-12/2)$$
$$=1\,320.96(\mathrm{t\cdot m})>0$$

b. 臂架平行于大车轨道（$\varphi=90°$），倾覆线为 AB 边，各载荷对倾覆线的合力矩为

$$\sum M=P_G(B/2+y_G)-1.5P_Q(R_{max}-B/2)$$
$$=411\times[12/2+(-0.19)]-1.5\times25\times(35-12/2)=1300.41(t\cdot m)>0$$

c. 臂架垂直于大车轨道，面向陆侧（$\varphi=180°$），倾覆线为 BC 边，各载荷对倾覆线的合力矩为

$$\sum M=P_G(S/2-x_G)-1.5P_Q(R_{max}+t-S/2)$$
$$=411\times[12/2-0.23]-1.5\times25\times(35+0-12/2)=1283.97(t\cdot m)>0$$

故满足基本稳定性要求。

(2) 动态稳定性：有风，满载正常工作，臂架处于最大幅度状态。

a. 臂架垂直于大车轨道，面向海侧（$\varphi=0°$），风沿着臂架方向吹时，倾覆线为 AD，各载荷对倾覆线的合力矩为

$$\sum M=P_G(S/2+x_G)-1.3P_Q(R_{max}-t-S/2)-P_{W\mathrm{II}}h_{W\mathrm{II}}-P_Ah_A$$
$$=411\times[12/2+(-0.14)]-1.3\times25\times(35+0-12/2)-155.49-202.99$$
$$=2127.36(t\cdot m)>0$$

风垂直于臂架方向吹时，倾覆线为 AB，各载荷对倾覆线的合力矩为

$$\sum M=P_G(B/2+y_G)-P'_{W\mathrm{II}}h'_{W\mathrm{II}}-P_Ah_A$$
$$=411\times[12/2+(-0.19)]-208.90-202.99=1976.02(t\cdot m)>0$$

注：计算中由风载荷引起的倾覆力矩详见教材例表 3-3。

b. 臂架平行于大车轨道（$\varphi=90°$），风沿着臂架方向时，倾覆线为 AB 或 CD，各载荷对倾覆线的合力矩为

$$\sum M=P_G(B/2+y_G)-1.3P_Q(R_{max}-B/2)-P_{W\mathrm{II}}h_{W\mathrm{II}}-P_Ah_A$$
$$=411\times[12/2+(-0.19)]-1.3\times25\times(35-12/2)-208.90-202.99$$
$$=1083.99(t\cdot m)>0$$

风垂直于臂架吹时，倾覆线为 AD，各载荷对倾覆线的合力矩为

$$\sum M=P_G(S/2-x_G)-P'_{W\mathrm{II}}h'_{W\mathrm{II}}-P_Ah_A$$
$$=411\times[12/2-0.05]-208.90-202.99=2054.11(t\cdot m)>0$$

c. 臂架垂直于大车轨道，面向陆侧（$\varphi=180°$），风沿着臂架方向吹时，倾覆线为 AD，各载荷对倾覆线的合力矩为

$$\sum M=P_G(S/2-x_G)-1.3P_Q(R_{max}+t-S/2)-P_{W\mathrm{II}}h_{W\mathrm{II}}-P_Ah_A$$
$$=411\times[12/2-0.23]-1.3\times25\times(35+0-12/2)-155.49-202.99$$
$$=1070.49(t\cdot m)>0$$

风垂直于臂架方向吹时，倾覆线为 AB 或 CD，各载荷对倾覆线的合力矩为

$$\sum M = P_G(B/2 - y_G) - P'_{WII} h'_{WII} - P_A h_A$$
$$= 411 \times [12/2 - 0] - 208.90 - 202.99 = 2054.11(\mathrm{t \cdot m}) > 0$$

故该起重机满足动态稳定性要求。

(3) 抗暴风稳定性：非工作时遭暴风袭击，抓斗落地，臂架处于最小幅度状态。

a. 臂架垂直于大车轨道，面向海侧（$\varphi=0°$），风沿着臂架方向吹时，倾覆线为 BC，各载荷对倾覆线的合力矩为

$$\sum M = P_G(S/2 + x_G) - 1.2 P_{WIII} h_{WIII}$$
$$= 411 \times [12/2 + (-1.48)] - 1.2 \times 1421.41 = 152.03(\mathrm{t \cdot m}) > 0$$

风垂直于臂架方向吹时，倾覆线为 AB 或 CD，各载荷对倾覆线的合力矩为

$$\sum M = P_G(B/2 - y_G) - 1.2 P'_{WIII} h'_{WIII}$$
$$= 411 \times [12/2 - 0] - 1.2 \times 1625.09 = 515.89(\mathrm{t \cdot m}) > 0$$

b. 臂架平行于大车轨道（$\varphi=90°$），风沿着臂架方向吹时，倾覆线为 AB，各载荷对倾覆线的合力矩为

$$\sum M = P_G(B/2 + y_G) - 1.2 P_{WIII} h_{WIII}$$
$$= 411 \times [12/2 + (-1.53)] - 1.2 \times 1421.41 = 131.48(\mathrm{t \cdot m}) > 0$$

风垂直于臂架吹时，倾覆线为 AD 或 BC，各载荷对倾覆线的合力矩为

$$\sum M = P_G(S/2 - x_G) - 1.2 P'_{WIII} h'_{WIII}$$
$$= 411 \times [12/2 - 0.05] - 1.2 \times 1625.09 = 495.34(\mathrm{t \cdot m}) > 0$$

c. 臂架垂直于大车轨道，面向陆侧（$\varphi=180°$），风沿着臂架方向吹时，倾覆线为 BC，各载荷对倾覆线的合力矩为

$$\sum M = P_G(S/2 + x_G) - 1.2 P_{WIII} h_{WIII}$$
$$= 411 \times [12/2 - 1.58] - 1.2 \times 1421.41 = 110.93(\mathrm{t \cdot m}) > 0$$

风垂直于臂架方向吹时，倾覆线为 AB 或 CD，各载荷对倾覆线的合力矩为

$$\sum M = P_G(B/2 + y_G) - 1.2 P_{WIII} h_{WIII}$$
$$= 411 \times [12/2 - 0] - 1.2 \times 1625.09 = 515.89(\mathrm{t \cdot m}) > 0$$

故满足非工作最大风载荷作用时的稳定性要求。

(4) 抗后倾稳定性：有向后吹工作风载，且突然空中卸载，卸载的有效载荷为 16 t，臂架处在最大幅度 35 m 处。

a. 臂架垂直于大车轨道，面向海侧（$\varphi=0°$），风沿着臂架方向吹时，倾覆线为 AD，各载荷对倾覆线的合力矩为

$$\sum M = P_G(S/2 + x_G) - 0.2 P_I(R_{max} + t + S/2) - P_{WII} h_{WII}$$
$$= 411 \times [12/2 + (-0.14)] - 0.2 \times (25 - 9) \times (35 + 0 + 12/2) - 155.49$$
$$= 2121.77(\mathrm{t \cdot m}) > 0$$

b. 臂架平行于大车轨道（$\varphi=90°$），风沿着臂架方向吹时，倾覆线为 AB，各载荷对倾覆线的合力矩为

$$\begin{aligned}\sum M &= P_G(B/2+y_G)-0.2P_I(R_{max}+t+B/2)-P_{W\text{II}}h_{W\text{II}} \\ &= 411\times[12/2+(-0.19)]-0.2\times(25-9)\times(35+0+12/2)-155.49 \\ &= 2101.22(\text{t}\cdot\text{m})>0\end{aligned}$$

c. 臂架垂直于大车轨道，面向陆侧（$\varphi=180°$），风沿着臂架方向吹时，倾覆线为 BC，各载荷对倾覆线的合力矩为

$$\begin{aligned}\sum M &= P_G(S/2-x_G)-0.2P_I(R_{max}-t+S/2)-P_{W\text{II}}h_{W\text{II}} \\ &= 411\times[12/2-0.23]-0.2\times(25-9)\times(35+0+12/2)-155.49 \\ &= 2084.78(\text{t}\cdot\text{m})>0\end{aligned}$$

故满足突然卸载时的稳定性要求。

结论：该起重机满足整体稳定性要求。

四、思考题

(1) 港口起重机生产率受哪些因素的影响，为什么工程中又常称之为理论生产率？

(2) 以一种起重机（门机、岸桥、桥式抓斗卸船机、轨道吊或轮胎吊）为例，简要叙述起重机生产率计算中其作业循环过程，并说明其生产率计算的原理。

(3) 试论述工作速度与工作行程之间的关系。若一装卸用桥式起重机，其起升高度 H 为 12～16m，起升加速度 a_q 为 0.2m/s^2，大车行程 L 为 50～60m，运行加速度 a_y 为 0.2m/s^2，试确定合理的工作速度范围。

(4) 按刚性车架或铰接车架假设计算轮压的原理是什么？若算得的最小轮压为负值或等于零时，按前述假设算得的轮压与实际情况相符吗？

(5) 在各种假设条件下，起重机支点的腿压和轮压之间的关系是什么？设计时，如何确定起重机整机的车轮数？

(6) 请根据刚性车架假设或铰接车架假设推导出图 3－9 所示门座起重机的腿压计算公式。考虑固定部分自重载荷 G_1，坐标$(u,\ 0)$，回转部分自重 G_2，臂架铰点的坐标$(t,\ 0)$，由水平载荷引起的绕 x 轴或 y 轴的力矩分别为 M_{Hx} 和 M_{Hy}（矢量沿着坐标轴的正向）。

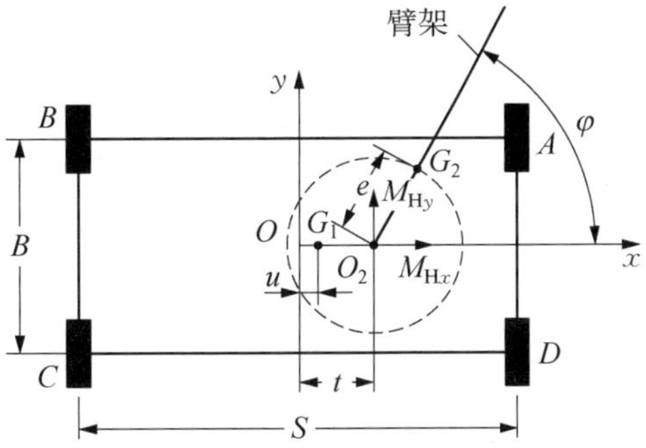

图 3－9 门座起重机

(7) 门座起重机要不要验算整机抗倾覆稳定性？分析在工作状态下，最易发生倾覆的工作情况、倾覆线的位置以及防倾覆能够采取的措施。

(8) 为什么突然减载也会引起起重机倾覆？请说明倾覆发生时，最可能的倾覆方向。

(9) 岸边集装箱起重机、集装箱门式起重机或桥式抓斗卸船机要不要验算防风抗滑安全性？为什么？

（10）抗风防滑安全性的验算工况有哪些？可采取哪些安全措施？

（11）请简述防风抗滑装置的类型和工作原理？

五、计算题和答案

（1）计算台州发电厂卸煤专用码头10 t抓斗卸船机的生产率。煤船、码头及卸船机主要尺寸如图3－10所示。取平均潮位、半载吃水、煤船中线位置时，H 为14.1 m，h 为7.5 m，S 为13.2 m。开闭绳收绳量 L 为8.2 m，煤的堆积密度为0.8 t/m³，抓斗的容积为7.1 m³，填充系数 ψ 为0.85，料斗宽度 a 为5 m（抓斗中心线进入料斗边缘1 m后方能开斗卸料）。起升速度 v_q 为80 m/min，启制动时间 $t_q=t_z=1\,s$；小车速度 v_{yt} 为120 m/min，启制动时间 $t'_q=t'_z=3\,s$。

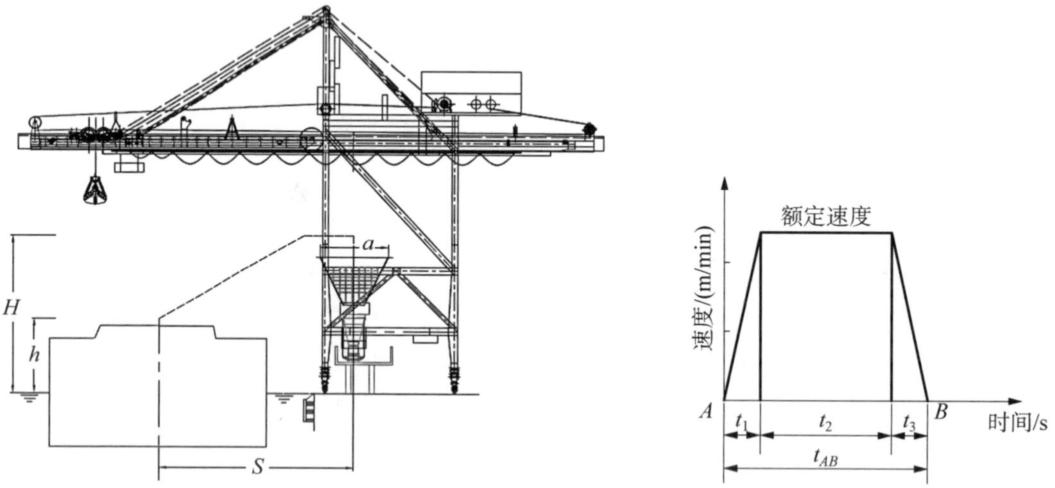

图3－10 主要尺寸

【答案】作业循环图如图3－11所示，可算得生产率为411.4 t/h。

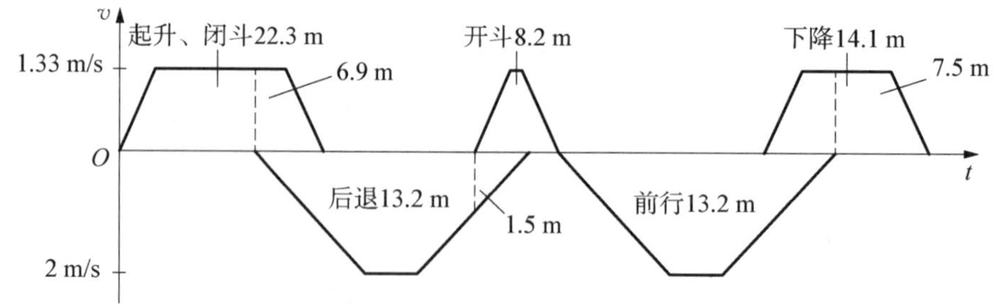

图3－11 作业循环图

（2）计算门座起重机的稳定性（见图3－12）。已知起重量 Q 为5 t，抓斗质量 m 为3 t，最大工作幅度 R_{max} 为24 m，起升（下降）速度 v_q 为60 m/min。象鼻梁端部高度 h 为23 m，车架的轨距和基距 $B=S=6\,m$，起重机自重 G 为97.31 t。工作状态下最大幅度时重心偏离回转中心的距离 x_0 为－0.043 m，重心高度 h_0 为10 m；非工作状态下最小幅度时起重机中心距回转

中心的距离 x_0' 为 $-0.548\,\text{m}$,离地面(轨面)的高度 h_0' 为 10.05 m。坡度角 γ 为 $0°10'$,起升绳偏摆角 α_{II} 为 12°,起升绳偏摆后离倾覆线的水平距离 R' 为 25.4 m。工作状态风载荷 P_{WII} 为 28.9 kN,作用高度 h_{WII} 为 12 m;非工作状态风载荷 P_{WII} 为 104.8 kN, h_{WII} 为 14.5 m。按《起重机设计规范》(GB/T 3811—2008)表 54 中四种情况验算起重机的稳定性。

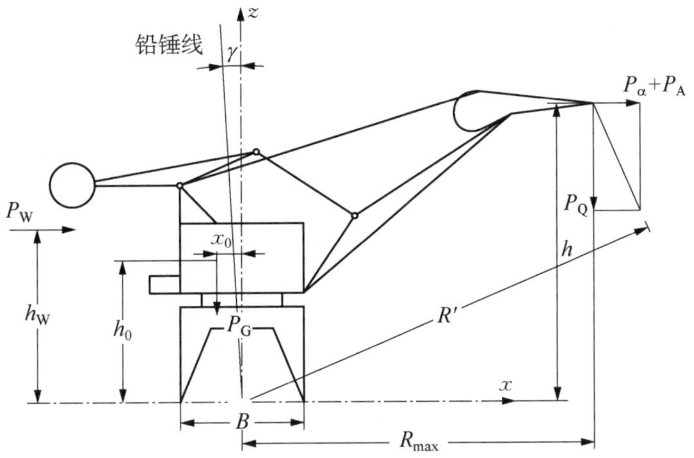

图 3-12 门座起重机的稳定性计算

【答案】① 工况 I——基本稳定性:倾覆力矩 $\sum M_{\text{I}} = 1357.2\,\text{kN}\cdot\text{m} > 0$,满足要求。

② 工况 II——动态稳定性:倾覆力矩 $\sum M_{\text{II}} = 885.61\,\text{kN}\cdot\text{m} > 0$,满足要求。

③ 工况 III——抗暴风稳定性:倾覆力矩 $\sum M_{\text{III}} = 1424.10\,\text{kN}\cdot\text{m} > 0$,满足要求。

④ 工况 IV——抗后倾稳定性:倾覆力矩 $\sum M_{\text{IV}} = 2423.41\,\text{kN}\cdot\text{m} > 0$,满足要求。

结论:满足整体稳定性。

(3) 某转柱式门座起重机的额定起重量为 5 t,如图 3-13 所示。车架自重载荷为 440 kN,回转部分重量(包括吊重)为 600 kN。回转中心离车架中心偏心 0.5 m,回转部分重心到回转中心之距离为 4 m,回转速度为 2.3 r/min。臂架端部高度为 23 m。工作状态最大风力为 30 kN,风力作用点离轨面 12.5 m。轨距为 6 m,基距为 7 m。每个台车下有 3 个车轮。试求工作状态下最大轮压。

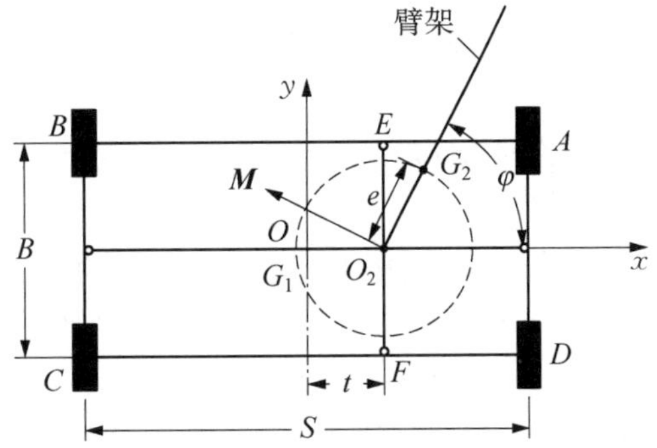

图 3-13 门座起重机的轮压计算

【答案】按第一铰接车架假设,可算得 $R_{zC} < 0$,说明实际应按三支点静定公式计算。最大轮压为 236.95 kN。

第四章 机构及其零部件的设计计算原则

一、学习目标

（一）知识目标

（1）了解起重机械的主要驱动方式及其使用场合，了解电力驱动时电动机的特性。

（2）掌握不同机构电动机的初选与验算方法。

（3）综合考虑机械零部件的材料、几何尺寸和使用环境等因素，掌握静强度、稳定性、耐磨损及防过热验算和抗疲劳计算方法。

（二）能力目标

（1）根据工作要求和适用场合，能合理选择起重机的驱动方式。

（2）根据不同的电动机类型及可获得的产品样本资料，能选择恰当的方法初选电动机，并进行过载和发热验算。

（3）针对在外载荷作用下可能发生破坏或失效的主要形式，能够合理地计算起重机机械零部件的静强度、稳定性、疲劳强度等。

二、学习要点

驱动装置是用来驱动工作机构的动力设备，是起重机械的重要组成部分。港口起重机的驱动形式有电力驱动、内燃机驱动、复合驱动等。港口使用的有轨运行起重机通常在港区的一定范围内作业，一般由电网供电，采用电力驱动方式。对于流动式起重机（如轮胎式集装箱门式起重机），由于作业范围变化大，一般采用柴油机带动发电机供电，也可采用内燃机驱动或复合驱动方式。

（一）电力驱动

1. 概述

电力驱动有交流和直流两种。起重机的主要机构一般采用起重冶金用系列异步电动机、直流电动机，或适合于起重机使用特点的其他电动机。

由于交流电源容易获得，所以在起重机械中更多使用交流异步电动机。

直流电动机的调速范围较大，过载能力强，传动效率高，机械性能更能满足起重机械的工作要求。但一般的作业场地没有直流电源，需另外安装整流设备或直流电网供电。而且与同容量的交流异步电动机相比，直流电动机的体积、自重、价格和维护费用都比较大。因此，除了特别重要或要求在较大范围内调速的工作机构，如造船用门座起重机、岸边集装箱起重机、浮式起重机的起升机构外，一般较少使用直流电动机。

目前，交流变频调速技术在工业界应用广泛，为交流异步电动机驱动的起重机大范围、高质量地调速提供了全新的方案。它具有高性能的调速指标，可以使用结构简单、工作可靠、维护方便的鼠笼式异步电动机。这种电动机高效、节能，其外围控制线路简单，维护工作量小，保护监测功能完善，运行可靠性较传统的交流调速系统有较大的提高。所以，交流变频调速成为起重机交流调速技术发展的主流。

2. 电动机的工作制

国家标准《旋转电机　定额和性能》(GB 755—2008)根据负荷的不同性质，将电动机的工作制分为 S1～S10 共十类。其中基准工作制为 S3-40%，即工作制为 S3，基准负载持续率(起重机上称为接电持续率)为 40%，每个工作周期为 10 min。

装卸作业港口机械的最大特点就是速度高、操作频繁。除连续输送机械和个别的机构为长期、短期载荷外，基本都是重复短期工作制。随着机械效率的提高，某些机械的接电持续率也相应地大幅度增加。港口起重机常用的几种工作制：S1 工作制为连续工作制；S2 工作制为短时工作制；S3 工作制为断续周期工作制；S4 工作制为包括启动的断续周期工作制；S5 工作制为包括电制动的断续周期工作制。

3. 电动机的转速

电动机的转速公式如下：

$$n = 60\frac{f}{p} \tag{4-1}$$

$$n_N = (1-s)\times 60\frac{f}{p} \tag{4-2}$$

$$s = \frac{n-n_N}{n}\times 100\% \tag{4-3}$$

式中，n 为同步转速(r/min)；n_N 为电动机转速(r/min)；s 为转差率；f 为电源频率(Hz)，一般 $f=50$ Hz；p 为磁极对数。

如两极电动机($p=1$)，其同步转速是 3000 r/min，由于转差率的存在，交流异步电动机的转速比对应极数的同步转速会略低一些，负载越重两者差别越大。因此两极交流异步电动机的实际转速可能为 2800～2850 r/min。

4. 电动机的 CZ 值

惯量增加率 C 与折合的每小时全启动次数 Z 的乘积 CZ 值是影响起重机启、制动过程中电动机发热的重要参数。

惯量增加率 C 按下式计算：

$$C = \frac{J_d + J_e}{J_d} \tag{4-4}$$

式中，J_d 为电动机的转动惯量($kg\cdot m^2$)；J_e 为电动机以外的运动质量折算到电动机轴上的转动惯量($kg \cdot m^2$)。

折合的全启动次数 Z 按下式计算:

$$Z = d_c + g d_i + r f \tag{4-5}$$

式中,d_c 为每小时全启动次数;d_i 为每小时点动或不完全启动次数;f 为每小时电气制动次数;g、r 为折合系数,一般可取 $g=0.25$,$r=0.8$。

按 Z 值划分启动等级,一般为 150 次/小时、300 次/小时、600 次/小时。CZ 值的常用数值是 150、300、450、600 和 1000。

5. 电动机的接电持续率 JC 值

接电持续率 JC 值表征电动机重复短时的工作情况,用在工作循环时间小于 10min 的场合。其定义为工作周期中的负载(包括启动与电制动在内)持续时间与整个周期的时间之比,用百分数表示,即

$$JC = \frac{\text{在起重机一个工作循环中该机构的运转时间}}{\text{起重机一个工作循环的总时间}} \times 100\% \tag{4-6}$$

起重机各机构的接电持续率 JC 值、稳态负载平均系数 G 以及惯性增加率 C 与折合每小时全启动次数 Z 的乘积 CZ 值都是影响电动机发热的重要因素,这些数值的大小只与电动机的使用有关,应根据实际载荷及控制情况计算,而与机构的工作级别无关。

《起重机设计规范》(GB/T 3811—2008)中对工作级别较低、运行时间较长的机构电机的接电持续率做出了明确规定,水电站门式起重机等起升速度慢、起升范围大的起重机或特殊用途的慢速起重机在一个工作循环中起升机构运转时间往往超过 10 min,其电动机功率应按短时工作方式 S2 选择;在一个工作循环中起升机构平均运转时间为 10~30 min 时,S2 标定时间为 30 min;在一个工作循环中起升机构平均运转时间为 30~60 min 时,S2 标定时间为 60 min。

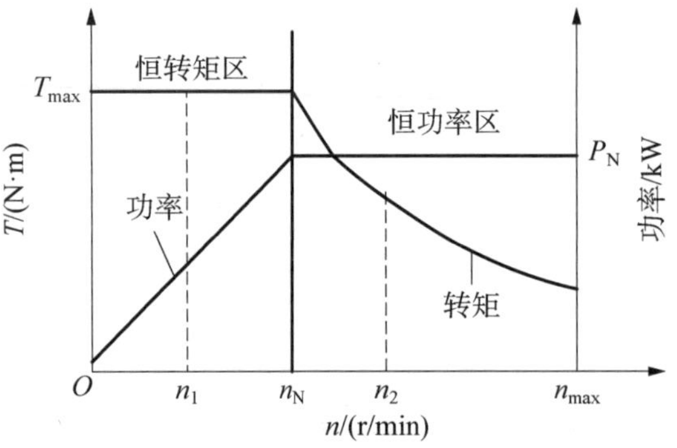

图 4-1 变频电动机的特性曲线示意图

6. 变频电动机的特性

电动机的额定功率 P_N(kW)、额定转速 n_N(r/min)和额定转矩 M_N($N \cdot m$)之间满足关系:

$$M_N = 9550 \times \frac{P_N}{n_N} \tag{4-7}$$

以起升机构为例(见图 4-1),满载时实际转速 $n_1 < n_N$,变频电机处于恒转矩段,即电动机输出的实际转矩 $T = M_N$;空载时实际转速 $n_2 > n_N$,变频电机处于恒功率段,代入式(4-7),即电动机输出的实际转矩 $T < M_N$。这样可以满足"重载低速,轻载高速"的需要。

7. 电动机的初选与验算

电动机的选择应依据类型及结构形式,供电形式,功率,工作制与接电持续率,额定转矩、堵转力矩和最大转矩,额定转速,调速方式,防护等级,环境温度及湿度,海拔等因素。

(1) 电动机的初选原则。

a. 对起升机构和运行机构,用直流电动机、笼型异步电动机时,按"静功率——接电持续

率法”初选；对回转机构和变幅机构，可按“等效功率——接电持续率法”初选。

b. 对 YZR 系列等能提供有关按 CZ 值计算选择电动机资料的异步电动机，按“稳态负载系数法”初选。

c. 对未能提供按 CZ 值计算选择电动机的资料，但已知采用电动机的机构工作级别的，其所需功率按“等效接电持续率经验法”初选(用于起升机构)。

d. 对能获得电动机负荷图的机构，可按“等效平均功率法”初选。

(2) 初选功率的计算和选型方法。

起重机各机构的电动机初选方法及功率计算和选型方法如表 4-1 所示。

表 4-1　起重机各机构电动机的初选功率计算和选型方法

初选方法	适用的机构名称	计算公式	选型方法
稳态计算功率法	起升机构	$P_N=\dfrac{P_Q v_q}{1000\eta m}$	根据 P_N 和实际接电持续率直接从电动机样本上初选出所需要的电动机
	运行机构	$P_N=\dfrac{P_j v_y}{1000\eta m}$	乘以一个大于1的系数，从电动机样本上初选所需的电动机
	牵引小车式运行机构	$P_N=\dfrac{Mn}{9\,550\eta}$	根据 P_N 从电动机样本上初选所需的电动机
等效功率法	回转机构	$P_e=\dfrac{M_{eq}n}{9\,550\eta}$	根据 P_e 从电动机样本上初选所需的电动机。惯性力较大时，应考虑惯性力的影响
	非平衡式变幅机构	$P_e=\dfrac{P_{eq}v_b}{1000a\eta}$	根据 P_e 和实际接电持续率，直接从电动机样本上初选出所需要的电动机
	平衡式变幅机构	$P_e=\dfrac{F_{Id}v_b}{1000a\eta}$ $F_{Id}=\sqrt{\sum_{i=1}^{n}P_{Ii}^2 t_i\Big/\sum_{i=1}^{n}t_i}$	根据 P_e 从电动机样本上初选所需的电动机
稳态负载系数法	所有机构	$P_n\geqslant GP_N$ $P_n\geqslant GP_e$	根据 P_n 从电动机样本上初选出所需的电动机。稳态负载平均系数 G 的具体数值见教材表 4-1 和表 4-2
等效接电持续率法	起升机构		根据 P_N 以及与机构工作级别对应的等效接电持续率 JC' 从电动机样本上初选所需的电动机
等效平均功率法	所有机构	在获得电动机的负荷图后，可计算等效平均功率： $M_{med}=\sqrt{\sum_{i=1}^{n}M_i^2 t_i\Big/\sum_{i=1}^{n}t_i}$ $P_{med}=\dfrac{M_{med}n}{9\,550\eta}$ (M_i 为包括电动机转动及移动质量全部惯性力在内的各个阶段的转矩值。在变载荷情况下，至少取 10 个连续工作循环中载荷最大的一个循环计算)	如果电动机一次负载运行时间不超过 10 min，由 P_{med} 从电动机样本上选出 S3 工作制的电动机即为所要的电动机

各种起重机各机构的接电持续率 JC 和稳态负载平均系数 G 均应根据实际的载荷情况计算。如在设计时，无法获得其详细资料，可参见 GB/T 3811—2008 附录 Q 选用。

(3) 电动机的过载和发热验算。

起重机各机构电动机的过载和发热验算如表 4 - 2 所示。

表 4 - 2　起重机各机构电动机的过载和发热验算

<table>
<tr><th>验算项目</th><th>适用的机构名称</th><th colspan="2">验算公式</th><th>备注</th></tr>
<tr><td rowspan="4">过载验算</td><td>起升机构</td><td colspan="2">$P_N \geqslant \frac{H}{m\lambda_m}\frac{P_Q v_q}{1000\eta}$</td><td></td></tr>
<tr><td>轨道式运行机构</td><td colspan="2">$P_N \geqslant \frac{1}{m\lambda_{As}}\left\{[P_{\sum}(\omega+m_\alpha)+P_{WII}]\frac{v_y}{1000\eta}+\frac{\sum Jn^2}{91200t_q}\right\}$</td><td></td></tr>
<tr><td>回转机构</td><td colspan="2">$P_N \geqslant \frac{H}{m\lambda_m}\frac{(M_m+M_{\alpha max}+M_{WII}+M_A)n}{9550i \cdot \eta}$</td><td></td></tr>
<tr><td>变幅机构</td><td colspan="2">$P_N \geqslant \frac{H}{m\lambda_m}\frac{\sum F_{max}v_b}{1000\eta}$</td><td></td></tr>
<tr><td rowspan="8">发热验算</td><td>所有机构</td><td colspan="2">$C_k(1-\eta_N)P_{S1}T>(1-\eta_m)P_m t_N+\left(P_{S1}\frac{I_D}{I_N}t_E-\frac{Jn_m^2\times10^{-3}}{180}\right)$</td><td>笼型异步电动机</td></tr>
<tr><td>起升机构</td><td rowspan="4">$P \geqslant P_S$</td><td>$P_S = G\frac{P_Q v_q}{1000\eta}$</td><td rowspan="4">绕线转子异步电动机及变频控制笼型电动机[①]</td></tr>
<tr><td>运行机构</td><td>$P_S = G[P_{\sum}(\omega+m_\alpha)+P_{WI}]\frac{v_y}{1000m \cdot \eta}$</td></tr>
<tr><td>回转机构</td><td>$P_S = G\frac{(M_m+M_\alpha+M_{WI})n}{9550m \cdot i \cdot \eta}$</td></tr>
<tr><td>变幅机构</td><td>$P_S = G\frac{F_{Id}v_b}{1000m \cdot \eta}$</td></tr>
<tr><td>起升机构</td><td>$P \geqslant P_N$</td><td>P 为电动机在相应接电持续率下的输出功率</td><td rowspan="2">绕线转子异步电动机及变频控制笼型电动机[②]</td></tr>
<tr><td>运行机构</td><td>$P \geqslant P_S$</td><td>$P_S = \frac{1}{m}\left\{[P_{\sum}(\omega+m_\alpha)+P_{WI}]\frac{v_y}{1000\eta}+\frac{\sum Jn^2}{182400t_q}\right\}$
P 为电动机在相应接电持续率下的输出功率</td></tr>
<tr><td>所有机构</td><td colspan="2">$R_{n\xi} = P_\xi R_n \leqslant 1$</td><td>采用涡流制动器、晶闸管定子调压等调速系统的电动机[③]</td></tr>
</table>

① 表示按 G 值、JC 值、CZ 值选出的电动机的发热校验。
② 按机构工作级别及其等效接电持续率进行电动机的发热校验。
③ 按平均损耗法验算电动机的发热。

(二) 内燃机驱动

内燃机分柴油机、汽油机和液体石油气机三种。柴油机虽然购置费用高，但由于其热效率高、运营费用低、过载能力较大，所以在流动式起重机中应用最为广泛。

柴油发电机组有比较刚硬的机械特性，即当突加、突卸载荷时，柴油机的转速可降到很小，且速度恢复时间很短，从而保证发电机的频率相对稳定。发电机为同步发电机，励磁调节性能好，能够在极低的功率因数与较大的冲击电流下，迅速稳定发电机端电压。

现以轮胎式集装箱门式起重机(轮胎吊)为例，阐述内燃机驱动系统的选型步骤。

柴油发电机组由柴油机与发电机连接组成，如图4-2所示。柴油发电机组由柴油机与发电机连接，发电机组发出的交流电送往电气房，经可控硅整流变频系统，将电提供给起升、小车、大车三大机构的电动机以及机上辅助设备。

图4-2　柴油发电机组

由于轮胎吊工作繁重，动力系统必须提供足够的动力，满足起升与小车运行联合动作或者大车运行启动加速时稳定工作的需求，通常柴油发电机组的发电机容量大于柴油机的功率。由于大车运行机构不会与起升机构同时工作，且大车运行机构的总电机容量小于起升机构，因此计算中不考虑大车运行机构的影响。

1. 发电机的选型

1) 发电机供给的最大电流 I_{max}

发电机供给的最大电流按下述两种工作情况计算：①小车正常运行，满载起升启动时的发电机最大工作电流 I_{max1}；②满载平稳起升，小车启动时的发电机最大电流 I_{max2}。取两者的大者为 I_{max}，即

$$I_{max}=\{I_{max1},\ I_{max2}\}_{max} \tag{4-8}$$

小车正常运行，满载起升启动时的发电机最大电流 I_{max1} 表示为

$$I_{max1}=I_{cont}+I_T+I_{HS} \tag{4-9}$$

式中，I_{cont} 为机械上连续运转辅助设备的工作电流总和(A)；I_{HS} 为起升机构满载起升时，折算至发电机电枢端的电动机启动电流(A)；I_T 为小车运行机构电动机最大工作电流折算至发电机电枢端(A)。

满载起升，小车启动时的发电机最大电流 I_{max2} 表示为

$$I_{max2}=I_{cont}+I_{H}+I_{TS} \tag{4-10}$$

式中，I_H 为起升机构电动机满载起升时折算至发电机电枢端的工作电流(A)；I_{TS} 为小车运行机构电动机启动时折算至发电机电枢端的电流(A)。

2）发电机的功率 P_G

由于发电机除提供动力外，尚需向辅助机械、控制与照明系统供电，故而必须是交流发电机。而机构驱动可为交流，也可为直流。于是，发电机功率为

$$P_G=1.25\sqrt{3}UI_{max} \tag{4-11}$$

式中，P_G 为发电机功率(kW)；U 为发电机端压(kV)。

众所周知，对于 380 V 交流系统（简写为 380 VAC），发电机应为 400 VAC，则式(4－11)变为

$$P_G=0.866UI_{max} \tag{4-12}$$

在机组生产厂家的样本中，根据 P_G、I_{max} 选取合适的发电机产品。

2. 柴油机的选型

柴油机由于机械惯量相对较大，能够承受短时的冲击，故只要计算正常工作的最大功率即可。柴油机的选型工况为起升与小车同时满载工作，此时柴油机功率为

$$P_E=1.1(P_{cont}+P_H+P_T) \tag{4-13}$$

式中，P_E 为柴油机的功率(kW)；P_{cont} 为机械上连续运转机构的功率(kW)；P_H 为起升机构满载提升功率(kW)；P_T 为小车运行机构满载运行功率(kW)。

在厂家样本中，选用输出功率大于等于 P_E 的柴油机。按国家标准与国际惯例，要求发电机与柴油机瞬间最大电压降小于10%，正常工作时的电压降小于5%，并且电压恢复时间小于1s。要达到使用要求，除柴油机调速器性能好外，更要保证发电机的励磁调节性能。但由于内燃机运转时有噪声、废气，污染环境，近年来港口码头都在推动“油改电”节能改造工程，助力绿色低碳港口建设。

(三) 机械零部件的设计计算

1. 静强度计算

采用许用应力法来验证计算应力不超过所采用材料的许用应力，即

$$\sigma\leqslant[\sigma] \tag{4-14}$$

式中，σ 为计算应力，即计算零件在不同载荷情况下危险截面上的最大应力(N/mm^2)；$[\sigma]$为材料的许用应力(N/mm^2)。

1）计算应力与许用应力之间的关系

当计算应力与许用应力之间符合以下关系时，认为该机械零件满足了强度条件。

(1) 纯拉伸：$1.25\sigma_t\leqslant[\sigma]$，$\sigma_t$ 为计算的拉伸应力；

(2) 纯压缩：$\sigma_c\leqslant[\sigma]$，$\sigma_c$ 为计算的压缩应力；

(3) 纯弯曲：$\sigma_f\leqslant[\sigma]$，$\sigma_f$ 为计算的弯曲应力；

(4) 拉伸和弯曲复合：$1.25\sigma_t+\sigma_f\leqslant[\sigma]$；

(5) 弯曲和压缩复合：$\sigma_c+\sigma_f\leqslant[\sigma]$；

(6) 纯剪切：$\sqrt{3}\tau\leqslant[\sigma]$；

(7) 拉伸、弯曲和剪切复合：$\sqrt{(1.25\sigma_t+\sigma_f)^2+3\tau^2}\leqslant[\sigma]$；

(8) 压缩、弯曲和剪切复合：$\sqrt{(\sigma_c+\sigma_f)^2+3\tau^2}\leqslant[\sigma]$。

2) 静强度的许用应力

(1) 对于 $\dfrac{\sigma_s}{\sigma_b}<0.7$ 的钢材：

$$[\sigma]=\frac{\sigma_s}{n_s} \tag{4-15}$$

式中，σ_s 为钢材的屈服点，当钢材无明显的屈服点时，取 $\sigma_{0.2}$ 为 σ_s（$\sigma_{0.2}$ 为钢材标准拉力试验残余应变达 0.2%时的试验应力）（N/mm^2）；n_s 为与钢材的屈服点及载荷情况相对应的安全系数（见表 4-3）。

(2) 对于 $\dfrac{\sigma_s}{\sigma_b}\geqslant0.7$ 的高强度钢材：

$$[\sigma]=\frac{\sigma_b}{n_b} \tag{4-16}$$

式中，σ_b 为机械零件钢材的抗拉强度（N/mm^2）。n_b 为与钢材的抗拉强度及载荷情况相对应的安全系数（见表 4-3）。

表 4-3 强度安全系数 n 值

载荷情况	强度安全系数	
	n_s	n_b①
Ⅰ和Ⅱ	1.48	2.2
Ⅲ	1.22	1.8

① 对于灰铸铁而言，n_b 值要增加 25%。

2. 抗疲劳计算

应力循环数小于 8000 次时，可不必进行疲劳验算。

1) 疲劳强度计算的许用应力

零件的疲劳强度主要由以下因素决定：①制造零件的材料；②零件的形状、尺寸（比例效应）、表面情况、腐蚀程度和其他产生应力集中的因素；③在各种应力循环过程中出现的最小应力和最大应力的比值，即应力比 r（或称循环特性）；④应力谱；⑤应力循环数。

疲劳强度计算采用名义应力有限寿命设计准则。由于材料的疲劳极限是材料的标准试件在无限多次（应力循环次数为 2×10^6）等幅对称循环（应力比 $r=-1$）载荷作用下不发生破坏的最大应力，因此应用于实际机械零部件时，除需考虑形状、尺寸、表面情况、腐蚀程度等因素外，还应考虑非对称循环加载（应力比 $r\neq-1$）对材料疲劳极限的影响，即构造疲劳极限曲线（Smith 图），确定疲劳寿命曲线（对数坐标系下的威勒 WOHLER 曲线）建立寿命（有限寿命）

和应力循环数之间的指数关系(应力谱系数 K_S 中的幂指数 C)。据此曲线，利用迈内尔 MINER 疲劳损伤线性积累假设，根据机械零件的工作级别 j(组别号)确定其疲劳强度。计算疲劳许用应力时还需引入疲劳安全系数 n_r，考虑零部件的使用等级和应力状态的影响，取 $n_r = 3.2^{1/C}$。

疲劳强度许用应力的计算过程分为 6 步，如图 4－3 所示。

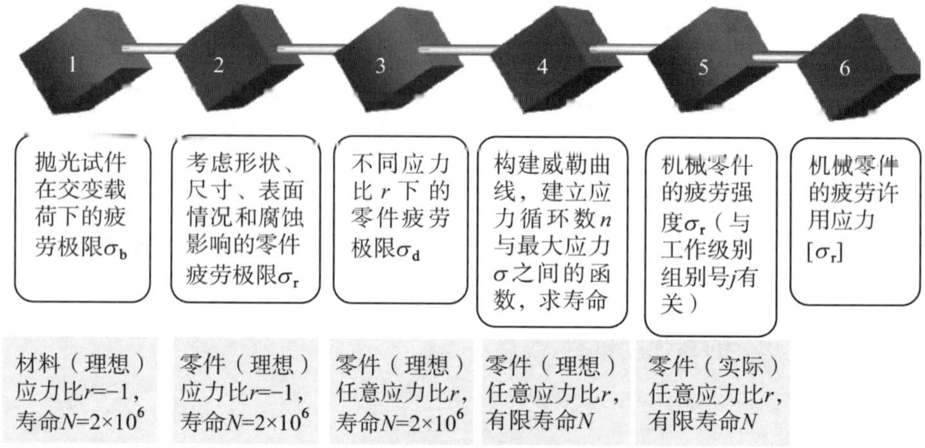

图 4－3　结构件疲劳许用应力的计算过程

2) 疲劳强度验算

疲劳计算：

$$\sigma \leqslant [\sigma_r],\ \tau \leqslant [\tau_r] \tag{4-17}$$

式中，$[\sigma_r]$为机械零件拉伸或压缩疲劳许用应力(N/mm²)；$[\tau_r]$为机械零件的剪切疲劳许用应力(N/mm²)。

同时承受有不同应力循环特性值 r 的正应力、切应力的零部件，应满足下述条件：

$$\left(\frac{\sigma_x}{\sigma_{xr}}\right)^2 + \left(\frac{\sigma_y}{\sigma_{yr}}\right)^2 - \left(\frac{\sigma_x \sigma_y}{|\sigma_{xr}| \cdot |\sigma_{yr}|}\right) + \left(\frac{\tau}{\tau_r}\right)^2 \leqslant \frac{1.1}{n_r^2} \tag{4-18}$$

式中，σ_x 和 σ_y 分别为 x 方向和 y 方向的最大正应力(N/mm²)；σ_{xr} 和 σ_{yr} 分别为 x 方向和 y 方向的正应力疲劳极限(N/mm²)；τ 为最大剪应力(N/mm²)。

如果不能从相应的应力 σ_x、σ_y 以及 τ 确定上述关系的最不利情况，就应分别对载荷应力 $\sigma_{x\max}$、$\sigma_{y\max}$、$\tau_{\max}$ 以及最不利的相应应力进行计算。

应该注意上述计算并不能保证机械零件抗脆性破坏的安全性，只有选择合适的钢材才能确保这种安全性，详见《起重机设计规范》(GB/T 3811—2008)附录 I。

3. 传动轴的稳定计算

零件的抗失稳验算可参见《起重机设计规范》(GB/T 3811—2008)中 5.6 节构件抗失稳的计算中关于结构件稳定性计算的相关内容。计算时要考虑载荷增大系数 γ'_m。

对转速超过 400 r/min 的长传动轴，为了避免在临界转速下发生共振，应计算其临界转速：

$$n_{\max} \leqslant \frac{n_{\mathrm{cr}}}{1.2} \tag{4-19}$$

式中，$n_{\max}$ 为轴的实际最大转速（r/min）；n_{cr} 为轴的临界转速（r/min），按式（4－20）计算得到。

$$n_{\mathrm{cr}} = 1210\frac{\sqrt{d_1^2 + d^2}}{l^2} \tag{4-20}$$

式中，d_1 为空心轴的内径（cm），当为实心轴时，$d_1 = 0$；d 为轴外径（cm）；l 为轴的支点间距（m）。

4. 耐磨及发热计算

对于受磨损的零件，根据经验应对一些影响磨损的特定物理量进行计算，使之不会导致过度磨损。如对制动器、离合器及滑动支承等应计算其摩擦表面的单位面积压力强度 p 及与摩擦面相对运动速度 v 乘积的特性系数 pv 值，要求它不超过允许范围。

对频繁动作的制动器还应进行散热计算，应重视温度升高引起制动轮/盘与制动衬垫的摩擦系数变化，必要时应进行制动器热容量的计算。传动系统中采用液力偶合器时应具有足够的散热条件，并应采取防过热的保护措施。

三、思考题

（1）起重机械常用的驱动形式有哪些？

（2）电力驱动的特点是什么？它适用于何种类型的起重机？为什么？

（3）内燃机驱动的特点是什么？它适用于何种类型的起重机？为什么？

（4）为什么起重机领域要发展变频电动机技术？其机械特性的特点是什么？

（5）对于起重机的不同机构，其电动机选型和验算的方法是什么？

（6）在机构电动机选型和验算中提及的 JC 值和 CZ 值的含义是什么？它们是如何算得的？

（7）在机械零部件静强度计算过程中，若零部件同时承受拉伸、弯曲和剪切内力，则如何进行强度校核？

（8）机械零部件疲劳强度的极限载荷与哪些因素有关？请简述零件疲劳强度的计算过程。

（9）起重机在什么情况下会用到传动轴？应如何设计？

（10）起重机工作机构中哪些零部件需要进行耐磨及散热计算？

第五章 起重机通用零部件的计算与选用

一、学习目标

（一）知识目标

（1）掌握各起重机通用零部件的作用、工作原理与使用场合。

（2）掌握钢丝绳、滑轮和滑轮组、卷筒、取物装置、制动器、减速器、车轮与轨道、缓冲器等零部件的类型、结构特点、设计/选用原则和校核方法。

（二）能力目标

（1）能够按照工作要求和适用场合，正确选择并标出钢丝绳型号；在钢丝绳缠绕系统设计时，考虑钢丝绳允许偏角的相关规定。

（2）能够按照使用场合，正确选择滑轮、滑轮组的类型，计算和确定滑轮的直径、绳槽形状和尺寸。

（3）可以正确进行卷筒几何尺寸的设计计算和校核，并选用卷筒与减速器的合理连接方式。

（4）根据起重机的作业对象，可以选用合适的取物装置，并能进行设计或选型计算。

（5）能正确分析和确定作用在车轮上的载荷，根据车轮和轨道的类型选型并校核。

（6）根据工作要求和使用场合，基于产品样本能合理选用制动器、减速器、缓冲器等起重机通用标准零部件。

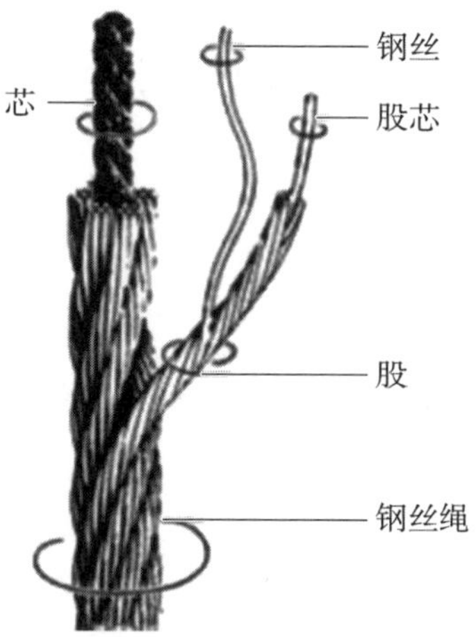

图 5－1　钢丝绳构成

二、学习要点

（一）钢丝绳

钢丝绳由若干根独立的钢丝捻制成股，再由若干根股围绕钢丝绳芯捻制而成，如图 5－1 所示。

1. 钢丝绳的分类

钢丝绳的构造特征主要由捻制方式、接触状态、绳股数目及形状、绳芯材质决定，其分类如下。

(1) 按钢丝绳捻制方法分类，钢丝绳可分为单绕钢丝绳和双绕钢丝绳[同向捻(顺绕)和交互捻(交绕)]。

交互捻钢丝绳中股与绳的捻绕方向相反，如图 5-2(a)和(b)所示，不易松散和扭转打结，但这种钢丝绳的僵性稍大，使用寿命较短，适用于起升机构；同向捻钢丝绳如图 5-2(c)和(d)所示，其挠性好、磨损小、使用寿命较长，但容易松散，扭转打结，适用于保持张紧状态的情况，如牵引小车的牵引绳。

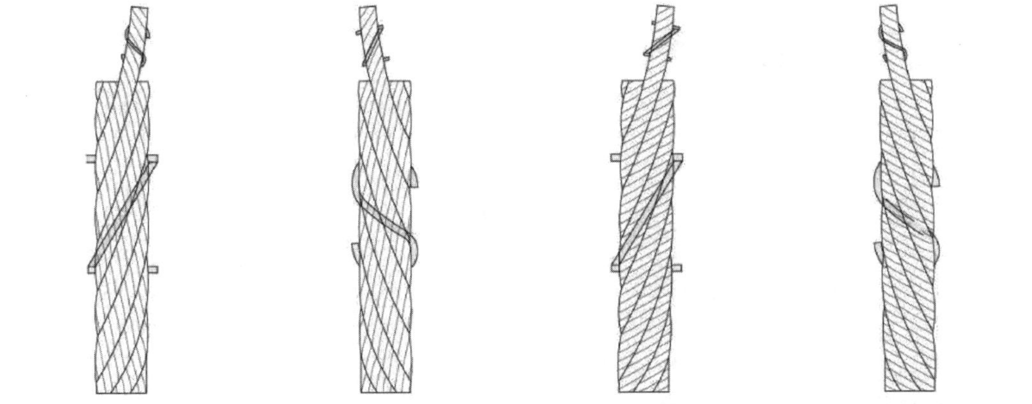

图 5-2　钢丝绳的捻向

(a)ZS；(b)SZ；(c)ZZ；(d)SS

(2) 按钢丝接触状态分类，钢丝绳可分为点接触、线接触和面接触三种。

点接触钢丝绳(point contact lay steel wire rope)的股中钢丝分层捻制而成，各层钢丝互相交叉呈点状接触，也称为非平行捻钢丝绳。这种钢丝绳的绳股(中心钢丝除外)均用同一规格的钢丝捻制而成，各层钢丝的捻角相等但捻距不等，如图 5-3 所示。绳股内钢丝呈同心排列、相邻层钢丝数目的差值为 6。使用时，绳中钢丝间易产生滑移，受外力时钢丝上同时产生两种形式的弯曲应力，即钢丝通过滑轮或卷筒时所产生的一次弯曲应力和由于层间钢丝相互挤压而产生二次弯曲应力。其典型结构有 6×19+FC(IWR、IWS)、6×37+FC(IWR、IWS)、6×61+FC(IWR、IWS)、6×24+7FC、18×19+FC(IWS) 等。

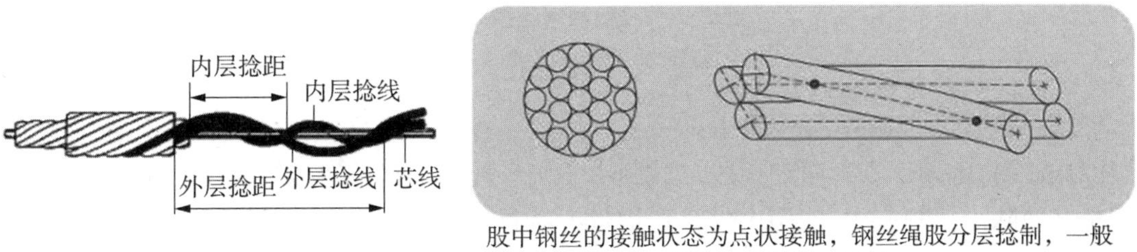

股中钢丝的接触状态为点状接触，钢丝绳股分层捻制，一般可由1~5层组成，股中钢丝数为7~91根

图 5-3　点接触

线接触钢丝绳(linear contact lay wire rope)的股中所有钢丝是一次捻制而成的,各层钢丝捻距相同(平行捻制),同一层及层与层之间的钢丝紧密相贴,以线状方式接触,也称为平行捻钢丝绳,如图 5-4 所示。按照股中钢丝配置方式,线接触钢丝绳分为外粗式(西鲁式,S)、粗细式(瓦林吞式,W)及填充式(Fi)等类型。W 型和 Fi 型钢丝直径粗细相间,挠性较好,是起重机常用的型式。

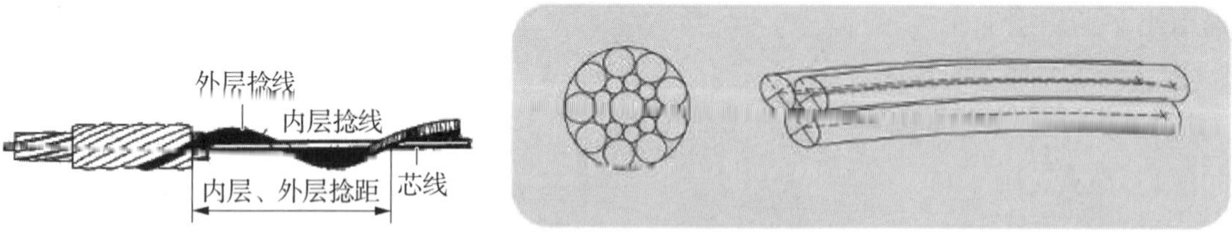

股中钢丝的接触状态为线状接触,钢丝绳股一次捻制,股中钢丝数为13~64根

图 5-4 线接触

a. 西鲁式。西鲁式钢丝绳股通常由两层钢丝组成,内外层钢丝根数相等,内层钢丝直径较细,外层钢丝直径较粗,且位于内层钢丝的槽中。其结构式为 1+N+N,如 6×19S 结构[见图 5-5(a)]。西鲁式钢丝绳耐磨性好,但柔软性差。

b. 瓦林吞式。瓦林吞式钢丝绳中外层钢丝数目是内层钢丝数目的两倍,外层钢丝一大一小交替排列。其结构式为 1+N+N/N,如 6×19W 结构[见图 5-5(b)]。瓦林吞式钢丝绳较柔软,但耐磨性不及西鲁式。

c. 填充式。填充式钢丝绳在内层和外层钢丝之间填充了比较细、根数与内层相同的钢丝。其结构式为 1+N+NF+2N,如 6×25Fi 结构[见图 5-5(c)]。这种钢丝绳的绳股因为有填充钢丝,内磨耗小,抗挤压,耐疲劳,但稍硬。

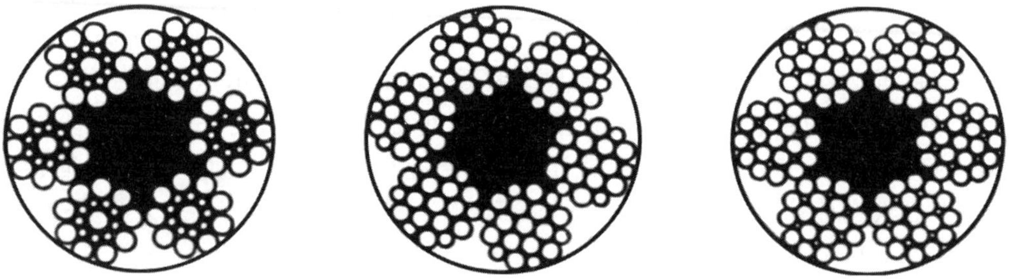

(a) (b) (c)

图 5-5 线接触钢丝绳典型结构

(a)西鲁式;(b)瓦林吞式;(c)填充式

面接触钢丝绳(facial contact lay steel wire rope)是在线接触结构基础上捻股时经过模拔、轧制或锻打等塑性变形压缩而成,如图 5-6 所示。由于钢丝间接触面积较大,绳股在成形过程中又消除了捻制应力,使用中仅存在钢丝绳绕过滑轮/卷筒时的弯曲应力,且没有层间钢丝相互挤压而产生的附加弯曲应力,因此面接触钢丝绳的抗疲劳性比普通钢丝绳高 1.7~2.8 倍。在直径和强度级相同的情况下,面接触钢丝绳的密度系数大,因而总破断拉力比普通钢丝

绳高 25%以上。面接触钢丝绳的另一特点是使用时不易走形，抗压性和耐腐蚀性能好，在使用中还能减少旋转。典型结构有 6T×19S+FC(IWR、IWS)、6T×25Fi+FC(IWR、IWS)、6T×26WS+FC(IWR、IWS)、6T×29Fi+FC(IWR、IWS)、6T×31WS+FC(IWR、IWS)、6T×36WS+FC(IWR、IWS) 等。

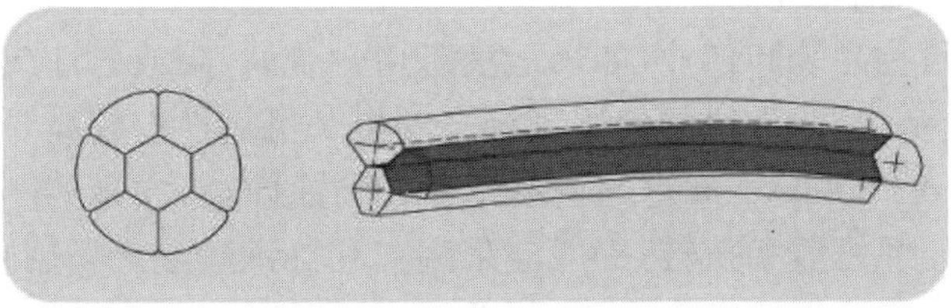

股中钢丝的接触状态为面状接触，钢丝绳股一次捻制并通过压缩成形，股中钢丝数为13～55根

图 5-6　面接触钢丝绳结构

(3) 按钢丝绳绳股数目及形状分类，钢丝绳可分为 4 股、6 股、8 股、18 股等，其中 6 股绳最为普遍。外层股数越多，钢丝绳与滑轮槽或卷筒槽的接触情况越好，使用寿命越长。

(4) 按钢丝绳绳芯材料分类，钢丝绳有纤维芯(FC)和金属丝绳芯(WC)。纤维芯挠性和弹性较好，但承受横向压力和耐高温性较差，故不宜用于多层卷绕系统以及在高温环境下工作的起重机。

2. 钢丝绳标记方法

钢丝绳全称标记方法如图 5-7 所示，各项目内容及代号参见《钢丝绳术语、标记和分类》(GB/T 8706—2017)。

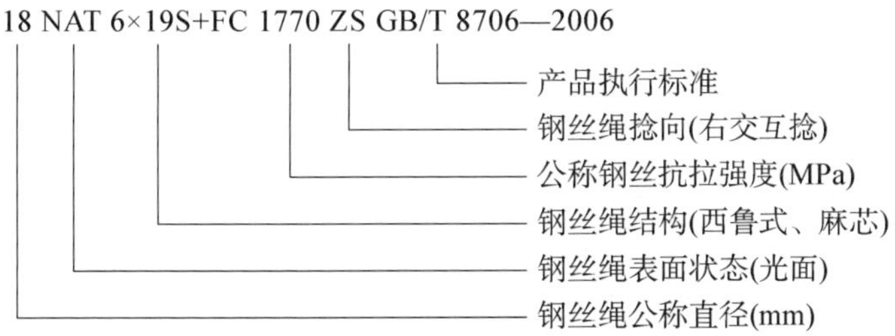

图 5-7　钢丝绳标记方法

3. 钢丝绳的选型

(1) C 系数法。本方法只适用于运动绳。

$$d_{\min}=C\sqrt{S} \tag{5-1}$$

式中，$d_{\min}$ 为应选钢丝绳的最小直径(mm)；C 为钢丝绳选择系数($mm/N^{1/2}$)；S 为钢丝绳的最大工作静拉力(N)。

钢丝绳选择系数 C 取值与钢丝的公称抗拉强度和机构工作级别有关(见教材表 5-2)。

(2) 最小实际安全系数法。本方法对运动绳和静态绳都适用。

$$F_0 \geqslant Sn \tag{5-2}$$

式中，F_0 为钢丝绳的整绳最小破断拉力(kN)。n 为与钢丝绳所在机构工作级别有关的安全系数(见教材表 5-2)。

(3) 选用原则。起重机用钢丝绳应符合《钢丝绳通用技术条件》(GB/T 20118—2017)的要求，优先采用线接触型钢丝绳。

当起重机进行危险物品装卸作业(如吊运液态熔融金属、高放射性或高腐蚀性产品等)，或吊运大件物品、重要设备，且起重机的使用对人身安全及可靠性有较高要求时，应采用《重要用途钢丝绳》(GB/T 8918—2006)中规定的钢丝绳。在腐蚀性较大的环境中工作时，应采用镀锌钢丝绳。为了防止钢丝绳松散和扭转，一般应采用交互捻钢丝绳。采用同向捻钢丝绳时，钢丝绳的捻绕方向应与卷筒绳槽螺旋方向相反，如图 5-8 所示。

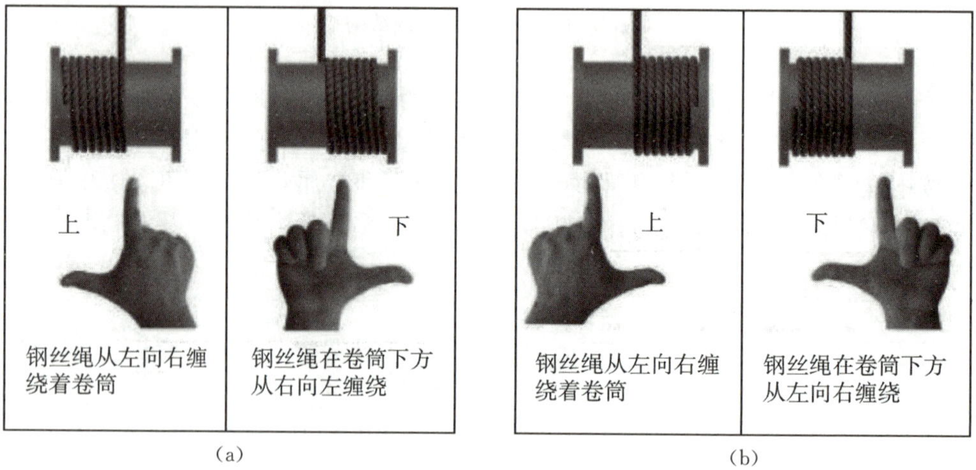

图 5-8 钢丝绳绕向和卷筒绳槽螺旋方向的关系

(a)采用右绕钢丝绳；(b)采用左绕钢丝绳

4. 钢丝绳的允许偏角

(1) 进入滑轮时的允许偏角。由于结构构造的缘故，钢丝绳常常必须在一定的偏角之下绕入滑轮的中间平面上，即钢丝绳从滑轮绳槽的一侧绕上滑轮。这样，在钢丝绳与滑轮绳槽之间就出现相对运动，这个相对运动使两者受到磨损，所以要求钢丝绳绕进或绕出滑轮槽时偏斜的最大角度(即钢丝绳中心线和与滑轮轴垂直的平面之间的角度)不大于 5°。

(2) 进出卷筒时的允许偏角。钢丝绳绕进或绕出卷筒时，钢丝绳中心线偏离螺旋槽中心线两侧的角度不应大于 3.5°，以避免槽口损坏和钢丝绳脱槽；对大起升高度及 D/d 值较大的卷筒，钢丝绳偏离螺旋槽中心线的允许偏斜角应由计算确定。对于光卷筒无绳槽多层卷绕卷筒，当未采用排绳器时钢丝绳中心线与卷筒轴垂直平面的偏离角度不应大于 1.7°，以避免乱绳。

5. 钢丝绳破坏形式和报废

钢丝绳的破坏形式及原因如表 5-1 所示，报废详见标准《起重机钢丝绳　保养、维护、安装、检验和报废》(GB/T 5972—2016)，主要由每一捻距内的断丝数决定。

表 5-1 钢丝绳破坏形式和原因

种类	现象和原因			
断丝	 拉力断丝	断丝一端是圆锥形，一端是杯形，典型现象是破断面的收缩	 压倒及压扁断丝	受到挤压或压扁的钢丝因金属硬化使断丝更快出现
	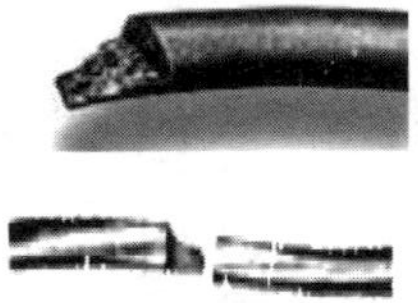 疲劳断丝	表面断口垂直但通常有另一小部份延续的尾部	 磨损断丝	端部呈现出刀刃薄度
	 外伤断丝	外伤引起应力集中造成疲劳断丝	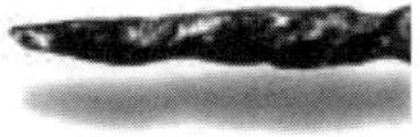 腐蚀断丝	腐蚀断丝容易出现在凹陷的表面
钢丝绳损伤	 不合适的接头或缠扎加工或纽结及打节	纽结或打节的凸出部分容易受到过度磨损	 环形钢丝	由于不良的卷筒缠绕或钢丝绳在锐边上受到拉展而引起的
	 “鸟笼”	由突然释放钢丝绳上的过度负荷后，钢丝绳内张力反弹引起。这种被损伤的绳股和钢丝不能恢复原始状态	 钢芯突出	由冲击负荷的回弹或极小的轮槽半径而引起的
	 股沟断丝	一般是由于滑轮轮槽半径变小后对钢丝绳造成挤压而引起的	 疲劳断丝	由于弯曲引起的典型疲劳断丝
	 “鸟笼”	由于小弯曲或太小的轮槽直径而出现的多层股钢丝绳“鸟笼”		

6. 钢丝绳的寿命

钢丝绳工作时，应力状态是很复杂的，除了受到拉应力外，还由于在滑轮和卷筒上卷绕而产生接触应力和弯曲应力，这两种应力呈脉动变化，引起金属疲劳。实践证明，这种多次弯曲造成的弯曲疲劳是造成钢丝绳破坏的主要原因之一。

钢丝绳的寿命是指钢丝绳从试验至破坏所承受的载荷变换次数（拉伸或弯曲次数）。钢丝绳的使用寿命指钢丝绳在某种传动方式下从开始投入使用到报废的时间。

影响钢丝绳寿命的因素很多，很难从钢丝绳在实际应用中表现出的性能来了解各影响因素的作用。通常，在尽量接近实际工作的条件下进行多次试验，分别观察各个影响因素。用于研究钢丝绳寿命的试验标为弯曲疲劳试验，参见《钢丝绳弯曲疲劳试验方法》（GB/T 12347—2008）。实验中影响钢丝绳寿命的因素：①外因，如钢丝绳拉力、滑轮或卷筒的直径与槽形、滑轮或卷筒绳槽材料、反向弯曲等；②内因，如钢丝绳本身的捻绕形式、构造形式、捻绕长、钢丝材质、绳丝强度、绳丝表面情况、钢丝绳与绳丝的直径、绳股形状、润滑情况等。

（二）滑轮

滑轮具有导槽，是用于引导或引导并改变钢丝绳方向的旋转件。滑轮的主要作用是导向和支承，以改变钢丝绳的走向，从而改变所传递的拉力方向，也可用于平衡钢丝绳分支的拉力，或组成滑轮组达到省力或增速的目的。

1. 滑轮的种类

根据滑轮的轴线是否移动，可将滑轮分为定滑轮和动滑轮；按材料和制造工艺不同，滑轮有铸造、焊接、热轧、尼龙、压制和锻造等型式；根据滑轮的作用，可分为平衡滑轮和导向滑轮。在钢丝绳缠绕系统中，用于均衡钢丝绳拉力和伸长量的滑轮称为平衡滑轮。

2. 滑轮的材料

铸造滑轮应选用力学性能不低于《灰铸铁件》（GB/T 9439—2010）中 HT200 型铸造件的力学性能，及力学性能不低于《一般工程用铸造碳钢件》（GB/T 11352—2009）的 ZG270－500 型铸造件的力学性能。

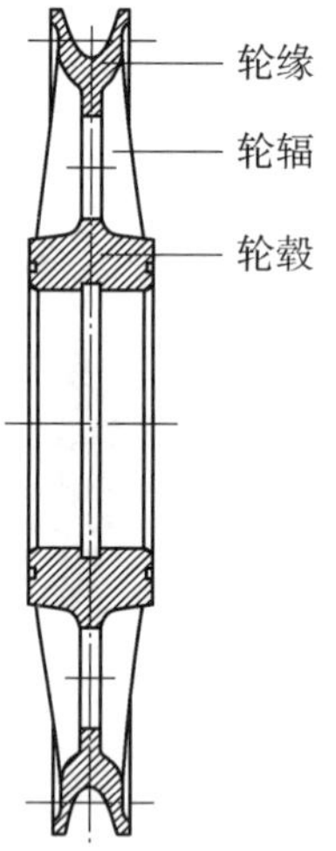

图 5－9　滑轮的结构形式

焊接、轧制滑轮应选用力学性能不低于《碳素结构钢技术规范》（GB/T 700—2006）中的 Q235B 型材料的力学性能；根据使用工况和环境温度的需要，也可采用力学性能不低于《低合金高强度结构钢》（GB/T 1591—2018）中的 Q345 型材料的力学性能。

允许使用满足使用要求的其他材质的滑轮。

3. 滑轮的结构形式

滑轮由轮毂、轮辐和带绳槽的轮缘组成，如图 5－9 所示。滑轮外缘具有绳槽的部分称为轮缘，中间与轴承直接接触的部分称为轮毂，连接轮毂和轮缘的部分称为轮辐。

起重机械常用滑轮的型式、基本参数、技术要求、检查规则、标志、包装、运输与贮存宜遵循《起重机械　滑轮》（GB/T 27546—2011）。

4. 滑轮尺寸

滑轮直径：
$$D_0 = hd \tag{5-3}$$

式中，D_0 为按钢丝绳中心计算的滑轮的卷绕直径（mm）；h 为滑轮的卷绕直径与钢丝绳直径之比值(见教材表 5－4)。

机械行业标准《起重机用铸造滑轮　直径的选用系列与匹配》(JB/T 9005.2—1999)和交通行业标准《轧制滑轮》(JT 5028—1990)分别规定了起重机用铸造滑轮和轧制滑轮直径的选用系列与匹配关系,也可参见国标《起重机械　滑轮》(GB/T 27546—2011)。

(三) 卷筒

卷筒是用来卷绕钢丝绳并传递动力的转动件,它能将电动机的旋转运动转换为钢丝绳的直线运动,同时把驱动装置的驱动力传递给钢丝绳。

1. 卷筒的种类

按卷绕层数分类,卷筒有单层卷绕和多层卷绕两种型式。单层卷绕卷筒的端部通常不带挡边,卷筒表面车有螺旋绳槽。双联卷筒的两段绳槽螺旋方向相反,沿卷筒长度方向对称分布。多层卷绕多采用光面卷筒或具有特殊绳槽和挡边的利巴式卷筒。卷筒端部的挡边高度在绕满钢丝绳之后还要有 2 倍钢丝绳直径的余量。

按材质分类,卷筒分为铸造卷筒和焊接卷筒两种型式。焊接卷筒的结构形式一般为短轴式,可以用卷筒联轴器与减速器连接。

2. 卷筒材质的选择

铸造卷筒的力学性能不低于《灰铸铁件》(GB/T 9439—2010)中 HT200 型铸造件的力学性能,或不低于《一般工程用铸造碳钢件》(GB/T 11352—2009)的 ZG270－500 型铸造件的力学性能。

焊接卷筒的力学性能应不低于《碳素结构钢技术规范》(GB/T 700—2006)中的 Q235B 型材料的力学性能;根据使用工况和环境温度的需要,也可采用力学性能不低于《低合金高强度结构钢》(GB/T 1591—2018)中的 Q345 型材料。

3. 卷筒的设计

(1) 卷筒几何尺寸。

卷筒名义直径、绳槽半径、绳槽深度、绳槽节距、卷筒厚度及卷筒长度等参数与钢丝绳的直径 d 有关。起重机卷筒的型式和基本参数、技术要求、检验规则、标志、包装、运输和贮存宜遵从《起重机　卷筒》(JB/T 9006—2013)。

卷筒名义直径:
$$D_1 = hd \tag{5-4}$$

卷筒的长度:
$$L = L_0 + 2L_1 + L_2\ (\text{单联}) \tag{5-5}$$

$$L = 2(L_0 + 2L_1 + L_2) + L_g(\text{双联}) \tag{5-6}$$

式中,D_1 为按钢丝绳中心计算的卷筒最小直径(mm); h 为滑轮的卷绕直径与钢丝绳直径之比(见教材表 5－4); L_0 为卷筒上钢丝绳的卷绕长度,$L_0 = \left(\dfrac{H_{\max} a}{\pi D_1} + Z_1\right) t$; $H_{\max}$ 为总起升高度;Z_1 为吊具下降到最低极限位置时,钢丝绳在卷筒上的剩余安全圈(不包括固定绳端所占的圈数),至少应保持 2 圈;t 为绳槽节距;L_1 为无绳槽的卷筒端部尺寸,按需要确定;L_2 为固定绳尾所需长度,$L_2 = 3t$; L_g 为中间光滑部分长度,根据钢丝绳允许偏斜角确定。

卷筒直径 D_1 一般采用表 5－2 的数值。

表 5－2　常用的卷筒直径数值

D_1/mm								
100	125	160	200	250	280	315	355	400
450	500	560	630	710	800	900	1000	1120
1250	1320	1400	1500	1600	1700	1800	1900	2000

(2) 卷筒强度、稳定性。

单联和双联卷筒在钢丝绳最大工作拉力 S_{max}(考虑动载效应,并根据机构的工作级别乘以系数 γ_m')作用下,受到转矩 T、最大弯矩 M_{max} 和钢丝绳对卷筒壁的压应力作用。计算简图见教材图 5－28,强度和稳定性校核见教材表 5－7～表 5－9。

(3) 卷筒轴和轴承支座的设计。

此部分内容在机械设计课程中讲述,这里不再详细展开。

4. 钢丝绳在卷筒上的固定

钢丝绳应可靠地固定于卷筒上并易于更换,其固定时可采用压板、长板条和楔块。其中,楔块固定方式可用于多层卷绕;用压板固定构造简单,钢丝绳更换方便,且安全可靠,故应用最广。从安全方面考虑,压板数至少为 2 个。压板有圆形槽压板和梯形槽压板,港口起重机上多用圆形槽压板。当钢丝绳和卷筒之间的摩擦系数为 0.1 时,在此安全圈下,绳端固定装置应在承受 2.5 倍钢丝绳最大工作静拉力时不发生永久变形。

(四) 取物装置

用于抓取、持住或搬运货物的装置,如吊钩、吊环、夹钳、吊钩横梁、起重电磁铁、真空吸盘、抓斗、集装箱吊具等,通称为取物装置,如图 5－10 所示。

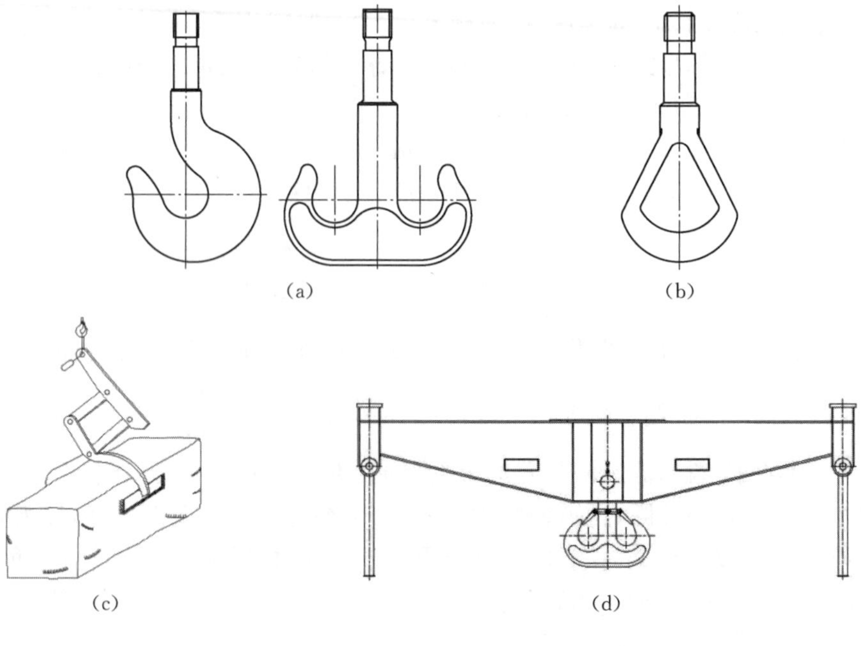

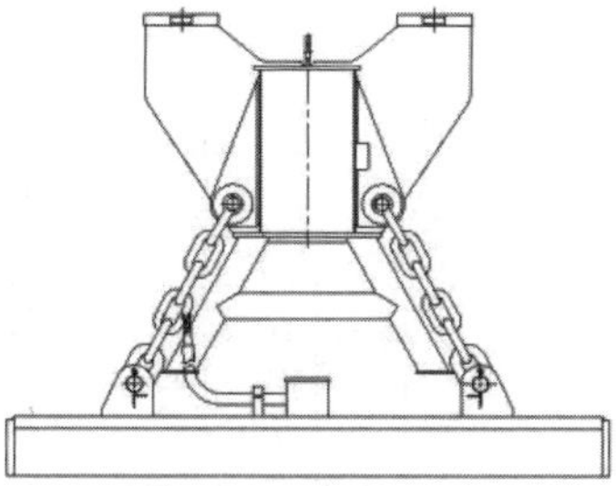

(e)

(f)

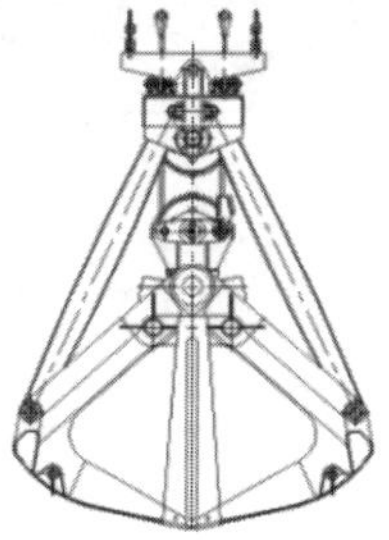

(g)

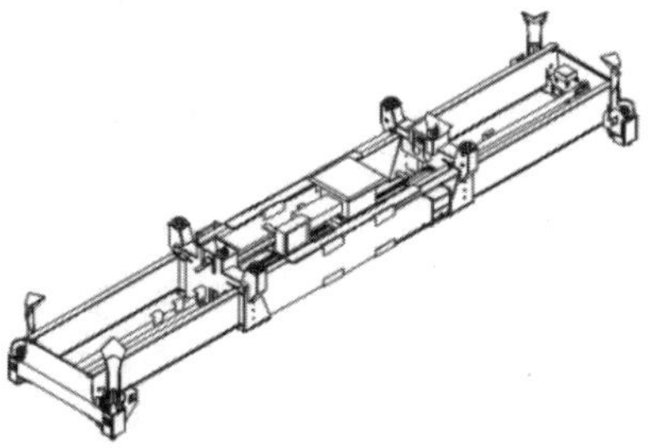

(h)

图 5-10　起重机的取物装置

(a)吊钩;(b)吊环;(c)夹钳;(d)吊钩横梁;(e)起重电磁铁;(f)真空吸盘;(g)抓斗;(h)集装箱吊具

取物装置通常简称为吊具,它将货物与起重机的起升钢丝绳联系在一起,其性能对装卸生产效率、机械效能的发挥及生产安全具有重要意义。

1. 吊钩组和吊钩

吊钩组是吊钩和动滑轮的组合体,由吊钩、吊钩螺母、推力轴承、吊钩横梁、夹板以及滑轮组或均衡架等零件组成,如图 5-11 所示。

图 5-11　吊钩滑轮组的组成

按照功能不同,吊钩组有以下三种型式:①单绳吊钩组,如图 5-12 所示;②平衡吊钩组,多用于双索或四索驱动、起升绳倍率为 1 的吊钩/抓斗两用起重机,如图 5-13 所示;③起升滑轮吊钩组,这种吊钩组上的动滑轮与臂架头部或起重小车上的定滑轮构成起升滑轮组,在起升过程中起到省力和减速的作用。

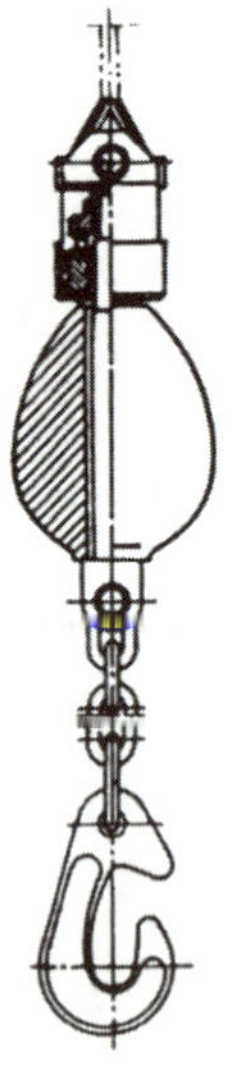

图 5-12　单绳吊钩组

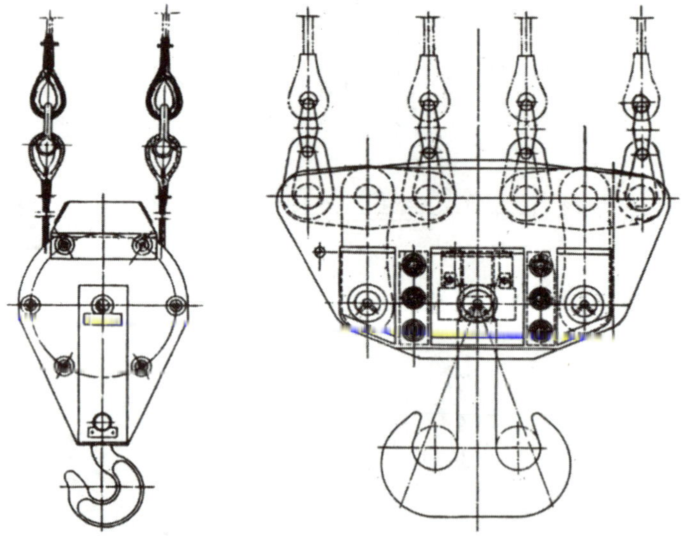

(a)　　(b)

图 5-13　平衡吊钩组

(a)双索平衡吊钩组;(b)四索平衡吊钩组

起升滑轮吊钩组有短型和长型两种。短型吊钩组(见图 5-14)无吊钩横梁,动滑轮与吊钩同轴布置,滑轮数目一般为双数,起重量小;长型吊钩组(见图 5-15)有 2 根横梁(轴),由拉板连接固定,动滑轮与吊钩异轴布置,滑轮数目单双均可,起重量大。

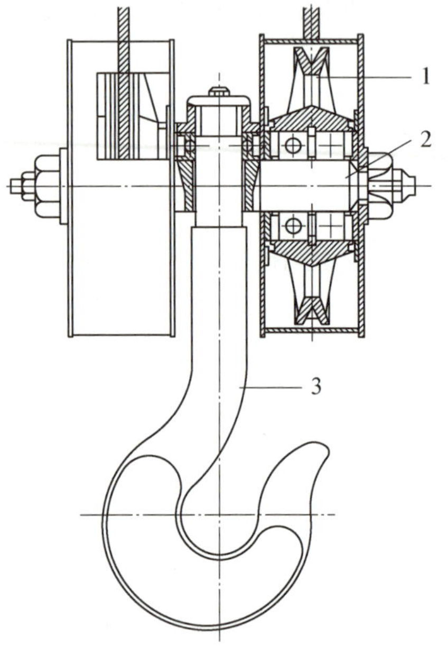

1—滑轮;2—滑轮轴;3—吊钩。

图 5-14　短型吊钩组

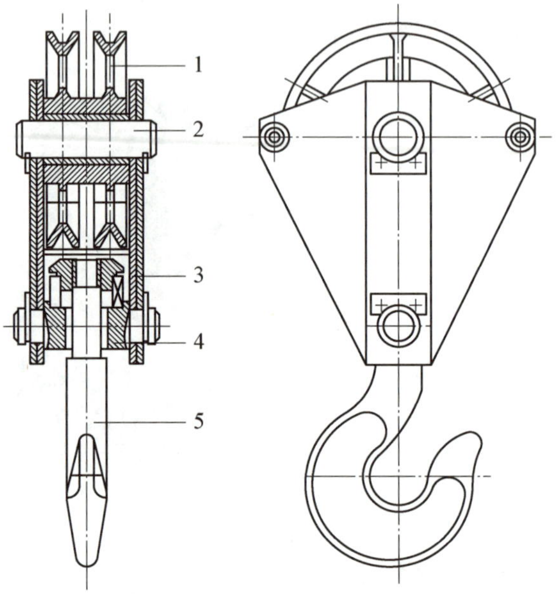

1—滑轮;2—滑轮轴;3—拉板;4—吊钩横梁;5—吊钩。

图 5-15　长型吊钩组

1）吊钩起重量

吊钩的起重量与吊钩的强度等级以及起升机构工作级别有关，详见《起重吊钩》（GB/T 10051.1—2010）。在不同的强度等级和机构工作级别下，钩号为 006 至 250，最大起重量可达 500 t。

2）吊钩的构造

根据形状，吊钩分为单钩、双钩、四爪钩等，如图 5-16 所示；按制造方法，吊钩可分为锻造吊钩和片式吊钩。为防止系物绳自动脱钩，可在吊钩上加装安全闭锁装置。

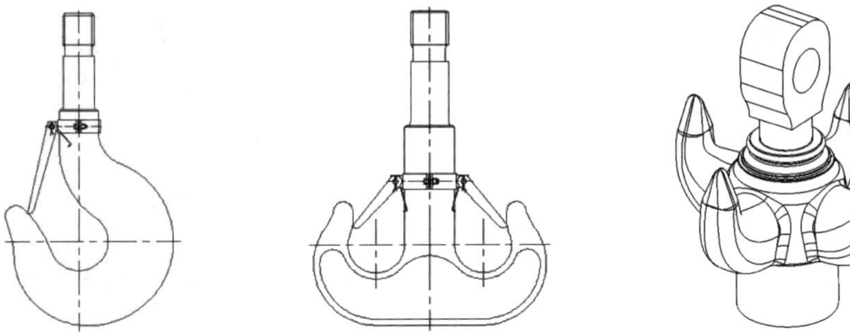

(a) (b) (c)

图 5-16 吊钩形状

(a)带安全闭锁装置的单钩；(b)山字形双钩；(c)四爪钩

吊钩钩身的截面形状有圆形、矩形、梯形、T 字形等，如图 5-17 所示。其中 T 字形截面最合理，可以获得较轻的吊钩，但锻造工艺复杂；梯形截面受力比较合理，锻造也较容易，是目前应用最广泛的截面形状；矩形截面只用于片式吊钩，截面的承载能力未能充分利用，因而比较笨重；圆形截面用于小型吊钩，一般吊钩均为带圆弧角的梯形截面。

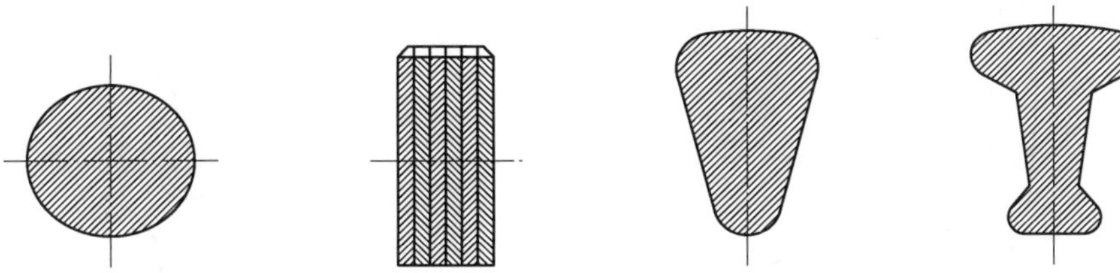

(a) (b) (c) (d)

图 5-17 钩身截面形状

(a)圆形；(b)矩形；(c)梯形；(d)T 字形

3）吊钩的计算

(1) 锻造吊钩的强度计算。

起重吊钩应按 GB/T 10051.1—2010 的规定，根据起重量和起升机构工作级别选取（必要时进行强度校核），或自行设计。起重吊钩附件（包括吊钩螺母、吊钩横梁等）应按 GB/T 1005.9～GB/T 1005.12 的规定选取。

设计吊钩时，一般是先预选出截面形状，然后进行验算。验算钩身的几个危险截面与钩柱的尾部螺纹。锻造单钩验算的截面包括截面 $A—A$、截面 $B—B$ 和截面 $D—D$，如图 5—18 所示；锻造双钩钩身垂直截面 $B—B$ 和倾斜截面 $C—C$ 是危险截面，如图 5-19 所示。

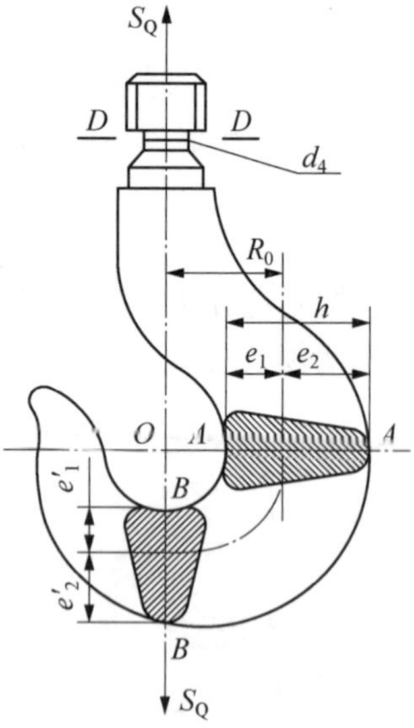

图 5 - 18 锻造单钩计算简图

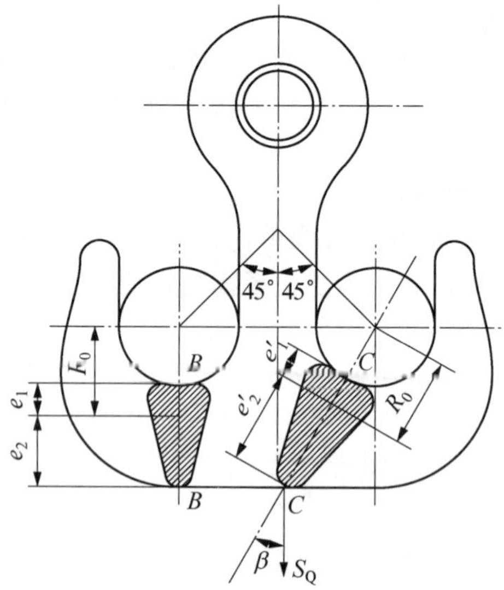

图 5 - 19 锻造双钩计算简图

(2) 片式吊钩的强度计算。

铸造起重机用片式单钩宜采用低合金高强度钢，其强度计算中相应于钢材屈服点的安全系数不应低于 2.5。单钩钩身主弯曲截面（水平截面）$A—A$ 是最危险截面，其次是与铅垂线成 45°的截面 $B—B$ 和垂直面 $C—C$，如图 5 - 20 所示；双钩钩身计算与锻造双钩相同，如图 5 - 21 所示。

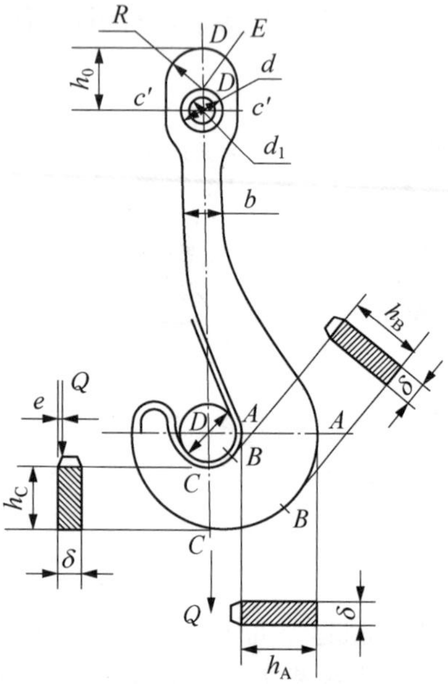

图 5 - 20 片式单钩计算简图

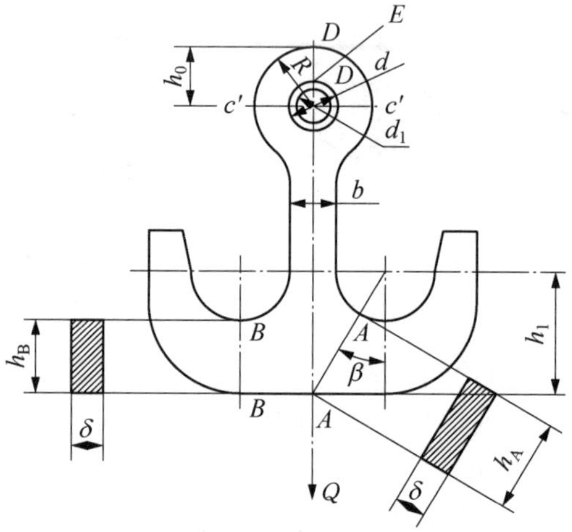

图 5 - 21 片式双钩计算简图

4）吊钩检验试验与使用检查

吊钩的安全性是由吊钩制造单位的吊钩检验、试验和吊钩使用单位的安全检查两方面予以保证的。吊钩的取样检验包括钢坯试样的金相化验分析、力学性能试验(拉力试验和冲击功试验);吊钩检验还包括锻坯热处理后内部组织的超声波探头接触法检验和表面裂纹的渗透法检验等。具体抽检数量及试验方法按照《起重吊钩第 2 部分:锻造吊钩技术条件》(GB 10051.2—2010)执行。吊钩使用检查的内容和要求参照《起重吊钩第 3 部分:锻造吊钩使用检查》(GB 10051.3—2010)。

2. 抓斗

1) 抓斗的种类

抓斗是一种靠颚板的开闭自行抓取、卸出散料的取物装置,如图 5-22 所示,主要用于进行散状物料如矿石、煤炭、粮食、建筑散料、木材等的装卸作业。通常应根据散状物料种类、密度、粒度等来选择抓斗的类型。一般散状物料采用双颚板抓斗,矿石多用电动抓斗,粮食采用耙集式抓斗,难抓取物料采用剪式抓斗,废钢铁采用多颚板抓斗,而木材则用木材专用抓斗(多颚板)等。另外,采用抓斗装卸散状物料时,还应关注并解决由于撒料、扬尘等引起的环保问题。

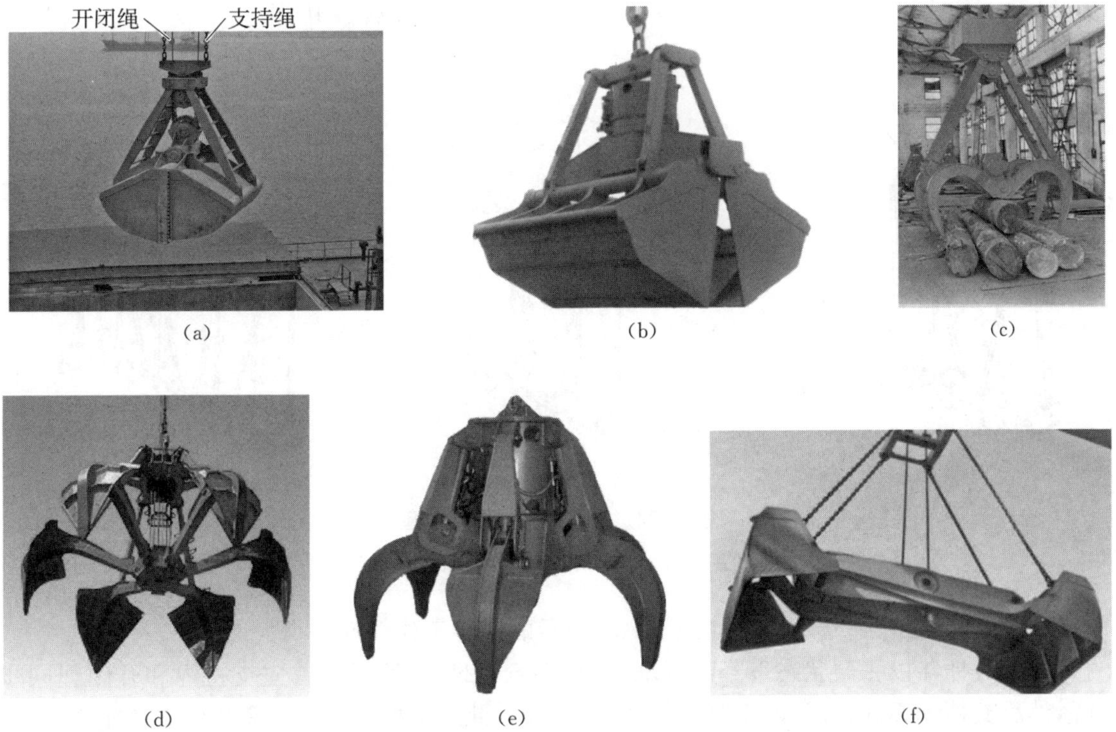

图 5-22　各类抓斗

(a)双绳(四绳)长撑杆双颚板;(b)电动液压双颚板;(c)圆木多颚板;(d)双绳(四绳)多颚板;(e)电动液压多颚板;(f)剪式

影响抓斗抓取能力的因素很多,主要有两个方面:一是被抓散料的物理特性,如散料容重、粒度、粒度形状和自然坡度角等;二是抓斗本身的几何尺寸和结构形式。评价抓斗性能优劣主要从其抓取比和耐用度来衡量。抓取比为满斗时抓斗中物料重量与抓斗自重之比,抓斗的抓取比越大,抓斗自重越轻。

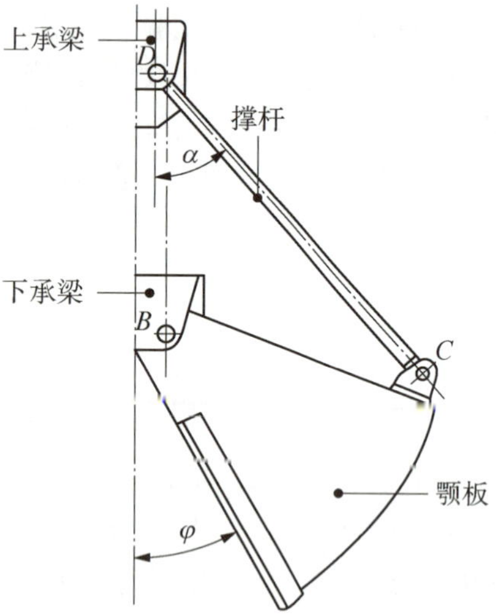

图 5 - 23　长撑杆双颚板抓斗的组成

2）绳索抓斗的组成和工作过程

双(四)绳长撑杆双颚板抓斗是港口散货装卸作业最常用的抓斗，由上承梁、撑杆、下承梁和颚板组成(见图 5 - 23)，构成了有一个自由度的平面机构，此外还有使抓斗正常工作的支持绳和开闭绳，分别卷绕在支持卷筒和开闭卷筒上。支持绳直接固定在抓斗的头部，而开闭绳则通过上下承梁的滑轮后固定在头部或下承梁上，称为开闭滑轮组，其倍率和钢丝绳缠绕方式如图 5 - 24 所示。

当开闭绳拉力一定时，增加开闭滑轮组倍率，可以增人开闭绳通过滑轮组作用在上下承梁之间的作用力，并增加滑轮组作用给上承梁的作用力，从而提高上承梁经撑杆传给颚板的作用力，提高抓取力矩。

当颚板切口阻力一定时，增大闭合滑轮组倍率可显著减小开闭绳中的拉力，使刃口向下挖入物料的力增大，从而提高抓斗自重的有效利用率。

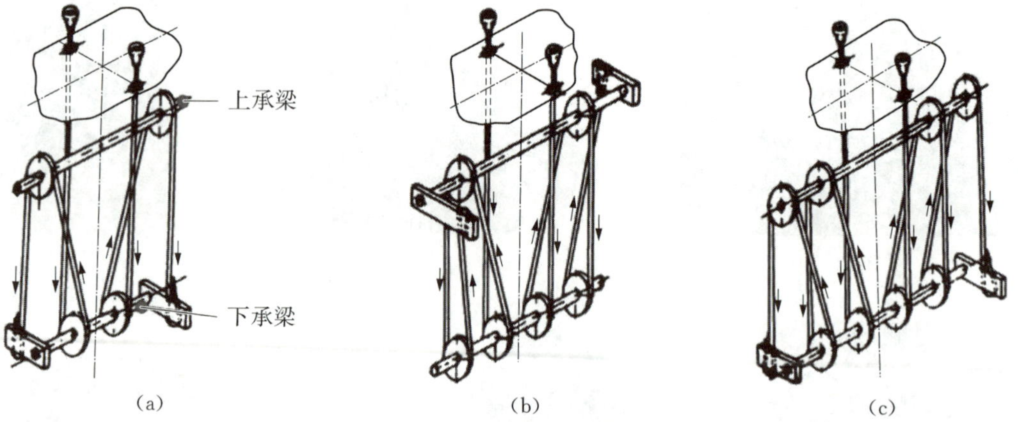

图 5 - 24　开闭滑轮组的缠绕图

(a)倍率 $m=3$；(b)倍率 $m=4$；(c)倍率 $m=5$

双绳抓斗的工作过程可分为如图 5 - 25 所示的四步工作循环进行。

第一步：抓斗以张开状态下降到货堆上，如图 5 - 24(a)所示。首先支持绳和开闭绳同步下降，然后支持绳不动，开闭绳下降，抓斗完全张开。此时空抓斗的自重完全由支持绳来承担。

第二步：抓取物料，如图 5 - 24(b)所示。这时支持绳不动(但是支持电动机制动器打开)，开闭绳上升，抓斗逐渐闭合。在自重作用下，抓斗插入料堆，抓取物料。此时抓斗和货物重量基本由开闭绳承担。

第三步：载货上升，如图 5 - 24(c)所示。支持绳和开闭绳同步上升，抓斗完全闭合，把满载的抓斗升到预定的高度，此时应注意开闭绳的速度不低于支持绳的速度，以免抓斗在升高过程中发生自动开斗卸货的现象。在这个步骤的初期，载货抓斗的全部重量由开闭绳承担，然后载荷由两根绳平均分担。

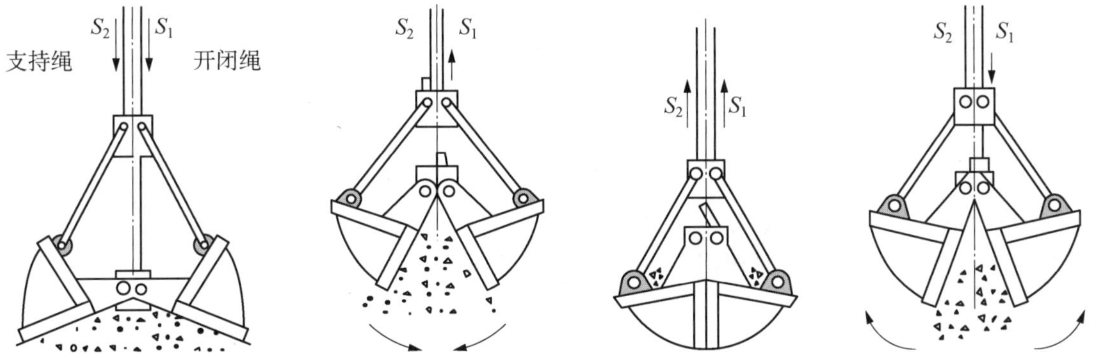

图 5-25　双绳抓斗的作业过程

第四步：开斗卸料，如图 5-24(d)所示。支持绳不动，开闭绳下降，颚板逐渐张开，物料卸出。此时，载货抓斗的全部重量均由支持绳承担，抓斗在下横梁、颚板、货物重量的作用下，自动张开并将货物卸出。

依次经过上述四个步骤，抓斗即完成了一个工作循环，重新处于准备抓货的状态。

总之，起升绳与开闭绳以相同速度同时上升或下降时，抓斗就保持一定的开闭程度起升或下降；当起升绳不动，开闭绳下降或上升时，则使抓斗打开或闭合。

3) 闭斗过程中收绳量和闭合时间

收绳量和闭合时间是起升机构设计和生产率计算中两个重要的参数。起升钢丝绳由于抓斗开闭而增加的收绳量等于开闭绳行程与开闭滑轮组倍率的乘积，抓斗开闭时间为开闭绳行程除以绳索相对速度。

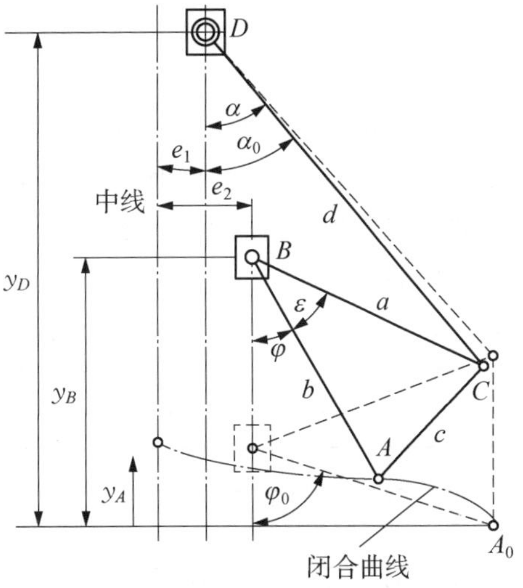

图 5-26　运动分析简图

由于抓斗的对称性，可取抓斗的一半进行分析，如图 5-26 所示，图中初始斗体打开状态用虚线表示，末状态斗体闭合状态用实线表示。假设 $e_1=e_2=e$，则开闭绳行程为上承梁 D 点和下承梁 B 点间相对位移的改变，即 $\Delta(y_D-y_B)$。

根据几何关系可得，斗体打开时，有

$$(y_D-y_B)_{\max}=d\cos\alpha_0-a\cos(\varphi_0+\varepsilon)$$

斗体闭合时，有

$$(y_D-y_B)_{\min}=d\cos\alpha-a\cos(\varphi+\varepsilon)$$

则闭合过程中开闭绳的行程为

$$\Delta(y_D-y_B)=d(\cos\alpha_0-\cos\alpha)-a[\cos(\varphi_0+\varepsilon)-\cos(\varphi+\varepsilon)] \tag{5-7}$$

在$\triangle BCD$ 中利用正弦定律，有 $\dfrac{d}{\sin(\varphi+\varepsilon)}=\dfrac{a}{\sin\alpha}$，代入式(5-7)后，可得

$$\Delta(y_D - y_B) = d\left[\sqrt{1-(a/d)^2\sin^2(\varphi_0+\varepsilon)} + \sqrt{1-(a/d)^2\sin^2(\varphi+\varepsilon)}\right] + a\left[\cos(\varphi+\varepsilon) - \cos(\varphi_0+\varepsilon)\right]$$

若滑轮组的倍率为 m，则起升钢丝绳的附加收绳量

$$\Delta L = \Delta(y_D - y_B)m \tag{5-8}$$

支持绳的速度 v_H 可表示为 D 点坐标函数 y_D 的一阶导数，即 $v_H = \dot{y}_D$。B 点处的闭合绳速度 v_s 可表示为 B 点的速度和相对于 B 点的合成速度，为

$$\begin{aligned} v_s &= \dot{y}_B + (\dot{y}_B - \dot{y}_D)(m-1) \\ &= \dot{y}_B m - \dot{y}_D(m-1) \end{aligned}$$

则点 B 的绝对速度 $\dot{y}_B = v_H\left(1-\dfrac{1}{m}\right) + \dfrac{v_s}{m}$

从而得到抓斗的闭合或打开时间为

$$\begin{aligned} t_s &= \frac{\Delta(y_D - y_B)}{\dot{y}_B - \dot{y}_D} \\ &= \frac{m\Delta(y_D - y_B)}{v_s - v_H} \end{aligned} \tag{5-9}$$

式中，v_H 为支持绳的速度；v_s 为闭合绳速度。

一般在抓斗开闭过程中支持绳的速度 $v_H = 0$，闭合绳速度为起升速度，即 $v_s = v_q$。

3. 集装箱吊具

集装箱是一种具有标准规格的、能反复使用并装有便于装卸和搬运装置的大型载货容器。用于对集装箱进行装卸和堆垛的取物装置称为集装箱吊具。与抓斗一样，集装箱吊具是一种自动的取物装置，吊起和放下集装箱完全由司机在司机室内操纵。集装箱吊具的尺寸取决于集装箱的规格尺寸。

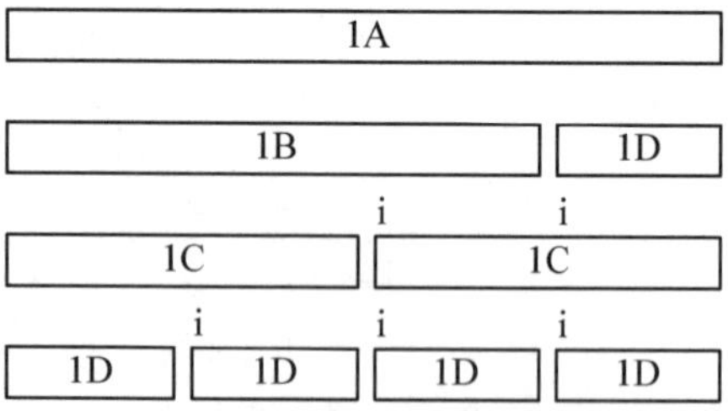

图 5-27 各种集装箱的几何关系图

1）集装箱

由于市面上集装箱的规格繁多，为便于统计船舶的载运量、港口码头的吞吐量、库场的通过能力和港口机械的装卸效率等，国际上以 20 ft 集装箱作为当量箱来进行换算，将 20 ft 集装箱称为标准箱。各种集装箱的几何关系如图 5-27 所示。1A 型为 40 ft(12 192 mm)；1B 型为 30 ft(9 125 mm)；1C 型为 20 ft(6 058 mm)；1D 型为 10 ft(2 991 mm)。其中间距为 3 in(76 mm)。

2）集装箱的起吊和固定

为了使集装箱的结构适应装卸机械搬运或在运输工具上固定，集装箱的箱顶和箱底各设有四个角件（见图 5-28）。集装箱吊具上装有与集装箱顶角件相配合的旋锁装置（见图 5-29）。起吊集装箱时，将锁销（见图 5-30）插进集装箱的椭圆形孔内转动 90°，四个角件锁紧后，方可起吊集装箱。

图 5-28 角件

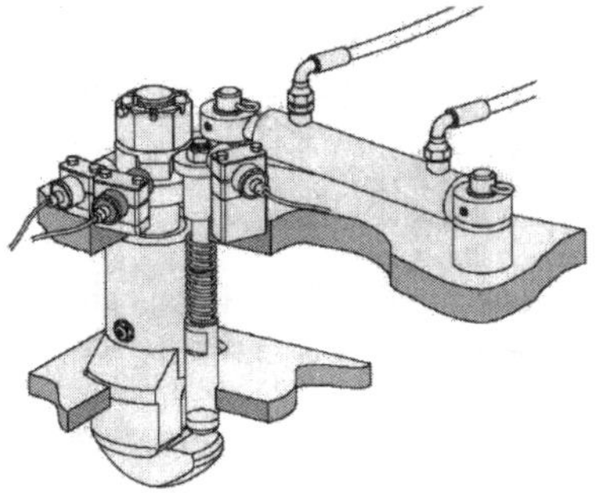

图 5 - 29　旋锁装置

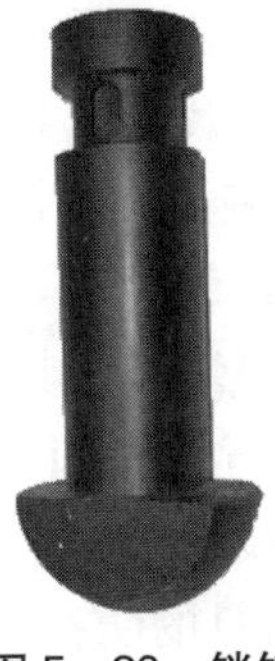

图 5 - 30　锁销

3）集装箱吊具的类型

集装箱吊具是集装箱装卸转运的大型专用吊具(见表 5 - 3)，主要分成以下四类：

表 5 - 3　集装箱起重机专用吊具

名　称	图片	特点及用途
液压单箱吊具		液压单箱吊具适用于 ISO 标准 20 ft、40 ft 和 45 ft 集装箱的装卸作业，吊具采用液压系统驱动各机构进行相应的动作，是自动化程度和效率很高的集装箱吊具
电动单箱吊具		电动吊具是一种新型伸缩式集装箱吊具，同样适用于 ISO 标准 20 ft、40 ft、45 ft 集装箱的作业，该吊具所有动作全部采用电动机驱动，具有结构简单可靠、重量轻、维修保养方便、使用成本低等优点
液压双箱可移动吊具		双箱可移动吊具是近年来世界集装箱运输业普遍发展的一种效率更高的吊具，它除具备普通单箱吊具的全部功能外，还可同时装卸两只 20 ft 集装箱，并能随时灵活地调整它们的纵向箱距，以适应集装箱堆场、AGV(自动导引车)和集装箱船对 20 ft 集装箱纵向箱距的要求
电动双箱可移动吊具		全电动可移动双箱吊具主要功能与液压双箱可移动吊具完全相同，然而，此吊具机械动作全部由独立的减速电机驱动完成，省去了传统液压吊具的液压系统及管路，是一种新型高效的集装箱吊具
吊具上架		上架是连接吊具的重要部件，通过滑轮和起升钢丝绳连接到主小车上，按其功能和结构，可分为滑轮式上架、八绳上架、侧移上架、双 40 ft 上架和可分离式上架等
旋转吊具		除具备常规集装箱吊具的各项功能外，旋转吊具增加了旋转和平移调心功能，尤其适合于钢板等特殊物件的装卸。旋转机构采用回转支承结构，旋转动作由液压马达或电动机驱动

(1) 固定式集装箱吊具,其只能吊运一种规格的集装箱。

(2) 组装式集装箱吊具,其由两种或两种以上不同规格的固定式吊具组合而成,以适应起吊不同规格的集装箱。当需要起吊不同规格的集装箱时,将不同规格的集装箱吊具与吊具上架用锁销相接,连接接口具有统一的尺寸。

(3) 伸缩式集装箱吊具,吊具上装有机械式或液压式的伸缩机构,能在20 ft到40 ft范围内(或至45 ft)进行伸缩调节,以适应不同规格集装箱的装卸要求。

(4) 旋转集装箱吊具,其除具备常规吊具的各项功能外,还增加了旋转和平移调心功能。

4) 集装箱吊具的防摇

由于集装箱起重机械具有高效、高速运行的特点,当小车启制动时,吊具及集装箱会在小车运行方向发生摇摆,从而影响安全工作及集装箱的对位,影响作业效率。因此必须采取相应的防摇措施,防摇措施主要有以下几种:

(1) 刚性减摇导杆(见图5-31)。采用刚性导杆可有效减小吊具在大小车两个运行方向的摆幅和水平面内的回转摆动,易实现自动化控制,但导杆质量较大,增大了起升功率。

(2) 柔性减摇装置。其有分离小车式减摇、油缸自动锁紧减摇、起升钢丝绳交叉式减摇、跷板梁式减摇、双向八绳减摇等方式。这种装置构造有简有繁,效果差别较大,一般只在小车运行方向起减摇作用,优点是不增加起升质量。轮胎式集装箱门式起重机中常用八绳减摇装置(见图5-32),当小车启制动时,倒三角形钢丝绳产生的拉力使集装箱的位移变小,并迅速衰减。

图5-31 刚性减摇导杆

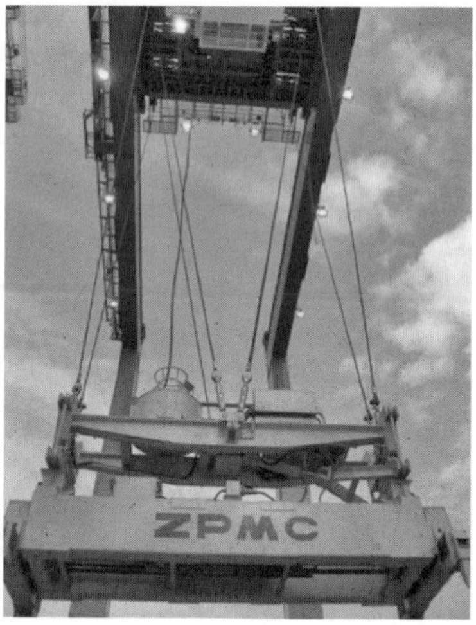

图5-32 八绳防摇装置

(3) 电子减摇装置。电子减摇装置通过传感器和检测元件将检测到的信息(集装箱偏离竖直方向的夹角、小车运行速度、与装卸目的地的距离以及吊具起升高度等)传送到控制系统中的微机,经微机内部控制软件处理后将最佳的控制参数提供给电动机调速系统,通过调节小车速度、提供最佳控制模式控制小车的运行,以此减小吊具及货物的摆动幅度,起到减摇的作用。

各种减摇装置有各自的优缺点,选用时应与用户共同商定。

(五) 制动器

制动器是用来使起重机机构减速、停止或防止其运动的装置。起重机械中采用的制动方式有电力制动和机械制动。电力制动(如反接制动、能耗制动、再生制动等)可消耗机构运动的动能,减小或限制运动速度,但不能支持货物停滞在空中或使臂架保持在某一位置。机械制动具有减速、停止、支持等功能,是起重机械必须设置的安全装置。

1. 制动器种类

(1) 按构造形式,制动器分为鼓式(见图 5-33)、盘式(见图 5-34)、带式(见图 5-35)、蹄式、锥式等。鼓式、蹄式和带式属径向作用式制动器,盘式和锥式属轴向作用式制动器。起重机上还会用到卷筒低速端的盘式制动器(见图 5-36),以及保证起重机作业时防风抗滑安全性的液压轮边制动器(见图 5-37)等新型专用制动器。

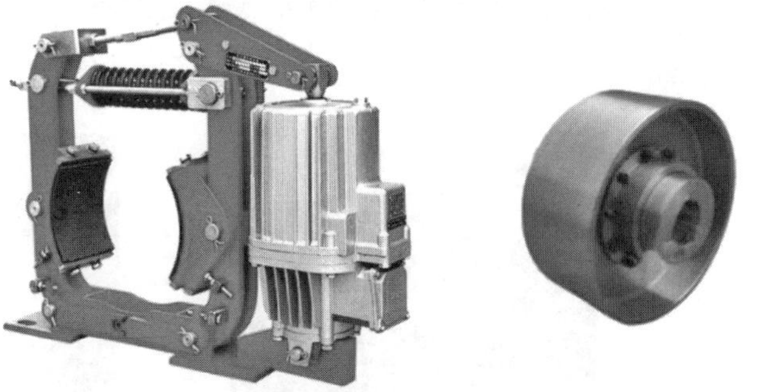

图 5-33　鼓式制动器和带制动轮的联轴器

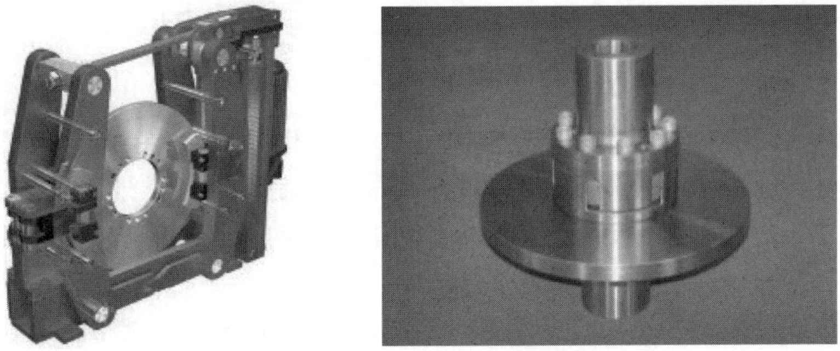

图 5-34　盘式制动器和带制动盘的联轴器

1—制动轮;2—制动钢带;3—制动杠杆;4—重锤;5—电磁铁;6—缓冲器;7—挡板;8—调节螺钉。

图 5-35　带式制动器

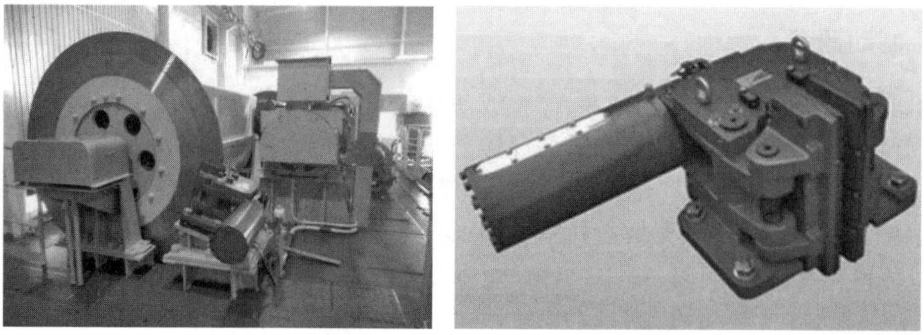

图 5-36 卷筒边盘式制动器

图 5-37 液压轮边制动器

(2) 按工作状态，制动器分为常闭式和常开式。常闭式制动器在机构不工作时总是处于闭合状态，机构运转时由松闸装置使制动器松闸；常开式制动器经常处于松闸状态，只有在机构需要制动时，才施加上闸力，从而产生制动力矩进行制动。起升机构、变幅机构的制动器是常闭式的，运行机构、回转机构制动器是常开式的。

(3) 按不同的松闸方式，制动器主要有电磁铁式、电动液压推杆式和液压电磁铁式。

(4) 按动作方式，制动器分为自动作用式、操纵式和综合式三种。

2. 选型计算制动器的选择条件为

$$M_Z \leqslant [M_Z] \tag{5-10}$$

式中，$[M_Z]$为所选制动器参数表中给出的制动力矩。

注意：制动器产品样本中标出的制动力矩是该型号的最大值，如实际所需的制动力矩小于标明的最大值时，可通过调整其制动弹簧行程来调整制动器的实际制动力矩。

1) 起升机构

起升机构支持制动器是常闭式的，制动轮/盘应装在与传动机构刚性连接的轴上，支持制动器的所需制动力矩应按下式计算：

$$M_Z = K_Z \frac{P_Q D_1 \eta'}{2ai} \tag{5-11}$$

式中，M_Z 为制动轴上所需的计算制动力矩(N·m)；η'为物品下降时起升机构传动装置和滑轮组的总效率；i 为由卷筒到制动器轴的总传动比；K_Z 为制动器安全系数，与机构重要程度和机构工作级别有关。

2）运行机构

运行机构机械式制动器的制动力矩与运行摩擦阻力矩之和，应能使在满载、顺风及下坡状态下运行的起重机或起重小车在要求的时间内停止下来。

制动力矩 M_Z 按下式计算：

$$M_Z=\frac{1}{m_Z}\left\{\frac{[P_{W\mathrm{I}}+P_\alpha-P'_m]D\eta}{2i}+\frac{n}{9.55t_Z}[km_Z(J_1+J_2)+J'_3\eta]\right\} \tag{5-12}$$

式中，M_Z 为运行机构制动力矩（N·m）；P'_m 为不考虑轮缘与轨道侧面附加摩擦的摩擦阻力（N）；t_Z 为制动时间（s），参见教材表 2-16；m_Z 为制动器的台数；J_1 为电动机转子的转动惯量（kg·m^2）；J_2 为电动机轴上制动轮和联轴器的转动惯量（kg·m^2）；J_3 为做起升运动的物品的惯量折算到电动机轴上的转动惯量（kg·m^2）；η 为起升物品时起升机构传动装置和滑轮组的总效率。

3）变幅机构

（1）平衡臂架式变幅机构。

对于平衡臂架式变幅机构，应采用常闭式机械制动器。当用变幅过程中变幅钢丝绳或变幅拉杆中的最大拉力换算到制动器轴上的力矩进行计算时，应按如下原则进行选型。

工作工况：
$$K_{Z\mathrm{II}}=\frac{M_Z}{M_{\mathrm{II}\max}}\geqslant 1.25 \tag{5-13}$$

式中，M_Z 为制动器的制动力矩（N·m）；$M_{\mathrm{II}\max}$ 为最大工作力矩，即起重机悬吊物品回转并受工作状态最大风力 $P_{W\mathrm{II}}$ 作用，钢丝绳出现最大摆角 α_{II} 时在制动器轴上引起的力矩（N·m）。

非工作工况：
$$K_{Z\mathrm{III}}=\frac{M_Z}{M_{\mathrm{III}\max}}\geqslant 1.15 \tag{5-14}$$

式中，$M_{\mathrm{III}\max}$ 为起重机不工作，并受最大非工作风 $P_{W\mathrm{III}}$ 作用时在制动器的轴上引起的力矩（N·m）。

（2）非平衡动臂式变幅机构。

对于非平衡动臂式变幅机构，在一般情况下应装一个机械式制动器；在重要情况下应装两个机械式支持制动器或装一个机械式支持制动器和一个停止器。装一个机械式支持制动器时，其制动安全系数不小于 1.50；装有两个机械式支持制动器时，每一个制动安全系数不小于 1.25。液压变幅机构应装平衡阀。

（3）钢丝绳牵引小车变幅机构。

对于钢丝绳牵引小车变幅机构，机械式制动器的制动转矩与运行摩擦阻力矩之和应能使处于不利情况下的变幅小车在要求的时间内停止下来。机械式制动器安全系数不小于 1.25。采用常闭式机械式制动器，宜先减速后制动，牵引小车的制动减速度不宜超过 0.5 m/s^2。

4）回转机构

回转机构宜采用可操纵的常开式制动器，回转机构在最不利工作状态（受工作状态最大风力，臂架处于最不利位置，悬挂的物品有最大偏角）下，其制动器力矩应能使回转部分从运动中停止。制动力矩按下式计算：

$$M_Z = \frac{\sum J' \times n}{9.55 t_Z} + M_C \tag{5-15}$$

式中，M_Z 为回转机构的制动力矩(N·m)；$\sum J'$ 为物品回转制动时，回转机构的旋转质量及含起吊物品在内的回转运动质量换算到电动机轴(制动器轴)上的机构总转动惯量(kg·m^2)；t_Z 为制动时间(s)；M_C 为换算到电动机轴上的回转阻力矩(N·m)。

$$M_C = \frac{\eta}{i}(M_W + M_a - M_m) \tag{5-16}$$

式中，η 为回转机构的总传动效率；i 为由制动器轴到回转支承装置的回转机构总传动比。

装有极限力矩联轴器时，制动器一般装在电动机与极限力矩联轴器之间。

(六) 减速器

港口起重机上常用的减速器主要有卧式或立式渐开线圆柱齿轮减速器、卧式圆弧圆柱齿轮减速器、圆柱蜗杆减速器和行星齿轮减速器等。运行机构中由于布置空间的限制，三合一减速器的应用越来越广泛。

选用减速器时，应综合考虑不同机型的各种工况、载荷条件和工作环境等，还应注意各种标准减速器的适用范围及选用方法。

1. QJ 型减速器

根据《QJ 型起重机减速机》(JB/T 89051—1999)应将该工作级别 Mi 的功率值换算成 M5 工作级别的数值。必要时还应验算输出轴端的瞬时允许转矩和最大允许径向载荷。

1) 计算实际工作级别 Mi 的功率值

用下式计算实际工作级别 Mi 的功率值：

$$P_{Mi} = \frac{T_{i\max} n}{9\,550} \tag{5-17}$$

式中，i 为工作级别；P_{Mi} 为工作级别 Mi 时的功率值(kW)；$T_{i\max}$ 为疲劳计算时的基本载荷(N·m)；n 为输入轴转速(r/min)。

2) 起重机各机构疲劳计算时的基本载荷 $T_{i\max}$

(1) 起升和非平衡变幅机构：

$$T_{i\max} = \phi_6 M_n \tag{5-18}$$

式中，ϕ_6 为试验载荷起升动载系数；M_n 为电动机的额定转矩(N·m)。

(2) 运行和回转机构：

$$T_{i\max} = \phi_8 M_n \tag{5-19}$$

式中，ϕ_8 为刚性动载系数，取 1.2～2，其与电动机驱动特性和计算零件两侧的转动惯量的比值有关。

(3) 平衡式变幅机构。

疲劳计算时的基本载荷为该零件承受的等效变幅静阻力矩，其他零件的载荷为电动机额定转矩传到该计算零件转矩的 1.3～1.4 倍。

当最大工作载荷低于 2.7 倍的额定转矩时，可不进行静强度校核；当最大工作载荷超过 2.7 倍的额定转矩时，应验算该零件的静强度或者选大一号机座的减速器。

3）P_{Mi} 值换算

用下式将 P_{Mi} 换算成相当于工作级别 M5 时的功率值：

$$P_{M5}=P_{Mi}\times 1.12^{(i-5)} \tag{5-20}$$

2. 三合一减速器

三合一减速器是融减速器、电动机、制动器于一体的驱动机构。按《起重机用三合一减速器》(JB/T 9003—2004)规范给出的减速器输入轴功率是在输入轴转速为 1400 r/min、工作级别为 M6 时的功率值，若输入轴转速不是 1400 r/min 时，则应按等转矩折算，即

$$\frac{P_{ni}}{n_i}=\frac{P_{1400}}{1400} \tag{5-21}$$

式中，P_{ni} 为减速器输入轴不同转速下的允许功率值(kW)；n_i 为减速器输入轴的转速(r/min)；P_{1400} 为减速器输入轴在转速为 1400 r/min 时对应的功率值(kW)。

若起重机各机构的工作级别不为 M6 时，则对应工作级别下的减速器功率应按下式折算，即

$$P_{Mi}=P_{M6}\times 1.12^{(6-i)} \tag{5-22}$$

式中，i 为工作级别；P_{Mi} 为相当于 Mi 工作级别的功率值(kW)；P_{M6} 为功率表中所列的许用功率值(kW)。

对于运行机构，因惯性载荷较大，选用减速器时，应按机构启制动时所承受的最大振动力矩计算，此时应使表列功率除以系数 ψ_5，一般 ψ_5 为 1.5～2.5。对于笼形制动电动机，ψ_5 为 1.5～2.0；对于绕线制动电动机，ψ_5 为 2.0～2.5；而对于变频调速制动电动机，ψ_5 为 1.0～1.5。使

$$P_{Mi}\geqslant \psi_5 P_n \tag{5-23}$$

式中，P_n 为电动机额定功率(kW)；ψ_5 为弹性振动力矩增大系数。

(七) 车轮、轨道与轮胎

1. 车轮

1）车轮的种类

按用途分，车轮可分为轨上行走式车轮、悬挂式车轮、半圆槽滑轮式车轮；按有无轮缘分，有双轮缘车轮、单轮缘车轮、无轮缘车轮；按踏面形状分，有圆柱形车轮、圆锥形车轮、鼓形车轮。圆锥形车轮踏面的直径差为 2 mm，正锥法布置，具有自动纠偏功能。

2）车轮与滚轮的材料

车轮与滚轮的材料应符合《起重机车轮》(JB/T 6392—2008)的规定。当采用球墨铸铁时，其踏面和轮缘应进行热处理。

3）车轮与滚轮的校验计算

本计算方法适用于轨道安装与维护良好、车轮调整正确、直径不超过 1000 mm 的车轮和

滚轮校验计算。应避免采用大直径车轮和滚轮，因为大直径车轮和滚轮的轮压较大，对轨道基础或承轨结构的承载能力要求较高。为减少单个车轮轮压，可采用平衡梁增加车轮数量。

起重机的车轮和滚轮应根据等效工作轮压进行疲劳强度校验计算，应根据最大轮压进行静强度校验计算。

(1) 计算载荷。

计算车轮疲劳时，按机构载荷组合起重机处于正常工作状态下的载荷情况Ⅰ(无风工作)或载荷情况Ⅱ(有风工作)，但不计动力系数 ϕ_1、ϕ_2、ϕ_3、ϕ_4 等。车轮疲劳计算的等效轮压为

$$P_{\text{mean Ⅰ}}=\frac{P_{\text{min Ⅰ}}+2P_{\text{max Ⅰ}}}{3},\ P_{\text{mean Ⅱ}}=\frac{P_{\text{min Ⅱ}}+2P_{\text{max Ⅱ}}}{3} \tag{5-24}$$

式中，$P_{\text{mean Ⅰ}}$ 为载荷组合情况Ⅰ(无风正常工作)时起重机的等效工作轮压(N)；$P_{\text{mean Ⅱ}}$ 为载荷组合情况Ⅱ(有风正常工作)时起重机的等效工作轮压(N)；$P_{\text{min Ⅰ}}$、$P_{\text{min Ⅱ}}$ 分别为按机构载荷组合情况Ⅰ或组合情况Ⅱ工作，起重机空载时验算车轮的最小轮压(N)；$P_{\text{max Ⅰ}}$、$P_{\text{max Ⅱ}}$ 分别为按机构载荷组合情况Ⅰ或组合情况Ⅱ工作，起重机满载时验算车轮的最大轮压(N)。

在计算等效轮压时，最大轮压和最小轮压都是发生在同一组车轮上。

(2) 有效接触宽度 l。

对具有平坦承压面的轨道，轨顶总宽度为 b，每边倒角圆半径为 r，如图 5-38(a)所示，轮轨有效接触宽度为

$$l=b-2r \tag{5-25}$$

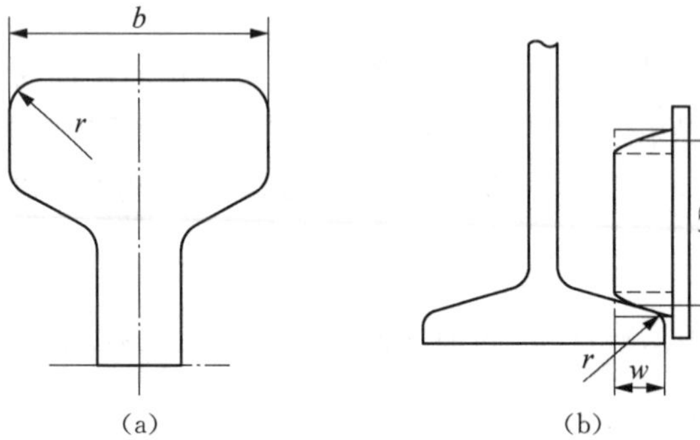

图 5-38 车轮踏面与轨道的接触宽度

(a)轨顶尺寸；(b)车轮与工字梁下翼缘的接触尺寸

对于具有平坦、锥形或凸起承压面的轮轨，如车轮在工字钢梁下翼缘上面运行，则轮轨有效接触宽度为

$$l=w-r \tag{5-26}$$

式中，w 为车轮踏面宽度；r 为下翼缘外侧倒角圆半径，如图 5-38(b)所示；车轮直径 D 应为投影宽度 $(w-r)$ 中点上的直径。

(3) 许用轮压。

线接触车轮的允许轮压 P_L 为

$$P_L = kDlC \tag{5-27}$$

式中，P_L 为正常工作起重机车轮或滚轮的允许轮压(N)；k 为车轮或滚轮的许用比压(N/mm^2)，钢制车轮或滚轮按教材表 5-19(a)选取(注：对于具有凸起承压面的轨道或车轮(滚轮)，许用比压 k 可增加 10%，因为这能改善其与轮轨的接触)；D 为车轮踏面直径(mm)；l 为车轮或滚轮与轨道承压面的有效接触宽度(mm)，C 为计算系数，进行车轮或滚轮踏面疲劳校验时，$C = C_1 C_2$，进行车轮或滚轮强度校验时，$C = C_{max} = C_{1max} C_{2max}$，取 $C_{max} = 1.9$；C_1 为转速系数，按教材表 5-20 或表 5-21 选取；C_2 为工作级别系数，按教材表 5-22 选取。

点接触车轮的允许轮压 P_L 为

$$P_L \leqslant k \frac{R^2}{m^3} C_1 C_2 \tag{5-28}$$

式中，k 为与材料有关的许用点接触应力常数(N/mm^2)，钢制车轮按教材表 5-19 选取；R 为曲率半径，取车轮与轨道两接触面曲率半径中的大值(mm)；m 为由轨道顶与车轮的曲率半径之比(r/R)所确定的系数，按教材表 5-23 选取，r 为接触面曲率半径的小值。

4) 车轮或滚轮的疲劳强度校验

根据下式进行车轮或滚轮的疲劳强度校验：

$$P_{mean} \leqslant P_L \tag{5-29}$$

式中，P_{mean} 为根据式(5-24)计算得 $P_{mean\,I}$ 和 $P_{mean\,II}$ 中的较大值。

5) 车轮或滚轮的静强度校验

根据下式进行车轮或滚轮的静强度校验：

$$P_{max} \leqslant 1.9kDl \tag{5-30}$$

式中，P_{max} 为最大轮压(包括考虑动载试验或静载试验的载荷)(N)。最大轮压 P_{max} 是指在载荷情况Ⅰ、Ⅱ、Ⅲ中最不利状态和位置下得到的最大轮压中的较大者。

2. 轨道

轨道用来承受起重机或起重小车的轮压并引导车轮运行，同时还将轮压传递给支承基础。运行轨道应符合车轮的要求：顶面能承受车轮的挤压、磨损；底面具有足够的宽度，以减小对基础的压应力；截面要具有良好的抗弯强度；此外，轨道与基础的固定要合理、可靠。

1) 轨道的类型及选用

起重机轨道有三种：轻轨、铁路用热轧钢轨和起重机钢轨。选用钢轨时，主要考虑轮压的大小，此外还需考虑基础建设、经济性等方面的因素。

对起重机轨道用材料的推荐如下：轻轨推荐用力学性能不低于《热轧轻轨》(GB/T 11264—2012)中的 55Q；铁路用热轧钢轨推荐用力学性能不低于 GB/T 2585 中的 U71Mn；起重机钢轨推荐用力学性能不低于 YB/T 5055 中的 U71Mn。

图 5-39　轨道的压板固定方式

2) 钢轨的固定

轨道安装时有用压板固定、钩形螺杆固定、焊接和螺栓联用固定等方法。图 5-39 所示为压板方式固定，并在轨道底部铺垫复合橡胶垫板,以减少冲击。钢轨固定装置可参见《钢轨固定装置》(JB/T 10543—2006)。

3. 轮胎

轮胎起重机大多采用充气橡胶轮胎,充气轮胎的承载能力根据下式估算:

$$W = 2.31KA(10p)^{0.585}B_L^{1.39}(d+B_L) \tag{5-31}$$

$$B_L = B[180° - \arcsin(C/B)/141.3°] \tag{5-32}$$

式中,W 为轮胎的实际承载能力(N);K 为轮胎的构造系数(对载重类型的轮胎,$K = 0.425 \sim 0.465$);A 为速度系数,如表 5-4 所示;p 为轮胎充气压力(MPa);d 为轮辋直径(cm);B_L 为装在理想轮辋上的充气轮胎断面宽度(cm);B 为轮胎断面宽度(cm);C 为轮辋宽度(cm)。

表 5-4　速度系数

速度/(km/h)	60	40	25	15	8	5	1
A	1.0	1.1	1.15	1.25	1.6	1.9	3.0

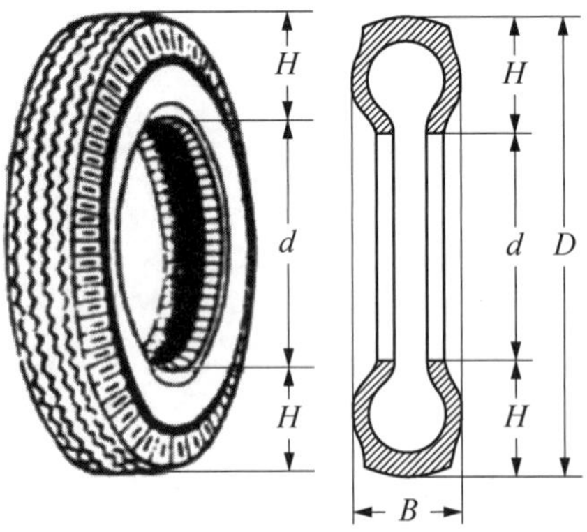

图 5-40　轮胎的断面尺寸示意图

轮胎断面尺寸参数含义如图 5-40 所示。

由于轮胎受载会发生显著变形,因此其运行时的有效滚动半径小于其自由半径。欧洲轮胎与轮辋技术协会(ETRTO)推荐:在最大载荷、规定气压以及车速为 60 km/h 条件下的滚动圆周 $C_r = fD$,由于周长 $C_r = 2\pi R'$,故滚动半径为

$$R' = \frac{fD}{2\pi} \tag{5-33}$$

式中,f 为计算常数,对于子午线轮胎为 3.05,对于斜交轮胎为 2.99;D 为轮胎的自由直径。

有时为了计算方便,可取轮胎的滚动半径为自由半径的 0.93~0.935(低压轮胎)或 0.945~0.95(高压轮胎)。

德国橡胶企业协会指定的 WdK 准则对不同车速 v_y 条件下的滚动周长进行了修正,即

$$C'_r = C_r\left(1 + \frac{\Delta v_y}{10\,000}\right),\ \Delta v_y = v_y - 60\,\text{km/h} \tag{5-34}$$

式中,v_y 为运行速度(km/h)。

(八) 缓冲器

缓冲器的作用是减缓起重机及其运动部分(如起重机、起重小车或臂架等)运动到终点或两台起重机相互碰撞时的冲击。

1. 缓冲器的种类

港口起重机上采用的缓冲器有弹簧缓冲器(JB/T 8110.1—1999《起重机　弹簧缓冲器》)、橡胶缓冲器(JB/T 8110.2—1999《起重机　橡胶缓冲器》)、聚氨酯缓冲器(JB/T

10833—2008《起重机用聚氨酯缓冲器》)和液压缓冲器(JB/T 7017—1993《起重机用液压缓冲器》),如图 5-41 所示。在速度大于 2 m/s 时或对于运动质量较大的起重机,宜采用液压缓冲器。

(a)　　(b)　　(c)

图 5-41　缓冲器

(a)弹簧缓冲器;(b)聚氨酯缓冲器;(c)液压缓冲器

2. 缓冲器的选型计算

《起重机设计规范》(GB/T 3811—2008)规定,缓冲器应按碰撞动能、最大缓冲力,并考虑缓冲行程来选用,允许的最大减速度为 4 m/s²。

1) 缓冲行程 S

对于弹性缓冲器:$S \approx \dfrac{v_c^2}{a_{max}} \geqslant \dfrac{v_c^2}{[a_{max}]}$　　(5-35)

对于恒力缓冲器:$S \approx \dfrac{v_c^2}{2a_{max}} \geqslant \dfrac{v_c^2}{2[a_{max}]}$　　(5-36)

式中,v_c 为碰撞速度(m/s),对于无自动减速装置或限位开关的运行机构,大车取额定运行速度的 85%,小车取额定速度,对于有自动减速装置或限位开关者,按减速后的实际碰撞速度计算,但不小于 50%的额定运行速度;S 为缓冲行程(m);a_{max}、$[a_{max}]$分别为最大减速度和允许最大减速度(m/s²)。

2) 需要的缓冲容量 W

需要的缓冲容量为

$$W = \frac{mv_c^2}{2} - (P_m + P_z)S \qquad (5-37)$$

式中,m 为碰撞质量(kg),对于柔性悬挂的吊具或起升载荷能自由摆动的起重机,不考虑起升载荷质量;P_m 为运行摩擦阻力(N),其最小值 $P_{mmin} = mgf_{0min}$,其中 f_{0min} 为最小摩擦阻力系数,可取为 0.008;P_z 为制动器的制动力矩换算到车轮踏面的制动力(N)。

3) 最大缓冲力 P_{max}

对于弹性缓冲器:$P_{max} = \dfrac{2W}{S}$　　(5-38)

对于恒力缓冲器：$P_{\max}=\dfrac{W}{S}$　　(5-39)

4) 缓冲器的选用

选用缓冲器时，一般可先根据所要求的缓冲行程 S 和最大缓冲力 $P_{\max}$ 选择合适的缓冲器规格，然后根据所要求的缓冲能量 W 计算所需的缓冲器数目 n：

$$n=\frac{W}{W'}\tag{5-40}$$

式中，W' 为由标准缓冲器性能表中查得的缓冲器容量(J)。

三、复习思考题

(1) 同向捻钢丝绳和交互捻钢丝绳各有什么特点？如何识别与标记？适用于何种场合？为什么？

(2) 线接触钢丝绳主要有哪几种形式？它们各有什么特点？如何识别与标记？适用于何种场合？为什么？

(3) 钢丝绳固定在卷筒上，常采用的固定装置有哪些？

(4) 钢丝绳的选型方法有哪些？如何确定其安全系数？

(5) 钢丝绳破坏的主要原因是什么？请指出起升钢丝绳最易破坏的部位。

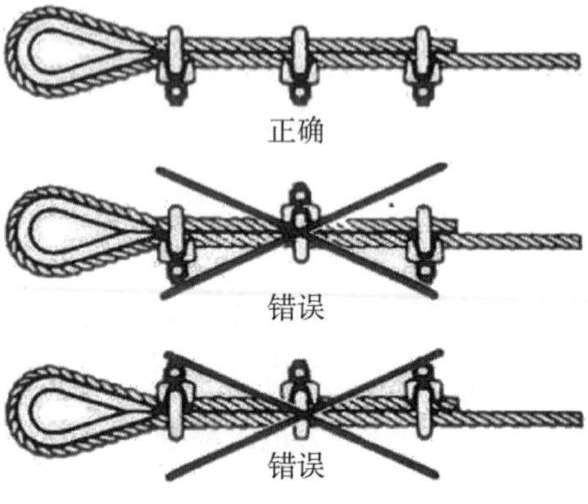

图 5-42　绳尾的固定方法

(6) 钢丝绳绳尾的固定方法有几种？试分析图 5-42 所示绳尾的固定方法中为什么只有第一种是正确的，并说出理由。

(7) 如何确定滑轮的直径和槽型尺寸？

(8) 钢丝绳出入滑轮槽的最大允许偏角是如何确定的？

(9) 在卷筒的钢丝绳卷绕长度计算中，取物装置为吊钩或四绳长撑杆抓斗会有什么区别？

(10) 请给出双联卷筒的受力分析图，并给出其支撑距离和所受载荷的计算原则。

(11) 什么是三合一减速器，其主要用于什么情况，是如何选型的？

(12) 制动器的分类方式有几种？为什么要设常开式和常闭式两种类型？它们分别用于哪些机构？

(13) 制动器为什么要进行发热验算，如何进行发热计算？

(14) 试比较盘式、鼓式和带式制动器的优劣。

(15) 根据车轮的轮缘和踏面形状，车轮有哪些构造型式？

(16) 车轮与轨道的主要失效形式是什么？其所承受的载荷应如何计算？

(17) 简述车轮和轨道的选择和验算方法。

(18) 在起重机上为什么要安装缓冲器？缓冲器安装在什么机构上？阐述一种典型起重

机上安装的缓冲器类型和特点。

(19) 确定缓冲器主要性能参数时，计算参数如碰撞质量 m、碰撞速度 v_c 和最大减速度 a_{max} 应如何选用?

四、计算题和答案

(1) 30 t 锻造吊钩的尺寸如图 5-43 所示。$a=210\,\text{mm}$，$L=205\,\text{mm}$，$B=130\,\text{mm}$，$R=150\,\text{mm}$，$R_1=25\,\text{mm}$，20 号钢的屈服极限 $\sigma_s=220\,\text{MPa}$，用曲梁公式(许用应力法)验算钩身断面 Ⅰ—Ⅰ 的强度。

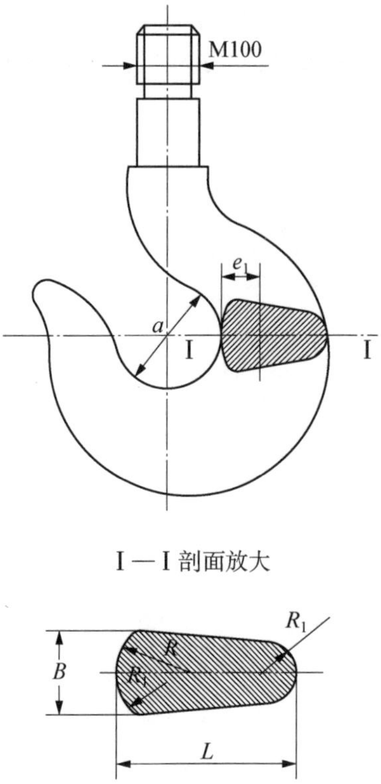

图 5-43　30 t 锻造吊钩

【解】20 号钢的许用应力 $[\sigma]=164.1\,\text{MPa}$

$$\sigma_{内}=\frac{S_Q e_1}{F_A K_A(R_0-e_1)}=204.0\,\text{MPa}>[\sigma]$$

$$\sigma_{外}=\left|-\frac{S_Q e_2}{F_A K_A(R_0+e_2)}\right|=96.0\,\text{MPa}<[\sigma]$$

所以，不满足静强度要求。

(2) 设计计算一套 16 t 桥式起重机的吊钩装置。已知参数：起重量为 16 t，起升速度 v_q 为 12.5 m/min，工作级别为 M5，采用双联滑轮组，倍率 $a=3$。吊钩材料采用 36CrMo。其他吊钩组零件：吊钩横梁和滑轮轴采用 45 号钢，拉板采用 Q235 材料。试确定：①吊钩组型式；②吊钩各部分尺寸，并验算其强度；③吊钩横梁、滑轮轴、拉板等尺寸，并验算其强度；④选择并验算轴承。

【解】参见 GB/T 10051—2010 设计满足要求的单钩、双钩或者叠片式吊钩。

(3) 试为 20 t 桥式起重机起升机构选择合适的制动器。已知条件：工作级别为 M7，起升速度 $v_q=10.5\,\text{m/min}$，下降时作用在制动轴上的静力矩 $M'_j=414.6\,\text{N}\cdot\text{m}$，等效转动惯量 $J=4.73\,\text{kg}\cdot\text{m}^2$，制动轴转速 $n=732\,\text{r/min}$。

【解】选 YP1-ED500-60-400×30 型制动器，许用制动力矩为 800 N·m。制动时间验算：$t_Z=1.03\,\text{s}$，满足要求(0.7～3 s)。

(4) 试为某 10 t 门式起重机大车运行机构选择制动器。已知条件：满载时的总等效转动惯量 $J=3.513\,\text{kg}\cdot\text{m}^2$，空载时 $J'=3.193\,\text{kg}\cdot\text{m}^2$，风阻力 $P_{W\text{Ⅱ}}=27.9\,\text{kN}$，坡道阻力 $P_\alpha=0.602\,\text{kN}$，不计附加摩擦的满载摩擦阻力 $P_m=2.75\,\text{kN}$，空载摩擦阻力 $P'_m=2.3\,\text{kN}$，车轮直径 $D=710\,\text{mm}$，传动比 $i=51.7$，总机械效率 $\eta=\eta'=0.9$，车轮轴承摩擦系数 $f_k=0.015$，车轮轴直径 $d=120\,\text{mm}$，最小主动车轮轮压 $P_{zmin}=101.3\,\text{kN}$，运行速度 $v_y=40\,\text{m/min}$，电机转速 $n_d=941\,\text{r/min}$，高速轴转动惯量 $J_g=0.42\,\text{kg}\cdot\text{m}^2$，工作级别为 M5。

【解】① 根据样本，选 YP1-ED220-50-355×30 型制动器，许用制动力矩为 320 N·m。

② 为满足制动打滑的条件，实际的制动力矩最大为 85.25 N·m。

(5) 某15t门式起重机的有关数据:起重机总自重载荷 $P_G=496120\text{N}$,大车运行速度 $v_y=39.5\text{m/min}$,小车自重载荷 $P_{Gx}=72860\text{N}$,小车运行速度 $v_{yt}=37.5\text{m/min}$。起重机在非工作状态下所受的风载荷 $P_{W\text{III}}=50000\text{N}$,起重机运行摩擦阻力 $P_m=6650\text{N}$;小车运行坡道阻力 $P_\alpha=1290\text{N}$。试为该门式起重机大车、小车设计(或选用)合适的缓冲器。

【解】① 大车选 HT3-1250 型缓冲器(JB/T 8110.1—1999),缓冲容量为 12.5kJ,缓冲行程为 135mm,缓冲力为 165.0kN,外形尺寸为 (450×520-830)mm。

② 小车选 HX-40 型缓冲器(JB/T 8110.2—1999),缓冲容量为 0.40kJ,缓冲行程为 32mm,缓冲力为 40.0kN,外形尺寸为 (125×125-80)mm。

第六章　起升机构

一、学习目标

(一) 知识目标

(1) 了解起升机构的组成和典型布置方式。
(2) 掌握钢丝绳缠绕系统的倍率和传动效率的求解计算原则。
(3) 熟悉起升机构设计计算的全过程,深刻理解计算原则。

(二) 能力目标

(1) 根据实际需求和布置空间,合理确定起升机构的驱动装置布置方案,并绘制方案简图。

(2) 掌握钢丝绳缠绕系统的设计原理、滑轮组倍率、缠绕系统效率的计算方法以及在各工作循环阶段阻力与效率的关系。

(3) 根据实际需求,基于产品样本合理选择并校核起升机构驱动装置的组成零部件。

(4) 分析机构设计中各个计算步骤之间的联系,能够调整零部件选型或设计中的部分参数,并保证机构满足设计、安装和工艺等要求。

二、学习要点

起升机构用来实现货物的升降运动,它通常由驱动装置、钢丝绳缠绕系统和取物装置三部分组成,如图 6－1 所示。此外,根据工作需要还可以装设各种辅助装置,如高度限位器、超载限制器、称量装置等。

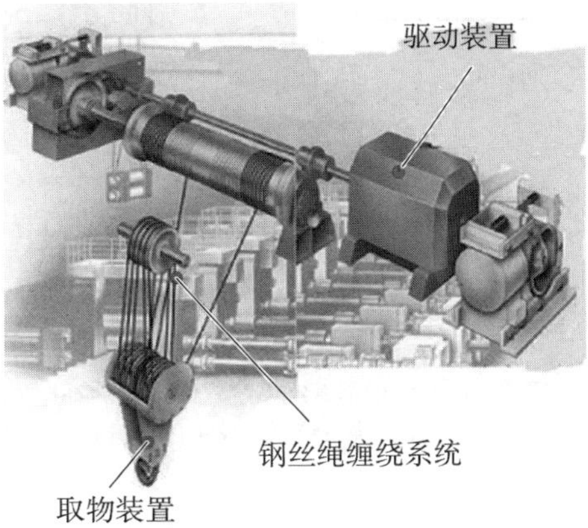

图 6－1　起升机构组成

(一) 钢丝绳缠绕系统及其效率

起升钢丝绳缠绕系统的作用是传递动力,将卷筒的旋转运动转换为取物装置的垂直升降运动。钢丝绳缠绕系统包括卷筒、钢丝绳、导向滑轮和滑轮组等。钢丝绳通过导向滑轮可以引向空间任何方向，因此缠绕系统的布置具有较大的灵活性，可以适应各港口起重机械的构造特点和作业要求。图 6－2 为各种港口起重机的钢丝绳缠绕系统示意图。

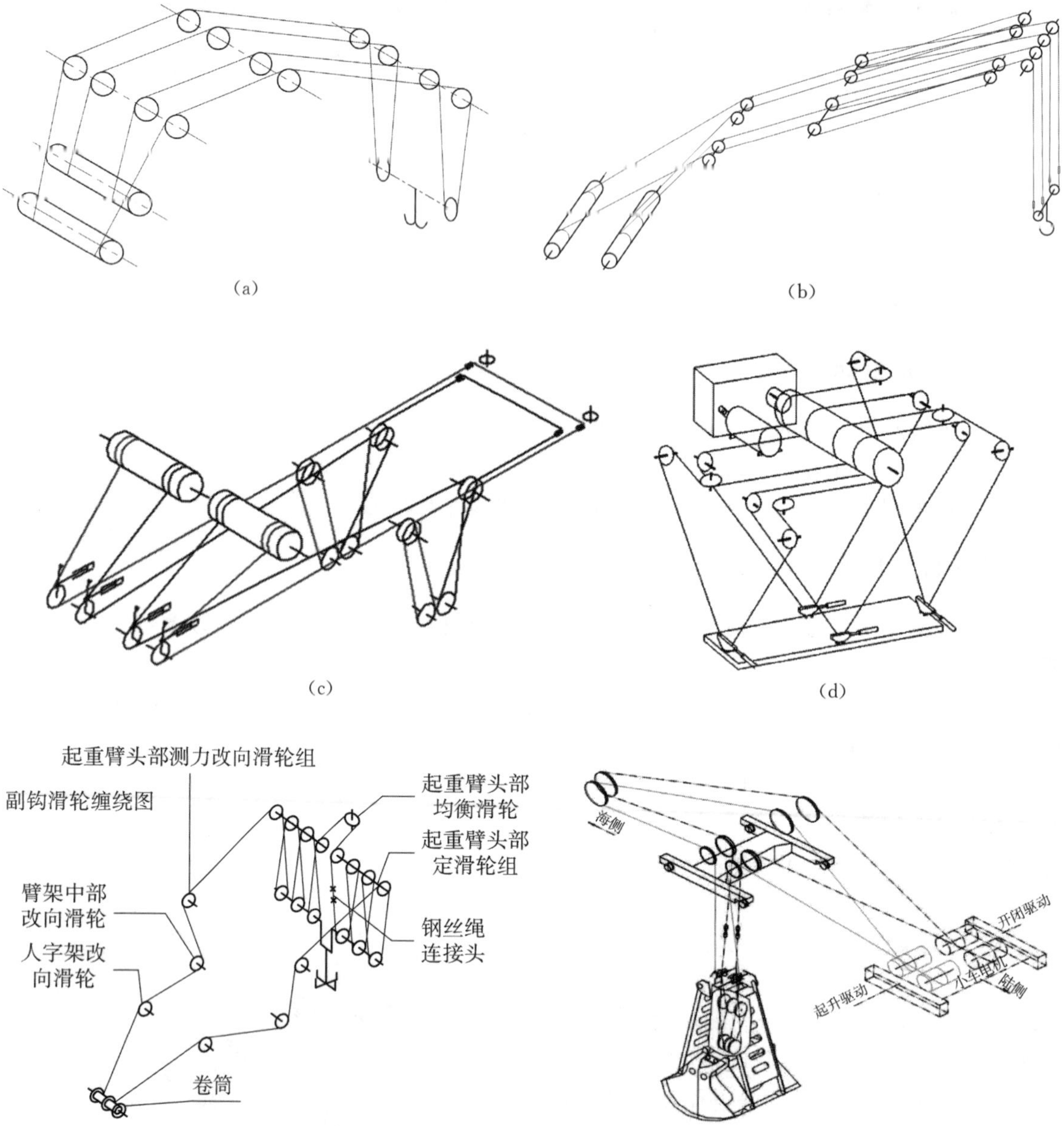

图 6－2　典型港口起重机起升机构钢丝绳缠绕系统示意图

(a)臂架型起升钢丝绳缠绕系统；(b)门机的补偿滑轮组式钢丝绳缠绕系统；(c)岸桥的钢丝绳缠绕系统；(d)集装箱门式起重机的八绳钢丝绳缠绕系统；(e)浮吊的起升钢丝绳缠绕系统；(f)桥式抓斗卸船机起升、开闭钢丝绳缠绕系统

1）钢丝绳缠绕系统中滑轮组的倍率

滑轮组有单联与双联之分，分别配用单联和双联卷筒。滑轮组的倍率 a 表示其省力或减

速倍数。滑轮组倍率的判断方法有两种,如下所示。

(1) 根据受力关系判断。

悬挂物品的钢丝绳分支数为 m,根据力的平衡关系有

$$m = \frac{P_Q}{S} \tag{6-1}$$

式中,P_Q 为起升载荷;S 为引入卷筒的钢丝绳张力。

对单联滑轮组,倍率 a 等于钢丝绳分支数 m;对双联滑轮组,倍率等于悬挂物品钢丝绳分支数的一半,即

$$a = m(\text{单联}),a = \frac{m}{2}(\text{双联}) \tag{6-2}$$

(2) 根据速度关系判断。

滑轮组的倍率 a 为

$$a = \frac{v_q}{v_a} \tag{6-3}$$

式中,v_q 为悬挂物品的升(降)速度;v_a 为引入卷筒的钢丝绳线速度。

当多套起升机构联合作业完成物品的装卸作业时,应以一套系统来计算滑轮组的倍率。

2) 钢丝绳缠绕系统中滑轮组的总效率(单联滑轮组)

(1) 物品起升时滑轮组的效率 η_a。

在物品起升过程中[见图 6-3(a)],钢丝绳各个分支的拉力从 S_1 到 S_a 逐渐增大($S_a = S_a$, …, $S_{i-1} = \eta_1 S_i$, …, $S_1 = \eta_1 S_2$),由此可得物品起升时滑轮组的效率为

$$\eta_a = \frac{1 - \eta_1^a}{a(1 - \eta_1)} \tag{6-4}$$

式中,η_1 为定滑轮的传动效率;a 为钢丝绳的分支数(倍率)。

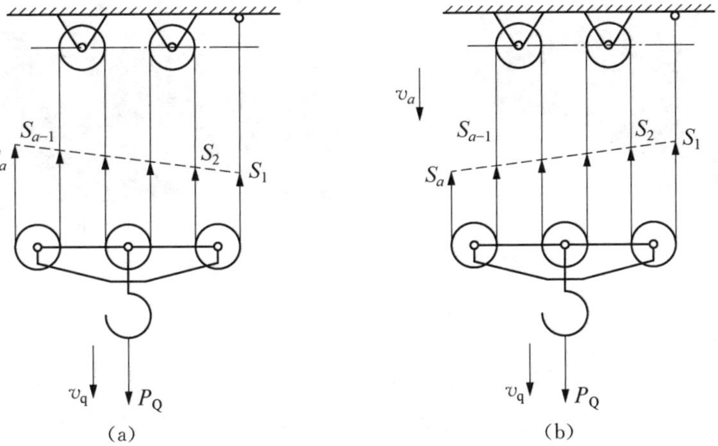

图 6-3 滑轮组效率

(a)物品上升;(b)物品下降

(2) 物品下降时滑轮组的效率 η'_a。

物品下降时[见图 6-3(b)],起升载荷 P_Q 是主动力,由于物品运动的速度方向与 S_a 的作用方向相反,故钢丝绳各分支的拉力从 S_1 到 S_a 逐渐变小 $\left(S_{a-1}=\frac{1}{\eta_1}S_a,\ \cdots,\ S_{i-1}=\frac{1}{\eta_1}S_i,\ \cdots,\ S_1=\frac{1}{\eta_1}S_2\right)$,由此可得物品下降时滑轮组的效率为

$$\eta'_a=\eta_1^{a-1}\frac{a(1-\eta_1)}{1-\eta_1^a} \tag{6-5}$$

(3) 钢丝绳缠绕滑轮组的总效率。

钢丝绳缠绕滑轮组的总效率表示为各部分传动效率的乘积,若缠绕系统中还存在导向滑轮,则滑轮组的总效率可以表示为

重物起升时:$\eta_{\sum}=\frac{1-\eta_1^a}{a(1-\eta_1)}\eta_D$ (6-6)

重物下降时:$\eta'_{\sum}=\eta_1^{a-1}\frac{a(1-\eta_1)}{1-\eta_1^a}\eta_D$ (6-7)

式中,η_{Σ} 为重物起升时,钢丝绳缠绕系统的总效率;η'_{Σ} 为重物下降时,钢丝绳缠绕系统的总效率;η_D 为导向滑轮的效率,$\eta_D=\eta_1\eta_2\cdots\eta_n$,各导向滑轮的效率与滑轮和钢丝绳的直径比 d/D、钢丝绳包角以及轴承类型有关。

(二) 起升驱动装置

起升机构驱动装置由电动机、制动器、减速器、联轴器、卷筒组及机架等组成,其构造主要取决于起重机的驱动方式和取物装置型式。港口起重机起升机构的驱动装置多采取展开布置方式,分为平行轴和垂直轴布置,如图 6-4 所示。

(a)　　　　(b)

图 6-4　起升驱动装置的布置方式

(a)平行轴线式布置;(b)垂直轴线式布置

港口起重机起升机构多由两组相同的起升驱动装置组成。用于吊钩作业时,两组驱动装置驱动起升绳与平衡吊钩组相连接,典型布置案例如图 6-5 所示;用于抓斗作业时,一组作开闭用,另一组作升降用,典型布置案例如图 6-6 所示;用于集装箱吊具时,同步提升集装箱吊具的四个角点,实现平面的升降运动,典型布置案例如图 6-7 所示。

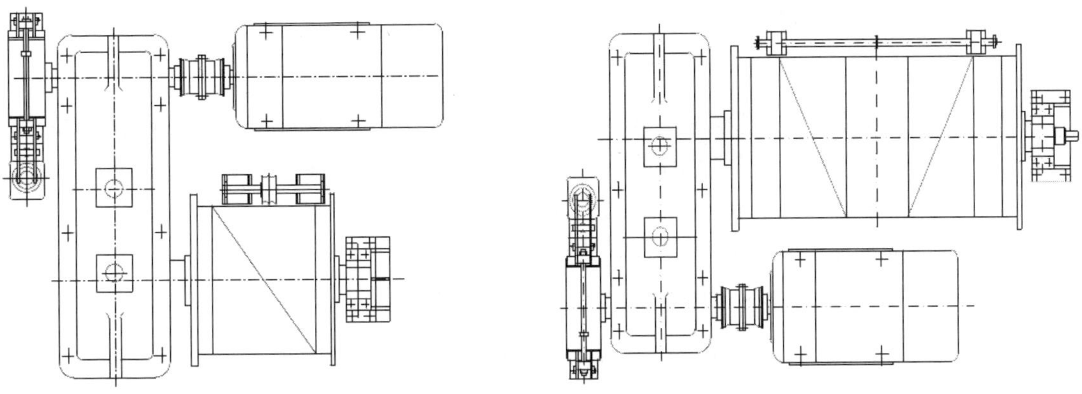

(a) (b)

图 6-5 吊钩作业用起升驱动装置

(a)单联卷筒;(b)双联卷筒

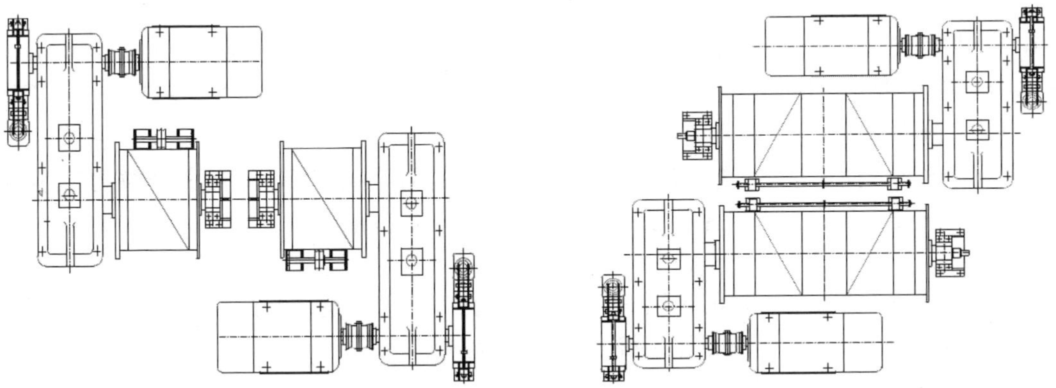

(a) (b)

图 6-6 抓斗作业用起升驱动装置

(a)双绳抓斗;(b)四绳抓斗

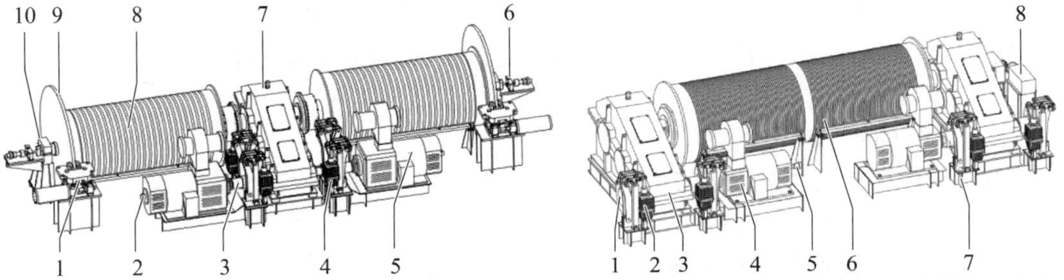

1—低速级制动器;2—测速开关;3—带制动盘联轴器;4—高速级制动器;5—电动机;6—凸轮限位开关/超速开关;7—减速箱;8—卷筒;9—低速制动盘;10—卷筒支座。

(a)

1—制动盘;2—高速级制动器;3—减速器;4—电动机;5—测速/超速开关;6—卷筒;7—高速级联轴器;8—脉冲编码器/凸轮限位开关。

(b)

图 6-7 集装箱作业用起升驱动装置

(a)一套驱动居中布置;(b)两套驱动两侧布置

（三）起升机构的设计计算

1）钢丝绳的选型

计算最大工作静拉力时应考虑下列因素：①起重机的额定起升载荷；②下滑轮组和取物装置的自重；③起升钢丝绳缠绕滑轮组的倍率 a 和绕上卷筒的钢丝绳分支数 m；④起升高度超过 50 m 时，一般要考虑钢丝绳的自重；⑤在上极限位置若钢丝绳与铅垂线夹角大于 22.5°时，还需要考虑由钢丝绳的倾斜引起的钢丝绳拉力的增大。

绕入卷筒的钢丝绳的最大静拉力为

$$S = \frac{\chi P_Q}{m\eta_{\sum}} \tag{6-8}$$

式中，χ 为系数。取物装置不是抓斗时，则 $\chi=1$。若用抓斗取物，则 χ 的取值分为以下两种情况：若使用的系统能自动且快速地（如采用差动式电控装置等）使闭合绳和支持绳中的载荷平均分配或将两种绳之间的载荷差异限制在闭斗末期或开始张开的一个极短时间内，则 $\chi=0.66$；若采用直流调速或交流变频调速，并进行了特殊的设计，能实时监控，保证抓斗离地时起升与闭合机构载荷准确协调共同承担者，则 $\chi=0.55$。P_Q 为额定起升载荷(N)。当起升高度超过 50 m 时，一般要考虑钢丝绳的自重。$\eta_{\sum}$ 为钢丝绳系统的总传动效率，由式(6-6)算得。m 为钢丝绳分支数，当为单联卷筒时，$m=a$；当为双联卷筒时，$m=2a$。

根据钢丝绳的使用场合，选择钢丝绳的结构形式；然后根据钢丝绳最大静拉力 S 和机构的工作级别按安全系数法或 C 系数法确定钢丝绳的直径 d；最后按 GB 8706—2006 标注钢丝绳型号。

当钢丝绳用来做水平运动的牵引时，应考虑牵引对象水平运动时的摩擦阻力、坡道阻力以及起升钢丝绳绕过起升及导向滑轮系统时的阻力等。

2）卷筒基本尺寸及转速

卷筒的基本尺寸设计计算见第五章的相关内容。根据起升速度，卷筒转速 n_d(r/min)为

$$n_d = \frac{1000av_q}{\pi D_1} \tag{6-9}$$

式中，v_q 为起升速度(m/min)；D_1 为按最外层钢丝绳中心计算的卷筒卷绕直径(mm)。

单层卷绕时 $D_1=D+d$，其中 D 为卷筒槽底直径，d 为钢丝绳直径。

3）电动机的选择与验算

(1) 电动机的初选功率。

起升机构电动机的初选见第四章的相关内容。

(2) 电动机轴上所需的转矩。

a. 稳态起升额定起升载荷所需的转矩按下式计算：

$$M_N = \frac{P_Q D_1}{2ai\eta} \tag{6-10}$$

式中，M_N 为稳态起升额定起升载荷时电动机轴上的转矩(N·m)；i 为由电动机轴到卷筒轴的总传动比；η 为起升物品时起升机构传动装置和滑轮组的总效率。

b. 电动机产生转矩的最低要求。对于直接启动的笼型异步电动机，$M_d \geqslant 1.6M_N$，式中，M_d 为启动时（转速 $n=0$ 时）电动机轴上具有的转矩。对绕线转子异步电动机：$M_d \geqslant 1.9M_N$。对采用变频控制的所有类型的电动机：$M_d \geqslant 1.4M_N$。

(3) 电动机的校验。

a. 电动机过载校验和发热校验。电动机过载验算是检验在设计要求的极限启动条件下，电动机的最大转矩或堵转转矩是否能满足机构启动的需要。电动机发热验算是检验在满足设计要求的正常运转条件下，电动机不应出现过热。以上校验详见第四章。

b. 电动机使用环境的功率修正。

若起重机安装使用地点海拔超过 1000 m，或起重机使用环境温度超过 40℃，就应对电动机容量进行修正：

$$P'_N = \frac{P_N}{K}$$

式中，P'_N 为根据环境温度和海拔修正后选用电动机的功率(kW)；P_N 为未修正的所需电动机的功率(kW)；K 为功率修正系数，根据图 6-8 选用。

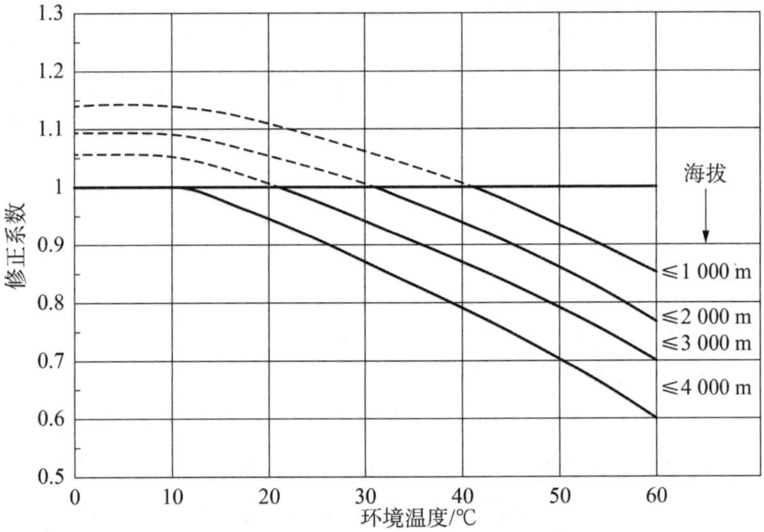

图 6-8 以环境温度和海拔为函数变量的修正值

注：1. 修正系数 $K>1$ 的值需由电动机制造商和起重机制造商共同确定。
2. 海拔大于 1000 m 时，要指出环境温度。

4) 减速器的选择与校核

(1) 计算传动比。

根据电动机转速 n 和卷筒的转速 n_d，可以求出传动比：

$$i = n/n_d \tag{6-11}$$

式中，i 为起升机构总传动比。

(2) 选取减速器。

采用起重机用减速器时，若所选用的减速器参数表上标注的工作级别与所设计的起升机构的工作级别不一致,应引入减速器功率修正系数。

采用普通用途减速器时,还应用电动机的最大启动转矩验算减速器输入轴的强度,并用额定起升载荷(考虑起升动力系数 ϕ_2)作用在减速器输出轴上的短暂最大力矩和最大径向力验算减速器输出轴的强度,即

$$F_{rmax} \leqslant [F_r],\ T_{max} \leqslant [T] \tag{6-12}$$

式中,$[F_r]$为减速器输出轴允许的最大径向力(N);F_{rmax} 为最大径向力(N),由钢丝绳最大张力 S、卷筒重力 G_d 以及具体支承情况确定;T_{max} 为钢丝绳最大静拉力在卷筒上产生的转矩(N·m);$[T]$为减速器输出轴允许的短暂最大转矩(N·m)。

选用减速器时,还应注意其中心距是否满足机构布置的要求。

(3) 校核实际起升速度。

已选定的电动机和减速器的功率、转速、传动比等参数多接近设计要求,但存在偏差,因此机构的实际起升速度合适与否还需验证,应使其满足下式要求:

$$\left|\frac{v_q - \bar{v}_q}{v_q}\right| \times 100\% \leqslant 5\% \tag{6-13}$$

式中,v_q 为设计要求提出的起升速度(m/s);$\bar{v}_q$ 为实际达到的起升速度(m/s)。

当误差大于 5%时,应通过另选滑轮组倍率或修改卷筒直径,或者加配开式齿轮传动进行必要的修正。若采用变频调速电动机时,可通过控制电动机的实际输出转速以达到设计要求的起升速度。

5) 制动器

(1) 起升机构制动器的作用。

a. 支持制动。在起升机构中,支持制动用来将起升的物品支持在悬空状态,由机械式制动器产生支持制动作用。起升机构的每一套独立驱动装置至少应装设一个制动器。对于吊运液态金属及其他危险物品的起升机构,每套独立的驱动装置至少应装设两个制动器。

b. 减速制动。在起升机构中,不宜采用无控制的物品自由下降方式,减速制动是用来将悬挂在空中的正在向下运动的物品减速到停机或一个较低的下降速度时实施停机制动。起升机构的减速制动可以由机械式支持制动器来完成,也可以由电气制动来完成。电气制动只用于减速制动,不能用于支持制动和安全制动。

c. 安全制动。在安全性要求特别高的起升机构中,为防止起升机构的驱动装置损坏而出现特殊的事故,在钢丝绳卷筒上装设机械式制动器作为安全制动。此安全制动器在机构失效或传动装置损坏导致物品超速下降时,下降速度达到 1.5 倍额定速度前自动起作用。

(2) 制动器的选择。

支持制动器应是常闭式的,制动轮/盘应装在与传动机构刚性连接的轴上。支持制动器的制动力矩应等于或大于按式(5-11)计算的制动力矩 M_Z。式中的制动器安全系数 K_Z 值与机构重要程度和机构工作级别有关,按表 6-1 选择。

对于工作特别频繁的起升机构,宜对制动器进行发热校验。

需特别指出,制动器产品样本中标出的制动力矩是该型号的最大值,如所需的制动力矩小于标明的最大值时,可通过调整期制动弹簧行程来调整制动器的实际制动转矩。

表 6-1 制动器安全系数 K_Z

起升机构工作级别和使用场合		K_Z
一般起升机构(M5 级及其以下级别)		≥1.5
重要起升机构(M6 级及其以上级别)		≥1.75
吊运液态金属和易燃易爆的化学品及危险品的起升机构	每套驱动装置装有两个支持制动器	≥1.25
	两套彼此有刚性联系的驱动装置,每套装置装有两个支持制动器	≥1.10
	采用行星差动减速器传动,每套驱动装置装有两个支持制动器	≥1.75
具有液压制动的液压传动起升机构		≥1.25

注:采用二级制动时,低速轴制动器的安全系数可按低一级选用。

6) 联轴器的选择

(1) 选择联轴器的品种和形式。

联轴器用于连接电动机输出轴和减速器输入轴、减速器输出轴和卷筒轴。起升机构高速轴常用的联轴器有弹性套柱销联轴器、齿式联轴器和万向联轴器等。低速轴一般采用齿式联轴器,如卷筒专用联轴器,齿轮连接盘与减速器的齿形轴端相连。

(2) 计算联轴器转矩。

根据电动机的功率和转速计算出与电动机相连接的高速端的理论转矩,考虑安全系数和刚性动载系数后,算得联轴器的计算转矩:

$$M_L \leqslant [M_L] \tag{6-14}$$

式中,$[M_L]$为联轴器标准规格参数表(或产品样本)中给出的转矩(N·m);M_L 为联轴器的计算转矩(N·m)。

$$M_L = kM'_L \tag{6-15}$$

式中,k 为系数,与工作级别、联轴器的重要性及其所连接的轴有关,一般为 1.3~3.1,起升机构和变幅机构宜取大值,可按 $k=n_1\phi_6$ 估算,或根据制造厂提供的方法计算,n_1 为联轴器的工作级别系数(见表 6-2);M'_L为联轴器所连接的轴的传递转矩(N·m)。

$$M'_L = \frac{1}{m_L}\frac{P_Q D_1}{2ai\eta} \tag{6-16}$$

式中,P_Q 为额定起升载荷(N);m_L 为起升机构中同级联轴器的个数;i 为由卷筒到联轴器的传动比;η 为物品到联轴器的总传动效率。

表 6-2 工作级别系数

工作级别	M1~M2	M3	M4	M5	M6	M7	M8
k_Z	1.00	1.12	1.25	1.40	1.60	1.80	2.0

(3) 选择联轴器型号。

初步选定的联轴器连接尺寸,即轴孔直径 d 和轴孔长度 L 应符合主、从动端轴径和轴伸的要求。主、从动轴径不相同是普遍现象,应按大轴选择联轴器的型号。

7) 机构启动、制动时间和加速度的计算

港口起重机是一种间歇、重复动作的机械,工作呈周期性。在每个工作循环中,起升机构被断续启动与制动,包括启动(加速)、稳定运行(等速)和制动(减速)三个阶段。当启动、制动时间过长时,加速度虽然小,但会影响起重机的生产率;而启动、制动时间过短,加速度太大,会在金属结构和机械零部件上附加动力载荷。因此需要将启动、制动时间控制在一定的范围内。

(1) 启动时间和启动平均加速度计算。

a. 机构启动时间 t_q 可由下式计算得到:

$$t_q = \frac{n[k(J_1 + J_2) + J_3/\eta]}{9.55(M_{dq} - M_N)} \tag{6-17}$$

式中,t_q 为起升机构的启动时间(s),其值如表 6-3 所示;n 为电动机的额定转速(r/min);k 为其他传动件的转动惯量折算到电动机轴上的影响系数,$k=1.05\sim1.20$;J_1 为电动机转子的转动惯量($kg \cdot m^2$);J_2 为电动机轴上制动轮和联轴器的转动惯量($kg \cdot m^2$);J_3 为做起升运动的物品的惯量折算到电动机轴上的转动惯量($kg \cdot m^2$);M_{dq} 为电动机平均启动转矩($N \cdot m$);η 为起升物品时起升机构传动装置和滑轮组的总效率;M_N 为稳态起升额定起升载荷的转矩($N \cdot m$)。

表 6-3 起升机构起(制)动时间和平均升降加(减)速度值

起重机的用途及种类	起(制)动时间/s	平均加(减)速度/(m/s^2)
精密安装用的起重机	1~3	≤0.01
吊运液态金属和危险品的起重机	3~5	≤0.07
通用桥式起重机和通用门式起重机	0.7~3	0.01~0.15
冶金工厂中生产率高的起重机	3~5	0.02~0.05
港口用门座起重机	1~3	0.3~0.7
岸边集装箱起重机	1.5~5	0.2~0.8
卸船机	1~5	0.5~2.2
塔式起重机	4~8	0.25~0.5
汽车起重机	3~5	0.15~0.5

注:根据起重机的不同使用要求,对起升机构起(制)动时间或平均升降加(减)速度两者中的一项进行校核计算。

$$J_3 = \frac{P_Q D_1^2}{4ga^2i^2} \tag{6-18}$$

式中,g 为重力加速度,取 $g=9.81\,m/s^2$;a 为钢丝绳滑轮组的倍率;i 为由电动机轴到卷筒轴的总传动比;η 为起升物品时起升机构传动装置和滑轮组的总效率。

$$M_{dq} = \lambda_{AS} M_n \tag{6-19}$$

式中,λ_{AS} 为电动机平均启动转矩倍数,其值如表 6-4 所示;M_n 为电动机的额定转矩($N \cdot m$)。

表 6-4 电动机平均启动转矩倍数

<table>
<tr><th colspan="2">电动机类型</th><th>λ_{AS}</th></tr>
<tr><td colspan="2">起重用三相交流绕线式</td><td>1.5～1.8</td></tr>
<tr><td rowspan="2">起重用三相笼型式</td><td>普通型式</td><td>电动机堵转转矩倍数</td></tr>
<tr><td>变频器控制型式</td><td>1.5～1.8</td></tr>
<tr><td colspan="2">并励直流电动机</td><td>1.7～1.8</td></tr>
<tr><td colspan="2">串励直流电动机</td><td>1.8～2.0</td></tr>
<tr><td colspan="2">复励直流电动机</td><td>1.8～1.9</td></tr>
</table>

启动时间过短，说明所选电动机功率余量过大，则应选低一档的电动机或采用电气控制；反之，则是电动机容量不足，应改选高一档的电动机。启动时间是否合适，还可以根据平均加速度来判断。

b. 启动平均加速度按下式计算：

$$a_q = \frac{v_q}{t_q} \tag{6-20}$$

式中，a_q 为起升机构的启动平均加速度（m/s^2）。

（2）制动时间和制动平均减速度验算。

a. 机械式制动器的满载下降制动时间按下式计算：

$$t_Z = \frac{n'[k(J_1 + J_2) + J_3\eta]}{9.55(M_Z - M_j')} \tag{6-21}$$

式中，t_Z 为起升机构的制动时间（s），如表 6-2 所示；n' 为满载（额定载荷）下降且制动器投入有效制动转矩时的电动机转速（r/min），常取 $n' = 1.1n$；M_Z 为机械式制动器的计算制动力矩（N·m）；M_j' 为稳态下降额定载荷时电动机制动轴上的转矩（N·m）。

$$M_j' = \frac{P_Q D_1}{2ai}\eta' \tag{6-22}$$

式中，η' 为物品下降时起升机构系统的总效率。

b. 制动平均减速度（除紧急制动外的正常情况制动平均减速度）按下式计算：

$$a_Z = \frac{v_q'}{t_Z} \tag{6-23}$$

式中，a_Z 为制动平均减速度（m/s^2），如表 6-2 所示；v_q' 为满载下降且制动器开始有效制动时的下降速度（m/s），可取 $v_q' = 1.1v_q$。

如果制动时间太短，即平均减速度过大，则表示制动力矩过大，可通过调节制动器的弹簧行程来减少制动力矩；若制动时间过长，则应重新选择高一档的制动器。

8）总结

起升机构的设计参数主要有额定起重量、起升高度、起升速度、起升机构的工作级别等，还应注意起重机的使用条件及特殊要求。其具体设计过程可用图 6-9 来表示。

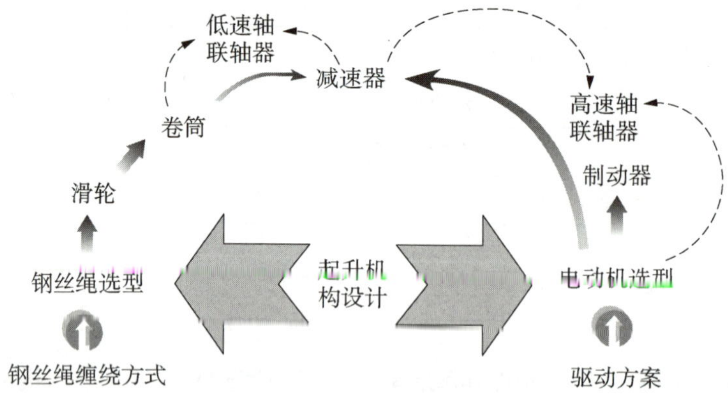

图 6-9 起升机构的设计流程

(四) 设计计算中的问题

1. 起升质量折算到电动机轴上的转动惯量 J_3

根据动能定理计算起升质量的等效转动惯量。起升质量为 P_Q/g,起升速度为 v_q,钢丝绳缠绕系统的倍率为 a,卷筒直径为 D_1,电动机转动的角速度为 ω_d,传动比为 i,则

钢丝绳的收进速度：$v_a = \dfrac{\omega_d}{i}\dfrac{D_1}{2}$

起升速度：$v_q = \dfrac{v_a}{a} = \dfrac{\omega_d}{ai}\dfrac{D_1}{2}$

起升质量的动能：$T = \dfrac{1}{2}\dfrac{P_Q}{g}v_q^2$

等效到电动机轴上,转动物体的动能：$T = \dfrac{1}{2}J_3\omega_d^2$

有 $\dfrac{1}{2}\dfrac{P_Q}{g}v_q^2 = \dfrac{1}{2}J_3\omega_d^2 \rightarrow \dfrac{1}{2}\dfrac{P_Q}{g}\left(\dfrac{\omega_d}{ai}\dfrac{D_1}{2}\right)^2 = \dfrac{1}{2}J_3\omega_d^2$

约去 ω_d 后得,等效转动惯量 $J_3 = \dfrac{P_Q D_1^2}{4ga^2i^2}$,该表达式同式(6-18)。

2. 机构计算中的效率

计算机构中传动环节的功率或力矩时,是乘以还是除以效率,与机构工作循环中能量的交换关系有关。对某一特定的运动阶段,若某一零部件作用在系统上的力或力矩矢量方向与其运动线速度或角速度方向一致,其做正功,则此零部件为主动件,起驱动作用;反之为被动件,起消耗能量的作用。在不同的机构运动阶段,一个零部件是主动件还是被动件不是一成不变的,而是由不同阶段的驱动特性决定的,详见教材 6.4 节。

在计算环节中,等效转动惯量也有乘以或者除以效率的问题,其与机构工作循环中能量的交换关系有关。电动机为主动件时,即启动时,折算转动质量和物品是被动件,起消耗能量的作用,其实际等效转动惯量应除以效率 η 获得;反之,制动时乘以效率 η。

三、本章例题

起升机构的传动方案如图 6-10 所示。

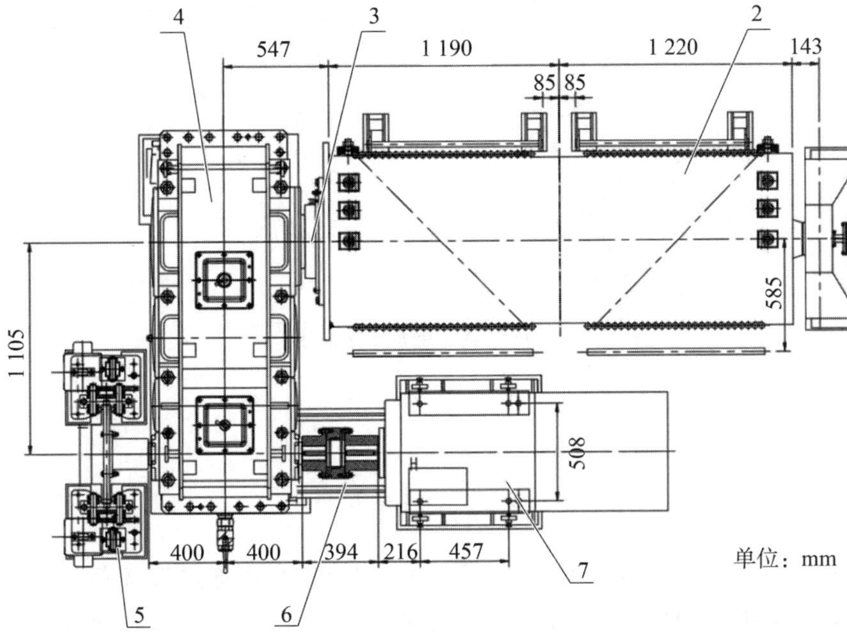

1—卷筒轴承座;2—卷筒;3—低速轴联轴器;4—减速器;5—高速轴制动器;6—高速轴联轴器;7—电动机。

图 6-10 起升机构传动方案简图(两套驱动装置纵向排列)

(一) 设计基本参数

(1) 起重量：$Q=25\,\mathrm{t}$(其中抓斗自重为 9 t)。

(2) 起升速度：$v_q=55\,\mathrm{m/min}$。

(3) 起升高度:轨面以上为 30 m;轨面以下为 16 m。

(4) 起重机整机的工作级别:A8(Q3，U7)。

(5) 起升机构工作级别:M8(L4，T7),起升状态级别 HC_3。

(二) 起升机构设计

1. 钢丝绳选型

本起升机构的取物装置为四绳抓斗,采用两套驱动装置。

由式(6-8)计算钢丝绳的最大静拉力:

$$S=\frac{P_{Q1}}{m\eta_{\Sigma}}=\frac{134.89}{2\times 0.94}=71.75(\mathrm{kN})$$

式中,P_{Q1} 为起升载荷,由于采用变频调速方案,可实时监控并保证抓斗闭合终止时支持绳和闭合绳载荷准确对应，则单套驱动装置中每个卷筒承受55%的负荷，即 $P_{Q1}=55\%Qg=0.55\times25\times9.81=134.89(\text{kN})$；$m$ 为钢丝绳分支数，根据图6-11可知，单卷筒上的钢丝绳分支数 $m=2$；$\eta_{\sum}$ 为钢丝绳系统的总传动效率。

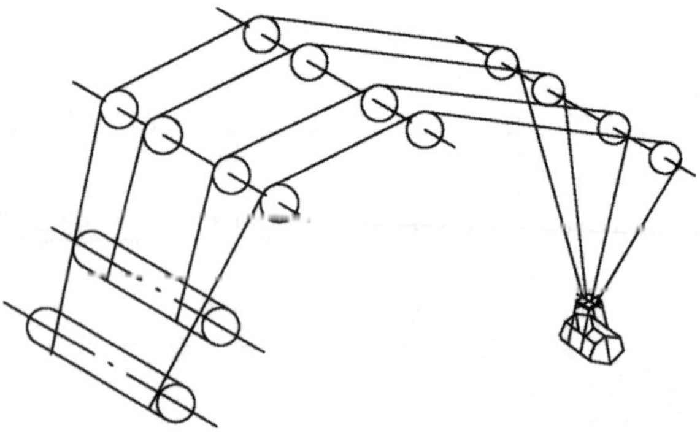

图6-11　钢丝绳缠绕系统示意图

$\eta_{\sum}$ 的取值可根据下式进行计算：

$$\eta_{\sum}=\frac{1-\eta_1^a}{(1-\eta_1)a}\eta_{\text{D}}=0.94$$

式中，η_1 为单个滑轮的效率，对于滚动轴承，初算时取为0.98，也可通过教材表5-4中轮绳直径比系数 h、钢丝绳包角由教材表6-3获得；η_{D} 为导向滑轮的效率，此系统中每根钢丝绳绕过3个导向滑轮，故 $\eta_{\text{D}}=0.98^3=0.94$；$a$ 为钢丝绳滑轮组的倍率，根据图6-11，$a=1$。本例中忽略了抓斗开闭滑轮组的缠绕效率。

钢丝绳的最小破断拉力为

$$F_0=nS=9\times71.75=645.74(\text{kN})$$

式中，n 为钢丝绳的安全系数。根据工作等级M8，对运动钢芯钢丝绳，其安全系数 $n=9$。

选择钢丝绳型号：32 6×29Fi-IWRC 1770。其公称破断拉力为645 kN，钢丝绳直径 $d=32\,\text{mm}$。

2. 电动机的选型与验算

1）稳态功率的计算

电动机的稳态功率可由下式计算：

$$P_{\text{N}}=\frac{P_{Q1}v_{\text{q}}}{1000\eta m}=\frac{1.3489\times10^5\times55/60}{1000\times0.87\times1}=142.13(\text{kW})$$

式中，η 为一套电动机传动系统的总效率，$\eta=\eta_{\sum}\eta_{筒}\eta_{减}\eta_{联}=0.94\times0.97\times0.96\times0.99=0.87$；$m$ 为电动机的数量。

2）电动机的选择

由于电动机样本的基准工作制是 $JC=40\%$、S3、$CZ=6$ 次/小时，根据样本选择的电动机型号为YZP 315M2-4（变频调速三相异步电动机），额定功率 $P_{\text{N}}=200\,\text{kW}$，额定转速 $n_{\text{N}}=$

1485 r/min，额定转矩 $M_n = 1282\,\mathrm{N \cdot m}$，启动转矩倍数 $\lambda_{AS} = 2.2$，最大转矩倍数 $\lambda_m = 3.1$，转动惯量 $J_1 = 4.544\,\mathrm{kg \cdot m^2}$，输出轴直径为 95 mm，轴长为 170 mm。

对本起升机构 $JC = 60\%$、S3、$CZ = 450$ 次 / 小时，应考虑功率折算系数 0.8，则所选电动机在相应的 CZ、JC 值下的额定功率为 $P = 160\,\mathrm{kW}$。

3）电动机的过载验算

电动机的过载验算由下式进行：

$$P_N \geqslant \frac{H}{m\lambda_m}\frac{P_{Q1}v_q}{1000\eta} = \frac{2.2}{1 \times 3.1} \times \frac{1.3489 \times 10^5 \times 55/60}{1000 \times 0.87} = 100.86(\mathrm{kW})$$

式中，H 为系数，对变频异步电动机取 $H = 2.2$。因此，电动机过载校验合格。

4）电动机的发热验算

电动机的发热验算由下式进行：

$$P_S = G \times \frac{P_{Q1}v_q}{1000\eta} = 0.8 \times \frac{1.3489 \times 10^5 \times 55/60}{1000 \times 0.87} = 113.70(\mathrm{kW})$$

式中，G 为稳态负载平均系数，对门座起重机（散货），参考教材表 4-1 和表 4-2，取 $G = 0.8$。则 $P \geqslant P_S$，电动机发热校验合格。

3. 卷筒的计算

1）卷筒的卷绕直径

卷筒的卷绕直径由下式计算得到：

$$D_{1,\min} = h_1 d = 25 \times 32 = 800(\mathrm{mm})$$

式中，D_1 为按最外层钢丝绳中心计算的卷筒直径；h_1 为卷筒直径与钢丝绳直径之比，对于工作级别为 M8 的机构，$h_1 = 25$。初选卷筒直径 $D_1 = 900\,\mathrm{mm}$。

2）卷筒长度

对双联滑轮组单层卷绕时的卷筒长度如下：

$$L = 2(L_0 + L_1 + L_2) + L_g = 2 \times (665 + 3 \times 35 + 2 \times 35) + 220 = 1900(\mathrm{mm})$$

式中，L_1 为固定钢丝绳头所占位置的长度，一般取 $L_1 = (2 \sim 3)t$，t 为绳槽节距，$t = d + (2 \sim 4) = 32 + 3 = 35(\mathrm{mm})$；$L_2$ 为卷筒两端空余部分长度，一般取 1 ~ 2 圈；L_0 为卷筒切削螺旋部分长度。

$$L_0 = \left(\frac{H_{\max} a}{D_1 \pi} + Z_1\right) t = \left(\frac{46 \times 1}{0.9 \times 3.14} + 2\right) \times 35$$
$$\approx 19 \times 35 = 665(\mathrm{mm})$$

式中，$H_{\max}$ 为总起升高度，$H_{\max} = 16 + 30 = 46(\mathrm{m})$；$Z_1$ 为附加安全圈数，取 $Z_1 = 2$；L_g 为中间无绳槽部分的长度，$L_g = 220\,\mathrm{mm}$（需考虑钢丝绳允许偏斜角）。考虑设计、加工余量，实际卷筒长度 $L = 2410\,\mathrm{mm}$，钢丝绳缠绕总圈数为 25 圈。

3）卷筒的壁厚

对焊接卷筒 $\delta \approx d$，取 $\delta = 34\,\mathrm{mm}$。设计的卷筒几何尺寸如图 6-12 所示。

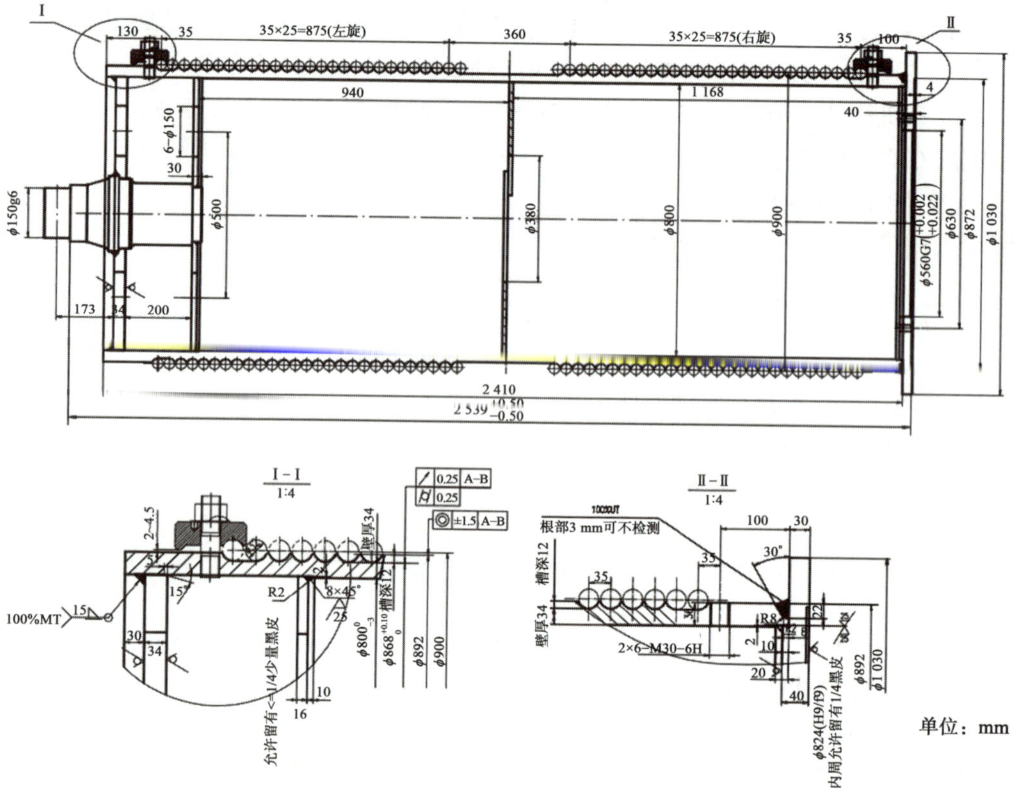

图 6－12　卷筒几何尺寸

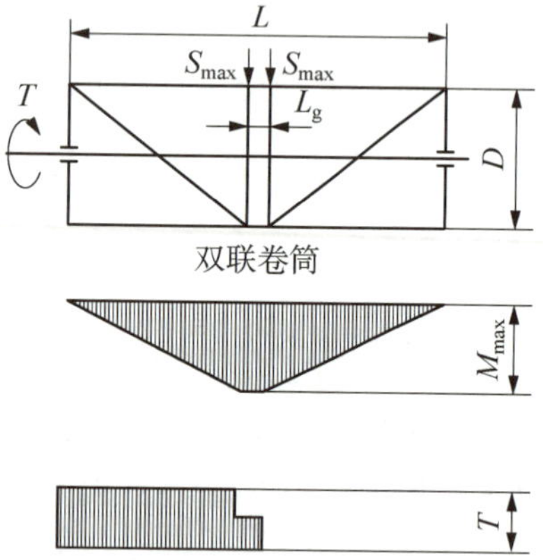

图 6－13　卷筒的受力分析图

4）卷筒的验算

（1）卷筒的受力分析。

作用在卷筒上的钢丝绳最大工作拉力 $S_{\max}$（即卷筒轴的径向载荷，见图 6－13）为

$$S_{\max}=\gamma'_{\mathrm{m}}\phi_2 S$$
$$=1.3\times1.6175\times71.75$$
$$=150.87(\mathrm{kN})$$

式中，γ'_{m} 为载荷增大系数，根据起升机构级别 M8，由教材表 2－24 取 $\gamma'_{\mathrm{m}}=1.3$。ϕ_2 为起升动载系数，根据起升状态级别 HC_3，$\phi_2=\phi_{2\min}+\beta_2 v_{\mathrm{q}}=1.15+0.51\times55/60=1.6175$。

最大弯矩 $M_{\max}=\dfrac{S_{\max}(L-L_{\mathrm{g}})}{2}=150.87\times(2.41-0.22)/2=165.20(\mathrm{kN\cdot m})$

式中，L 为卷筒的支承距离。

转矩：$T=S_{\max}D_1=150.87\times0.9=135.78(\mathrm{kN\cdot m})$

（2）强度验算。

卷筒的绳槽底径 $D=900-32=868(\mathrm{mm})$，则 $\dfrac{L}{D}=\dfrac{2410}{868}=2.78<3$，需校核卷筒壁内表面

最大压应力。

钢丝绳缠绕压紧产生压应力，卷筒壁中压应力分布是不均匀的，内表面应力较高。当卷筒壁厚不大时，应力差别较小，可以近似认为均匀分布，则最大压应力为

$$\sigma_c = A_1 A_2 \frac{S_{max}}{\delta t} = 1.0 \times 0.75 \times \frac{150.87 \times 10^3}{34 \times 35} = 95.09(\text{MPa}) < [\sigma_c]$$

式中，A_1 为考虑卷筒层数的系数，取 1.0；A_2 为绳圈绕入时对筒壁应力的影响系数，一般为 0.75；t 为绳槽节距，$t = 35\,\text{mm}$；$[\sigma_c]$ 为许用压应力。根据卷筒材料 Q345B，其许用压应力 $[\sigma_c] = 172.5\,\text{MPa}$。故强度满足。

(3) 稳定性验算。

当 $D > 1200\,\text{mm}$，$L > 2D$ 时，卷筒可能会出现局部失稳，因此，还要对卷筒进行稳定性验算。

抗压稳定性系数 $K = \frac{p_{cr}}{p} \geqslant 1.3 \sim 1.5$。

式中，p 为卷筒壁单位压力，$p = \frac{2S_{max}}{Dt} = \frac{2 \times 150.87 \times 10^3}{868 \times 35} = 9.93(\text{MPa})$；$p_{cr}$ 为失去稳定时的临界单位压力。

对于钢卷筒：

$$p_{cr} = 52\,500\left(\frac{2\delta}{D}\right)^3 = 52\,500\left(\frac{2 \times 34}{868}\right)^3 = 25.24(\text{MPa})$$

故 $K = 2.54$，则满足稳定性要求。

4. 减速器的选择

1) 传动比 i_0 的计算

传动比 i_0 的计算公式如下：

$$i_0 = \frac{n_N}{\dfrac{v_q a}{\pi D_1}} = \frac{1485}{\dfrac{55 \times 1}{3.14 \times 0.90}} = 76.302$$

2) 确定减速器的输入功率

根据减速器使用系数 $F_s = 1.5$（由原动机和从动机的载荷特性来确定，每天运行 24 小时，每小时起停 2 ～ 200 次，中等载荷），三级传动的效率 $\eta = 0.955$，则减速器的输入功率为

$$P_{K1} = \frac{P_N F_s}{\eta} = \frac{200 \times 1.5}{0.955} = 314.1(\text{kW}) < P_{N1}$$

从功率表选择减速器的尺寸，使额定功率满足传动比和输入速度的要求。查 SEW 样本，选择 ML3PSF110，其传动比 i 为 77.875，额定功率 P_{N1} 为 441 kW，热功率 P_{TH} 为 213 kW (50℃)，额定输出转矩 M_{N1} 为 213 kN·m。

输入轴：直径为 75 mm，长度为 125 mm（双输入轴）。

输出轴：直径为 260 mm，长度为 330 mm。

3) 验算热功率校核

减速器连续传动时有不超过 80℃ 的热功率：

$$P_T = P_{TH} f_1 f_2 f_3 f_4 f_5 = 213 \times 0.95 \times 1.16 \times 0.75 \times 1 \times 2.2 = 387.3(\text{kW}) > P_{K1}$$

式中，海拔系数 $f_1 = 0.95$（海拔高度 1000 m）；运行周期系数 $f_2 = 1.16$（以 60% 的运行效率间歇运行）；安装位置系数 $f_3 = 0.75$（大空间）；润滑系数 $f_4 = 1.0$（浸油或飞溅润滑）；风冷系数 $f_5 = 2.2$（径向风扇 1 个）。

如果 $P_{K1} > P_T$，则可考虑采用压力润滑和增加冷却装置。

4）验算启动转矩

最大启动转矩 $M_{Kmax} = \lambda_{AS} M_n \times i = 2.2 \times 1.282 \times 77.875 = 219.64(\text{kN} \cdot \text{m})$，最大载荷出现系数 $F_F = 2.0$。$M_{Kmax} < \dfrac{2M_{N1}}{F_F} = \dfrac{2 \times 213}{2} = 213(\text{kW})$，则验算通过。

5）验算径向力

许用的径向力：

$$F_R = \frac{F_{RN}}{F_s} \times K_y = 330/1.5 = 220(\text{kN}) > S_{max}$$

式中，F_{RN} 为轴端中点许用额定径向力（由减速器型号、低速轴速度选取），$F_{RN} = 330\,\text{kN}$；K_y 为径向力位置的影响系数，$K_y = 1.0$。

6）实际起升速度的校核

卷筒工作转速：$n_d = \dfrac{av_q}{\pi D_1} = \dfrac{1 \times 55}{\pi \times 0.9} = 19.45(\text{r/min})$

为满足设计起升速度的要求，则电动机通过变频调速技术可实现的实际转速 n_2 为

$$n_2 = n_d i = 19.45 \times 77.875 = 1515.0(\text{r/min})$$

5. 制动器的选择

每套电动机传动系统的高速轴制动器个数为 1 个，所需的制动力矩为

$$M_Z = K_Z \frac{P_{Q1} D_1 \eta'}{2ai} = 1.75 \times \frac{134.89 \times 10^3 \times 0.9 \times 0.87}{2 \times 1 \times 77.875} = 1186.73(\text{N} \cdot \text{m})$$

式中，K_Z 为制动器安全系数，与机构重要程度和机构工作级别有关，取 $K_Z = 1.75$；η' 为制动时起升机构的传动效率，近似取 $\eta' = \eta = 0.87$。

选用的制动器型号为 YP21-Ed800-60-630×30，额定制动力矩 $[M_Z] = 2750\,\text{N} \cdot \text{m}$。制动器的制动力矩按计算制动力矩设定，则 $M_Z = 1400\,\text{N} \cdot \text{m}$。

6. 联轴器选择

高速轴联轴器个数为 1 个带制动盘的半联轴器和 1 个连接电动机和减速器的联轴器。

联轴器的计算转矩：

$$M_L = kM'_L = k\frac{P_{Q1} D_1}{2ai\eta} = 2.6175 \times \frac{134.89 \times 10^3 \times 0.9}{2 \times 1 \times 77.875 \times 0.87} = 2345.10(\text{N} \cdot \text{m})$$

式中，M_L 为联轴器的计算转矩（N·m）；k 为系数，与工作级别、联轴器的重要性及其所连接

的轴有关，一般为 1.3～3.1，对于起升机构和变幅机构宜取大值，也可按 $k=n_1\times\frac{1+\phi_2}{2}=2.0\times(1+1.6175)/2=2.6175$ 估算；n_1 为联轴器的工作级别系数，取 $n_1=2.0$(机构级别 M8)；M'_L 为联轴器所连接轴的传递转矩(N・m)。

根据计算转矩、电动机轴和减速器输入轴的直径，选用 MLPK 带制动盘的梅花形弹性联轴器，型号为 MLPK10(半联轴器)，公称转矩 $[M_L]=4500\,\text{N}\cdot\text{m}$，转动惯量 $J_{21}=4.33\,\text{kg}\cdot\text{m}^2$。

输入端：Y 型轴孔、A 型键槽，$d1=75\,\text{mm}$，$L1=142\,\text{mm}$。

电动机和减速器高速轴之间采用梅花形弹性联轴器，型号为 MLS10(见图 6-14)，转动惯量 $J_{22}=0.53\,\text{kg}\cdot\text{m}^2$。

输入端：Y 型轴孔、A 型键槽，$d1=95\,\text{mm}$，$L1=172\,\text{mm}$。

输出端：Y 型轴孔、A 型键槽，$d2=75\,\text{mm}$，$L2=142\,\text{mm}$。

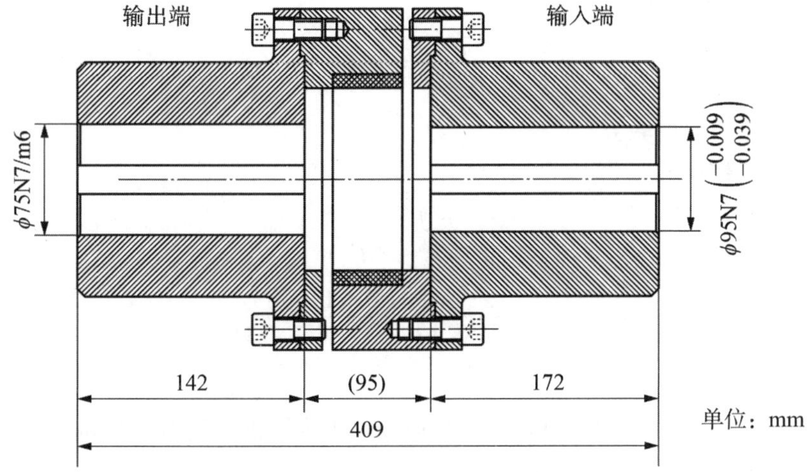

图 6-14 MLS 梅花形弹性联轴器

低速轴联轴器个数为 1 个。联轴器的计算转矩：

$$M_L=kM'_L=k\frac{P_{Q1}D_1}{2a\eta'_L}=2.6175\times\frac{134.89\times10^3\times0.9}{2\times1\times0.91}=174.60(\text{kN}\cdot\text{m})$$

式中，效率 $\eta'_L\approx\eta_\Sigma\eta_{筒}=0.94\times0.97=0.91$。

根据卷筒输出轴及减速器输出轴的轴径和轴长选用卷筒用联轴器 DC06B，其许用转矩 $[M_L]=224\,\text{kN}\cdot\text{m}$，许用转速 $[n]=200\text{r/min}$，转动惯量 $J_{23}=15.5\,\text{kg}\cdot\text{m}^2$。

7. 启制动时间进入加速度的验算

1) 启动时间和加速度验算

启动时的验算公式如下：

$$t_q=\frac{nJ}{9.55(M_{dq}-M_N)}=\frac{1515\times11.81}{9.55\times(2269.3-895.93)}=1.364(\text{s})$$

式中，n 为电动机额定转速，$n=n_2=1515\,\text{r/min}$；J 为货物上升启动时，起升机构及货物全部运动质量折算到电动机轴上的机构总转动惯量，$J=k(J_1+J_2)+J_3/\eta=1.2\times(4.544+4.86)+0.46/0.87=11.81(\text{kg}\cdot\text{m}^2)$，其中，$J_1$ 为电动机转子的转动惯量($\text{kg}\cdot\text{m}^2$)，J_2 为电动机轴上制动轮和联轴器的转动惯量($\text{kg}\cdot\text{m}^2$)，$J_2=4.03+0.5262+21.4/77.875^2=4.56(\text{kg}\cdot\text{m}^2)$，$J_3$ 为货物换算到电机轴的转动惯量，$J_3=\dfrac{P_{Q1}D_1^2}{4ga^2i^2}=\dfrac{134.89\times10^3\times0.9^2}{4\times9.81\times1^2\times77.875^2}=0.46(\text{kg}\cdot\text{m}^2)$；$J_2=4.33+0.53+15.5/77.875^2=4.86\,\text{kg}\cdot\text{m}^2$；$M_{dq}$ 为电动机平均启动转矩，$M_{dq}=\lambda_{dq}M_n=1.8\times9550\times200/1515=2269.3(\text{N}\cdot\text{m})$，其中，$\lambda_{dq}$ 为电动机平均启动转矩倍数，取 $\lambda_{dq}=1.8$，M_n 为电动机的额定转矩；M_N 为稳态起升额定起升载荷的转矩，$M_N=\dfrac{P_{Q1}D_1}{2ai\eta}=\dfrac{134.89\times10^3\times0.9}{2\times1\times77.875\times0.87}=895.93(\text{kN}\cdot\text{m})$。

启动加速度的验算如下：

$$a=\frac{v_q}{t_q}=\frac{55/60}{1.323}=0.693(\text{m/s}^2)$$

2）制动时间和加速度验算

制动时间的验算如下：

$$\begin{aligned}t_Z&=\frac{n'J'}{9.55(M_Z-M'_{dj})}\\&=\frac{1.1\times1515\times11.685}{9.55\times(1400-678.13)}\\&=2.825(\text{s})\end{aligned}$$

式中，J' 为货物上升启动时，起升机构及货物全部运动质量折算到电动机轴上的机构总转动惯量；M'_{dj} 为满载下降时的电动机静转矩。

$$\begin{aligned}J&=k(J_1+J_2)+J_3\eta=1.2\times(4.544+4.86)+0.46\times0.87\\&=11.685(\text{kg}\cdot\text{m}^2)\end{aligned}$$

$$\begin{aligned}M'_{dj}&=\frac{P_{Q1}D_1\eta}{2ai}\\&=\frac{134.89\times10^3\times0.90\times0.87}{2\times1\times77.875}\\&=678.13(\text{N}\cdot\text{m})\end{aligned}$$

制动加速度按下式验算：

$$a=\frac{1.1v_q}{t_Z}=\frac{1.1\times55/60}{2.825}=0.357(\text{m/s}^2)$$

因此，启制动时间均能满足要求(1～3)s，加速度在(0.3～0.7)m/s^2 的范围内。

四、复习思考题

（1）起升机构由哪几部分组成？请画出传动简图。

（2）起升缠绕系统包括哪些零部件？

（3）起升钢丝绳缠绕滑轮组的效率与哪些因素有关？在起升过程和制动过程中效率的计算有什么区别？

（4）起升机构常用何种形式的制动器？制动器安装在什么位置？为什么？

（5）起升机构中常安装哪些安全装置？阐述其中一种安全装置的作用、工作原理。

（6）如何选择起升机构的电动机？电动机初选后，为什么要进行启动时间验算和发热验算？

（7）起升机构上常采用什么类型的减速器？如何选择减速器？

（8）起升机构支持制动器的制动转矩是如何计算的？

（9）计算启动力矩 M_{dq} 和制动力矩 M_Z 时，机构传动效率 η 在公式中为什么不同？

（10）不同转速轴上的转动惯量转化为同轴转动惯量的原则是什么？若某低速轴的转动惯量为 J_0，转速为 n_0，把其转动惯量向一转速为 n 的高速轴上转化，其结果如何？若把直线运动的物品的转动惯量向转速为 n 的高速轴上转化，其结果又如何？已知物品的质量为 m，速度为 v。

五、计算题

（1）图 6－15 为臂架式起重机常用的几种卷绕系统。设起升载荷为 P_Q，卷筒直径为 D，钢丝绳直径为 d，系统效率为 η。①试说明各滑轮组的倍率和起升绳的分支数；②请指出各滑轮组中的均衡滑轮和导向滑轮；③计算各卷筒轴上传递的最大静力矩。

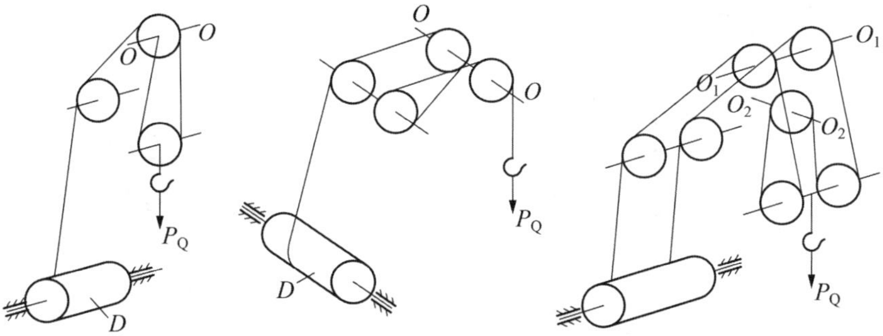

图 6－15 臂架式起重机的卷绕系统

（2）已知起重机的起升机构传动方案如图 6－16 所示。其额定起重量 $Q=20\,\mathrm{t}$，取物装置质量 $G_{取}=0.5\,\mathrm{t}$，电动机额定转速 $n=600\,\mathrm{r/min}$，启动时间 $t_q=2\,\mathrm{s}$。齿轮副的传动比分别为 $i_1=5.65$，$i_2=3.63$。转动惯量：电动机 $J_{转子}=2\,\mathrm{kg\cdot m^2}$；联轴器 $J_{联1}=2.6\,\mathrm{kg\cdot m^2}$，$J_{联2}=1.5\,\mathrm{kg\cdot m^2}$；齿轮副 $J_{传1}=2.4\,\mathrm{kg\cdot m^2}$，$J_{传2}=0.5\,\mathrm{kg\cdot m^2}$；卷筒 $J_{筒}=13\,\mathrm{kg\cdot m^2}$。效率：齿轮副 $\eta_1=\eta_2=0.98$，卷筒 $\eta_{筒}=0.97$，单个滑轮 $\eta_{滑轮}=0.98$。卷筒直径 $D=500\,\mathrm{mm}$。求：①货物的起升速度；②机构所有旋转运动质量及直线运动质量折算到电动机轴上的总的等效转动惯量（电动机为主动件）；③启动时作用在电动机轴上的转矩。

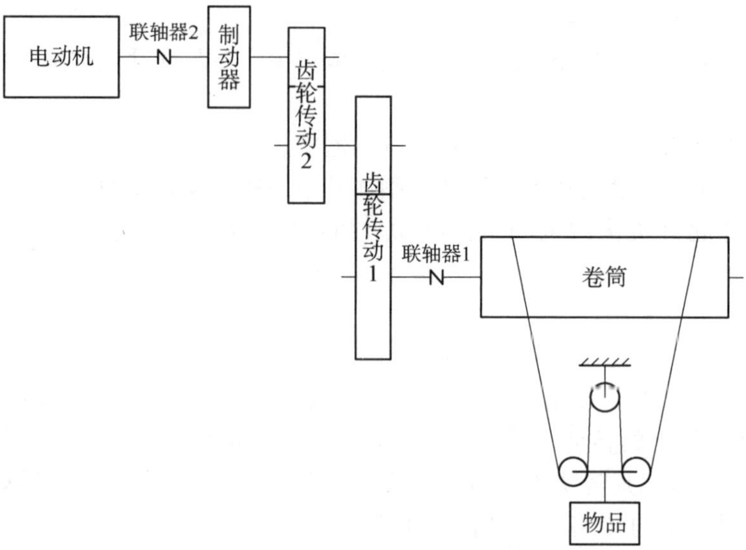

图 6-16 起升机构传动方案

(3) 试设计计算桥式起重机起升机构的部分参数，缠绕系统如图 6-17 所示，用于生产加工车间。取物装置为双联吊钩。已知额定起重量为 20 t，起升高度 $H=16\,m$，起升速度 $v_q=8.5\,m/min$，工作级别为 M5。求：①起升机构滑轮组的倍率；②选择起升钢丝绳(型号)；③起升卷筒的尺寸(直径、长度)；④选择电动机、减速器。钢丝绳缠绕系统如图 6-17 所示。若钢丝绳缠绕系统改为图 6-18 的型式，请问机构设计的结果将如何变化？

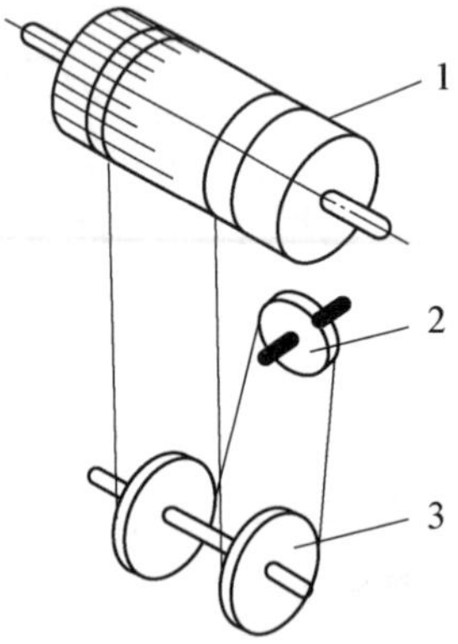

1—卷筒；2—平衡滑轮；3—动滑轮。

图 6-17 起升缠绕系统

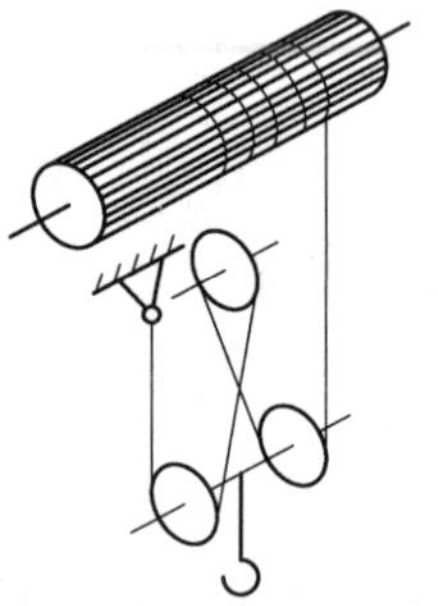

图 6-18 起升缠绕系统

【解】① 采用起升机构滑轮组的倍率 $a=2$。

② 选择钢丝绳直径 $d=20\,mm$。

③ 卷筒的卷绕直径初选为 $D_1=500\,mm$。

④ 单层卷绕时的卷筒长度 $L=1550\,mm$。

⑤ 电动机稳态功率 $P_N=32.485\,kW$，选择型号为 YZR225M-6($JC=60\%$，S3工作制)的电动机，转速为 1000r/min。

（4）一机械加工车间用桥式起重机，如图 6－19 所示。已知其起升载荷 P_Q＝200kN，起升速度 v_q＝12m/min，起升高度 H＝20m。起升机构工作级别为 M6，滑轮效率 η＝0.97，达到最大起升高度时，起升机构卷绕系统简图如图 6－16 所示，其中，h_1＝1000mm，h_2＝1500mm，b＝100mm，$b_光$＝200mm，a_1＝800mm，a_2＝300mm。试计算如下内容：①选用合适的钢丝绳；②确定卷筒和滑轮直径及卷筒长度；③若钢丝绳在卷筒上用圆形槽压板固定，计算所需的压板数和选择压板型号；④计算钢丝绳在滑轮槽和卷筒槽方向的最大偏角，并验算是否满足要求。

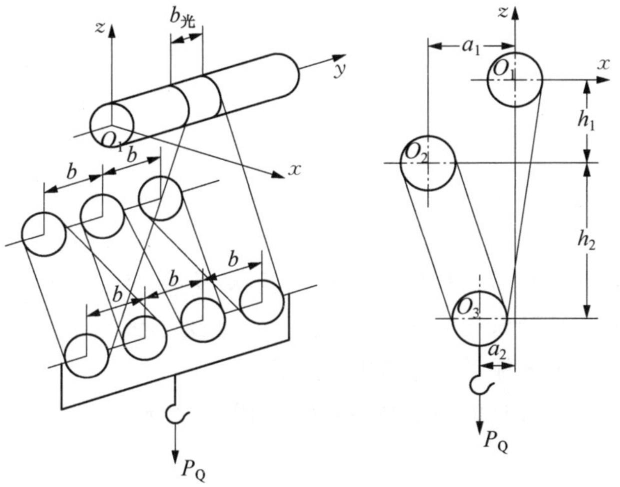

图 6－19 某桥式起重机起升机构钢丝绳卷绕图

第七章　运 行 机 构

一、学习目标

(一) 知识目标

(1) 掌握无轨运行和有轨运行机构在支承装置、承受运行阻力上的区别。
(2) 了解有轨运行支承装置中车轮、台车架的结构形式,解释平衡梁的作用。
(3) 掌握运行机构典型的驱动方案及其优缺点。
(4) 掌握运行机构设计计算的全过程,深刻理解计算原则。

(二) 能力目标

(1) 根据实际需求,能够合理确定运行机构驱动装置的布置方案,并绘制方案简图。
(2) 正确分析并计算各运行阻力,区分自行式和牵引式运行机构的差异。
(3) 根据实际需求,基于产品样本合理选择并校核运行机构驱动装置的组成零部件。
(4) 正确分析起重机或起重小车发生车轮打滑的原因,掌握计算方法并采取恰当的防范措施。

二、学习要点

(一) 运行机构的类别和组成

在起重机中,使吊挂载荷移动的总成称为起重小车。运行机构是使起重机或起重小车做水平移动的机构。其中,使起重机运行的机构称为大车运行机构,使起重小车运行的机构称为小车运行机构。

运行机构的作用是实现物品的水平运输(带载运行)或调整,改变起重机或起重小车的工作位置(空载运行)。

1. 类别

按运行目的不同,运行机构可分为工作性运行机构和非工作性运行机构。按运行支承装置的结构形式,运行机构可分为有轨运行机构和无轨运行机构。前者依靠刚质车轮沿着专门铺设的轨道运行;后者采用轮胎,作业移动灵活。按运行驱动方式不同,运行机构可分为自行式运行机构和牵引式运行机构。前者靠车轮与轨道(或路面)间的黏着力运行;后者靠钢丝绳的牵引力运行。

2. 运行机构的组成

有轨运行机构通常由支承装置(均衡装置、车轮、轨道等)、驱动装置和运行安全装置组成,如图 7-1 所示。无轨运行机构由支承装置(转向桥、驱动桥、轮胎等)、驱动装置、转向系统、纠偏系统等组成,如图 7-2 所示。

(a) (b)

图 7-1 有轨运行平衡台车和均衡装置

(a)两轮;(b)四轮

(a) (b)

图 7-2 无轨运行平衡台车和均衡装置

(a)两轮;(b)四轮

1) 支承装置

运行支承装置用来承受起重机或起重小车的自重载荷及外载荷,并将所有这些载荷传递给基础。

有轨运行支承的均衡装置主要由平衡梁、平衡台车及连接轴等组成,其实际上是一个杠杆系统,运用杠杆原理合理设计平衡梁可保证每个支腿下所有车轮的轮压相同,如图 7-3 所示。

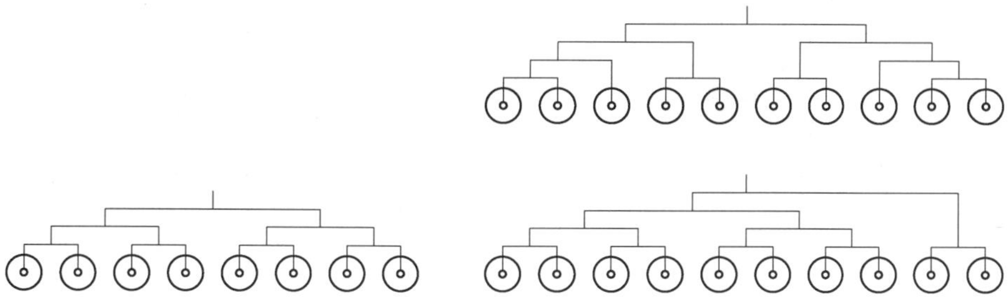

(a) (b)

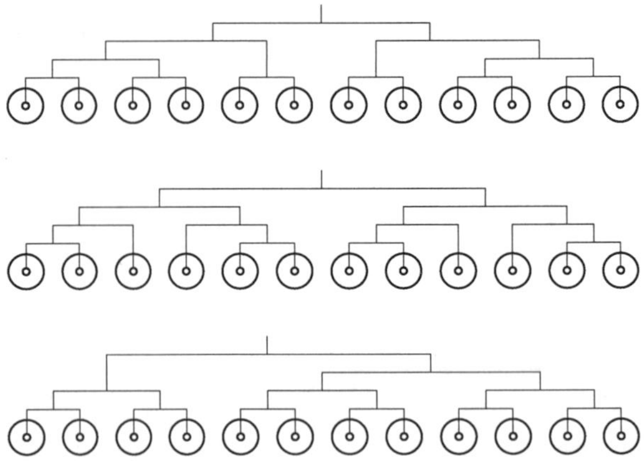

(c)

图 7-3　均衡装置原理图

(a)八轮;(b)十轮;(c)十二轮

平衡台车是装有车轮并通过铰接使轮压均匀的支承装置,平衡梁根据车轮数可设为多级连接。平衡梁和平衡台车之间的连接采用销轴,允许有相对摆动,可采用可绕竖直轴或水平轴转动的构造形式。图 7-1 所示为两轮和四轮的台车或均衡装置,连接轴为水平轴。图 7-2 中平衡梁和平衡台车的连接轴为竖直轴。

2) 有轨运行驱动装置

自行式运行机构的驱动装置按车轮中主动轮所占的比重可分为全部车轮驱动、半数车轮驱动和 1/4 车轮驱动三种,如图 7-4 所示,港口起重机主要采用前两种;按主动车轮的驱动方式,可分为集中驱动和分别驱动两种,如图 7-5 所示。大车运行驱动装置一般采用分别驱动

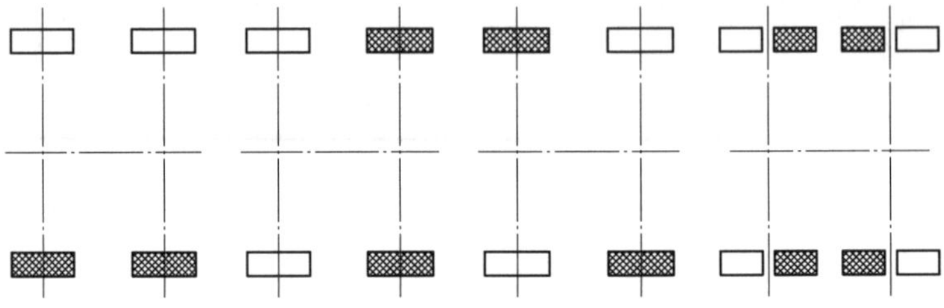

(a)　　(b)　　(c)　　(d)

图 7-4　半数车轮驱动的主动轮布置方式

(a)单边布置;(b)对面布置;(c)对角布置;(d)四角布置

(a)　　(b)

图 7-5　主动轮驱动方式

(a)集中驱动;(b)分别驱动

方式，可采用的方案有卧式电动机-立式减速器＋开式齿轮传动方式[见图 7－6(a)]、立式电动机＋开式齿轮传动方式[见图 7－6(b)]以及三合一电机传动方式[见图 7－1(a)]。

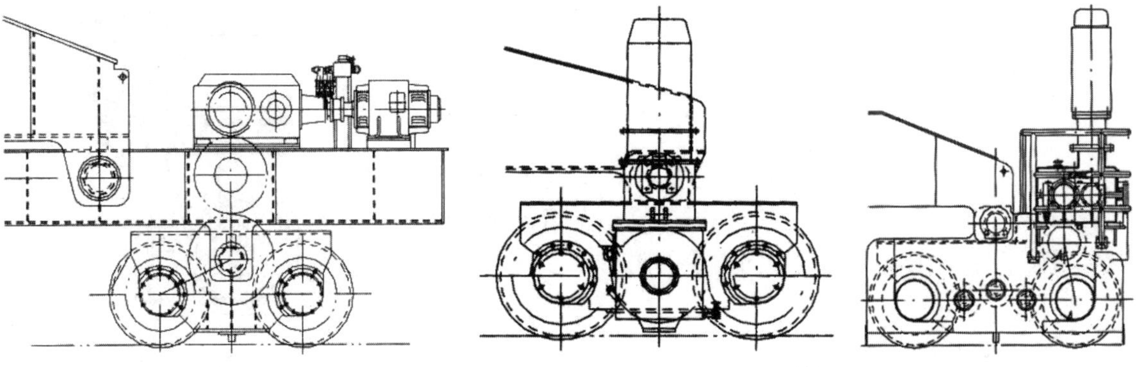

(a)　　(b)

图 7－6　大车运行机构驱动方案

(a)卧式；(b)立式

牵引式小车运行机构的驱动装置通过牵引钢丝绳实现运行机构的高速运行。为防止钢丝绳的下垂和振动，需增设钢丝绳张紧装置，如图 7－7 所示。各种牵引式运行小车的钢丝绳缠绕系统基本相同，其不同点主要是张紧油缸的布置形式和位置不同。其典型布置有如下两种：①张紧油缸位于水侧上横梁处，如图 7－7(a)所示；②张紧油缸位于后大梁尾部，如图 7－7(b)所示。

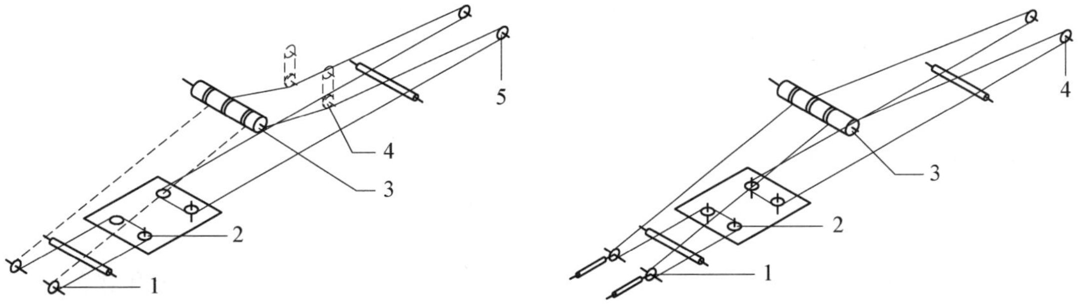

1—尾部动滑轮；2—小车均衡滑轮；3—小车卷筒
4—张紧油缸滑轮；5—头部动滑轮。

(a)

1—尾部张紧油缸滑轮；2—小车均衡滑轮；3—小车卷筒
4—头部动滑轮。

(b)

图 7－7　牵引式小车运行机构张紧方案

(a)方案一；(b)方案二

3）无轨运行驱动装置

无轨运行机构驱动装置一般采用立式电动机，通过减速器、小链轮、滚子链条带动主动轮轴上的大链轮驱动车轮，如图 7－8 所示。驱动部分安装在一个铰接架上，还需有调节链条张紧度的装置。

4）运行安全装置

运行安全装置包括行程限位开关、缓冲器、防风抗滑装置(如夹轨器、锚定装置等)、偏斜指示器及轨道清扫器等。

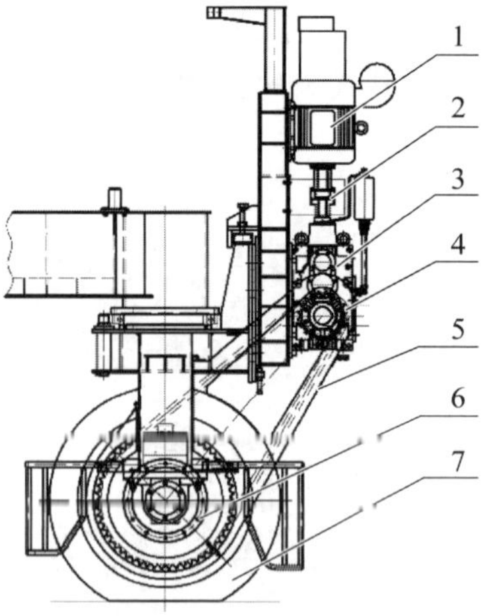

1—电动机；2—联轴器；3—减速器；4—小链轮；5—滚子链条；6—大链轮；7—车轮。

图 7-8 大车运行传动机构

(二) 运行机构的稳态运行阻力

运行机构的稳态运行阻力 P_j 包括摩擦阻力 P_m、坡道阻力 P_α、按计算风压 p_{I} 算得的风阻力 P_{WI}。

$$P_j = P_m + P_\alpha + P_{\mathrm{WI}} \tag{7-1}$$

在曲线轨道上运行的起重机，还要考虑弯道运行附加阻力；在钢丝绳牵引式运行机构中，还需计算小车运行时起升钢丝绳及运行牵引钢丝绳绕过导向滑轮的阻力 P_r。

1. 摩擦阻力

1) 有轨运行摩擦阻力

起重机或起重小车直线运行时，摩擦阻力 P_m 主要包括车轮踏面的滚动摩擦阻力、车轮轴承的摩擦阻力以及附加摩擦阻力三部分，计算如下：

$$P_m = P_{\sum} \frac{\mu d + 2f_k}{D} C_f \tag{7-2}$$

式中，$P_{\sum}$ 为运动部分所有质量的重力，包括吊重和起重机或小车的重力(N)；μ 为车轮轴承的摩擦阻力系数(见教材表 7-2)；d 为车轮轴径(mm)；f_k 为车轮沿轨道的滚动摩擦力臂(见教材表 7-1)；D 为车轮踏面直径(mm)。C_f 为考虑车轮轮缘与轨顶侧面摩擦或牵引供电电缆及集电器摩擦等的附加摩擦阻力系数(见教材表 7-3)。

2) 无轨运行机构的摩擦阻力

$$P_m = mg\omega \tag{7-3}$$

式中，m 为起重机运动部分的总质量(kg)；g 为重力加速度($\mathrm{m/s^2}$)；ω 为滚动摩擦阻力系数(见教材表 7-4)。

2. 坡道载荷

起重机的坡道载荷是指位于斜坡(道、轨)上的起重机自重载荷及额定起升载荷沿斜坡(道、轨)面的分力，计算公式如下：

$$P_\alpha = m_\alpha mg = mg\sin\alpha \tag{7-4}$$

式中，m_α 为坡道阻力系数，$m_\alpha = \sin\alpha$；α 为轨道/路面倾斜的角度。

对于流动式起重机，按路面或地面的实际情况考虑坡道载荷；对于轨道式起重机，当轨道坡度不超过 0.5%时不考虑坡道载荷，否则按实际出现的坡度计算坡道载荷。

3. 牵引式小车的牵引钢丝绳阻力和阻力矩

1) 牵引钢丝绳阻力 P_r(上支)

牵引式小车的牵引钢丝绳阻力包括小车运行时起升钢丝绳绕过导向滑轮的阻力和牵引钢丝绳悬垂引起的阻力(见图 7-9)，即

$$P_r = P_{r1} + P_{r2} \tag{7-5}$$

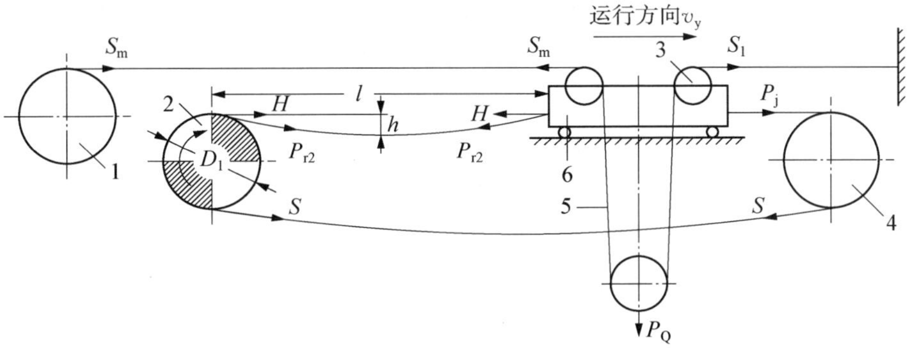

1—起升卷筒；2—驱动卷筒；3—起升钢丝绳导向滑轮；4—牵引钢丝绳导向滑轮；5—起升钢丝绳；6—运行小车。

图 7-9　牵引式小车钢丝绳缠绕系统和张力计算简图

式中，P_r 为牵引钢丝绳阻力(N)；P_{r1} 为起升钢丝绳绕过滑轮引起的牵引阻力(N)；P_{r2} 为由牵引绳上分支松边悬垂引起的牵引阻力(N)。

当小车运行时，起升钢丝绳绕过滑轮引起的牵引阻力 P_{r1} 的计算分为以下两种情况(见图 7-10)。

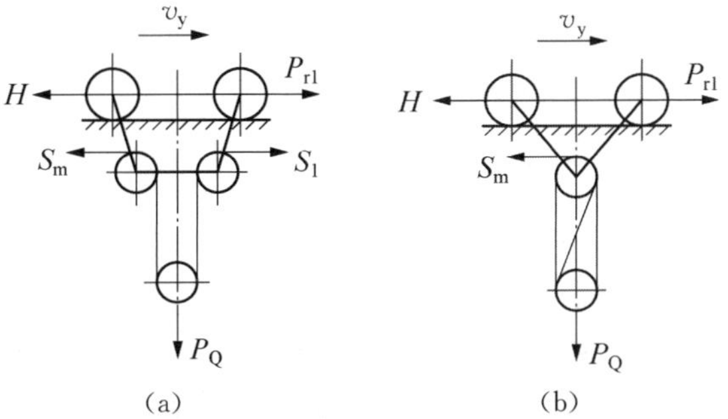

图 7-10　牵引式小车的起升钢丝绳缠绕系统简图

(a)吊具无升降；(b)吊具有升降

(1) 吊具无升降情况。

$$P_{r1}=P_Q\frac{1-\eta}{(1-\eta^a)\eta}(1-\eta^{a+1}) \tag{7-6}$$

式中，P_Q 为额定起升载荷(N)；η 为单个滑轮效率，对滚动轴承取 $\eta=0.98$，对滑动轴承取 $\eta=0.95$；a 为起升滑轮倍率。

(2) 吊具有升降情况。

$$P_{r1}=P_Q\frac{1-\eta}{(1-\eta^a)\eta} \tag{7-7}$$

由牵引绳上分支松边悬垂引起的牵引阻力 P_{r2} 为

$$P_{r2}=\frac{ql^2}{8h} \tag{7-8}$$

式中，q 为牵引绳单位长度的重力载荷(N/m)；l 为牵引绳自由悬垂部分的长度(m)；h 为牵引绳的下挠度(m)，一般 $h=(1/30\sim1/50)l$，常为 $0.1\sim0.25\,\text{m}$。

2）牵引钢丝绳阻力 S(下支)

牵引钢丝绳阻力通过下式计算得到：

$$S=\frac{P_{\mathrm{j}}}{\eta} \tag{7-9}$$

式中，P_{j} 为稳态运行阻力；η 为牵引钢丝绳导向滑轮的效率。

3）牵引卷筒阻力矩 M

牵引卷筒阻力矩 M 通过下式计算得到：

$$M=\left(\frac{S}{\eta_{\mathrm{j}}}-H\right)\frac{D_1}{2} \tag{7-10}$$

式中，η_{j} 为驱动卷筒的效率；H 为卷筒松边的张力(见图 7-9)；D_1 为驱动卷筒的直径。

(三) 运行机构的设计计算

1. 电动机的选择和验算

按第四章进行选型和过载、发热验算。

2. 启动时间与启动平均加速度计算

1）满载、上坡、迎风运行启动时的启动时间 t_{q}

$$t_{\mathrm{q}}=\frac{n[km(J_1+J_2)+J'_3/\eta]}{9.55(mM_{\mathrm{dq}}-M_{\mathrm{dj}})} \tag{7-11}$$

式中，n 为电动机额定转速(r/min)；k 为其他传动件的转动惯量折算到电动机轴上的影响系数，$k=1.05\sim1.20$；J_1 为电动机转子的转动惯量(kg·m^2)；J_2 为电动机轴上制动轮和联轴器的转动惯量(kg·m^2)；m 为电动机台数；J'_3为做平移运动的全部质量的惯量折算到电动机轴上的转动惯量(kg·m^2)；M_{dq} 为电动机平均启动转矩(N·m)；M_{dj} 为满载、上坡、迎风时作用于电动机轴上的稳态运行阻力矩(N·m)。

$$J'_3=\frac{(m_{\mathrm{G}}+m_{\mathrm{i}})D^2}{4i^2}$$

式中，m_{G} 为起重机的质量；m_{i} 为起重机的起重量；D 为车轮踏面直径(m)；i 为由电动机轴到车轮机构的总传动比；η 为运行机构的总传动效率。

$$M_{\mathrm{dq}}=\lambda_{\mathrm{AS}}M_{\mathrm{n}}$$

式中，λ_{AS} 为电动机平均启动转矩倍数(见教材表 6-6)。

$$M_{\mathrm{dj}}=\frac{P_{\mathrm{j}}D}{2i\eta}$$

式中，P_{j} 为运行静阻力(N)。

2）启动平均加速度

$$a_y = \frac{v_y}{t_q} \tag{7-12}$$

式中，a_y 为启动平均加速度（m/s^2）；v_y 为起重机的稳定运行速度（m/s）；t_q 为起重机的运行启动时间(s)，一般取不大于教材表 2－16 中的值。

3. 减速器的选择

1）计算传动比

根据电动机和主动轮的转速，可以求出运行机构减速器的传动比：

$$i = n/n_1 \tag{7-13}$$

式中，i 为运行机构的总传动比；n_1 为主动轮的转速（r/min）。

2）选择减速器

与起升机构减速器不同，运行机构减速器在工作时承受双向载荷，且在机构启(制)动时要传递更大的驱动或制动力矩，在选择运行机构减速器时应特别考虑此因素。

若运行机构的减速传动装置仅为标准减速器，则减速器的传动比就是计算传动比 i。若运行机构的减速传动装置为标准减速器和开式齿轮传动，则要对计算传动比 i 进行分配，使 $i = i_1 i_2$，其中，i_1 是减速器的传动比；i_2 是开式齿轮的传动比。

对于运行机构的减速器，还必须校验满载启动、制动状态时低速轴端的承载能力，即

$$M_{\mathrm{II}\max} \leqslant [M] \tag{7-14}$$

式中，$[M]$为所选减速器输出轴端最大的短时许用转矩（N·m）；$M_{\mathrm{II}\max}$ 为运行机构有可能出现的最大工作转矩（N·m），它受电气保护装置和主动轮打滑条件的限制。

$$M_{\mathrm{II}\max} = 2.25 M_n \tag{7-15}$$

3）校核实际运行速度

$$\left| \frac{v_y - \bar{v}_y}{v_y} \right| \times 100\% \leqslant 5\% \tag{7-16}$$

式中，v_y 为设计要求提出的运行速度（m/s）；$\bar{v}_y$ 为实际达到的运行速度（m/s）。$\bar{v}_y$ 的取值按下式确定：

$$\bar{v}_y = \frac{n\pi D}{60i'} \tag{7-17}$$

式中，i'为减速传动装置的实际传动比。

4. 制动器的选择

运行机构装设制动器的作用一般是为了实现减速制动，并使停止下来的起重机在作业时运行机构能保持不动。

运行机构所需的制动力矩 M_Z 按式(5－12)计算获得，并需考虑以下因素：

(1) 频繁启制动用的制动器，在同一档制动力矩的各个制动器中，宜选用制动轮较大的制动器。

(2) 对那些主动轮与轨道之间有足够大黏着力的露天工作起重机的运行小车,或未采用自动作用夹轨器的起重机,应按式(3-10)和式(3-11)计算在顺风、下坡情况下制动装置的总抗风阻力是否能抗御风的吹袭,以防止起重机在有风工作中发生移动。

5. 车轮打滑验算

自行式运行机构工作时,如果电动机启动后,车轮只是在原地空转,而起重机(或起重小车)未运行,这种现象称为打滑。当车轮打滑时,不仅起重机不能运行,而且会加剧车轮磨损,故运行机构启动或制动时,起重机或起重小车不应发生打滑,一般由设计校验主动轮不打滑来保证。

1) 启动时的打滑验算

启动时车轮的打滑验算公式为

$$\left(\frac{\varphi}{K}+\frac{\mu d}{D}\right)P_{\text{Lmin}} \geqslant \frac{2000 i\eta}{D}\left[M_{\text{dq}}-\frac{2000k(J_1+J_2)i}{D}\frac{v_{\text{y}}}{t_{\text{q}}}\right] \tag{7-18}$$

式中,φ 为黏着系数,室内工作时,钢质车轮与钢轨的黏着系数(静摩擦系数)为0.14,室外工作时为0.12;K 为黏着安全系数,$K=1.05\sim1.20$;μ 为车轮轴承的摩擦阻力系数;d 为车轮轴直径(mm);D 为车轮踏面直径(mm);P_{Lmin} 为主动轮最小轮压(集中驱动时为全部主动轮的轮压总和)(N)。

2) 制动时的打滑验算

制动时的打滑验算公式为

$$\left(\frac{\varphi}{K}-\frac{\mu d}{D}\right)P_{\text{Lmin}} \geqslant \frac{2000 i\eta}{D}\left[M_{\text{Z}}-\frac{2000k(J_1+J_2)i}{D}\frac{v_{\text{y}}}{t_{\text{Z}}}\right] \tag{7-19}$$

当打滑验算不通过时,可以采取如下措施:

(1) 调整轮压分配。合理分配起重机的重量,合理布置主动轮,以保证在任何情况下主动轮上都有足够的轮压。

(2) 增加主动轮轮数或改全部车轮为驱(制)动。

(3) 改善启动、制动性能。重选电动机或制动器,改变启制动力矩以防止打滑现象的出现。

6. 总结

运行机构设计所需要的资料有起重量、幅度、轨距或跨度、基距或轴距、各机构的工作速度、起重机各部分的自重和重心位置、起重机各部分的迎风面积及形心位置、起重机的使用要求及制造与维修条件等。设计的内容如下:

(1) 确定运行机构总体方案,包括驱动装置的形式和传动方案、均衡装置的支承形式等。

(2) 运行支承装置的设计,包括平衡梁、平衡台车、车轮组(车轮、销轴、轴承)、轨道或轮胎等的设计计算与选型。

(3) 运行驱动装置的设计,包括运行阻力计算,电动机、减速传动装置、制动装置、转向装置等的计算与选择。

(4) 运行安全装置的设计,包括夹轨器、锚定装置、行程限位器、缓冲器等的计算与选型。

其具体设计过程可用图7-11来表示。

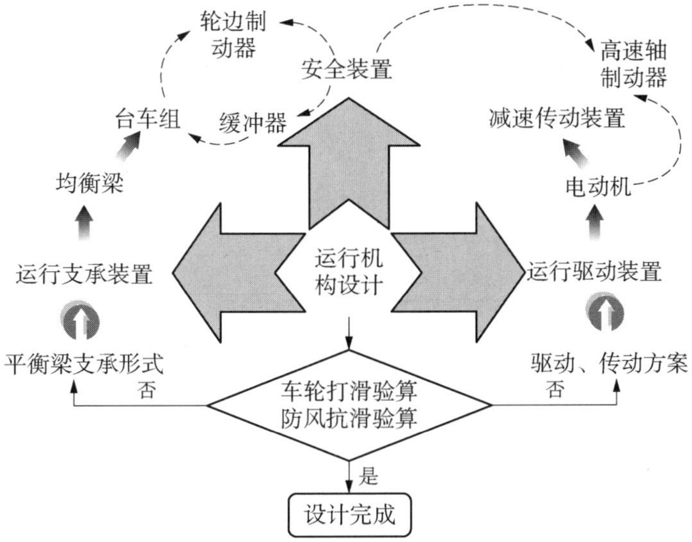

图 7-11 运行机构的设计流程

(四) 轮胎式无轨运行机构的运行功率

轮胎起重机的运行功率取以下两种计算情况中的较大值。

1. 最大爬坡运行工况

起重机在不良路面上克服Ⅱ类风载荷，以最低速度匀速直线爬越最大坡度时的运行功率为

$$P_{N1}=\frac{P_{j1}v_{y1}}{1000\eta\eta_1} \tag{7-20}$$

式中，P_{j1} 为最大爬坡运行工况下的运行静阻力(N)，$P_{j1}=P_m+P_{\alpha max}+P_{WⅡ}$，$P_{\alpha max}$ 为最大坡度角为 α_{max} 时的坡道阻力(N)，α_{max} 按路面或地面的实际情况考虑；v_{y1} 为慢速运行速度(m/s)；η 为传动系统的总效率；η_1 为配变矩器时，$\eta_1=0.75\sim0.85$，配耦合器时，$\eta_1=0.97$，机械传动时，$\eta_1=1$。

2. 高速运行工况

起重机在坚硬的路面上克服Ⅰ类风载荷，以设计平均车速匀速直线行驶时的功率为

$$P_{N2}=\frac{P_{j2}v_{y2}}{1000\eta\eta_1} \tag{7-21}$$

式中，P_{j2} 为高速运行时的运行静阻力(N)，$P_{j2}=P_m+P_\alpha+P_{WⅠ}$，此处坡度阻力计算中，坡道阻力系数 $m_\alpha=0.02$；v_{y2} 为大车高速运行的设计平均运行速度(m/s)。

按上述两种运行工况下的功率最大值计算运行传动装置的尺寸和验算有关零件的强度。由于无轨运行机构通常采用集中驱动，因此起重机原动机的功率要考虑起重机各工作机构可能联动时的作业功率和运行功率两种功率中的大者。

三、本章例题

（一）设计基本参数

某一25 t－35 m门座起重机的大车运行机构如图7－12所示，其主要设计参数如下：

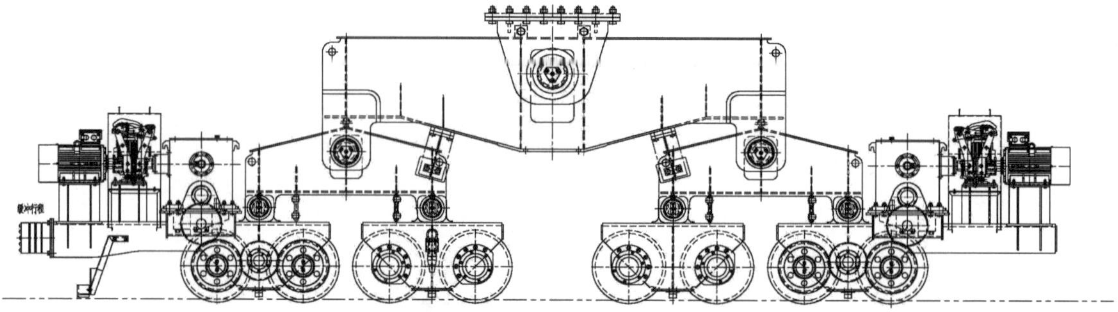

图7－12　大车行走机构示意图

（1）起重量$Q=25\,t$；起重机自重$m_G=411\,t$（抓斗除外）。

（2）运行速度$v_y=25\,m/min$。

（3）轨距为12 m，基距为12 m，轨道坡度角为0°10′。

（4）第Ⅱ类载荷情况下的计算风压$p_{Ⅱ}=250\,N/m^2$，第Ⅲ类载荷情况下的计算风压$p_{Ⅲ}=1\,890.625\,N/m^2$。

（5）满载起重机在垂直于运行方向平面内的迎风面积$A=289.40\,m^2$，等效风力系数$C=1.16$，等效风压高度变化系数$K_h=1.2$。

（6）不考虑动载系数，已知载荷情况Ⅰ和载荷情况Ⅱ中发生在同一支腿上的最大腿压为169.30 t，最小腿压为67.20 t；载荷情况Ⅲ时的最大腿压为224.45 t。

（7）运行机构工作级别为M4（L2，T4）。

请设计或选择大车运行驱动装置的零部件，并进行校核。

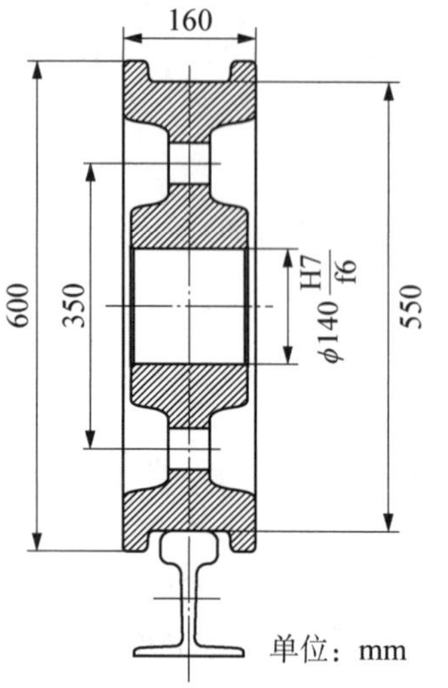

图7－13　车轮外形尺寸

（二）运行机构设计

1. 确定车轮数目、车轮直径及轨道形式

1）每条门腿所需的车轮数目n

由总体计算确定车轮数目为8个。

2）确定车轮直径

参考同类项目，初定车轮的踏面直径$D=550\,mm$。车轮材料为42CrMo（$\sigma_b=1080\,MPa$）。车轮的主要外形尺寸如图7－13所示。

3）选择轨道

码头轨道型号为铁路钢轨P43。由设计手册查得其尺寸参数：轨顶面宽$b=70\,mm$，轨顶侧面$h_1=32.4\,mm$，轨顶圆弧半径

$R=300\,\text{mm}$，轨道头部两边圆角半径 $r=13\,\text{mm}$。

2. 车轮的验算

1）等效工作轮压的计算

车轮的等效载荷由同一车轮可能出现的最大载荷和最小载荷确定。车轮疲劳计算的平均载荷按下式计算：

$$P_{mean}=\frac{P_{min}+2P_{max}}{3}=\frac{(67.20+2\times 169.30)\times 9.81}{3\times 8}=165.9(\text{kN})$$

2）车轮的疲劳强度验算

正常工作起重机车轮的疲劳许用轮压

$$P_L=kDlC_1C_2=8.5\times 550\times 44\times 1.10\times 1.12\times 10^{-3}=253.42(\text{kN})$$

式中，k 为车轮的许用比压，根据车轮与轨道的抗拉强度取 $k=8.5$；l 为车轮与轨道承压面的有效接触宽度，$l=b-2r=44\,\text{mm}$；C_1 为转速系数，车轮转速 $n=\frac{v_y}{\pi D}=\frac{25}{3.14\times 0.55}=14.48(\text{r/min})$，根据教材表 5－20，取 $C_1=1.10$；C_2 为车轮所在机构的工作级别系数，运行机构的工作级别为 M4，查教材表 5－22 得 $C_1=1.12$。

由 $P_{mean}\leqslant P_L$ 可知，车轮的疲劳强度满足要求。

3）车轮的静强度验算

车轮的静强度需用轮压为

$$P'_L=1.9kDl=1.9\times 8.5\times 550\times 44\times 10^{-3}=390.83(\text{kN})$$

由 $P_{max}=\frac{224.45\times 9.81}{8}=275.23(\text{kN})<P'_L$ 可知，车轮的静强度满足要求。

3. 稳态运行阻力计算

稳态运行阻力按下式算得：

$$P_j=P_m+P_\alpha+P_{WI}=18.20+12.68+50.36=81.24(\text{kN})$$

1）运行摩擦阻力 P_m 的计算

$$P_m=P_\Sigma\frac{\mu d+2f_k}{D}C_f=4\,277.2\times\frac{0.004\times 140+2\times 0.5}{550}\times 1.5=18.20(\text{kN})$$

式中，P_Σ 为运动部分所有质量的重力，$P_\Sigma=(411+25)\times 9.81=4\,277.2(\text{kN})$；$\mu$ 为车轮轴承摩擦阻力系数，对于调心滚子式滚动轴承，$\mu=0.004$；d 为车轮轴径，$d=140\,\text{mm}$；f_k 为车轮沿轨道的滚动摩擦力臂，根据车轮踏面直径取 $f_k=0.5$；C_f 为考虑车轮轮缘与规定侧面摩擦的附加摩擦阻力系数，根据车轮形状、机构特点和驱动形式取 $C_f=1.5$。

2）坡道阻力 P_α 的计算

$$P_\alpha=(m_i+m_G)g\sin\alpha=(25+411)\times 9.81\times\sin 0.17^\circ=12.69(\text{kN})$$

式中，m_i 为起重机的起重量，$m_i=25\,\text{t}$；m_G 为起重机的质量，$m_G=411\,\text{t}$；α 为轨道倾斜的角度，$\alpha=0.17^\circ$。

3）风阻力 $P_{W\,I}$ 的计算

由 GB/T 3811—2008 可知，$p_{\,I}=0.6p_{\,II}=0.6\times250=150(N/m^2)$，则

$$P_{W\,I}=C_f p_{\,I} A=1.16\times150\times289.40\times10^{-3}=50.36(kN)$$

4. 电动机的计算与选择

驱动装置采用分别驱动的方式，每个门腿下布置 2 台电动机，每台电动机驱动 2 个车轮，因此起重机大车运行机构中电动机总数 $m_Z=8$，通过开式齿轮实现车轮半数驱动。

1）稳态功率的计算

$$P_N=\frac{P_j v_y}{1\,000\eta m_Z}=\frac{81.24\times10^3\times25/60}{1\,000\times0.85\times8}=4.98(kW)$$

式中，η 为运行机构的总效率，$\eta=0.85$。

2）电动机选型

对于室外作业的起重机，将稳态功率乘以一个 1.1～1.3 的系数进行电动机选型，即 $4.98\times1.3=6.47(kW)$。由教材表 4-1 知，门座起重机大车运行机构的工作制为 $JC=15\%$，$CZ=150$。

选择的变频调速三相异步电动机型号为 YZP160L-6，额定功率 $P_N=15\,kW$（修正系数为 1.35，原功率为 11 kW），额定转速 $n_N=965\,r/min$，额定转矩 $M_n=105\,N\cdot m$，启动转矩倍数 $\lambda_{AS}=1.8$，最大转矩倍数 $\lambda_m=2.8$，转动惯量为 $J_1=0.17\,kg\cdot m^2$，输出轴直径为 48 mm，轴长为 110 mm。

5. 减速系统的选择与设计

1）总传动比 i_0 的计算

车轮的转速：$n_1=\frac{v_y}{\pi D}=\frac{25}{\pi\times0.55}=14.469(r/min)$

传动比：$i_0=\frac{n_1}{n_1}=\frac{965}{14.469}=66.69$

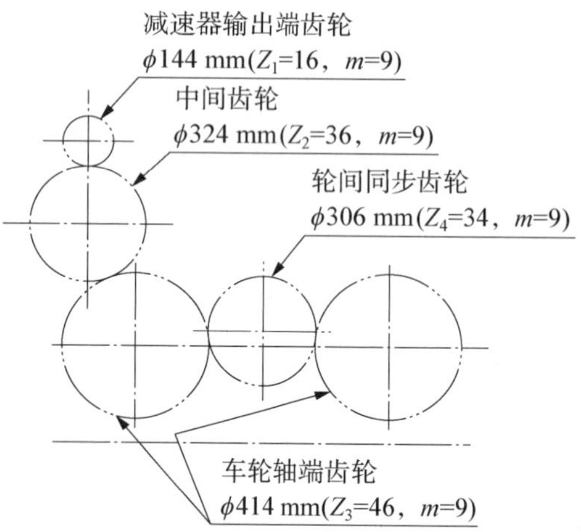

图 7-14 运行机构驱动系齿轮啮合图

2）减速器选型

由于传动比较大，且需实现两个车轮集中驱动方式，因此采用开式齿轮系，如图 7-14 所示。

根据原动机为电动机、强冲击载荷可得，减速器的工况系数 $K_A=1.5$；出于高度安全要求，减速器失效引起设备、人身事故，则安全系数 $S_A=1.6$；环境温度为 50℃，无冷却，则环境温度系数 $f_1=1.65$；每小时负载率为 20%，得负载率系数 $f_2=0.56$；负载功率与公称功率之比约为 20%，减速器公称功率利用系数 $f_3=1.25$。

减速器所需功率

$$P_{K1}=P_N K_A S_A=15\times1.5\times1.6=36(kW)<50\,kW$$

根据 P_{K1} 和 n_N，查样本选择带开式齿轮的

FB260.20.D2B-00，其参数为 $i_1=20.235$，额定输出转矩为 5500 N·m，允许高速端输入转速为 1750 r/min，高速端最大制动力矩为 250 N·m。可以换算出公称功率为 50 kW。输入轴直径为 50 mm，轴长 100 mm；输出轴端为开式齿轮，模数 $m=9$，齿数 $Z_1=16$。

3）开式齿轮设计

传动比 $i_{20}=i_0/i_1=66.69/20.235=3.30$。

已知减速器输出端齿轮的齿数 $Z_1=16$，参考同类项目资料和空间，中间齿轮的齿数 $Z_2=36$，车轮轴端齿轮的齿数 $Z_3=46$，故实际开式齿轮的传动比 $i_1=Z_3/Z_1=46/16=2.875$。

还需对开式齿轮的强度进行校核。

4）减速器热功率校核

$$P_{K2}=P_{N1}f_1f_2f_3=15\times1.65\times0.56\times1.25=17.325(\text{kW})<50\,\text{kW}$$

满足发热功率要求。

5）实际运行时的电动机转速

机构的实际传动比：$i=i_1i_2=2.875\times20.235=58.176$

电动机实际转速：$n_1=\dfrac{v_y i}{\pi D}=\dfrac{25\times58.176}{\pi\times0.55}=842(\text{r/min})$

6. 联轴器的选择

每个驱动装置的电动机高速端布置 1 个联轴器，共 8 个。联轴器的计算转矩为

$$M_L=kM'_L=k\phi_8M_n=1.35\times2.0\times105=283.5(\text{N}\cdot\text{m})$$

式中，M'_L 为联轴器的理论转矩。对于有制动器的传动系统，当制动器的理论转矩大于电动机的理论转矩时，应按前者计算联轴器；k 为安全系数，与工作级别、联轴器的重要性及其所连接的轴有关，对于起升机构 $k=1.5$，对于其他机构 $k=1.35$；ϕ_8 为机械的刚性动载系数，$\phi_8=1.2\sim2.0$。

选用梅花形弹性联轴器，型号为 MLPK6 $\dfrac{\text{YA48}\times112}{\text{YA50}\times112}$，公称转矩 $[M_L]=630$ N·m，制动盘尺寸为 450 mm×30 mm，转动惯量为 0.99 kg·m^2。

7. 制动器的选择

运行机构机械式制动器的制动力矩与运行摩擦阻力之和应能使处于满载、顺风及下坡状态下运行的起重机在要求的时间内停下来。运行机构的制动转矩为

$$\begin{aligned}M_Z&=\frac{1}{m_Z}\left[\frac{(P_{WI}+P_\alpha-P'_m)D\eta}{2i}+\frac{n_1J'}{9.55t_Z}\right]\\&=\frac{1}{8}\left[\frac{(50.36+12.69-12.13)\times10^3\times0.55\times0.85}{2\times58.176}+\frac{842\times19.415}{9.55\times2.5}\right]\\&=111.16(\text{N}\cdot\text{m})\end{aligned}$$

$$\begin{aligned}J'&=k(J_1+J_2)m_Z+J'_3\eta=1.2\times(0.17+0.99)\times8+9.74\times0.85\\&=19.415(\text{kg}\cdot\text{m}^2)\end{aligned}$$

式中，P'_m 为不考虑轮缘和轨道侧面附加摩擦力的摩擦阻力，$P'_m=P_\Sigma\dfrac{\mu d+2f_k}{D}=4277.2\times$

$\frac{0.004\times140+2\times0.5}{550}=12.13(\text{kN})$；$k$ 为其他传动件的转动惯量折算到电动机轴上的影响系数，取 $k=1.2$；m_Z 为制动器的台数，$m_Z=8$；J_1 为电动机转动惯量，$J_1=0.137\,\text{kg}\cdot\text{m}^2$；$J_2$ 为电动机轴上制动轮和联轴器的转动惯量，$J_2=0.99\,\text{kg}\cdot\text{m}^2$；$J'_3$为作平移运动的全部质量的惯量折算到电动机轴上的转动惯量，$J'_3=\frac{(m_G+m_i)D^2}{4i^2}=\frac{(25+411)\times10^3\times0.55^2}{4\times58.176^2}=9.74(\text{kg}\cdot\text{m}^2)$；$t_Z$ 为运行机构制动时间，取 $t_Z=2.5\,\text{s}$(正常使用中速，运行速度为 0.417 m/s，查教材表 2-16 获得)。

选用的制动器型号为 YP11-Ed 220-50-450×30，最大制动力矩为 300 N·m，设定制动力矩为 110 N·m。

8. *启动时间与启动平均加速度计算*

满载、上坡、迎风运行启动时的启动时间按下式进行计算：

$$t_q=\frac{n_1[km_Z(J_1+J_2)+J'_3/\eta]}{9.55(m_ZM_{dq}-M_{dj})}=\frac{842\times22.595}{9.55\times(8\times189-451.79)}=1.88(\text{s})$$

$$km_Z(J_1+J_2)+J'_3/\eta=1.2\times8\times(0.17+0.99)+9.74/0.85=22.595(\text{kg}\cdot\text{m}^2)$$

式中，M_{dj} 为满载、上坡、迎风时作用在电动机轴上的稳态运行阻力矩，

$$M_{dj}=\frac{P_jD}{2i\eta}=\frac{81.24\times10^3\times0.55}{2\times58.176\times0.85}=451.79(\text{N}\cdot\text{m})；$$

电动机平均启动转矩 $M_{dq}=\lambda_{AS}M_n=1.8\times105=189(\text{N}\cdot\text{m})$(为防止启动打滑，应选用启动转矩倍数低的电动机)；启动平均加速度 $a_q=\frac{v_y}{t_q}=\frac{25/60}{1.88}=0.22(\text{m/s}^2)$。查教材表 2-16 获得加速时间为 $0.16\,\text{m/s}^2$，故需通过电气控制，延长启动时间至 2.5 s。

9. *电动机的过载验算*

$$\begin{aligned}P_N&\geqslant\frac{1}{m_Z\lambda_{AS}}\left\{[P_{\sum}(\omega+m_\alpha)+P_{W\text{II}}]\frac{v_y}{1000\eta}+\frac{\sum J\cdot n_1^2}{91200t_q}\right\}\\&=\frac{1}{8\times1.8}\left\{[4277.2\times(0.006+0.003)+83.926]\frac{25/60}{0.85}+\frac{22.595\times842^2}{91200\times1.88}\right\}\\&=10.65(\text{kW})\end{aligned}$$

满足过载。

式中，ω 为运行阻力系数，$\omega=0.006$(车轮为滚动轴承)；m_α 为坡道阻力系数，$m_\alpha=\sin\alpha=\sin0.17°=0.003$；$P_{W\text{II}}$ 为工作状态风载荷，$P_{W\text{II}}=C_fp_{\text{II}}A=1.16\times250\times289.40\times10^{-3}=83.926(\text{kN})$；$\sum J$ 为机构对电动机轴的总惯量，$\sum J=km_Z(J_1+J_2)+J'_3/\eta=22.595(\text{kg}\cdot\text{m}^2)$。

10. *防风抗滑安全性验算*

1) 正常工作状态

起重机正常工作状态设定为带载、顺风、下坡运行制动，此时抗风防滑安全性按下式校验计算：

$$P_{Z1} \geqslant 1.1P_{W\mathrm{II}} + P_{\alpha} + P_{A} - P_{f}$$

式中，P_{Z1} 为运行机构制动器在车轮踏面上产生的制动力，$P_{Z1}=\eta \dfrac{M_Z m_Z}{R} i = 0.85 \times \dfrac{110 \times 8}{550/2} \times 58.176 = 287.71(\mathrm{kN})$；$P_A$ 为起重机运行停车减速惯性力，$P_A=(m_G+m_i)a=(25+411)\times 0.167=72.67(\mathrm{kN})$，加速度为 $a=\dfrac{v_y}{t_Z}=\dfrac{25/60}{2.5}=0.167\,\mathrm{m/s^2}$；$P_f$ 为起重机运行摩擦阻力，$P_f=\omega(P_G+P_Q)=0.006\times(25+411)\times 9.81=25.66(\mathrm{kN})$。

黏着力 $P'_{Z1}=f(P_G+P_Q)=0.12\times(25+411)\times 9.81=513.26(\mathrm{kN})$，式中 f 为轨道与车轮间的静滑动摩擦系数，为 0.12。由于 $P'_{Z1}>P_{Z1}$，故校验公式中的 P_{Z1} 不用替代。

$1.1P_{W\mathrm{II}}+P_{\alpha}+P_A-P_f=1.1\times 83.926+12.69+72.67-25.66=152.02(\mathrm{kN})<P_{Z1}$，故正常工作状态下的打滑验算通过。

2）非工作状态

起重机非工作状态的防风抗滑安全性按下式进行校验计算：

$$P_{Z2} \geqslant 1.1P_{W\mathrm{III}} + P_{\alpha G} - P_{f}$$

式中，P_{Z2} 为由制动器与夹轨器、铆钉装置或防风拉索等沿轨道方向产生的抗风防滑阻力；$P_{W\mathrm{III}}$ 为起重机承受的非工作状态风载荷，假设迎风面积不变，则 $P_{W\mathrm{III}}=CK_h p_{\mathrm{III}} A=1.16\times 1.2\times 1890.625\times 289.40\times 10^{-3}=761.63(\mathrm{kN})$；$P_{\alpha G}$ 为自重载荷沿坡道方向产生的滑行力，$P_{\alpha G}=m_G g\sin\alpha=411\times 9.81\sin 0.17^{\circ}=11.96(\mathrm{kN})$；$P_f$ 为非工作状态下阻止起重机被风吹移动的摩擦阻力（即被制动轮与轨道的黏着力），$P_f=fP_G=411\times 9.81\times 0.12=486.83(\mathrm{kN})$。

$1.1P_{W\mathrm{III}}+P_{\alpha G}-P_f=1.1\times 761.63+11.96-486.83=362.92(\mathrm{kN})$，高速轴制动器可提供的总制动力为 $\dfrac{110\times 8}{550/2}\times 10^3=320(\mathrm{kN})$，因此还需设置轮边制动器或夹轨器、锚定装置以满足非工作情况下的防风抗滑安全性。

根据车轮直径，选择电液防风铁楔 YXZ - 550/80，推动器型号为 Ed800 - 80C。

11. 车轮打滑验算

本起重机采用一半主动轮的驱动方式，由 1 台电动机通过开式齿轮同时驱动单支腿下的两个车轮。打滑验算时，最小轮压为两个主动轮的轮压之和，即

$$P_{\mathrm{Lmin}}=\frac{67.20}{8}\times 2\times 9.81=164.808(\mathrm{kN})$$

1）启动打滑验算

起重机启动时必须满足 $\left(\dfrac{\varphi}{K}+\dfrac{\mu d}{D}\right)P_{\mathrm{Lmin}} \geqslant \dfrac{2000i\eta}{D}\left[M_{dq}-\dfrac{2000k(J_1+J_2)i}{D}\dfrac{v_y}{t_q}\right]$，其中 φ 为钢质车轮与轨道的静摩擦系数，室外工作时为 0.12。

$$\begin{aligned}\left(\frac{\varphi}{K}+\frac{\mu d}{D}\right)P_{\mathrm{Lmin}} &= \left(\frac{0.12}{1.05}+\frac{0.004\times 140}{550}\right)\times 164.808 \\ &= 19.00(\mathrm{kN})\end{aligned}$$

$$\frac{2000i\eta}{D}\left[M_{dq}-\frac{2000k(J_1+J_2)i}{D}\frac{v_y}{t_q}\right]$$

$$=\frac{2000\times 58.176\times 0.85}{550}\left[189-\frac{2000\times 1.2\times(0.17+0.99)\times 58.176}{550}\times\frac{25/60}{1.88}\right]\times 10^{-3}$$

$$=21.23(\text{kN})$$

由于起重机出现最小支点打滑验算不通过，则可以以整机所有主动轮为对象，验算整机打滑验算是否能通过，以保证起重机能够正常启动；或者通过电气控制调整电动机启动能力以避免启动打滑

2）制动打滑验算

起重机制动时必须满足 $\left(\frac{\varphi}{K}-\frac{\mu d}{D}\right)P_{\text{Lmin}}\geqslant\frac{2000i\eta}{D}\left[M_Z-\frac{2000k(J_1+J_2)i}{D}\frac{v_y}{t_Z}\right]$

$$\left(\frac{\varphi}{K}-\frac{\mu d}{D}\right)P_{\text{Lmin}}=\left(\frac{0.12}{1.05}-\frac{0.004\times 140}{550}\right)\times 164.808=18.67(\text{kN})$$

$$\frac{2000i\eta}{D}\left[M_Z-\frac{2000k(J_1+J_2)i}{D}\frac{v_y}{t_Z}\right]$$

$$=\frac{2000\times 58.176}{550\times 0.85}\left[110-\frac{2000\times 1.2\times(0.17+0.99)\times 58.176}{550}\times\frac{25/60}{2.5}\right]\times 10^{-3}$$

$$=15.16(\text{kN})$$

满足制动打滑验算。

12. 缓冲器选择

大车行走的 4 个角端各配一个缓冲器。缓冲器是按碰撞动能及最大撞击力进行设计的，因此选用时的验算工况为切断电源不带载的全速行驶的 1 台大车与轨道终端挡板相撞。

1）缓冲器初选

根据所要求的缓冲行程 S，初选聚氨酯缓冲器 XJHQ－C－17，其行程 $S=188\text{ mm}=0.188\text{ m}$，最大吸收能量 $W'=19.5\text{ kJ}$，允许末端力 $P_e=768\text{ kN}$。

2）缓冲器吸收能量的计算

在起重机或小车发生碰撞后的缓冲过程中，其动能的一部分消耗于运行阻力和制动器制动力的摩擦功，另一部分被缓冲器吸收，其能量方程式为

$$W=\frac{mv_c^2}{2}-(P_m-P_Z)S$$

$$=0.42\times 10^6\times 0.354^2/2-(3.296+1.164)\times 10^4\times 0.188$$

$$=1.793\times 10^4\text{ J}=17.93(\text{kJ})$$

碰撞质量 $m=(411+9)\times 10^3=0.42\times 10^6(\text{kg})$，碰撞速度取 85％额定运行速度，即 $v_c=0.85v_y=0.85\times 25/60=0.354(\text{m/s})$；空载运行摩擦阻力 $P_{\text{mmin}}=mgf_{0\text{min}}$，$f_{0\text{min}}$ 为最小摩擦阻力系数，可取为 0.008；因此 $P_m=0.42\times 10^6\times 0.008\times 9.81=3.296\times 10^4(\text{N})$。

制动器的制动力矩换算到车轮踏面的制动力如下式所示：

$$P_Z=\frac{M_Z}{R}i=110\times 58.176/0.55=1.164\times 10^4(\text{N})$$

3）缓冲器吸收能量的校核

$$\frac{W}{n}=17.93/2=8.97(\mathrm{kJ})<W'=19.5\,\mathrm{kJ}$$

式中，W'为由标准缓冲器性能表中查得的缓冲器容量(J)；n 为碰撞缓冲器的个数，$n=2$。

4）计算缓冲器末端力

对于弹性缓冲器

$$P_{\max}=\frac{2W}{n\eta S}=2\times17.93/(2\times0.8\times0.188)=119.2(\mathrm{kN})<P_{e}=768\,\mathrm{kN}$$

式中，$P_{\max}$ 为最大缓冲力(N)；η 为缓冲器效率，取 $\eta=0.8$。

四、复习思考题

（1）有轨运行起重机的运行支承装置由哪几部分组成？为什么要采用台车？运行支承装置是如何保证同一支腿下每个车轮的轮压是相等的？

（2）集装箱起重机、桥式抓斗卸船机、门座起重机的主动轮采用何种布置方式？采用何种驱动方式？为什么？

（3）轮胎式集装箱门式起重机的大车采用何种驱动方式？其由哪些零部件组成？

（4）起重小车运行机构采用何种驱动形式？阐述这种驱动形式的传动过程、传动特点。

（5）运行机构电动机功率是如何计算的？稳态运行阻力的计算内容包括哪些方面？

（6）钢丝绳牵引式小车运行机构静阻力的计算与自行式的有哪些不同？怎样计算起升绳绕过滑轮和牵引钢丝绳悬垂引起的阻力？

（7）运行机构机械式制动器与起升机构支持制动器的选择有何不同？

（8）简要说明起重机或起重小车通常会发生打滑的工况，打滑发生的位置和主动轮不发生打滑的条件。

（9）自行式小车和牵引式小车运行机构都会出现车轮打滑的现象吗？为什么？

（10）若起重机或起重小车出现打滑现象，应采取什么措施？

（11）起重机的防风抗滑和起重机大车车轮打滑是否为同一类问题，为什么？

五、计算题

（1）对于某起重机的运行机构，根据外载及工作级别(载荷状态、利用等级)已选好驱动电动机(已知功率、转速)，如何初步确定与减速器低速端相连轴(车轮轴)的直径。若不考虑轴的弯曲，如何验算轴的疲劳强度。(写出详细步骤，部分可用公式表示。)

【解】略。

（2）计算一在露天材料堆场上使用的龙门起重机的小车运行机构。基本参数及有关数据如下：额定起重量 $Q=10\,\mathrm{t}$，运行速度 $v_y=0.5\,\mathrm{m/s}$，电动机的接电持续率 $JC=25\%$；小车自身质量 $m_t=3600\,\mathrm{kg}$，重心相对轨道踏面的高度为 $0.8\,\mathrm{m}$；小车架迎风面积为 $3.5\,\mathrm{m}^2$，形心到轨道踏面的高度为 $1.0\,\mathrm{m}$，货物的迎风面积为 $10\,\mathrm{m}^2$，机构工作级别为M5。假设最大起升高度时，货物重心(形心)离轨道踏面的铅垂距离为 2.0 m。

【解】小车的布置方式如图 7-15 所示。

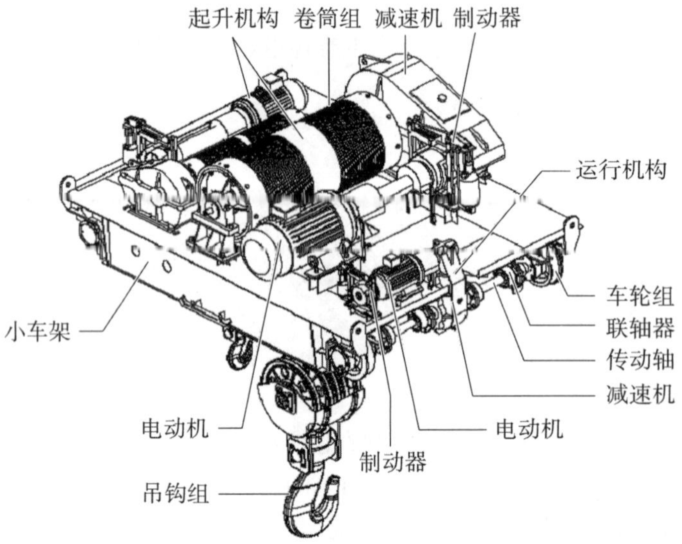

图 7-15 小车驱动布置方案

① 车轮与轨道设计选型。钢制车轮直径为 250 mm,与轴承配合处的车轮轴径 $d=70$ mm,车轮材料为 42CrMo;轨道采用 QU80。

② 电动机选型。电动机型号为 YZR112M-6,额定转速 $n_N=892$ r/min,额定功率为 1.8 kW,转动惯量为 0.02 kg·m^2,输出轴直径为 32 mm,启动转矩倍数为 2.44,最大转矩倍数为 2.7。

③ 减速器选择。减速器型号为 QJR-D236-25-VI,中心距为 236 mm,传动比 $i=20$,转矩 $[T]=4500$ N·m,输入轴为 $\phi 38$ mm × 80 mm,输出轴为 $\phi 80$ mm × 130 mm。

④ 联轴器选择。高速轴为带制动盘鼓形齿式联轴器,型号为 WGP1 $\frac{\text{YA32}\times 82}{\text{YA38}\times 112}$,公称转矩 $[M_L]=710$ N·m,许用转速为 4000 r/min,制动盘直径为 315 mm,转动惯量为 0.0078 kg·m^2。

低速轴为联轴器鼓形齿式联轴器,型号为 GICLZ5 $\frac{\text{YA70}\times 142}{\text{YA80}\times 172}$,公称转矩为 5000 N·m,许用转速为 5400 r/min,转动惯量为 0.0149 kg·m^2;另配 4 个 SWC 型万向联轴器,型号为 SWC225BF,公称转矩为 56 kN·m,最小长度为 920 mm,转动惯量为 0.788 kg·m^2,长度每增加 100 mm,转动惯量增加 0.0234 kg·m^2。

⑤ 制动器为 YP1-Ed220-315×30,额定制动力矩为 280 N·m。

⑥ 机构启动时间和启动平均加速度验算均满足要求。

⑦ 电动机过载校核满足要求。

⑧ 缓冲器型号为 HT1-16,行程 $S=80$ mm,$[F_j]=5$ kN,$m=126$ kg。

⑨ 车轮打滑验算,满足打滑要求。

第八章 变幅机构

一、学习目标

（一）知识目标

（1）了解平衡式和非平衡式变幅系统的特点及应用场合。

（2）了解工作性、非工作性变幅机构中采用的变幅驱动装置形式与特点。

（3）掌握变幅过程中臂架自重平衡的基本原理及方案，熟悉其设计方法及校验标准。

（4）掌握物品水平移动的补偿原理及主要方案，熟悉其设计方法及校验标准。

（5）了解并解释变幅过程中的变幅阻力，熟悉计算方法。

（6）了解变幅机构设计计算的全过程，深刻理解计算原则，并区分工作性、非工作性变幅机构在零部件设计计算中的差异。

（二）能力目标

（1）能设计平衡式变幅臂架系统，使其满足臂架自重平衡和物品水平移动，并对该系统进行校验。

（2）能够正确分析作用在变幅机构上的各种载荷对变幅驱动装置的影响，并能准确计算。

（3）掌握瞬心回转功率法的基本原理，正确表达由各种载荷引起的变幅阻力矩。

（4）根据实际需求，能够确定变幅机构驱动方案，合理选择驱动装置的零部件，并进行有效的校核。

二、学习要点

起重机变幅可通过臂架的摆动或起重小车的运行使物品或取物装置改变位置。在臂架型起重机中，变幅机构是改变起重机幅度和起升高度的机构。

（一）变幅的类型

1. 按其实现方法分类

按其实现方法，变幅可分为臂架式变幅和运行小车式变幅，前者又可分为摆动臂架式和伸缩臂架式。

摆动臂架式变幅依靠臂架在垂直平面内的摆动来实现变幅。其特点是臂架受力状况较有利,结构自重较轻;起重机的重心较低,稳定性好;但难以获得较小的最小幅度和均匀的变幅速度,物品容易摇摆。该变幅机构广泛应用于门座起重机和浮式起重机中。

伸缩臂架式变幅依靠臂架沿其轴线方向的伸缩来实现变幅。其特点是臂架由基本臂和若干节伸缩臂组成,采用液压油缸驱动。这在港口起重机上较少使用,常见于流动式起重机上。

运行小车式变幅依靠起重小车沿着水平臂架上的轨道运行来实现变幅。其特点是变幅速度均匀、物品摇摆现象较轻,变幅过程中物品水平移动,易于获得较小的最小幅度和较大的有效工作空间。集装箱起重机常用这种工作性变幅方式,如牵引式小车,其按牵引式运行机构设计。

2. 按工作要求分类

按工作要求,变幅可分为工作性变幅和非工作性变幅。

工作性变幅是指带载变幅,采用较高的变幅速度。其作用是通过改变幅度使货物绕起重机的回转轴线做径向水平移动,以扩大起重机的作业范围。工作性变幅还可与起升、回转机构协调工作,以提高生产率,改善其工作的机动性。

由于变幅是在取物装置上载有货物的情况下完成的,变幅阻力及变幅功率都较大。在这类变幅机构中,为了降低变幅功率、改善工作性能,常采用多种方法实现物品水平移动和臂架自重平衡。港口装卸用的门座起重机常采用工作性变幅机构。

非工作性变幅(又称调整性变幅)是指不带载变幅。其在保证起升载荷所引起的倾覆力矩不超过额定值的前提下,通过改变幅度以调整起重机的起重能力和提高起重机的利用程度;或通过改变幅度来调整取物装置的工作位置以适应装卸路线的需要;或者通过改变幅度提高非工作状态下起重机的通过性能。在这类变幅机构中,一般采用较低的变幅速度。安装用门座起重机和浮式起重机常采用非工作性变幅机构。

3. 按性能要求分类

按性能要求,变幅可分为非平衡式变幅和平衡式变幅。

非平衡式变幅在变幅过程中,摆动臂架的重心和物品的重心都会发生升降,减小幅度时会消耗较大的驱动功率;增大幅度时又有势能释放,影响使用性能。非平衡式变幅主要用于非工作性变幅机构。非平衡式变幅机构通常采用简单摆动臂架,多采用钢丝绳驱动,也有采用液压驱动的。

平衡式变幅是指在变幅过程中物品重心可沿水平线或近似水平线移动,臂架(或臂架系统)的自重通过活动对重平衡,且使两者的合成重心在变幅过程中沿水平线或近似水平线移动或固定在一点不动。平衡式变幅常用于工作性变幅机构,在港口装卸用门座起重机中广泛使用。

(二)平衡式臂架变幅系统的设计方案

当采用摆动臂架进行变幅时,由于臂架自重和起升载荷的势能变化而引起的变幅阻力占总变幅阻力的比例很大,因此面向需频繁变幅作业的场合,要采用恰当的措施来减小势能变化的影响,大大降低变幅功率,使其适用于工作性变幅。解决上述问题的主要措施就是采用臂架自重平衡和物品水平移动的平衡式臂架变幅系统,实现方案如图 8 - 1 所示。

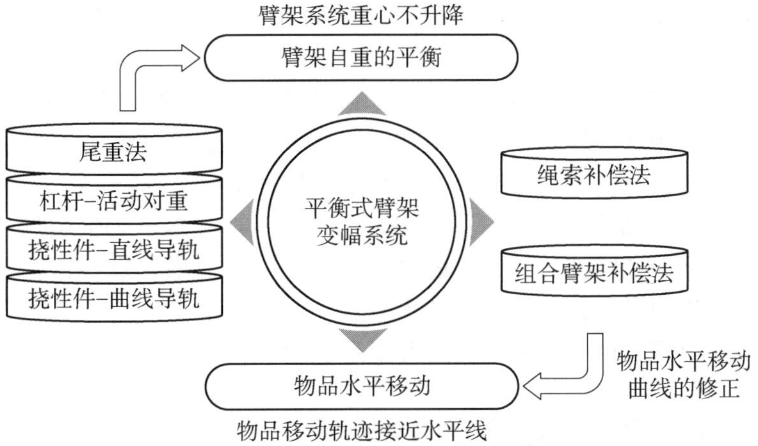

图 8-1 平衡式臂架变幅系统的实现方案

1. 实现臂架自重平衡的设计方案

臂架自重平衡方案有尾重法、杠杆-活动对重法、臂架系统的合成重心近似走水平线的杠杆-活动对重法、挠性件-直线导轨法、挠性件-曲线导轨活动对重法,基本原理是变幅时整个臂架系统的势能保持不变,即合成重心沿水平移动。

2. 实现物品水平移动的设计方案

物品水平移动是指在臂架摆动(变幅)过程中,物品沿水平线或接近水平线移动,实现的方式有绳索补偿法和组合臂架法两种。

1) 绳索补偿法的工作原理

当臂架摆动时,依靠特殊设计的起升绳缠绕系统,适当地放出或收进一定长度的起升钢丝绳来补偿物品悬挂点的升降,以达到物品在变幅过程中水平移动的目的。

图 8-2(a)所示为采用补偿滑轮组的绳索补偿法。补偿滑轮组布置在臂架端部与上转柱之间,补偿滑轮组的动滑轮通常与臂端导向滑轮同轴。设补偿滑轮组的倍率为 a_k,则为了达到补偿要求,应使 $a_k(l_1-l_2)=ah$(a 为起升滑轮组倍率),吊钩即能近似地做水平移动。

图 8-2(b)与图 8-2(a)的不同点是把补偿滑轮组的动滑轮移到了臂架的下部,从而减少

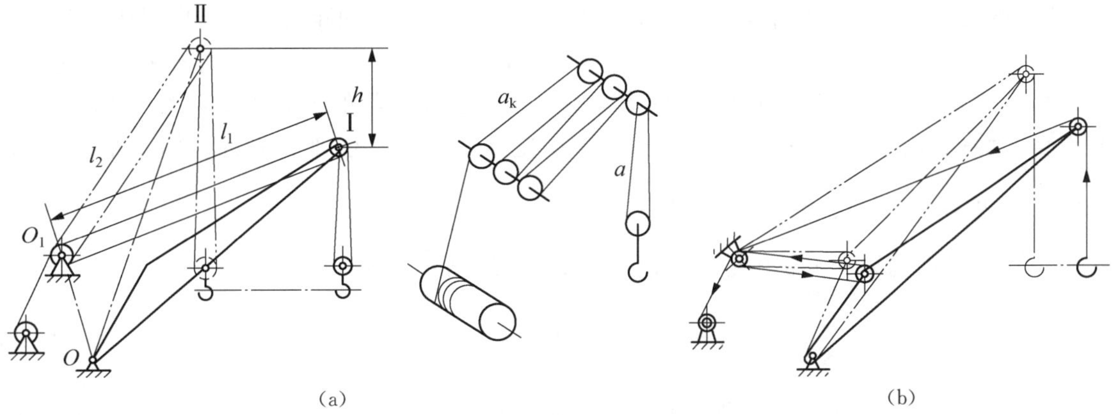

图 8-2 补偿滑轮组法实现物品水平移动

了起升绳长度，但某一段起升绳绕过滑轮的数目增多，加剧了磨损，还增大了臂架承受的弯矩。

2）组合臂架法的工作原理

依靠组合臂架象鼻架端部滑轮在变幅过程中的特殊运动轨迹（水平线或近似水平线）来保证物品的水平移动，有刚性四连杆组合臂架和曲线象鼻架拉索组合臂架两种，前者较常使用。

刚性四连杆组合臂架由臂架、直线象鼻架和刚性拉杆组成，连同机架一起构成了一个平面四杆机构。其象鼻架端点的运动轨迹是一根双叶曲线。设计时，只要恰当选择四连杆机构各构件（包括连接拉杆下铰和臂架下铰基础的位置）的尺寸，使有效幅度控制在双叶曲线接近水平的区段上，变幅过程中吊钩就能做近似的水平移动。

图 8－3 所示为门座起重机平衡式变幅臂架系统的常见结构形式。

（a）　　　　（b）

图 8－3　平衡式变幅臂架系统设计方案

（a）刚性四连杆组合臂架＋杠杆–活动对重；（b）绳索补偿方案＋杠杆–活动对重

（三）采用补偿滑轮组的绳索补偿方案设计

1. *解析法*

该设计的任务是确定臂架长度 l_b，起升滑轮组 a 和补偿滑轮组倍率 a_k，臂架下铰点 O 和补偿滑轮组中定滑轮支点 B 的位置，如图 8－4 所示。一般 B 点位置大约在 O 点上方稍向前偏的地方。

设计的关键在于使补偿滑轮组两个滑轮中心 A、B 两点之间距离 l 的变化要适应臂架端部滑轮高度的变化，即当臂架从位置Ⅰ摆动到位置Ⅱ时，物品一方面将随着臂架吊点升高而上升 h，另一方面又将因补偿滑轮组中的定滑轮 B、动滑轮 A 之间的中心距从 l_1 缩短到 l_2 放出钢丝绳而下降。若整个变幅过程中起升钢丝绳的总长度 L 不变，那么物品将沿水平线移动。由图 8－4 可知，$L=al_Q+a_kl=$常数，即 $l_Q=\frac{L}{a}-l\frac{a_k}{a}$。

那么，起升滑轮组动滑轮中心的高度 y 的计算式可表示为

$$y=l_b\sin\varphi-l_Q=l_b\left(\sin\varphi+\frac{l}{l_b}\frac{a_k}{a}\right)-\frac{L}{a} \tag{8-1}$$

式中，l_b 为臂架长度（m）；φ 为臂架倾角（°）；θ 为补偿滑轮组定滑轮中心和臂架下铰点的连线与铅垂线之间的夹角（°）；d 为定滑轮中心至臂架下铰点的距离（m）；a_k 为补偿滑轮组的倍

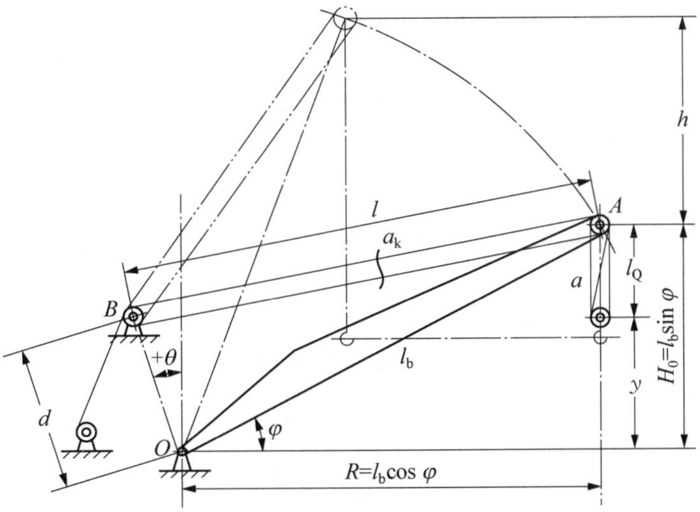

图 8-4 带补偿滑轮组的变幅装置吊钩运动轨迹

率;a 为起升滑轮组的倍率;L 为起升滑轮组合补偿滑轮组中钢丝绳总长度(m);l 为两个滑轮中心 A、B 两点之间距离。由$\triangle OAB$ 可得

$$l=\sqrt{d^2+l_b^2-2dl_b\cos(90°-\varphi+\theta)}=l_b\sqrt{(d/l_b)^2+1-2(d/l_b)\sin(\varphi-\theta)}$$

令 $k=d/l_b$, $t=a_k/a$,则有

$$y=l_b[\sin\varphi-t\sqrt{1+k^2-2k\sin(\varphi-\theta)}]-\frac{L}{a} \tag{8-2}$$

由式(8-2),并根据整个变幅范围内的一系列臂架位置,可校验实际最大高度差 Δh_{max} 是否满足设计要求。高度差函数 Δh 可表示为

$$\Delta h=a(y_i-y_1)-a_k(l_1-l_i) \tag{8-3}$$

式中,y_1、y_i 为臂架在最大幅度或任意幅度时,起升滑轮组动滑轮中心的高度坐标;l_1、l_i 为臂架在最大幅度或任意幅度时,滑轮中心 A、B 两点之间的距离。

由式(8-2)可知,y 不是水平直线。理论上,当 y 函数的斜率为零时,吊钩在该点的变幅速度才是水平的,此时不消耗额外功率,因此应使 y 的垂直差值趋于最小,或者使 y 的斜率趋于最小。

在实际设计中,从减小变幅功率和臂架弯矩出发,控制 $dy/d\varphi$ 的数值,使之趋向最小,即可减小变幅过程中物品的未平衡力矩。由于变幅过程中吊钩未严格按水平移动所引起的功率消耗是以绕臂架下铰点 O 的力矩 M_{OQ} 为衡量指标的。根据功的平衡,得

$$P_Q dy=M_{OQ}d\varphi$$

则变幅过程中物品的未平衡力矩 M_{OQ} 可表示为

$$M_{OQ}=P_Q\frac{dy}{d\varphi}=P_Q l_b\left[\cos\varphi-t\frac{k\cos(\varphi-\theta)}{\sqrt{1+k^2-2k\sin(\varphi-\theta)}}\right] \tag{8-4}$$

设计时,先根据作业需求和构造布置,确定臂架长度 l_b、臂架铰点 O 的位置、起升滑轮组的倍率 a 和补偿滑轮组倍率 a_k(通常取 $t=a_k/a=3$;对双联起升卷筒,取 $t=a_k/a=2.5$)。为使物品水平变幅获得较满意的结果,在幅度为 R_{max} 时,臂架与水平线的夹角 φ_{min} 宜取 20° ~ 40°;幅度为 R_{min} 时,臂架与水平线的夹角 φ_{max} 宜取 60° ~ 80°。然后由式(8-3)和式(8-4)算得吊钩水平移动高度差和物品未平衡力矩,并控制在合理的范围内,从而确定 θ 与 k 的最佳值,即可确定补偿滑轮组中定滑轮的装设位置 B。

2. 图解法

图解确定补偿滑轮组定滑轮支点 B 的装设位置(见图 8-5 中的 K 点)的条件是:由物品重力引起的作用在臂架端部处的合力 P_{RQ} 对臂架下铰点的力矩在各工作幅度位置上都等于零,即合力的作用线通过臂架的下铰点。

图 8-5(a)所示的作图步骤如下:

(1) 在 R_{min} 与 R_{max} 之间取若干个臂架位置,通常为 8~10 个。

(2) 在起重机最常用幅度区域 $(R_{min}+\Delta R/4)\sim(R_{max}-\Delta R/4)$ 内的几个臂架位置上作图。自臂端 A_1 引出铅垂线并等比例截取 A_1B_1 表示起升载荷 P_Q(应选取尽可能大的比例尺);以 B_1 为圆心、作用力 a/a_kP_Q(由起升载荷在补偿滑轮组钢丝绳上引起的力)的线段长为半径,画圆弧交臂架轴线 OA_1 于 D_1 点,过 A_1 点作 B_1D_1 的平行线 A_1A_1'。在其他臂架位置上,用同样的方法作图得出一簇 A_iA_i' 直线。由这簇直线得一组交点,找出这些交点最逼近的圆弧,取其圆心即为所求的 K 点的位置。K 点通常位于臂架下铰点上方偏前的位置上。

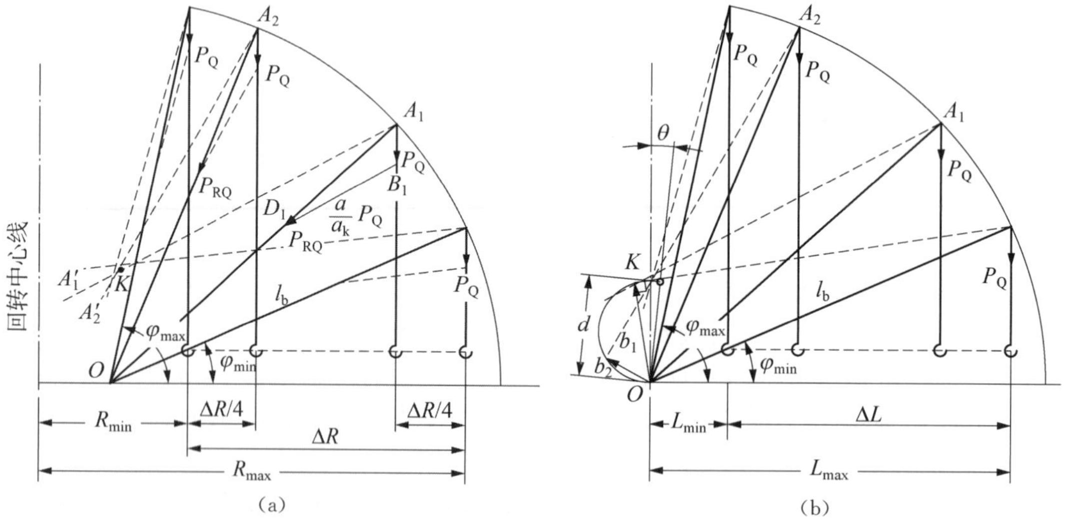

图 8-5　确定补偿滑轮组定滑轮 K 点的图解法

图 8-5(a)所示的方法比较简便,但很难获得最佳的位置。通常利用变幅范围内由物品重力引起的未平衡力矩最大值的绝对值相等原则,可得补偿滑轮组装设的合理位置。

由图 8-5(a)知,最大幅度时的未平衡力矩为

$$M_{OQ}^1=P_QL_{max}-tP_Qb_1=\xi P_Ql_b,\ t=a_k/a$$

式中,ξ 为最大未平衡力矩系数。

若最小幅度时的未平衡力矩也等于 $\xi P_Q l_b$，即

$$M_{OQ}^2 = P_Q L_{min} - t P_Q b_2 = \xi P_Q l_b$$

由以上两式可得

$$b_1 = \frac{L_{max} - \xi l_b}{t}, \ b_2 = \frac{L_{min} - \xi l_b}{t} \tag{8-5}$$

选取 ξ 之后，便可得到定滑轮轴心的位置，然后找出某中间幅度的最大未平衡力矩的绝对值，若该值也与最大、最小幅度时的未平衡力矩相等，则所选取的 ξ 值就确定了，所得的位置 K 便是合适的。

若最大幅度时臂架轴线与水平线的夹角 φ_{min} 在 20°～30°之间或相接近，且最小幅度夹角 $\varphi_{max} = 80°$ 时，则可利用下式选取最大未平衡力矩系数 ξ：

$$\xi = 0.00004\varphi_{min}^2 - 0.003\varphi_{min} + 0.084 \tag{8-6}$$

式中，最大幅度臂架轴线与水平夹角 φ_{min} 以度为单位。

最大、最小幅度时补偿滑轮组对臂架下铰点的力臂 b_1 和 b_2 值确定后，用作图法便可找出定滑轮夹套的装设位置 K 点[见图 8-5(b)]，并校验物品在变幅过程中的移动轨迹，得出高度偏差值 Δh，若 Δh 在允许范围内，则定滑轮轴的位置便最后确定了。

对于中间任一位置的未平衡力矩也可以用作图法求出，利用 KO 线段二等分中点为圆心，以 $d/2$ 为半径作半圆，利用半圆的圆周角是直角的特性，很容易求取力臂 b，即可求出中间任一位置时的未平衡力矩。

(四) 刚性四连杆组合臂架系统的设计

已知条件：变幅的最大幅度为 R_{max}，最小幅度为 R_{min}，起升高度为 H，起升滑轮组倍率为 a，滑轮直径为 D。设计任务：确定组合臂架系统的臂架长度 l_b、象鼻架前臂长度 l_1 和后臂长度 l_2 以及拉杆长度 l_p，并确定臂架下铰点 O 和拉杆下铰点 O_1 的位置。设计要求：在满足总体设计要求的条件下，使臂架系统尺寸结构紧凑，受力合理。

1. 解析法

1) 象鼻架端点 A 的轨迹方程

根据图 8-6 所示的组合臂架几何尺寸关系，可得点 A 的轨迹方程为

$$\begin{aligned}&2[l_2\cos(\alpha-\gamma)+t]x - 2[l_2\sin(\alpha-\gamma)+h]y - 2l_1(t\cos\alpha + h\sin\alpha)\\&-2l_1l_2\cos\gamma + l_b^2 + l_2^2 + t^2 + h^2 - l_p^2 + 2l_2[t\cos(\alpha-\gamma)+h\sin(\alpha-\gamma)] = 0\end{aligned} \tag{8-7}$$

其中，$\cos\alpha = \dfrac{-x(l_b^2 - l_1^2 - x^2 - y^2) + y\sqrt{4l_1^2(x^2+y^2) - (l_b^2 - l_1^2 - x^2 - y^2)^2}}{2l_1(x^2+y^2)}$，$\gamma = \arccos\dfrac{f}{l_1} + \arccos\dfrac{f}{l_2}$。

由上式知，点 A 的轨迹由以下八个未知量：l_b、l_1、l_2、l_p、t、h、α、γ 确定。根据结构的要求，象鼻架与主臂架的连接铰点，其偏置距离 f 由总体布置给定，一般取 $f = 350 \sim 600\,\text{mm}$。

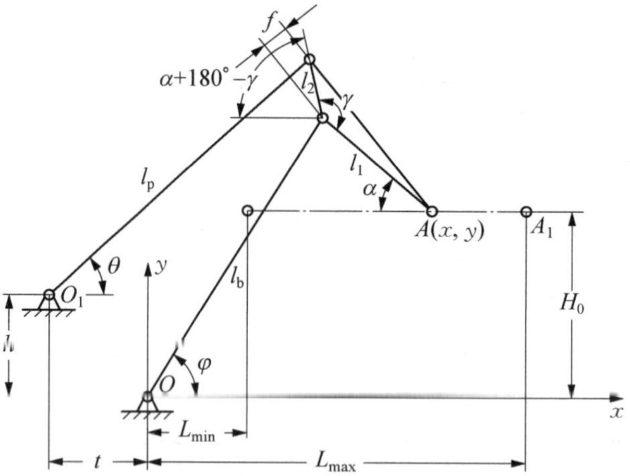

图 8-6 象鼻架端点轨迹计算简图

2）确定臂架长度 l_b 和象鼻架前臂长度 l_1

确定条件：最大幅度和最小幅度时象鼻架前端滑轮轴心都在一水平线上。根据图 8-7，可得象鼻架前段长度 l_1 和主臂架长度 l_b 为

$$l_1 = \frac{L_{max}^2 - L_{min}^2}{2[H_0(\sin\alpha_3 - \sin\alpha_1) + L_{max}\cos\alpha_1 - L_{min}\cos\alpha_3]} \tag{8-8}$$

$$l_b = \sqrt{l_1^2 - 2l_1(L_{max}\cos\alpha_1 - H_0\sin\alpha_1) + L_{max}^2 + H_0^2} \tag{8-9}$$

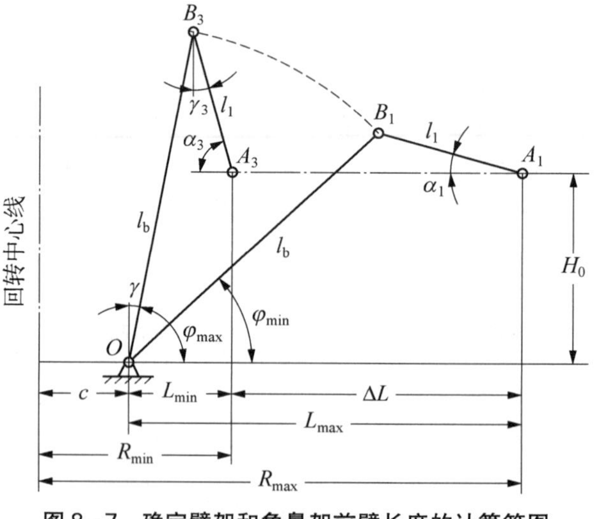

图 8-7 确定臂架和象鼻架前臂长度的计算简图

为了避免在最小幅度时，因为物品偏摆使起升钢丝绳从臂端滑轮槽脱出，一般取 $\alpha_3 = 80° \sim 85°$；最大幅度时一般取 $\alpha_1 = 10° \sim 25°$。α_1 取值越小，可获得较小的象鼻架前段长度 l_1 和主臂架长度 l_b，但不易获得变幅时物品较小的移动轨迹高度偏差值 Δh。根据设计经验，预选象鼻架后段长度 $l_2 = (0.35 \sim 0.50)l_1$。

3）确定拉杆长度 l_p 和下铰点 O_1 的位置参数(t, h)

确定条件：取三个位置，分别为最大、最小和中间幅度，即三个位置的 x 坐标分别为

$$\begin{cases} x_1 = L_{min} \\ x_2 = L_{max} - (0.2 \sim 0.3)(L_{max} - L_{min}),\ y_i \text{ 坐标为 } H_0,\ i = 1, 2, 3。 \\ x_3 = L_{max} \end{cases}$$

把(x_1, y_1)、(x_2, y_2)、(x_3, y_3)三组坐标值和 l_b、l_1、l_2、γ、$\alpha_i(i=1, 2, 3)$值代入象鼻梁端点 A 的轨迹曲线方程(8-7)，即可求得 l_p、t 和 h 分别为

$$l_p^2 = [x_i - l_1\cos\alpha_i + l_2\cos(\alpha_i - \gamma) + t]^2 + [y_i + l_1\sin\alpha_i - l_2\sin(\alpha_i - \gamma) - h]^2 \tag{8-10}$$

$$t = \frac{-B_{12}C_{13} + B_{13}C_{12}}{A_{13}B_{12} - A_{12}B_{13}},\ h = \frac{A_{13}C_{12} - A_{12}C_{13}}{A_{13}B_{12} - A_{12}B_{13}} \tag{8-11}$$

其中，$A_{12} = x_1 - x_2 + l_2[\cos(\alpha_1 - \gamma) - \cos(\alpha_2 - \gamma)] - l_1(\cos\alpha_1 - \cos\alpha_2)$

$B_{12} = l_1(\sin\alpha_1 - \sin\alpha_2) + y_1 - y_2 - l_2[\sin(\alpha_1 - \gamma) - \sin(\alpha_2 - \gamma)]$

$C_{12} = -l_2[\sin(\alpha_1 - \gamma)y_1 - \sin(\alpha_2 - \gamma)y_2] + l_2[\cos(\alpha_1 - \gamma)x_1 - \cos(\alpha_2 - \gamma)x_2]$

$A_{13} = x_1 - x_3 + l_2[\cos(\alpha_1 - \gamma) - \cos(\alpha_3 - \gamma)] - l_1(\cos\alpha_1 - \cos\alpha_3)$

$B_{13} = l_1(\sin\alpha_1 - \sin\alpha_3) + y_1 - y_3 - l_2[\sin(\alpha_1 - \gamma) - \sin(\alpha_3 - \gamma)]$

$C_{13} = -l_2[\sin(\alpha_1 - \gamma)y_1 - \sin(\alpha_3 - \gamma)y_3] + l_2[\cos(\alpha_1 - \gamma)x_1 - \cos(\alpha_3 - \gamma)x_3]$

2. 图解法

1）初定臂架下铰点 O 和计算幅度 ΔL

根据幅度 R_{max}/R_{min}、起升高度 H、起升滑轮直径 D 和倍率 a 以及总体布置和构造，初定臂架下铰点 O，即确定 c 和 H_0，并计算幅度 ΔL，如图 8-7 所示。

为了确定臂架的尺寸，先要确定主臂架下铰点的位置。在满足最大幅度 R_{max} 的条件下，主臂架下铰点应尽量靠近转台大梁(纵梁)的支承点，主臂架下铰点至旋转中心线的水平距离 c 取较大值时可缩短臂架长度 l_b，但会增大最小幅度 R_{min} 时的臂架仰角 φ_{max}(应不超过 80°～85°)。c 的取值还应考虑转台主梁的支承情况，尽可能减小主梁承受的弯矩，通常取 $c = 2 \sim 3$ m。

确定计算起升高度 H_0 时，要考虑起升高度 H(轨面或水面以上)与象鼻架端部滑轮之间应保留的安全距离 H_2 和臂架下铰点离轨面或水面的高度 H_1，即 $H_0 = H - H_1 + H_2$，一般 $H_0 = (0.5 \sim 1.0)L_{max}$。

最大和最小计算幅度 L_{max} 和 L_{min}：当 $a = 1$ 时，$L_{max} = R_{max} - c - 0.5D$，$L_{min} = R_{min} - c - 0.5D$，$D$ 为起升滑轮直径；当 $a \geqslant 2$ 时，$L_{max} = R_{max} - c$，$L_{min} = R_{min} - c$。

2）确定臂架长度 l_b 和象鼻架前臂长度 l_1

根据 R_{max}、R_{min} 和 H_0 确定最大和最小计算幅度时，象鼻架端点的位置应位于同一水平线上。按设计经验，$\alpha_1 = 10° \sim 25°$，$\gamma_3 = 5° \sim 10°$，$\varphi_{min} = 40° \sim 50°$。$\gamma_3$ 值应以起升绳不脱开象鼻架端部滑轮槽为前提。α_1 取小值时会恶化象鼻架端部轨迹的水平性，但能缩短臂架长度和象鼻架前臂长度。

从 O 点作与铅垂线夹角为 γ 的臂架位置线，从 A_3 点作与铅垂线夹角为 γ_3 的象鼻架位置线，使两线交于 B_3 点，从而得 $l_b = \overline{OB_3}$，$l_1 = \overline{A_3B_3}$。按所得的 l_b 和 l_1，画出其在 R_{max} 时的位

置线$\overline{OB_1}$和$\overline{B_1A_1}$。检验α_1和φ_{min}是否在要求的范围内，如不满足要求，则需修改γ和γ_3重新作图。

3）确定象鼻架后臂长度l_2、刚性拉杆长度l_p和拉杆下铰点O_1的位置

根据设计经验，先取$l_2=(0.35\sim0.5)l_1$，作出最大、最小和中间幅度[建议取为离最大幅度$(0.20\sim0.30)L_{max}$处]臂架和象鼻架的轴线位置，象鼻架端点始终处在计算起升高度一水平线上，如图 8-8 所示。

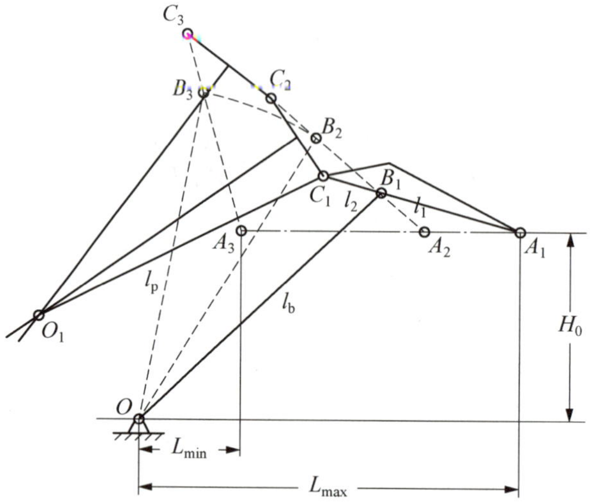

图 8-8 确定拉杆长度 l_p 和铰点 O_1 位置的计算简图

依次连接象鼻架的后臂端点C_1、C_2和C_3，得$\overline{C_1C_2}$和$\overline{C_2C_3}$线。必须指出，根据构造需要，实际结构中的臂架上铰点B，应相对于象鼻架轴线$\overline{AC}$下移一段距离，即C点不在AB的延长线上，而稍向上翘(见图 8-6)。

作$\overline{C_1C_2}$和$\overline{C_2C_3}$的垂直平分线，其交点为所求的拉杆下铰点O_1，而$\overline{O_1C_1}$($\overline{O_1C_3}$)为所求的拉杆长度l_p。如果O_1点位置不符合总体布置要求，则需要调整参数后重新作图，直到满足要求为止。

3. 物品水平移动曲线的修正

从设计的理论角度看，物品水平移动和臂架自重平衡性能均良好的组合臂架系统在实际使用过程中，由于金属结构件的弹性变形，其良好的性能将受到影响，物品的运动轨迹将变为一条向外、向下倾的斜线。考虑到这一因素，需对理论的水平移动曲线进行修正。

先将最大幅度处的象鼻架端点的y坐标从理论位置向上抬高$(1/600\sim1/500)R_{max}$的值，求出需要修正的倾斜角度θ；然后，在保持臂架系统原设计全部相对位置不变的前提下，将原设计拉杆的下铰点O_1绕臂架下铰点O顺时针方向转过一个θ角，移至O_1'即可，如图 8-9 所示。

(五) 杠杆-活动对重系统的设计

首先根据总体布置要求，确定对重杠杆支承铰轴O_1的位置和对重的摆动半径r_w，注意要充分利用尾部半径r，以减轻活动对重重量，有利于整机稳定性。然后根据臂架结构求初定小

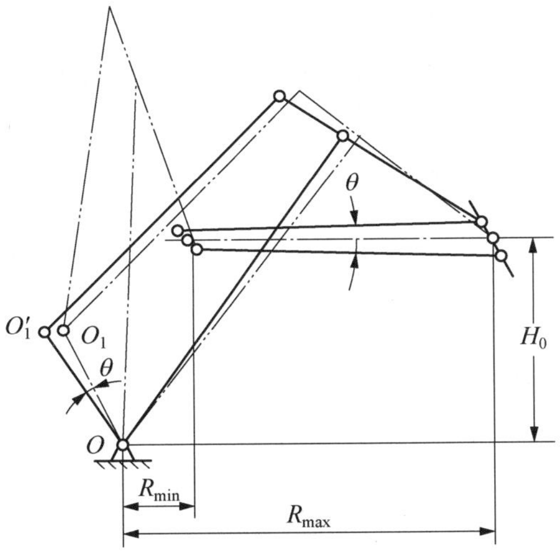

图 8-9 组合臂架系统水平移动曲线修正方法

拉杆和主臂架连接点的位置，即 l_b'。最后确定对重自重 P_{Gw}、杠杆尺寸 l_1'/l_2' 和小拉杆长度 l_p'。

1. 活动对重的自重 P_{Gw}

根据变幅过程中的能量守恒条件，即臂架重心升高 h_2 时所需吸收的能量等于对重下降 h_2' 时释放的能量（见图 8-10）。确定的活动对重自重 P_{Gw} 为

$$P_{Gw}=\frac{P_{Gb}h_2}{h_2'} \tag{8-12}$$

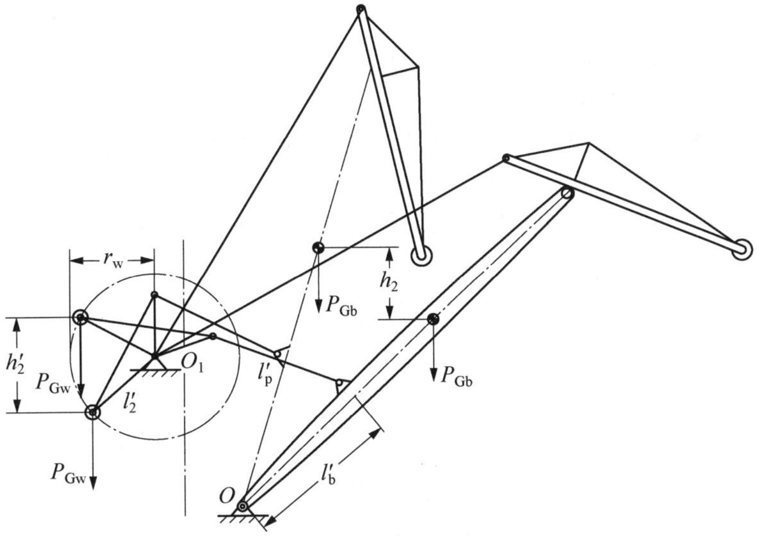

图 8-10 杠杆-活动对重系统设计的图解法

对重摆动的夹角越大，对减轻对重质量越有利，平衡效果越好，因此建议尽可能选取较大的对重升降高度 h_2'，以获得较小的 P_{Gw}。考虑到活动对重对整机及回转局部稳定性能发挥到最优，一般活动对重在最大幅度时的上翘角度为 10°～20°，在构造上不发生干涉的前提下，最小幅度时的下摆角为 75°～85°。

2. 杠杆-活动对重系统的设计几何尺寸

根据臂架-对重系统在对应三个位置下的系统总位能不变的原理，确定杠杆-活动对重的几何尺寸，三个位置如图8-11所示，分别为

$$\varphi_1=\varphi_{\min}+\Delta\varphi,\ \varphi_3=\varphi_{\max}+\Delta\varphi,\ \varphi_2=(\varphi_1+\varphi_3)/2 \tag{8-13}$$

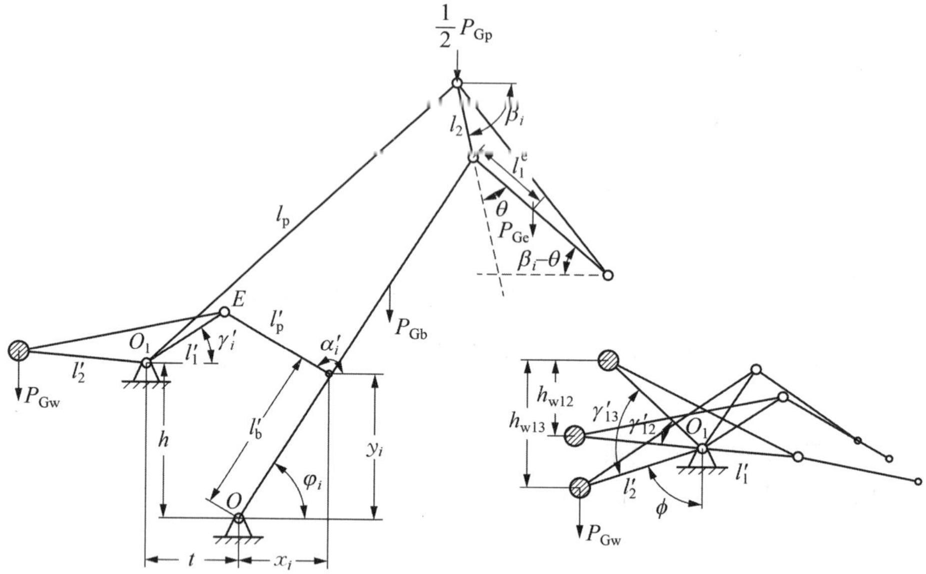

图8-11　平衡杠杆系统的几何尺寸

小拉杆 l'_p 的铰安装在主臂架截面的上表面(见图8-3)，所以从小拉杆下铰到铰点 O 的连线与臂架轴线之间存在一个角度，即 $\Delta\varphi$。

杠杆-活动对重系统的尾端长度 l'_2 可根据起重机允许的尾部回转半径来确定。ϕ 为最小幅度时，对重杠杆尾端与垂直线的夹角由结构尺寸确定。

由图8-11可知，根据对重和小拉杆铰点 E 位置的几何关系有

$$l'_p\sin\alpha'_i-l'_1\sin\gamma'_i=h-y_i$$

$$l'_p\cos\alpha'_i-l'_1\cos\gamma'_i=-(t+x_i)$$

式中，$x_i=l'_b\cos\varphi_i$，$y_i=l'_b\sin\varphi_i(i=1,\ 2,\ 3)$，并令 $A_i=h-y_i$，$B_i=t+x_i$，经整理可得

$$\tan\gamma'_1=\frac{(M+N)(B_2\cos\gamma'_{12}-A_2\sin\gamma'_{12})+M(A_3\sin\gamma'_{13}-B_3\cos\gamma'_{13})-NB_1}{(M+N)(B_2\sin\gamma'_{12}+A_2\cos\gamma'_{12})-M(A_3\cos\gamma'_{13}+B_3\sin\gamma'_{13})-NA_1} \tag{8-14}$$

式中，$M=A_2^2-A_1^2+B_2^2-B_1^2$，$N=A_3^2-A_2^2+B_3^2-B_2^2$，$\gamma'_2=\gamma'_1+\gamma'_{12}$，$\gamma'_3=\gamma'_1+\gamma'_{13}$。

对重杠杆的相对转角 γ'_{12}、γ'_{13}，需根据系统总势能不变的条件解得，角标1、2、3对应臂架的三个位置(即最大幅度、中间幅度、最小幅度)。

$$h_{w12}=\frac{\Delta E_{12}}{P_{Gw}}=\frac{E_2-E_1}{P_{Gw}},\ h_{w13}=\frac{\Delta E_{13}}{P_{Gw}}=\frac{E_3-E_1}{P_{Gw}} \tag{8-15}$$

式中，h_{w12}、h_{w13} 分别为对重随臂架系统从最大幅度的“1”位置转至中间幅度“2”位置或最小幅度

的"3"位置时的垂直升降距离。$E_i(i=1,2,3)$为臂架系统在三个位置中的势能，计算公式如下：

$$\begin{aligned}E_i&=(E_e)_i+(E_p)_i+(E_b)_i \\ &=(P_{Ge}+P_{Gp}/2+kP_{Gb})l_b\sin\varphi_i-P_{Ge}l_1^e\sin(\beta_i-\theta)+P_{Gp}/2l_2\sin\beta_i\end{aligned} \tag{8-16}$$

式中，P_{Ge}、$P_{Gp}/2$、P_{Gb} 分别为象鼻架自重、一半大拉杆自重和主臂架的自重；k 为系数，$k=r_b/l_b^x$，r_b 为主臂架重心到坐标原点 O 的水平投影距离，l_b^x 为整个主臂架的水平投影长度。

至此，对重杠杆的转角 γ'_{12}、γ'_{13}即可得出

$$\gamma'_{13}=\frac{\pi}{2}+\sin^{-1}\left[\frac{h_{w13}-l'_2\cos\phi}{l'_2}\right]-\phi \tag{8-17}$$

式中，ϕ 为最小幅度时，对重杠杆尾端与垂直线的夹角，由结构尺寸确定。

令 $\phi_1=\arcsin\left[\frac{h_{w13}-l'_2\cos\phi}{l'_2}\right]$，则 $\gamma'_{12}=\phi_1+\sin^{-1}\left[\frac{h_{w12}-l'_2\sin\phi_1}{l'_2}\right]$ (8-18)

所以活动对重杠杆系统中的前端长度 l'_1为

$$l'_1=\frac{M}{2[A_1\sin\gamma'_1-A_2\sin(\gamma'_1+\gamma'_{12})-B_1\cos\gamma'_1+B_2\cos(\gamma'_1+\gamma'_{12})]} \tag{8-19}$$

小拉杆的长度 l'_p为

$$l'_p=\sqrt{(l'_1\sin\gamma_1+A_1)^2+(l'_1\cos\gamma_1-B_1)^2} \tag{8-20}$$

(六) 平衡式变幅臂架系统的校验

1. 验算物品水平移动的最大差值 Δh_{max}

$$\Delta h_{max}\leqslant 0.02(R_{max}-R_{min}) \tag{8-21}$$

2. 验算物品的未平衡力矩

物品未平衡力矩的最大值应满足：

$$|M_{OQ}|_{max}\leqslant(0.05\sim0.10)P_QR_{max} \tag{8-22}$$

通常在 R_{max} 和 R_{min} 处，象鼻架端点轨迹曲线的斜率较大，导致未平衡力矩值偏大。设计时可先把有效工作幅度适当放大，然后按要求的幅度值截去轨迹曲线斜率较大的部分，以减小未平衡力矩的最大值。

3. 验算平衡臂架系统自重未平衡系数

臂架-活动对重杠杆系统的自重未平衡系数 ζ 定义为

$$\zeta=\frac{M_{O\Sigma}(P_{Gb},P_{Ge},P_{Gp})-|M_{Ow}|}{[M_{O\Sigma}(P_{Gb},P_{Ge},P_{Gp})]_{max}} \tag{8-23}$$

式中，$M_{O\Sigma}(P_{Gb},P_{Ge},P_{Gp})$ 为组合臂架各部分自重引起的对主臂架下铰点 O 的力矩之和，臂架系统的每个位置都有一个 $M_{O\Sigma}(P_{Gb},P_{Ge},P_{Gp})$，分母是其最大值。

$$M_{O\Sigma}(P_{Gb},P_{Ge},P_{Gp})=(P_{Ge}\cdot x_e+\frac{1}{2}P_{Gp}\cdot x_p)\frac{l_b}{PB}+P_{Gb}\cdot r_b \tag{8-24}$$

其中，x_p 为刚性大拉杆自重的一半 $P_{Gp}/2$ 至象鼻架速度瞬心 P 之力臂；x_e 为象鼻架自重 P_{Ge} 至象鼻架速度瞬心 P 之力臂；$\overline{PB}$ 为主臂架上铰点 B 至象鼻架瞬心 P 的距离；r_b 为主臂架重心到 O 点的水平距离。

自重未平衡系数应满足 $|\zeta|_{max} \leqslant 0.1$，且在最大幅度时，$\zeta$ 为负；在最小幅度时，ζ 为正。即当臂架处于最大幅度时，未平衡力矩有使臂架向最小幅度方向摆动的趋势；当臂架处于最小幅度时，未平衡力矩有使臂架向最大幅度方向摆动的趋势，以提高臂架系统工作的可靠性。

4. 校核吊点的水平速度

对于刚性四连杆臂架系统，象鼻架端点的瞬时水平速度 v_H 应满足

$$v_{Hmax}/v_{Hmin} \leqslant 2.6 \text{ 或 } v_{Hmax}/v_{btop} \leqslant 1.6 \tag{8-25}$$

式中，v_{btop} 为变幅速度。

通常在最小幅度时，象鼻架端点的水平速度达到最大值。v_{Hmax} 值过大会导致启动、制动过程中物品的剧烈摆动。水平速度的变化规律不仅与臂架系统的尺寸参数有关，而且与驱动机构的型式和布置密切相关，齿条与螺杆驱动机构可获较为平稳的速度变化。

（七）刚性四连杆臂架系统的运动关系和动能

1. 臂架系统的速度关系

已知变幅系统的设计参数最大幅度 R_{max}、最小幅度 R_{min} 和变幅时间 t_0，则变幅速度由下式计算获得：

$$v_{btop} = \frac{R_{max} - R_{min}}{t_0} \times 60 \tag{8-26}$$

式中，v_{btop} 为象鼻架吊点水平移动的平均速度(m/min)，是变幅过程中臂架端点速度 v_A 在水平线上投影的平均值，是根据工作要求给定，也是设计时应该满足的。刚性四连杆臂架系统各杆件间的速度关系如下，参数的定义如图 8－12 所示。

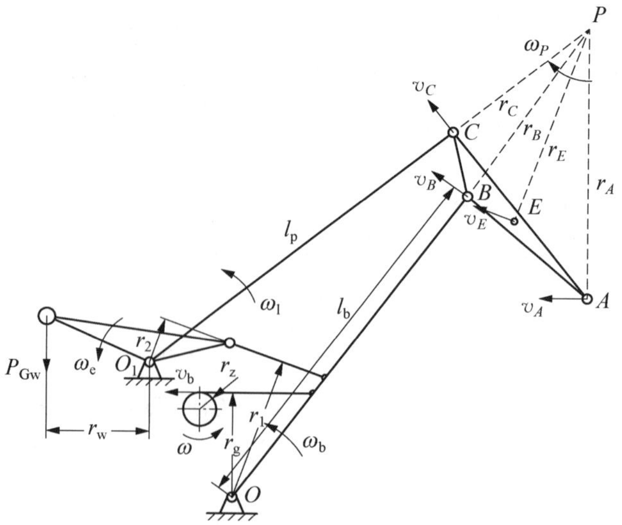

图 8－12 臂架系统速度分析图

变幅齿条(中心线)的速度为

$$v_b = \Delta l / t_0 \tag{8-27}$$

式中,v_b 为齿条的速度(m/s);Δl 为从最大幅度到最小幅度的变幅过程中齿条的工作行程。

驱动小齿轮的角速度为

$$\omega = \frac{v_b}{r_z} \tag{8-28}$$

式中,r_z 为小齿轮分度圆半径(m)。

主臂架角速度为

$$\omega_b = \omega \frac{r_z}{r_g} \tag{8-29}$$

主臂架上铰点 B 的线速度 v_B 为

$$v_B = \omega_b l_b = \omega \frac{r}{r_g} l_b = v_b \frac{l_b}{r_g} \tag{8-30}$$

又由象鼻架做刚体的平面运动,利用速度瞬心法,可得象鼻架的角速度

$$\omega_P = \frac{v_B}{\overline{PB}} = \frac{v_B}{r_B} \tag{8-31}$$

式中,v_B 为主臂架上铰点的速度(m/s)。

象鼻架端点(吊点)A 的瞬时速度 v_A 为

$$v_A = \omega_P \overline{PA} = v_B \frac{r_A}{r_B} \tag{8-32}$$

象鼻架重心的速度 v_E 为

$$v_E = \omega_P \overline{PE} = v_B \frac{r_E}{r_B} \tag{8-33}$$

刚性拉杆的角速度 ω_1 为

$$\omega_1 = \frac{v_C}{l_p} = \omega_P \frac{\overline{PC}}{l_p} = \frac{v_B}{r_B} \cdot \frac{r_C}{l_p} \tag{8-34}$$

以小拉杆为研究对象,根据刚体平面运动的速度投影关系,得活动对重杠杆的角速度 ω_e 为

$$\omega_e = \omega_b \frac{r_1}{r_2} = \frac{v_B}{l_b} \frac{r_1}{r_2} \tag{8-35}$$

2. 臂架系统的动能

1) 主臂架的动能 E_b

为了简化计算,把主臂架看成均质的杆件,则主臂架在变幅过程中的动能为

$$E_b = \frac{1}{2} \times \frac{1}{3} \frac{P_{Gb}}{g} l_b^2 \omega_b^2 = \frac{1}{6} \frac{P_{Gb}}{g} v_B^2 \tag{8-36}$$

2）活动对重的动能 E_w

将活动对重看成是集中质量，其绕铰点 O_1 转动的角速度为 ω_c，则动能为

$$E_w = \frac{1}{2}\frac{P_{Gw}}{g}r_w^2\omega_e^2 = \frac{1}{2}\frac{P_{Gw}}{g}r_w^2\frac{r_1^2}{r_2^2}\left(\frac{v_B}{l_b}\right)^2 \tag{8-37}$$

3）象鼻架的动能 E_e

象鼻架做刚体的平面运动，若近似把象鼻架看成是均质杆件，长度为 l_e，则其绕质心的转动惯量为 $J_{Ee} = \frac{1}{12}\frac{P_{Ge}}{g}l_e^2$，那么象鼻架的动能可写成

$$E_e = \frac{1}{2}J_{Ee}\omega_P^2 + \frac{1}{2}\frac{P_{Ge}}{g}v_E^2 = \frac{1}{2}\frac{P_{Ge}}{g}v_B^2\left(\frac{r_E^2}{r_B^2} + \frac{1}{12}\frac{l_e^2}{r_B^2}\right)$$

括号项接近 1，此时象鼻架接近集中质量，故

$$E_e \approx \frac{1}{2}\frac{P_{Ge}}{g}v_B^2 \tag{8-38}$$

4）拉杆的动能 E_p

刚性拉杆可认为是绕其下铰点 O_1 转动的均质杆件，则其动能为

$$E_p = \frac{1}{2}\times\frac{1}{3}\frac{P_{Gp}}{g}l_p^2\omega_1^2 = \frac{1}{6}\frac{P_{Gp}v_B^2}{g}\frac{r_C^2}{r_B^2}$$

因为，$\frac{r_C^2}{r_B^2} \approx 1$，所以，$E_p \approx \frac{1}{6}\frac{P_{Gp}v_B^2}{g}$　　(8-39)

5）物品变幅时的动能 E_Q

$$E_Q = \frac{1}{2}\frac{P_Q}{g}v_A^2 = \frac{1}{2}\frac{P_Q}{g}\frac{r_A^2}{r_B^2}v_B^2 \tag{8-40}$$

综上所述，臂架系统在稳定运动状态下的总动能为

$$\begin{aligned} E &= E_b + E_w + E_p + E_e + E_Q \\ &= \frac{v_b^2}{2gr_g^2}\left[\left(P_Q\frac{r_A^2}{r_B^2} + P_{Ge} + \frac{1}{3}P_{Gp} + \frac{1}{3}P_{Gb}\right)l_b^2 + \frac{P_{Gw}r_w^2r_1^2}{r_2^2}\right] \end{aligned} \tag{8-41}$$

（八）变幅阻力计算的图解法

1. 非平衡动臂式变幅机构的变幅阻力

在非平衡动臂式变幅机构变幅过程中的不同幅度位置（见图 8-13），变幅牵引构件（如钢丝绳、齿条、螺杆、液压缸活塞等）上的总变幅阻力可能会有较大变化。每个变幅位置时作用在变幅牵引构件上的最大变幅阻力为

$$P_Z = P_o + P_1 + P_W + P_{sh} + P_e + P_c + P_f + P_\alpha \tag{8-42}$$

式中，P_Z 为非平衡动臂式变幅机构的变幅阻力(N)；P_o 为变幅时吊运物品非水平移动引起的变幅阻力(N)；P_1 为臂架系统自重未能完全平衡引起的变幅阻力(N)；P_W 为作用在臂架系统上的风载荷引起的变幅阻力(N)；P_{sh} 为作用在吊运物品上的风载荷、起重机回转时吊运物品的离心力以及变幅、回转、运行启动或制动时在吊运物品上造成的水平惯性力等引起的起升滑轮组对铅垂线的偏摆角 α 造成的变幅阻力(N)；P_e 为臂架系统在起重机回转时的离心力引起的变幅阻力(N)；P_c 为变幅过程中臂架系统相对回转中心线的径向惯性力引起的变幅阻力(N)；P_f 为臂架铰轴等关节中的摩擦力和补偿滑轮组的效率造成的变幅阻力(N)；P_α 为起重机轨道坡度或浮式起重机的倾角等引起的变幅阻力(N)。

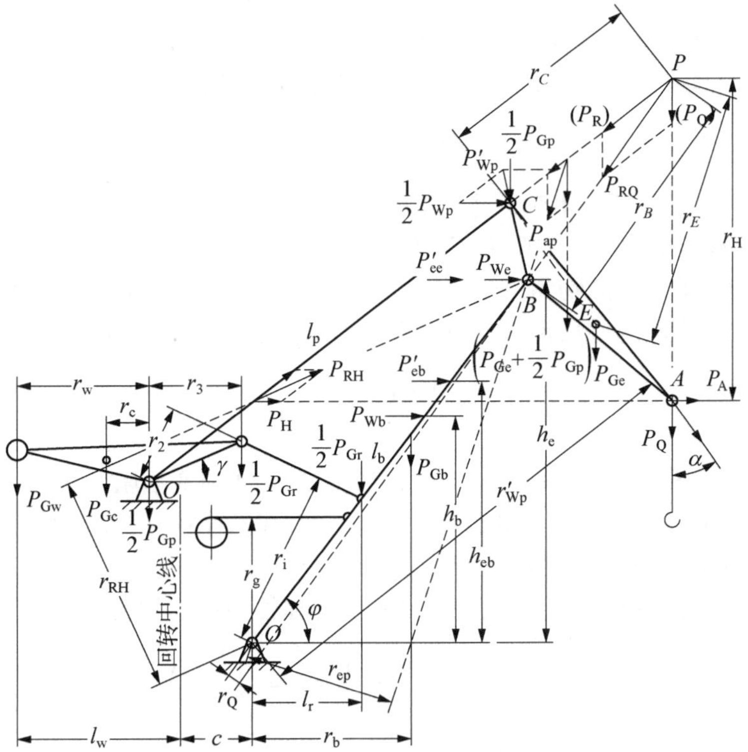

图 8－13　组合臂架变幅机构阻力计算简图

1）由物品和取物装置非水平移动引起的变幅阻力 P_o 的计算

$$P_o = \frac{M_{OQ}}{r_g} = \frac{1}{r_g} P_{RQ} r_Q \tag{8-43}$$

式中，M_{OQ} 为物品和取物装置非水平移动引起的对主臂架下铰点 O 的变幅阻力矩(N·m)；P_{RQ} 为由起升载荷 P_Q 引起的作用在臂架端部的作用力(N)；r_Q 为 P_{RQ} 相对于臂架下铰点的力臂(m)。

2）臂架系统自重未能完全平衡引起的变幅阻力 P_1 的计算

$$P_1=\frac{M_{OG}}{r_g}=\frac{1}{r_g}\left[\left(P_{ep}r_{ep}+P_{Gb}r_b+\frac{1}{2}P_{Gr}l_r\right)-\frac{r_1}{r_2}\left(P_{Gw}r_w+P_{Ge}r_c-\frac{1}{2}P_{Gr}r_3\right)\right] \tag{8-44}$$

式中，M_{OG} 为臂架系统自重未能完全平衡引起的对主臂架下铰点 O 的变幅阻力矩(N·m)；P_{ep} 为由象鼻架自重 P_{Ge} 和拉杆自重的一半 $P_{Gp}/2$ 引起的作用在臂架端部的作用力(N)；P_{Gb}、P_{Ge}、P_{Gw}、P_{Gr} 分别为主臂架自重、对重杠杆自重、活动对重自重和小拉杆自重(N)。

3）作用在臂架系统上的风载荷引起的变幅阻力 P_W 的计算

$$P_W=\frac{M_{OW}}{r_g}=\frac{1}{r_g}(P_{We}h_e+P_{Wb}h_b+P'_{Wp}r'_{Wp}) \tag{8-45}$$

式中，M_{OW} 为作用在臂架系统上的风载荷引起的对主臂架下铰点 O 的变幅阻力矩(N·m)；P_{We} 为作用在象鼻架上的风载荷(风力作用中心近似在臂架上铰点)(N)；h_e 为 P_{We} 相对于臂架下铰点的力臂(m)；P_{Wb} 为作用在臂架风力中心处的风载荷(N)；h_b 为 P_{Wb} 相对于臂架下铰点的力臂，一般取 $h_b=\frac{3}{7}l_b\sin\varphi$(m)；$P'_{Wp}$ 为由拉杆的一半风载荷 $P_{Wp}/2$ 引起的作用在臂架端部的作用力(N)；r'_{Wp} 为 P'_{Wp} 相对于臂架下铰点的力臂(m)。

4）物品偏摆载荷引起的变幅阻力 P_{sh} 的计算

起重机工作时，被悬吊的物品由于工作机构(包括回转、运行和变幅机构)启动、制动以及风载荷的作用，起升钢丝绳偏离铅垂方向产生偏摆角 α 造成的变幅阻力为

$$P_{sh}=\frac{M_{OH}}{r_g}=\frac{1}{r_g}P_{RH}r_{RH} \tag{8-46}$$

式中，M_{OH} 为由物品偏摆水平力引起的对主臂架下铰点 O 的变幅阻力矩(N·m)；P_{RH} 为由起升质量的偏摆载荷 P_A 在象鼻架和臂架铰接点上引起的作用在臂架上铰点的作用力(N)；r_{RH} 为 P_{RH} 相对于臂架下铰点的力臂(m)。

5）变幅过程中臂架系统相对回转中心线的径向惯性力引起的变幅阻力 P_c 的计算

$$P_c=\frac{2E}{v_b t}=\frac{v_b}{gtr_g^2}\left[\left(P_Q\frac{r_A^2}{r_B^2}+P_{Ge}+\frac{1}{3}P_{Gp}+\frac{1}{3}P_{Gb}\right)l_b^2+\frac{P_{Gw}r_w^2r_1^2}{r_2^2}\right] \tag{8-47}$$

式中，v_b 为齿条的速度(m/s)；t 为变幅机构启动或制动时间，建议取 $t=1\sim5$ s。

6）臂架系统在起重机回转时的离心力引起的变幅阻力 P_e 的计算

$$P_e=\frac{n_h^2}{900r_g}\left[P_{Ge}(c+l_b\cos\varphi)h_e+P_{Gb}h_{eb}\left(c+\frac{1}{2}l_b\cos\varphi\right)\right] \tag{8-48}$$

式中，n_h 为回转机构的转速(r/min)。

主臂架离心力的作用点主臂架下铰点的垂向高度为

$$h_{eb}=l_b\sin\varphi\times\frac{c/2+l_b\cos\varphi/3}{c+l_b\cos\varphi/2} \tag{8-49}$$

当 $c=0$ 时，$h_{eb}=\frac{2}{3}l_b\sin\varphi$。

7）起重机轨道坡度或浮式起重机的倾角等引起的变幅阻力 P_α

当起重机位于倾角为 γ 的坡道时，被吊物品与臂架系统自重产生的水平分力 $P_Q\sin\gamma$ 及 $P_G\sin\gamma$ 引起的变幅阻力 $P_\alpha=P_{\alpha1}+P_{\alpha2}$；垂直分力为 $P_Q\cos\gamma$ 及 $P_G\cos\gamma$，当 γ 不大时，$P_Q\cos\gamma\approx P_Q$，$P_G\cos\gamma\approx P_G$。

由 $P_Q\sin\gamma$ 引起的变幅阻力 $P_{\alpha1}$ 的求法与起升钢丝绳偏摆角产生的变幅阻力 P_{sh} 计算方法相同，即在物品偏摆载荷 P_A 计算中增加倾角 γ 项，式 $P_A=P_Q\tan\alpha$ 改为 $P_A=P_Q\tan(\alpha+\gamma)$。

$P_G\sin\gamma$ 引起的变幅阻力 $P_{\alpha2}$ 可依据图 8－14 按下式计算，即

$$P_{\alpha2}=\frac{1}{r_g}\left[P_{Gep}h_{ep}+P_{Gb}h_{Ob}\sin\gamma+\frac{1}{2}P_{Gr}h_r\sin\gamma-\frac{r_1}{r_2}(P_{Gw}h_w+P_{Ge}h_c-\frac{1}{2}P_{Gr}h_{r2})\sin\gamma\right] \tag{8-50}$$

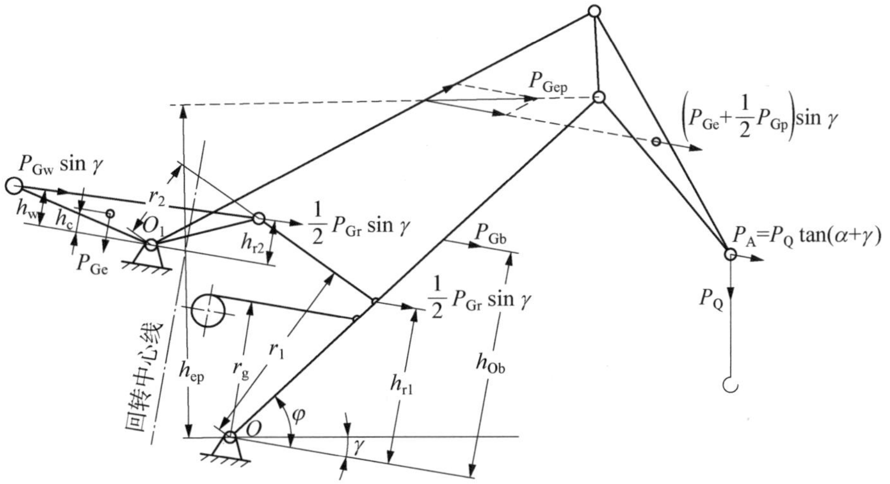

图 8－14　P_α 的计算简图

通常，起重机轨道坡度或浮式起重机的倾角等引起的变幅阻力 P_α 不单独计算，是在计算 P_o、P_1 时将起升载荷和自重载荷转过一个坡度角计算。

8）铰链关节中的摩擦力和补偿滑轮组的效率引起的变幅阻力 P_f

变幅时的摩擦阻力产生在变幅系统的各铰轴处。补偿滑轮组变幅系统在变幅时还有起升钢丝绳绕过各滑轮的摩擦阻力。

（1）铰链关节中的摩擦力引起的变幅阻力 P_{f1}。

$$P_{f1}=\frac{1}{r_z}\sum P_{Pm}\frac{\mu d}{2}\frac{\omega_r}{\omega_b} \tag{8-51}$$

式中，P_{Pm} 为作用在铰链关节上的径向力(N)；d 为铰轴直径(m)；μ 为铰轴中摩擦系数；ω_b 为主臂架角速度(r/min)；ω_r 为两铰接构件的相对角速度(r/min)。

（2）补偿滑轮组的效率引起的变幅阻力 P_{f2}。

物品起升过程中，由起升载荷 P_Q 引起的在补偿滑轮组钢丝绳上的合力为 $a_k/aP_Q\eta$，作用

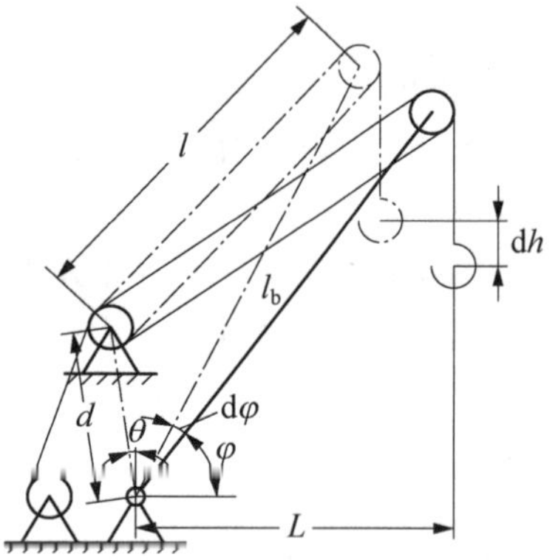

图 8-15　带滑轮组补偿的钢丝绳卷绕系统示意图

于主臂架端部的定滑轮处，其中 η 为起升缠绕系统的效率，其钢丝绳缠绕系统如图 8-15 所示。

变幅时，忽略物品吊点的上下波动，由摩擦力功等于作用在变幅牵引构件(齿条)上的力对主臂架所做的功，得

$$P_{f2}r_g\mathrm{d}\varphi = a_k/a\eta P_Q\mathrm{d}h$$

式中，$\mathrm{d}\varphi$ 为主臂架转角；$\mathrm{d}h$ 为由补偿滑轮组放出的钢丝绳长度，其大小由下式算得

$$a\mathrm{d}h = a_k\mathrm{d}l$$

由关系式 $l^2 = d^2 + l_b^2 - 2dl_b\sin(\varphi - \theta)$，可知 $\mathrm{d}l = \dfrac{-2dl_b\cos(\varphi-\theta)}{\sqrt{d^2+l_b^2-2dl_b\sin(\varphi-\theta)}}\mathrm{d}\varphi$，则

$$\frac{\mathrm{d}h}{\mathrm{d}\varphi} = \frac{a_k}{a}\frac{-2dl_b\cos(\varphi-\theta)}{\sqrt{d^2+l_b^2-2dl_b\sin(\varphi-\theta)}} \tag{8-52}$$

式中，η 为起升钢丝绳缠绕系统的效率，即起升滑轮组效率 η_Σ 和补偿滑轮组效率 η_z 的乘积，可表示为

$$\eta = \eta_z\eta_\Sigma = \frac{1-\eta_1^{a_k}}{a_k(1-\eta_1)}\eta_D\eta_\Sigma \tag{8-53}$$

则变幅阻力为

$$P_{f2} = \frac{1}{r_g}P_Q\left(\frac{a_k}{a}\right)^2\eta\frac{-2dl_b\cos(\varphi-\theta)}{\sqrt{d^2+l_b^2-2dl_b\sin(\varphi-\theta)}} \tag{8-54}$$

(3) P_f 的粗略估算法

上述 P_f 的计算方法比较麻烦，通常用牵引构件的阻力(未计入 P_f)除以效率(制动时乘以效率)来计算。当铰链关节用滚动轴承时，效率约为 1；采用滑动轴承时，可取效率为 0.85～0.9。采用刚性拉杆组合臂架时，宜采用滚动轴承，可增大人工检查和轴承加油的周期，减少爬臂架的次数，从而减少检修的工作量。

9) 公式使用的注意事项

按式(8-42)计算变幅机构总阻力时应注意以下几点。

(1) 有些载荷(如风载荷、惯性载荷、离心力等)的大小随臂架位置改变而变化。

(2) 除摩擦阻力外，其余各项阻力均有“+”“-”之分。当相应外载荷对臂架下铰点产生的力矩使臂架有增幅趋势时，该阻力取“+”号，反之取“-”号。计算总的变幅阻力时，将它们的代数值相加。

(3) 起升绳偏摆角有 α_{I} 和 α_{II} 及外摆和内摆之分，应按计算要求选取。起升绳偏摆角取 α_{I} 时，相应的计算风压取为 p_{I}；起升绳偏摆角取 α_{II} 时，相应的计算风压取为 p_{II}。

(4) 对于幅度小于 25m、转速小于 1r/min 的起重机，由回转离心力引起的阻力 P_e 可不必计算。

(5) 对于在轨道上工作的港口起重机，坡道变幅阻力 P_α 可忽略不计。

(6) 非工作状态下作用在齿条上的最大轴向力为式(8-42)中的 P_1、P_W 和 P_f 三项阻力之和，但摩擦阻力项 P_f 应取负值，按臂架处在非工作状态的停放位置进行计算。计算 P_W 时，计算风压取为 $p_{\text{Ⅲ}}$。

2. 平衡臂架式变幅机构的变幅等效阻力

$$F_{\text{I}d}=\sqrt{\frac{\sum_{i=1}^{n}P_{\text{I}i}^{2}\cdot t_i}{\sum_{i=1}^{n}t_i}} \tag{8-55}$$

式中，$F_{\text{I}d}$ 为平衡臂架式变幅机构变幅等效阻力(N)；$P_{\text{I}i}$ 为臂架从位置 i 到位置 $i+1$ 幅度区段上两个相邻计算位置的变幅阻力的平均值(N)。

$$P_{\text{I}i}=(P_{Z,i}+P_{Z,i+1})/2 \tag{8-56}$$

$P_{Z,i}$、$P_{Z,i+1}$ 分别表示臂架在位置 i 到位置 $i+1$ 时变幅牵引构件的变幅阻力(N)；t_i 为 $P_{\text{I}i}$ 的作用时间(s)。

$$t_i=\frac{\Delta l_i}{v_b}=\frac{\Delta R_i}{v_{btop}} \tag{8-57}$$

式中，Δl_i、v_b 分别表示臂架从位置 i 到位置 $i+1$ 时变幅牵引构件的行程(m)和移动速度(m/s)；ΔR_i、v_{btop} 分别表示臂架从位置 i 到位置 $i+1$ 时物品的水平行程(m)及此段内的平均速度(m/s)。

平衡臂架式变幅机构每个位置上的变幅阻力计算方法有作图法和瞬心回转功率法。作图法针对平衡式臂架系统的每一个幅度，通过作图的方式，利用力的平行四边形法则，按式(8-43)～式(8-54)算得驱动系统需克服的各变幅阻力。此方法中几何尺寸随幅度变化，难以实现编程。瞬心回转功率法从能量守恒的角度计算作用在驱动装置上的所有载荷，即驱动装置所受的力的瞬时功率均等于引起它的外载荷对速度瞬心的回转功率，此方法便于编程并实现优化设计。

3. 牵引小车式变幅机构的变幅稳态阻力

钢丝绳牵引小车式变幅机构的变幅稳态阻力包括摩擦阻力、等效坡道阻力、起升钢丝绳和牵引钢丝绳绕过导向滑轮所引起的阻力。摩擦阻力包括车轮沿轨道滚动的阻力、车轮轴承内的摩擦阻力以及车轮轮缘与轨道侧面间的附加摩擦阻力，后者一般是用前述两种基本摩擦阻力之和乘以附加摩擦阻力系数 1.50 来考虑，计算详见式(7-2)。

(九) 变幅阻力计算的瞬心回转功率法

门座起重机变幅阻力或阻力矩的确定是设计中的一个繁复问题。图解法是利用力的平行四边形法，根据刚体上力的互不相干性原则求出各个载荷在臂架系统所引起的约束反力的合力，然后将其对主臂架下铰点取矩从而求出阻力矩。该方法不仅绘图工作量大，而且精度不高。瞬心回转功率法从能量的角度，利用对速度瞬心的回转功率计算变幅过程中各载荷对主臂架下铰 O 的变幅阻力矩率。该方法有利于借助计算机进行计算，并可引入优化方法提高设计计算的效率。

基本原理：作用在平面运动刚体上的力 F 的瞬时功率（即力 F 对速度瞬心 P 的回转功率）等于力 F 对瞬心 P 的矩 M_{PA} 与刚体的瞬时绝对角速度 ω_P 的点积。这里需要强调，当且仅当取矩点为瞬心时才成立。

力 F 的瞬时功率 N 可表达为

$$N = F \cdot \boldsymbol{v}_A = F \cdot (\omega_P \times l_{PA}) = (l_{PA} \times F) \cdot \omega_P = M_{PA} \cdot \omega_P \tag{8-58}$$

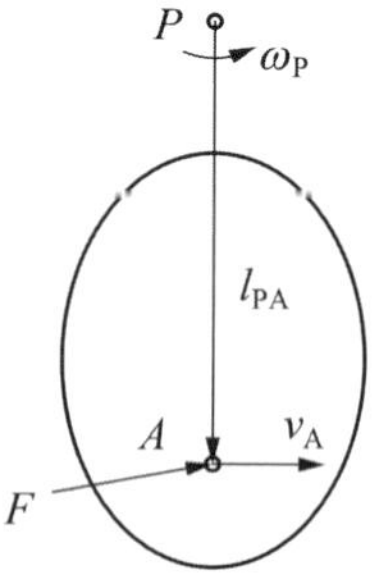

图 8-16 瞬心回转功率计算的原理

式中，$\boldsymbol{v}_A$ 为力 F 作用点 A 的瞬时绝对速度；ω_P 为刚体的瞬时绝对角速度；M_{PA} 为力 F 对瞬心 P 的力矩，$M_{PA} = l_{PA} \times F$。

根据式(8-58)，若已知力 F 作用构件对任意一点 O 的角速度 ω_O 以及其在任意瞬时对速度瞬心的回转功率 N，即可得该瞬时力 F 对 O 点的力矩 $M_O(F)$ 为

$$M_O(F) = M_{PA} \frac{\omega_P}{\omega_O} \tag{8-59}$$

由式(8-59)，以刚性四连杆组合臂架系统为例求解作用在其上的力所引起的变幅阻力矩。

1. 由于物品非水平移动引起的变幅阻力矩

起升载荷 P_Q 对臂架下铰点 O 的力矩 M_{OQ} 为

$$M_{OQ} = P_Q l_Q \frac{\overline{OB}}{\overline{PB}} = P_Q l_Q \frac{l_b}{\overline{PB}} \tag{8-60}$$

如图 8-17 所示，已知主臂架下铰点 O 与大拉杆固定铰点 O_1 之间的水平距离 t 和垂直距离 h，拉杆长为 l_p，主臂架长 l_b，主臂架幅度角为 φ，象鼻架端点 A 至主臂架下铰点 O 的计算幅度为 L，象鼻架前端长 $\overline{AB} = l_1$ 和后端长 $\overline{BC} = l_2$；$\overline{AB}$ 与 $\overline{BC}$ 之间夹角为 θ。由几何关系可得

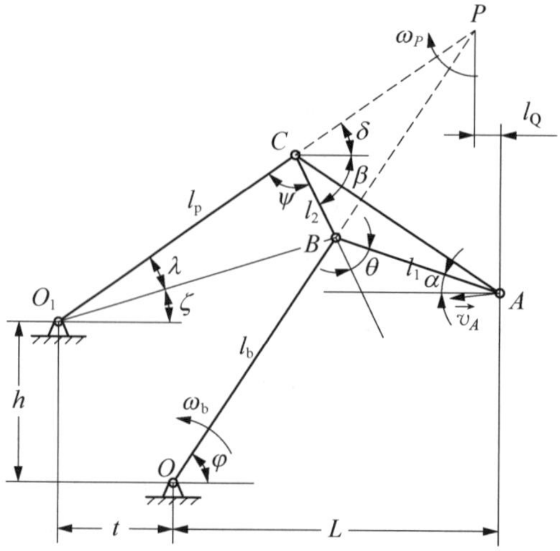

图 8-17 起升载荷的瞬时功率求解原理图

$$\overline{PB}=l_2\frac{\sin(\delta+\beta)}{\sin(\varphi-\delta)},\ \delta=\lambda+\zeta \tag{8-61}$$

$$l_Q=l_1\cos\alpha-\overline{PB}\cos\varphi,\ \alpha=\beta-\theta \tag{8-62}$$

在设计变幅机构时规定：当载荷对主臂架下铰点 O 的力矩有使主臂架向大幅度方向摆动的趋势时记为正值，反之为负值，以便以叠加法计算出各种载荷对主臂架下铰点的合力矩。为了使推出的 M_{OQ} 的符号与规定相符合，特将 l_Q 的计算式改写成：

$$l_Q=\overline{PB}\cos\varphi-l_1\cos\alpha \tag{8-63}$$

2. 臂架系统自重未能完全平衡引起的变幅阻力矩

1）拉杆的自重载荷对主臂架下铰点 O 的力矩

如图 8-18 所示，同样假设拉杆重力的一半 $P_{Gp}/2$ 作用在 O_1 点，另一半 $P_{Gp}/2$ 作用在 C 点，则其对主臂架下铰点 O 的力矩为

$$M_{OGp}=\frac{P_{Gp}}{2}x_P\frac{l_b}{\overline{PB}} \tag{8-64}$$

$$x_P=\overline{PC}\cos\delta=t+(l_b+\overline{PB})\cos\varphi-l_p\cos\delta \tag{8-65}$$

式中，x_P 为 $P_{Gp}/2$ 重力对瞬心 P 之力臂。

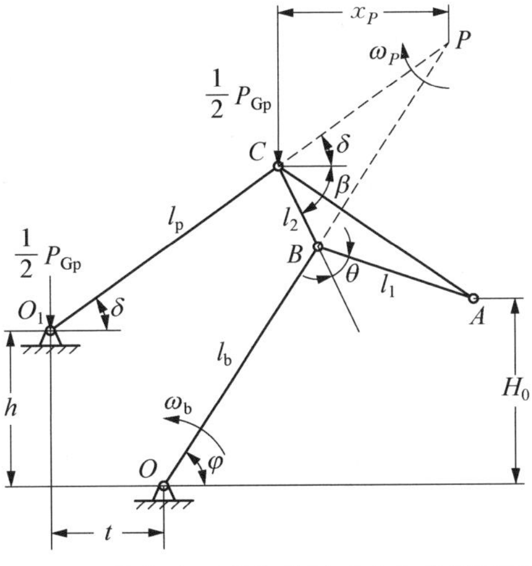

图 8-18 拉杆自重载荷的瞬时功率求解原理图

2）象鼻架自重载荷对主臂架下铰点 O 的力矩

如图 8-19 所示，假设象鼻架自重载荷 P_{Ge} 作用在象鼻架前段 AB 上，重心位置到 B 点距离为 l_e，则

$$M_{OGe}=P_{Ge}x_e\frac{l_b}{\overline{PB}} \tag{8-66}$$

式中，x_e 为 P_{Ge} 对瞬心 P 之力臂，$x_e=\overline{PB}\cos\varphi-l_e\cos(\beta-\theta)$。

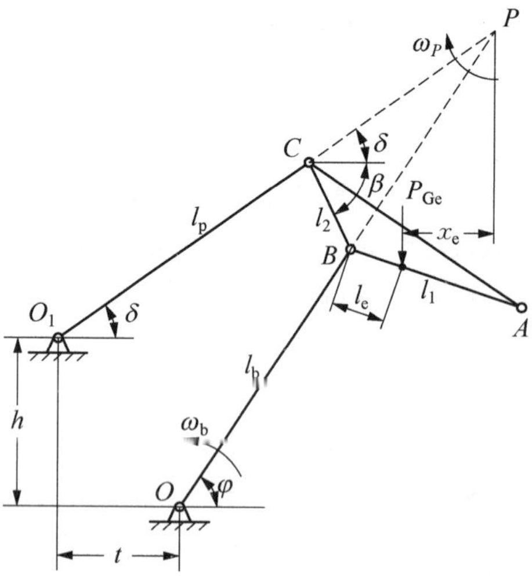

图 8-19 象鼻架自重载荷的瞬时功率求解原理图

3）臂架自重 P_{Gb} 对铰点 O 的变幅阻力矩

$$M_{OGb}=P_{Gb}r_b \tag{8-67}$$

式中，r_b 为臂架重心到下铰点的距离。

3. 作用在臂架系统上的风载荷引起的变幅阻力矩

1）拉杆上的风载荷对主臂架下铰点 O 的力矩 M_{OWp}

如图 8-20 所示，拉杆上一半风载荷 $P_{Wp}/2$ 作用在固定铰点 O_1 上，另一半 $P_{Wp}/2$ 作用在拉杆与象鼻架的铰点 C 上，因此拉杆上的风载荷对主臂架下铰点 O 的力矩为

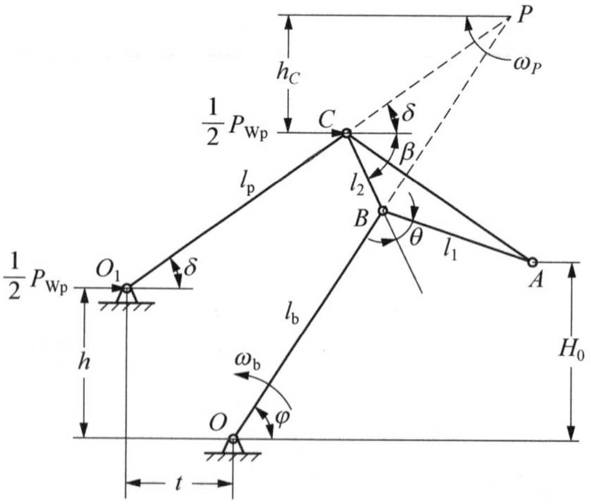

图 8-20 拉杆风载荷的瞬时功率求解原理图

$$M_{OWp}=\frac{P_{Wp}}{2}h_C\frac{l_b}{\overline{PB}} \tag{8-68}$$

其中，
$$h_C=(l_b+\overline{PB})\sin\varphi-(h+l_p\sin\delta) \quad (8-69)$$

式中，h_C 为 $P_{Wp}/2$ 风载荷对瞬心 P 之力臂。

2）主臂架上的风载荷和自重载荷对其下铰点 O 的力矩 M_{OWb}

因为主臂架所受的风力是直接作用在主臂架上，可直接对主臂架下铰点 O 取矩为

$$M_{OWb}=P_{Wb}h_b \quad (8-70)$$

一般取 $h_b=\frac{3}{7}l_b\sin\varphi$。

4. 物品偏摆载荷引起的变幅阻力矩

如图 8-21 所示，物品偏摆载荷 P_A 对主臂架下铰点 O 的力矩 M_{OH} 为

$$M_{OH}=P_A r_H \frac{l_b}{\overline{PB}} \quad (8-71)$$

式中，r_H 为物品偏摆载荷 P_A 对瞬心 P 之力臂，$r_H=(l_b+\overline{PB})\sin\varphi-H_0$；$H_0$ 为象鼻架端点 A 到主臂架下铰点 O 的垂直距离，$H_0=l_b\sin\varphi-l_1\sin(\beta-\theta)$。

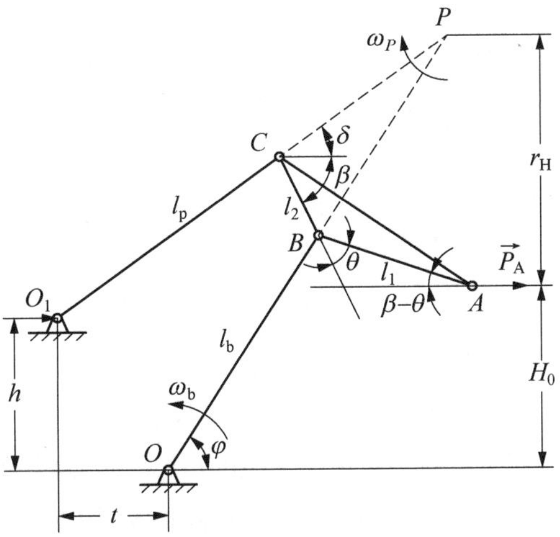

图 8-21 偏摆载荷的瞬时功率求解原理图

（十）变幅机构的驱动装置

变幅机构常用的驱动型式有绳索驱动、齿条驱动、螺杆驱动和液压缸驱动等。绳索驱动主要用于非工作性变幅机构；齿条和螺杆驱动用于工作性变幅机构；液压缸驱动既可用于工作性变幅机构，也可用于非工作性变幅机构。其中齿条驱动是最常见的驱动方式，其驱动装置组成如图 8-22 所示。

变幅机构应设置齿条运行减速限位、行程极限限位、运行终端保护和变幅幅度检测、变幅幅度指示等安全保护装置。

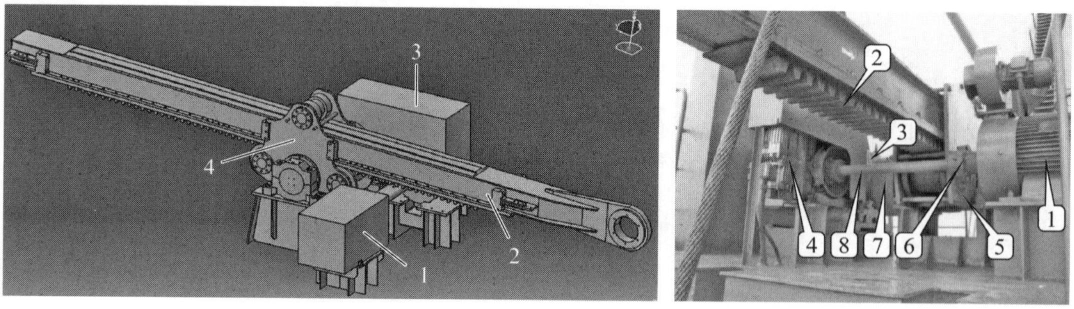

1—电动机；2—变幅齿条；3—减速器；4—制动器摇架；5—摇架；6—高速轴联轴器；7—低速轴联轴器；8—传动轴。

图 8-22　齿条式变幅驱动装置

（十一）变幅机构的设计计算

1. 计算载荷情况

1）工作状态下的正常载荷情况Ⅰ

正常工作状态下，每一个变幅位置上变幅牵引构件的变幅阻力为

$$P_Z^{\mathrm{I}}=P_o+P_l+P_{W\mathrm{I}}+P_{sh\mathrm{I}}+P_{\alpha\mathrm{I}}+P_e+P_c+P_f \tag{8-72}$$

式中，$P_{W\mathrm{I}}$ 为按工作状态正常的计算风压 p_{I} 确定的变幅风阻力(N)；$P_{sh\mathrm{I}}$ 为按偏摆角 α_{I} 确定的偏摆变幅阻力(N)；$P_{\alpha\mathrm{I}}$ 为按工作状态正常坡度（或倾角）确定的变幅阻力(N)。

平衡臂架式变幅机构的变幅等效阻力 $F_{\mathrm{I}d}$ 由 P_Z^{I} 算得，以此进行电动机的初选及发热验算，同时也用于变幅传动零部件的疲劳和磨损计算。

2）工作状态下的最大载荷情况Ⅱ

工作状态下，作用在变幅牵引构件上的最大变幅阻力为

$$P_Z^{\mathrm{II}}=P_o+P_l+P_{W\mathrm{II}}+P_{sh\mathrm{II}}+P_e+P_c+P_f+P_{\alpha\mathrm{II}} \tag{8-73}$$

式中，$P_{W\mathrm{II}}$ 为按工作状态的最大计算风压 p_{II} 确定的变幅风阻力(N)；$P_{sh\mathrm{II}}$ 为按偏摆角 α_{II} 确定的偏摆变幅阻力(N)；$P_{\alpha\mathrm{II}}$ 为按工作状态最大坡度（或倾角）确定的变幅阻力(N)。

P_Z^{II} 可用来计算制动器所需的制动力矩，也是变幅机构中某些零部件的强度、刚度和稳定性计算的依据。

3）非工作状态下的最大载荷情况Ⅲ

非工作状态下，作用在变幅牵引构件上的最大变幅阻力为

$$P_Z^{\mathrm{III}}=P_l+P_{W\mathrm{III}}+P_{\alpha\mathrm{III}} \tag{8-74}$$

式中，$P_{W\mathrm{III}}$ 为按非工作状态的最大计算风压 p_{III} 确定的变幅风阻力(N)；$P_{\alpha\mathrm{III}}$ 为按非工作状态最大坡度（或倾角）确定的变幅阻力(N)。

P_Z^{III} 是计算制动器的制动力矩，变幅机构部分零件强度计算的依据。对于门座起重机，非工作状态下臂架通常处于最小幅度的位置。

2. 电动机的选择和验算

1）电动机的初选和验算

按表 4-1 的相关内容初选电动机，根据表 4-2 进行过载校验，对于工作繁忙的变幅机构

还应进行发热校验。

对非平衡式变幅机构，初选功率计算式中 $P_{eq}=P_{Zmax}^{\mathrm{I}}$，过载校核公式中 $\sum F_{max}=P_{Zmax}^{\mathrm{II}}$。

2）电动机的启动时间 t_q 和加速度计算

（1）要求在第一类载荷作用时出现最大齿条力 P_Z^{I} 的情况下，启动时间 $t_q\leqslant 5\,s$。

电动机应克服的静阻力矩为

$$M_{\mathrm{I}}=\frac{P_{Zmax}^{\mathrm{I}}d_z}{2i\eta} \tag{8-75}$$

式中，M_{I} 为外载荷折算到电动机轴上的等效静阻力矩，其中 P_{Zmax}^{I} 取式（8－72）的最大值；d_z 为驱动齿轮分度圆的直径；i 为变幅机构的总传动比；η 为变幅机构传动效率。

启动时间按下式计算：

$$t_q=\frac{\pi n}{30}\frac{\sum J}{M_{dq}-M_{\mathrm{I}}} \tag{8-76}$$

式中，n 为电动机转速（r/min）；$\sum J$ 为电动机所在的高速轴上的等效转动惯量的总和（含电动机、制动轮、联轴器等）。

$$\sum J=J_0+J_c+J_1 \tag{8-77}$$

式中，J_0 为高速轴上所有旋转质量的转动惯量之和；J_c 为传动机构换算到高速轴上的等效转动惯量（由驱动齿条的小齿轮到减速箱高速轴），$J_c=(0.1\sim0.2)J_0$；J_1 为臂架系统换算到电动机轴上等效转动惯量（包括物品）（$kg\cdot m^2$）。

$$J_1=\frac{2E}{\eta\left(\frac{\pi n}{30}\right)^2} \tag{8-78}$$

式中，E 为臂架系统（包括物品）的总动能；M_{dq} 为电动机的平均启动力矩，$M_{dq}=\lambda_{AS}M_n$，其中 λ_{AS} 为电动机平均启动转矩倍数。

（2）在空载、无风和不回转情况下出现最小变幅阻力矩时，电动机启动时间要满足 $t_q>1.5\,s$。若不能满足这一要求，为了不致空载时启动过猛，在电器控制线路中应加入延时继电器，使启动时间大于 1.5 s。

3）加速度的验算

由启动时间 t_q 算得机构启动加速度应满足：起重机变幅时臂架端部水平移动的最大加（减）速度 a_q 不大于 $0.6\,m/s^2$，即

$$a_q=\frac{v_{Hmax}}{t_q}\leqslant 0.6 \tag{8-79}$$

式中，v_{Hmax} 为臂架端部（吊点）水平移动的最大速度（m/s）。

3. 减速器的选择

1）传动比的计算

小齿轮的转速：
$$n_z=\frac{60v_b}{\pi d_z} \tag{8-80}$$

式中，n_z 为小齿轮转速(r/min)；v_b 为驱动构件(齿条)的运行速度(m/s)。

总传动比：

$$i=\frac{n}{n_z} \tag{8-81}$$

式中，i 为减速器传动比。

2）减速器的选择

非平衡动臂式变幅机构减速器的工作特点和选择原则与起升机构减速器相同。平衡臂架式变幅机构、牵引小车式变幅机构减速器的工作特点和选择原则与运行机构减速器相同。

4. 制动器的选择和验算

在平衡式臂架系统中，往往采用较高的变幅速度，工作中可能出现很大的载荷变化。为了在出现最大载荷时能够停车，出现最小载荷时又不致因制动过猛而产生较大的振动，在不工作时，承受非工作状态风载荷也能保持臂架不致被风吹动，因而合理选择变幅机构的制动器和调整制动器是比较重要的。

1）选型计算

对于平衡臂架式变幅机构，应采用常闭式机械制动器。当用变幅过程中变幅钢丝绳或变幅拉杆中的最大拉力换算到制动器轴上的转矩进行计算时，应按如下原则进行选型。

工作工况：起重机悬吊物品回转并受工作状态最大风载荷 $P_{W\text{II}}$ 作用，且钢丝绳出现最大偏摆角 α_{II}。

非工作工况：起重机不工作并受最大非工作风载荷作用 $P_{W\text{III}}$。

应按式(5-13)和式(5-14)确定制动力矩 M_Z，其中

$$M_{\text{II}\max}=\frac{P_{Z\max}^{\text{II}}d_z}{2i}\eta' \tag{8-82}$$

$$M_{\text{III}\max}=\frac{P_{Z\max}^{\text{III}}d_z}{2i}\eta' \tag{8-83}$$

式中，$M_{\text{II}\max}$ 为工作状态下，作用在变幅牵引构件上的最大变幅阻力 $P_{Z\max}^{\text{II}}$ 换算到制动器轴上的最大工作力矩(N·m)；$M_{\text{III}\max}$ 为非工作制动状态下，作用在变幅牵引构件上的最大变幅阻力 $P_{Z\max}^{\text{III}}$ 换算到制动器轴上的最大静力矩(N·m)；$P_{Z\max}^{\text{II}}$ 为工作状态下，作用在变幅牵引构件上的最大变幅阻力，取式(8-73)的最大代数值，但摩擦阻力 P_f 取为负值(N)；$P_{Z\max}^{\text{III}}$ 为非工作状态下，作用在变幅牵引构件上的最大变幅阻力，取式(8-74)的最大代数值，但摩擦阻力 P_f 取为负值(N)；η'为到制动器处的传动效率。

2）制动器验算

在最不利的工作状态下，制动时间不应太长，$t_{Z\max}\leqslant 4\,\text{s}$。最长制动时间为

$$t_{Z\max}=\frac{n\sum J'}{9.55(M_Z-M_{\text{II}\max})} \tag{8-84}$$

式中，$\sum J'$ 为电动机所在的高速轴上的等效转动惯量的总和(含电动机、制动轮、联轴器等)(kg·m^2)。

$$\sum J'=J_0+J_c+J_1'$$

式中，J_1'为臂架系统换算到制动轮轴上的等效转动惯量(包括物品)($kg \cdot m^2$)。

$$J_1' = \frac{2E}{\left(\frac{\pi n}{30}\right)^2}\eta' \tag{8-85}$$

在无负载的情况下，制动时间不宜太短，$t_{Zmin} \geqslant 1\,s$。最短制动时间为

$$t_{Zmin} = \frac{n\sum J'}{9.55(M_Z - M_{I\,max})} \tag{8-86}$$

式中，$M_{I\,max}$为正常工作状态下，牵引构件上的等效变幅阻力F_{Id}换算到制动器轴上的静阻力矩($N \cdot m$)，$M_{I\,max} = \frac{F_{Id}d_z}{2i}\eta'$；$\sum J'$为不包括物品的转动惯量($kg \cdot m^2$)。

3) 延长制动时间的措施

如果t_{Zmax}过短，则会导致起重机臂架系统过分振动和物品偏摆，此时应采取以下延长时间的措施。

(1) 分级制动。将一个制动器用两个较小的制动器代替，其制动力矩总和应符合制动安全性要求。采取两级制动，第一级制动力矩比第二级小，在时间继电器的控制下，当第一级制动1～3 s后第二级再制动。

(2) 采用动作比较平稳的制动器，如液压推杆制动器，制动动作比较缓慢，故工作平稳，并能吸收制动时引起的部分振动能量。

(3) 选择调速性能较好的电动机，可实现先减速再制动，比较平稳。

为了缓和启动和制动时的冲击作用，在齿条上应设有最大幅度、最小幅度缓冲挡块。

5. 采用两级制动时的制动力矩分配方案

第一级制动器制动力矩按无风时制动时间为1～3 s计算，而第二级制动器的制动力矩按两制动力矩之和应不小于载荷情况Ⅰ下所需的制动力矩来确定，并满足制动器的制动力矩之和不小于载荷情况Ⅲ下最大载荷作用时所需的制动力矩。

1) 第一级制动器制动力矩M_{Z1}的计算

$$M_{Z1} = \frac{1}{t_{Z1}}\left(\frac{\pi n}{30}\sum J'\right) + M_{Ij} \tag{8-87}$$

式中，t_{Z1}为第一级制动器在无风时的制动时间，可取3 s；$\sum J$为制动器所在轴上的总等效转动惯量，包括物品；M_{Ij}为促使臂架继续运动的静力矩，等于载荷情况Ⅰ下(不计风载荷和起升钢丝绳偏摆的影响)求得折算到制动轮上的静力矩，$M_{Ij} = \frac{(P_1 + P_o) \times d_z}{2i}\eta'$。

2) 第二级制动器制动力矩M_{Z2}的计算

两制动器的制动力矩之和不应小于载荷情况Ⅱ下在制动轮轴上引起的最大力矩$M_{II\,max}$所需的制动力矩M_{ZII}，即

$$M_{Z1} + M_{Z2} \geqslant M_{ZII} = 1.25M_{II\,max} \tag{8-88}$$

式中，M_{Z1}为第一级制动器的制动力矩；M_{Z2}为第二级制动器的制动力矩。

两制动器的制动力矩之和也不应小于载荷情况Ⅲ下最大载荷作用时所需的制动力

矩 $M_{ZⅢ}$

$$M_{Z1}+M_{Z2}\geqslant M_{ZⅢ}=1.15M_{Ⅲmax} \quad (8-89)$$

所选的制动器在试车时应调整它们的制动力矩，达到比较合理的结果为止。

（十二）总结

变幅机构设计参数的组成如图 8－23 所示，驱动装置的设计过程如图 8－24 所示。

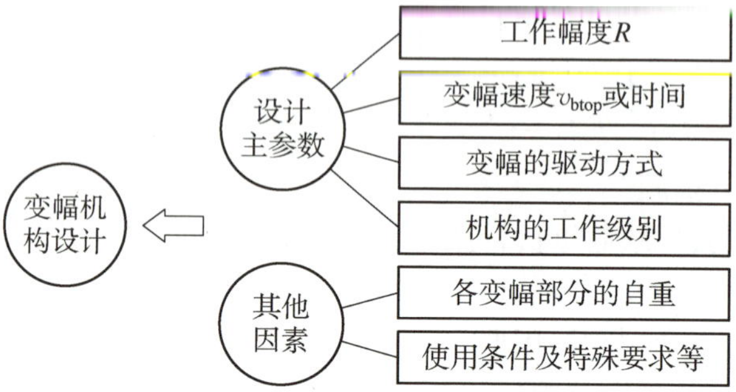

图 8－23 变幅机构的设计参数

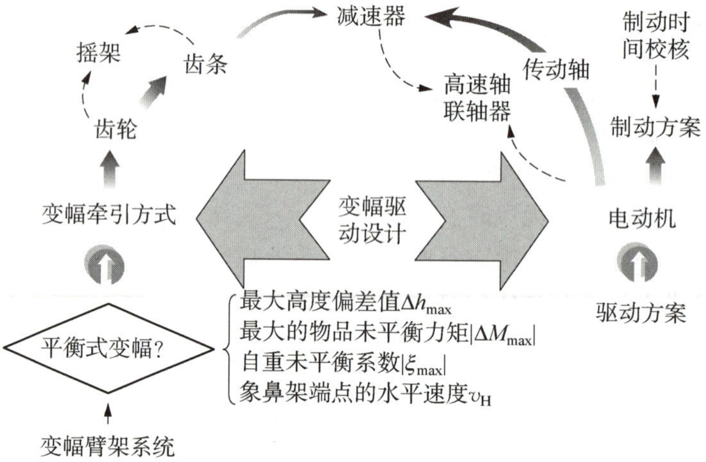

图 8－24 变幅机构驱动装置的设计过程

三、本章例题

（一）设计基本参数

某门座起重机的变幅系统主要设计参数如下，请设计驱动装置并进行校核。

（1）最大工作幅度 $R_{max}=35\,m$，最小工作幅度 $R_{min}=10\,m$，最小幅度时臂架与转台平面夹角 $\varphi_{max}=79.05°$，最大幅度时 $\varphi_{min}=44.60°$，优化设计后的几何尺寸如图 8－25 所示。

（2）变幅驱动方式：齿条传动，如图 8－26 和图 8－27 所示。驱动齿轮模数为 25，齿数为

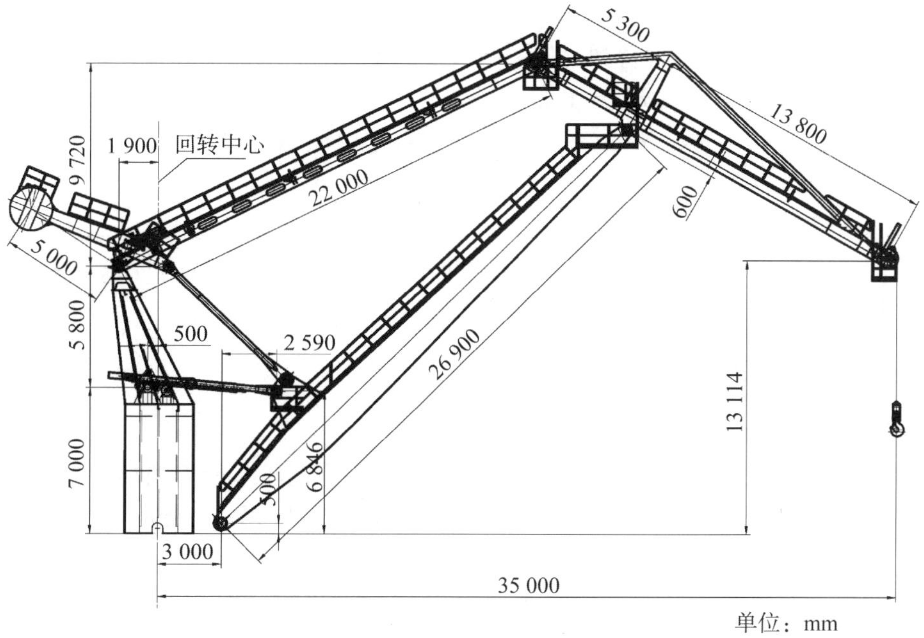

图 8－25　变幅系统

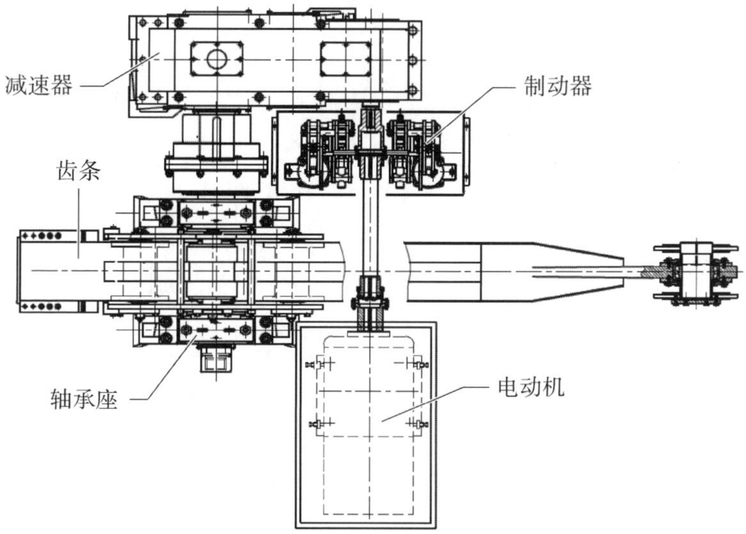

图 8－26　变幅驱动装置

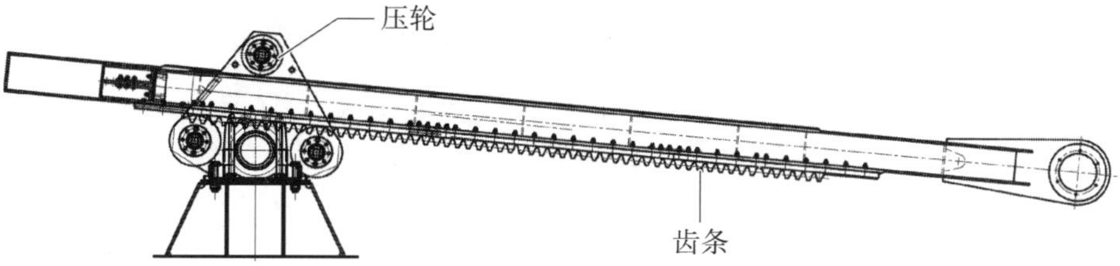

图 8－27　变幅齿条传动

13；齿条模数为 25，齿条齿数为 61。

(3) 第Ⅱ类载荷情况下的计算风压 $p_{Ⅱ}=250\,N/m^2$，第 Ⅲ 类载荷情况下的计算风压 $p_{Ⅲ}=1\,890.625\,N/m^2$，高度修正系数 $K_h=1.35$。

(4) 变幅速度 $v_{btop}=50\,m/min$(吊点水平速度)，变幅加(减) 速度不大于 $0.4\,m/s^2$；

(5) 回转速度 $n_h=1.5\,r/min$；

(6) 变幅机构级别：M7(L3，T6)。

各变幅部分的自重：臂架自重 $m_{Gb}=22.60\,t$，对重自重 $m_{Gw}=21.0\,t$，象鼻架自重 $m_{Ge}=12.7\,t$，起重量 $m_Q=25\,t$，拉杆自重 $m_{Gn}=4.60\,t$。

(二) 变幅机构的设计计算

1. 变幅等效阻力的计算

由教材表 2-17 可知，因回转速度小于 2 r/min，则起重钢丝绳最大偏摆角 $\alpha_{Ⅱ}=10°$，计算电动机功率时取 $\alpha_{Ⅰ}=0.3\alpha_{Ⅱ}=3°$。由教材表 2-18 可知，第 Ⅰ 类风压 $p_{Ⅰ}=0.6p_{Ⅱ}=150\,N/m^2$。

按臂架变幅角度分七等分计算变幅等效阻力，根据教材式(8-44)计算各变幅阻力，如表 8-1 所示。

表 8-1 臂架各角度下的变幅阻力

序号	角度/(°)	齿条力/t								齿条长度变化 Δl/m	变幅时间 t_i/s	吊点速度 v_H/(m/min)	变幅功率/kW
		P_1	P_o	P_{WI}	P_{shI}	P_c	P_e	P_Z	$P_{I,i}^2 t_i/t$				
1	79.10	−7.859	1.252	3.406	15.079	24.977	1.766	38.619					27.817
2	74.10	−2.602	−5.774	3.274	10.151	11.189	2.112	18.351	121.453	0.609	4.491	71.227	20.572
3	69.10	0.665	−1.667	3.128	8.517	9.163	2.443	22.249	61.026	0.603	4.443	56.396	17.030
4	64.10	3.655	2.662	2.907	7.662	8.103	2.736	27.725	91.805	0.598	4.411	49.810	15.241
5	59.10	6.057	5.509	2.637	7.112	7.798	2.980	32.093	129.877	0.591	4.356	46.010	14.440
6	54.10	7.364	5.623	2.329	6.699	7.312	3.162	32.489	149.887	0.585	4.312	43.107	14.242
7	49.10	10.083	0.996	1.987	6.351	6.185	3.276	28.877	132.960	0.575	4.237	41.184	14.438
8	44.60	4.539	−11.355	1.766	6.037	5.854	3.314	10.156	47.624	0.509	3.751	39.214	14.888
合计									734.632	4.070	30.000		15.509

注：$P_{I,i+1}=(P_{Z,i}+P_{Z,i+1})/2$，$t_i=\Delta l/v_b$。

起重机臂架从最小幅度运行到最大幅度的变幅过程中，总的变幅时间 $t=\dfrac{R_{max}-R_{min}}{v_{btop}}=(35-10)/50=0.5(min)$。整个变幅过程中齿条长度的变化量为 $\Delta l=4.070\,m$，因此齿条运行的平均线速度 $v_b=\Delta l/t=4.070/30=0.136(m/s)$。

变幅等效阻力为

$$F_{Id}=\sqrt{\sum_{i=1}^{n}P_{1,i}^2\cdot t_i/\sum_{i=1}^{n}t_i}=\sqrt{734.632}=27.104\,t$$

2. 电动机的选型

1）等效变幅功率

变幅机构电动机的等效变幅功率按下式进行计算：

$$P_e = \frac{F_{\mathrm{I d}} v_b}{1000\eta} = \frac{27.104 \times 10^3 \times 9.81 \times 0.136}{1000 \times 0.85} = 42.54(\mathrm{kW})$$

式中，变幅机构的效率 $\eta = 0.85$。

2）电动机的选择

选择起重用变频调速电动机 $m = 1$ 的台机。由于变幅机构为 S3 工作制，且 $JC = 60\%$，$CZ = 600$，稳态负载平均系数为 G2。由于样本所列基准工作制为 S3－40%，因此功率存在不同工作制下的折算关系，因此所选电动机功率折算系数为 0.85。

电动机的型号为 YZP280S1－6，额定功率 $P_N = 45\,\mathrm{kW}$（原样本中为 55 kW，功率换算系数为 0.83），额定转速 $n_N = 985\,\mathrm{r/min}$，额定转矩 $M_n = 436.3\,\mathrm{N \cdot m}$，最大转矩倍数 $\lambda_m = 2.8$，平均启动转矩倍数 $\lambda_{AS} = 1.8$，转动惯量为 $J_1 = 1.94\,\mathrm{kg \cdot m^2}$，输出轴直径为 $d_1 = 85\,\mathrm{mm}$，轴长 $L_1 = 170\,\mathrm{mm}$。

3. 电动机的过载和发热验算

变幅机构电动机过载验算按下式进行：

$$P_N \geqslant \frac{H}{m\lambda_m} \frac{\sum F_{\max} \cdot v_b}{1000\eta} = \frac{1.55}{1 \times 3} \times \frac{401.15 \times 0.136}{0.85} = 33.16(\mathrm{kW})$$

式中，H 为系数，绕线转子异步电动机取 $H = 1.55$；$\sum F_{\max}$ 为包括臂架及平衡系统的自重载荷、额定起升载荷、由计算风压 p_{II} 产生的风载荷、由起重绳正常偏摆角 α_{I} 计算的水平力及臂架系统各转动铰点的摩擦力在变幅齿条（或变幅螺杆、油缸、钢丝绳等）上的分力之和，在各变幅位置所有值的最大变幅力（N）；由表 8－1 知，最大变幅阻力发生在最小幅度时，即 $\sum F_{\max} = [-7.859 + 1.252 + 3.406/0.6 + 15.079 + 24.977 + 1.766] \times 9.81 = 401.15(\mathrm{kN})$。

平衡臂架变幅机构电动机的发热校验按实际 JC 值、CZ 值下的功率进行发热校验：

稳态平均功率 $$P_S = G v_b \frac{F_{\mathrm{I d}}}{1000m\eta} = 0.75 \times 0.136 \times \frac{27.104 \times 9.81}{1 \times 0.85} = 31.90(\mathrm{kW}) < P_{N1}$$

式中，G 为系数，按教材表 4－2 由稳态负载平均系数 G_2 取为 0.75。

电动机的过载和发热都满足要求。

4. 减速器的选择

1）传动比 i 的计算

驱动齿轮转速

$$n_z = \frac{60 v_b}{\pi d_z} = \frac{60 \times 0.136}{3.14 \times 325/1000} = 7.99(\mathrm{r/min})$$

式中，驱动齿轮的分度圆直径 d_z＝齿数×模数＝13×25＝325（mm）。

因此齿条传动的总传动比

$$i=\frac{n_N}{n_z}=\frac{985}{7.99}=123.28$$

2）确定减速器的输入功率

根据减速器使用系数 $F_s=1.75$（由原动机和从动机的载荷特性来确定，每天运行时间大于 10h，从动负载等级为 C，即承受相当大冲击载荷），三级传动的效率 $\eta=0.955$，则减速器的输入功率为

$$P_{K1}=\frac{P_N\times F_s}{\eta}=\frac{45\times 1.75}{0.955}=82.46(kW)<P_{N1}$$

从功率表选择减速器的尺寸，使额定功率满足传动比和输入速度的要求。

查样本选择 M4PSF70，其传动比为 $i=123.91$，额定功率 $P_{N1}=95\,kW$，热功率 $P_{TH}=56\,kW$（50℃，无风扇），额定输出扭矩 $M_{N1}=106\,kN\cdot m$。

输入轴：直径 $d_1=45\,mm$，长 $L_1=95\,mm$。

输出轴：直径 $d_2=180\,mm$，长 $L_2=240\,mm$。

3）验算热功率校核

减速器连续传动时不超过 50℃的热功率：

$$P_T=P_{TH}f_1f_2f_3=56\times 0.95\times 1.1\times 1.0=58.52(kW)<P_{K1}$$

式中，海拔系数 $f_1=0.95$（海拔高度为 1000 m）；安装方式系数 $f_2=1.0$（底脚安装）；润滑系数 $f_3=1.1$（压力润滑）。

因 $P_{K1}>P_T$，考虑采用和增加冷却装置。

4）验算启动转矩

最大启动转矩 $M_{Kmax}=\lambda_{AS}M_n i=2.0\times 0.4363\times 123.91=108.12(kN\cdot m)$。

最大载荷出现系数 $F_F=1.75$（根据本起重机生产率计算中的每小时的作业循环次数，可知最大载荷的出现次数小于 160 次 / 小时）

$$M_{Kmax}<\frac{2M_{N1}}{F_F}=\frac{2\times 106}{1.75}=121.14(kW)$$，验算通过。

5）验算径向力

许用的径向力：$F_R=\frac{F_{RN}}{F_s}\times K_y=90/1.0=90(kN)>$ 压轮的压紧力

式中，F_{RN} 为轴端中点许用额定径向力（由减速器型号、低速轴速度选取），$F_{RN}=90\,kN$；K_y 为径向力位置的影响系数，$K_y=1.0$。

6）实际电动机转速

电动机实际转速为 $n_1=n_z i=7.99\times 123.91=990(r/min)$。

5. 制动器的选型

制动器选型时按照工作状态和非工作状态下所需的制动力之中的较大者进行选择。

由表 8-1 可得，工作状态下作用在齿条上的最大变幅阻力发生在最小幅度。此时应考虑第Ⅱ类风压 p_{II} 和偏摆角 α_{II}，则 $P_{W\mathrm{II}}=P_{W\mathrm{I}}p_{\mathrm{II}}/p_{\mathrm{I}}=3.406\times 250/150=5.677(t)$，$P_{sh}^{\mathrm{II}}=$

$P_{sh}^{\mathrm{I}} \dfrac{\tan\alpha_{\mathrm{II}}}{\tan\alpha_{\mathrm{I}}} = 15.079 \dfrac{\tan 10^\circ}{\tan 3^\circ} = 50.733(\mathrm{t})$。

则作用在齿条上的最大变幅阻力为

$$P_{\mathrm{Z\,II\,max}} = -7.859 + 1.252 + 5.677 + 50.733 + 24.977 + 1.766 = 76.546(\mathrm{t})$$

换算到制动轮上的最大静力矩为

$$M_{\mathrm{II\,max}} = \frac{P_{\mathrm{Z\,II\,max}} d_z/2}{i}\eta = \frac{76.546 \times 1000 \times 9.8 \times 0.325/2}{123.91} \times 0.85 = 836.208(\mathrm{N \cdot m})$$

非工作状态下(臂架处于最小幅度)的变幅阻力仅考虑自重和风载荷引起的变幅阻力。此时需考虑第Ⅲ类风压和高度修正系数(当结构中心位于 30～40 m 高度时,由教材表 2 - 20 可知 $K_h = 1.46$),近似有 $P_{\mathrm{W III}} = K_h (p_{\mathrm{III}}/p_{\mathrm{I}}) P_{\mathrm{W I}}$。根据表 8 - 1,非工作状态下作用在齿条上的最大变幅阻力为 $P_{\mathrm{III\,max}} = P_1 + P_{\mathrm{W III}} = 54.818\,\mathrm{t}$。

换算到制动轮上的最大静力矩为

$$M_{\mathrm{III\,max}} = \frac{P_{\mathrm{III\,max}} d_z/2}{i}\eta = \frac{54.818 \times 9.81 \times 325/2}{123.91} \times 0.85 = 598.846(\mathrm{N \cdot m})$$

根据式(8 - 88)和式(8 - 89)知,制动器所需的制动力矩为

$$M_{\mathrm{Z}} \geqslant \{1.25 M_{\mathrm{II\,max}},\ 1.15 M_{\mathrm{III\,max}}\}_{\max} = 1045.26\,\mathrm{N \cdot m}$$

选择的制动器型号为 YP12 - Ed500×60 - 500×30,最大制动力矩为 1425 N · m。

6. 联轴器的选型

高速轴有 2 个联轴器,其中一个为带制动盘的联轴器,连接在高速轴的两端。联轴器的计算转矩为

$$M_{\mathrm{L}} = kM'_{\mathrm{L}} = k\phi_8 M_{\mathrm{m}} = 1.35 \times 2.0 \times 436.3 = 1178.01(\mathrm{N \cdot m})$$

式中,M'_{L} 为联轴器的理论转矩,在有制动器的传动系统,当制动器的理论转矩大于电动机的理论转矩时,应按前者计算联轴器;M_{m} 为电动机额定转矩转换到联轴器上的转矩;k 为安全系数,与工作级别、联轴器的重要性及其所连接的轴有关,起升机构 $k = 1.5$,其他机构 $k = 1.35$;ϕ_8 为机械的刚性动载系数,$\phi_8 = 1.2 \sim 2.0$。

根据计算转矩、电动机轴和减速器输入轴的直径选用联轴器型号为 GICLZ6,公称转矩为 5000 N · m,许用转速为 11200 r/min,转动惯量 $J_2 = 0.267\,\mathrm{kg \cdot m^2}$。

输入端(电动机):Y 型轴孔、A 型键槽,$d_1 = 85\,\mathrm{mm}$,$L_1 = 172\,\mathrm{mm}$。

输出端(传动轴):Y 型轴孔、A 型键槽,$d_2 = 80\,\mathrm{mm}$,$L_2 = 172\,\mathrm{mm}$。

型号 MLPK10(带制动盘),公称转矩为 5000 N · m,许用转速为 2600 r/min,转动惯量 $J_3 = 2.96\,\mathrm{kg \cdot m^2}$。

输入端(传动轴):Y 型轴孔、A 型键槽,$d_1 = 75\,\mathrm{mm}$,$L_1 = 130\,\mathrm{mm}$。

输出端(减速器轴):Y 型轴孔、A 型键槽,$d_2 = 45\,\mathrm{mm}$,$L_2 = 95\,\mathrm{mm}$。

低速轴联轴器个数为 1 个。联轴器的计算转矩

$$M_{\mathrm{L}} = kM'_{\mathrm{L}} = k\phi_8 M_{\mathrm{m}} \eta' = 1.35 \times 1.6 \times (436.3 \times 123.91) \times 0.93 \times 10^{-3} = 108.60(\mathrm{kN \cdot m})$$

式中，效率 $\eta'=\eta_{减}\eta_{筒}=0.97\times0.96=0.93$。

根据连接的轴径和轴长选用联轴器 GICLZ14，其公称转矩 $[M_t]=180\,kN\cdot m$，许用转速 $[n]=2100\,r/min$，转动惯量 $J_4=16.774\,kg\cdot m^2$。

输入端：Y 型轴孔、A 型键槽，$d_2=180\,mm$，$L_2=240\,mm$。

输出端：Y 型轴孔、A 型键槽，$d_2=170\,mm$，$L_2=120\,mm$(齿轮轴)。

7. 高速端传动轴的设计

高速端的传动轴直径选择与电动机轴相同，为实心轴 $d=80\,mm=8.0\,cm$，轴的长度 $L=861.5\,mm$，轴的质量为 38 kg，轴的两端支点间距 $l=1.35\,m$。

1) 传动轴的临界转速

$$n_{cr}=1210\frac{\sqrt{d_1^2+d^2}}{l^2}=1210\times\frac{8.0}{1.35^2}=5311\,(r/min)$$

式中，d_1 为空心轴的内径(cm)，当为实心轴时 $d_1=0$；d 为轴外径(cm)；l 为轴的支点间距(m)。

传动轴的实际最大转速 $n_{max}=985\,r/min$，即电动机的转速为

$n_{max}\leqslant\frac{n_{cr}}{1.2}=4149(r/min)$，满足要求。

2) 强度验算

轴所采用的材料为 45 号钢调质处理(淬火加高温回火)，热处理前的屈服强度 $\sigma_s=295\,MPa$，抗拉强度 $\sigma_b=590\,MPa$。

对 $\sigma_s/\sigma_b\leqslant0.7$ 的高强度钢材：

$$[\sigma]=\sigma_s/n_s=295/1.22=241.80(MPa)$$

式中，n_s 为与钢材的屈服点及载荷情况相对应的安全系数，查教材表 4-3 取为 1.22。

剪切许用应力 $[\tau]=[\sigma]/\sqrt{3}=139.6\,MPa$

轴所能传递的最大转矩为 $T=\lambda_m M_n=2.8\times436.3=1223.04(N\cdot m)$

轴的抗扭刚度：$I_p=\frac{\pi}{32}d^4=\frac{\pi}{32}\times80^4=4.021\times10^6\ mm^4$

轴所承受的切应力：$\tau=\frac{T}{I_p}R=(1.22304\times10^6/4.021\times10^6)\times(80/2)=12.17(MPa)<[\tau]$

满足强度要求。

轴的转动惯量：$J_5=\frac{1}{2}mR^2=0.5\times53\times(0.08/2)^2=0.043(kg\cdot m^2)$

8. 制动器的校核

1) 臂架系统的总动能

由图 8-25，可知主臂架长度 $l_b=26.9\,m$，臂架位于最大幅度时几何尺寸为 $r_g\approx6.55\,m$，$(r_1/r_2)_{max}\approx4.32\,m$，$r_w\approx4.19\,m$。

主臂架上铰点的速度 $v_B=l_b\frac{v_b}{r_g}=26.9\times0.136/6.55=0.559(m/s)$。

物品的平均变幅速度 $v_H=50/60=0.833(\mathrm{m/s})$。

主臂架的动能 $E_b=\dfrac{1}{6}m_{Gb}v_B^2=22.6\times10^3\times0.559^2/6=1177.012(\mathrm{kg\cdot m^2/s^2})$。

对重的动能：

$$E_w=\frac{1}{2}\frac{P_{Gw}}{g}r_w^2\frac{r_1^2}{r_2^2}\left(\frac{v_B}{l_b}\right)^2=0.5\times21\times10^3\times4.19^2\times(4.32)^2\times(0.559/26.9)^2$$
$$=1485.607(\mathrm{kg\cdot m^2/s^2})。$$

象鼻架的动能 $E_e\approx\dfrac{1}{2}\dfrac{P_{Ge}}{g}v_B^2=12.7\times10^3\times0.559^2/2=1984.254(\mathrm{kg\cdot m^2/s^2})$。

拉杆的动能 $E_p\approx\dfrac{1}{6}\dfrac{P_{Gp}v_B^2}{g}=4.6\times10^3\times0.559^2/6=239.569(\mathrm{kg\cdot m^2/s^2})$。

物品变幅时的动能 $E_Q=\dfrac{1}{2}m_Qv_H^2=25\times10^3\times0.833^2/2=8673.6(\mathrm{kg\cdot m^2/s^2})$。

综上所述，臂架系统在稳定运动期的总动能（包括物品）为

$$E=E_b+E_w+E_p+E_e+E_Q$$
$$=1177.012+1485.607+1984.254+239.569+8673.6$$
$$=13560.042(\mathrm{kg\cdot m^2/s^2})。$$

不包括物品时，臂架系统在稳定运动期的总动能为

$$E'=E_b+E_w+E_p+E_e$$
$$=1177.012+1485.607+1984.254+239.569=4886.442(\mathrm{kg\cdot m^2/s^2})。$$

2）转动惯量

制动过程中，臂架系统换算到制动轮轴上等效转动惯量（包括物品）为

$$J_1=\eta'\frac{2E}{(\pi n_1/30)^2}=0.85\times\frac{2\times13560.042}{(\pi\times990/30)^2}=2.145(\mathrm{kg\cdot m^2})$$

高速轴上所有旋转质量的转动惯量之和为

$$J_0=J_1+J_2+J_3+J_4/i^2+J_5$$
$$=1.94+0.267+2.96+16.774/123.91^2+0.043=5.211(\mathrm{kg\cdot m^2})$$

传动机构换算到高速轴上的等效转动惯量（由驱动齿条的小齿轮到减速箱高速轴），$J_c=(0.1\sim0.2)J_0=0.2\times5.474=1.095(\mathrm{kg\cdot m^2})$，于是

$$\sum J_1'=J_0+J_c+J_1=5.211+1.095+2.145=8.451(\mathrm{kg\cdot m^2})$$

不包括物品时，臂架系统换算到制动轮轴上等效转动惯量为

$$J_1'=\eta'\frac{2E'}{(\pi n_1/30)^2}=0.85\times\frac{2\times4886.442}{(\pi\times990/30)^2}=0.773(\mathrm{kg\cdot m^2})$$

则 $\sum J_2'=J_0+J_c+J_1'=5.211+1.095+0.773=7.079(\mathrm{kg\cdot m^2})$。

3）制动时间校核

（1）最长制动时间。

当作用最大工作力矩时，制动时间不应超过 4 s。由式（8－84）计算保证制动时间为 4 s 的制动力矩为

$$M_Z = M_{\mathrm{II}\max} + \frac{n_1 \sum J'_1}{9.55 t_{Z\max}} = 836.208 + 990 \times 8.714/(9.55 \times 4) = 1062.0(\mathrm{N \cdot m})$$

其中，$M_{\mathrm{II}\max} = \frac{P^{\mathrm{II}}_{Z\max} d/2}{i} \eta' = \frac{76.546 \times 10^3 \times 9.8 \times 0.325/2}{123.91} \times 0.85 = 836.208(\mathrm{N \cdot m})$。设定制动器的实际制动转矩为 $M_Z = 1100\,\mathrm{N \cdot m}$。

（2）最短制动时间。

最短制动时间不应小于 1.5 s，否则会引起起重机臂架系统的过分振动和物品偏摆。由式（8－86）计算最短制动时间为

$$t_{Z\min} = \frac{n_1 \sum J'_2}{9.55(M_Z - M_{\mathrm{I}\max})} = \frac{990 \times 7.079}{9.55(1100 - 296.39)} = 0.91(\mathrm{s})$$

其中，$M_{\mathrm{I}\max} = \frac{F_{\mathrm{I}d} d/2}{i} \eta' = \frac{27.104 \times 10^3 \times 9.81 \times 0.325/2}{123.91} \times 0.85 = 296.39(\mathrm{N \cdot m})$。

由上述计算可知，制动时间过短，因此需采取延长制动时间的措施。

9. 二级制动方案的确定

1）第一级制动器制动力矩 M_{Z1} 的计算

$$M_{Z1} = \frac{1}{t_{Z1}} \left(\frac{\pi n_1}{30} \sum J'_1 \right) + M_{\mathrm{I}j} = \frac{1}{3} \left(\frac{\pi \times 990}{30} \times 8.451 \right) + 142.0 = 434.0(\mathrm{N \cdot m})$$

式中，t_{Z1} 为第一级制动器在无风时的制动时间，可取 3 s；$\sum J$ 为制动器所在轴上的总等效转动惯量，其中包括物品；$M_{\mathrm{I}j}$ 为促使臂架继续运动的静力矩，等于载荷情况 Ⅰ 下（不计风载荷和起升钢丝绳偏摆的影响）求得折算到制动轮上的静力矩。

$$M_{\mathrm{I}j} = \frac{(P_1 + P_o) \times d_z/2}{i} \eta = \frac{(7.364 + 5.623) \times 10^3 \times 9.81 \times 0.325/2}{123.91} \times 0.85 = 142.0(\mathrm{N \cdot m})$$

式中，i 为变幅齿轮的传动比；d_z 为齿轮的分度圆直径；η 为传动效率。

设定第一级制动力矩 $M_{Z1} = 400\,\mathrm{N \cdot m}$。

2）第二级制动器制动力矩 M_{Z2} 的计算

载荷情况Ⅱ下的最大变幅阻力：

$$P^{\mathrm{II}}_Z = P_o + P_1 + P_{W\mathrm{II}} + P_{\alpha\mathrm{II}} + P_e + P_c = 76.546 \times 9.81 = 750.92(\mathrm{kN})$$

此时的变幅阻力矩为

$$M_{\mathrm{II}\max} = \frac{P^{\mathrm{II}}_Z d_z/2}{i} \eta = 750.92 \times 10^3 \times (0.325/2)/123.91 \times 0.85 = 837.07(\mathrm{N \cdot m})$$

由式（8－88）可知第二级制动器的制动力矩为

$$M_{Z2} \geqslant M_{Z\text{II}} - M_{Z1} = 1.25 \times 837.07 - 400 = 646.34(\text{N} \cdot \text{m})$$

则二级制动力矩取为 600 N·m。

根据规定，两制动器的制动力矩之和也不应小于载荷情况Ⅲ下最大载荷作用时所需的制动力矩 $M_{Z\text{III}}$，由式(8-83)和式(8-89)知

$$M_{\text{III}\max} = \frac{(P_1 + P_{W\text{III}})d_z/2}{i}\eta = \frac{(-77.10 + 568.54) \times 10^3 \times 0.325/2}{123.91} \times 0.85 = 547.82(\text{N} \cdot \text{m})$$

其中臂架处于最小幅度时

$$P_1 = -7.859 \times 9.81 = -77.10\,\text{kN}$$

$$P_{W\text{III}} = K_h(p_{\text{III}}/p_{\text{I}})P_{W\text{I}} = 1.35 \times (1890.625/150) \times 3.406 \times 9.81 = 568.54(\text{kN})(\text{粗算})$$

则有 $M_{Z1} + M_{Z2} \geqslant M_{Z\text{III}} = 1.15M_{\text{III}\max} = 1.15 \times 547.82 = 630.0(\text{N} \cdot \text{m})$，满足要求。

10. *电动机的启动时间和加速度校核*

1) 第一类载荷作用时的启动时间

要求在第一类载荷作用时出现最大齿条力 P_Z^{I} 的情况下，启动时间 $t_q \leqslant 5\,\text{s}$。

电动机应克服的静阻力矩为

$$M_{\text{I}} = \frac{P_{Z\max}^{\text{I}} d_z}{2i\eta} = \frac{38.619 \times 10^3 \times 9.81 \times 0.325}{2 \times 123.91 \times 0.85} = 584.51(\text{N} \cdot \text{m})$$

式中，M_{I} 为外载荷折算到电动机轴上的等效静阻力矩；η 为变幅机构传动效率。

启动时间按下式计算：

$$t_q = \frac{\pi n_1}{30} \frac{\sum J_1}{M_{dq} - M_{\text{I}}} = \frac{990 \times 9.275}{9.55(785.34 - 584.51)} = 4.79(\text{s})$$

式中，$\sum J_1$ 为电动机所在的高速轴上的等效转动惯量总和(含电动机、制动轮、联轴器等)。

$$\sum J_1 = J_0 + J_c + J_1 = 5.211 + 1.095 + 2.969 = 9.275(\text{kg} \cdot \text{m}^2)$$

式中，J_1 为臂架系统换算到电动机轴上等效转动惯量(包括物品)($\text{kg} \cdot \text{m}^2$)。

$$J_1 = \frac{2E}{\eta(\pi n_1/30)^2} = \frac{2 \times 13560.042}{0.85 \times (\pi \times 990/30)^2} = 2.969(\text{kg} \cdot \text{m}^2)$$

式中，E 为臂架系统(包括物品)的总动能；M_{dq} 为电动机的平均启动力矩，$M_{dq} = \lambda_{AS}M_n = 1.8 \times 436.3 = 785.34(\text{N} \cdot \text{m})$。

2) 最短启动时间

在空载、无风和不回转情况下出现最小变幅阻力矩时，电动机启动时间要满足 $t_q > 1.5\,\text{s}$。

$$P_{Z\min}^{\text{I}} = P_{l\min} = 0.665 \times 10^3 \times 9.81 = 6523.65(\text{N})$$

$$M_{\text{I}} = \frac{P_{Z\min}^{\text{I}} d_z}{2i\eta} = \frac{6523.6 \times 0.325}{2 \times 123.91 \times 0.85} = 10.07(\text{N} \cdot \text{m})$$

$$\sum J_2 = J_0 + J_c + J_1'/\eta^2 = 5.211 + 1.095 + 0.773/0.85^2 = 7.376(\text{kg} \cdot \text{m}^2)$$

$$t_q = \frac{\pi n_1}{30} \frac{\sum J_2}{M_{dq} - M_{\text{I}}} = \frac{990 \times 7.376}{9.55(785.34 - 10.07)} = 0.99(\text{s})$$

不能满足要求。

为了不致空载时启动过猛，在电器控制线路中应加入延时继电器，使启动时间大于 1.5 s。

3）启动加速度的验算

由启动时间 t_q 算得机构启动加速度应满足起重机变幅时臂架端部水平移动的最大加（减）速度 a_q 不大于 0.6 m/s²，即

$$a_q = \frac{v_{Hmax}}{t_q} = 71.227/(60 \times 2.68) = 0.44\,m/s^2 < 0.6(m/s^2)$$

式中，v_{Hmax} 为臂架端部（吊点）水平移动的最大速度（m/s）。

11. 变幅速度的校核

在臂架变幅过程中，象鼻梁端点水平移动速度不能相差太大，大多数变幅装置的水平变幅速度在最小幅度时最大，而在最大幅度时则最小，尤其是在小幅度范围内，由于速度加快，对装卸和安装工作都很不利，故一般要求控制在 1.2～2.6 的范围内。

根据表 8-1 可知，$v_{max}/v_{min} = 71.227/39.214 = 1.82 < 2.6$，在允许的范围内。

四、复习思考题

（1）平衡式变幅臂架系统为实现物品水平移动、臂架自重平衡可采取哪些方案，并简述各方案的基本原理。

（2）阐述门座起重机刚性拉杆的四连杆式组合臂架的结构组成、工作原理、工作特点。

（3）齿条变幅驱动装置用于什么类型的起重机上？为什么？分析齿条传动的工作过程、传动特点及传动过程中应采取的安全措施。

（4）在门座起重机上为什么可采用液压缸变幅驱动装置？分析液压缸传动的工作过程、传动特点及传动过程中应注意的问题。

（5）简要叙述滑轮组补偿法以及滑轮补偿法的组成、工作原理、工作特点、优缺点。

（6）简要叙述杠杆-活动对重平衡方式的工作原理、使用场合。

（7）计算变幅阻力矩时，采用平行四边形法和瞬心回转功率法有何区别？

（8）平衡式变幅臂架系统由哪些部件组成？

（9）杠杆-活动对重系统设计中为提高臂架系统工作的可靠性，未平衡力矩 $M_{O\Sigma}$ 应具有什么特性？

（10）为实现物品水平移动，如何确定补偿滑轮组装设的合理位置？

（11）如何保证设计出合理的刚性四连杆组合臂架系统，即其校核的条件有哪些？

五、计算题

（1）计算一四连杆臂架系统在最大、中间和最小三个幅度位置的自重未平衡力矩、各构件的角速度、象鼻架端的水平速度及三个幅度时臂架系统的转动惯量（见图 8-28）。

设计主参数：最大幅度 $R_{max} = 35\,m$ 时，$\varphi_1 = 44.6°$，$\beta_1 = 33.0°$；最小幅度 $R_{min} = 10\,m$；计算起升高度 $H_0 = 12.615\,m$；单程变幅时间为 29 s。

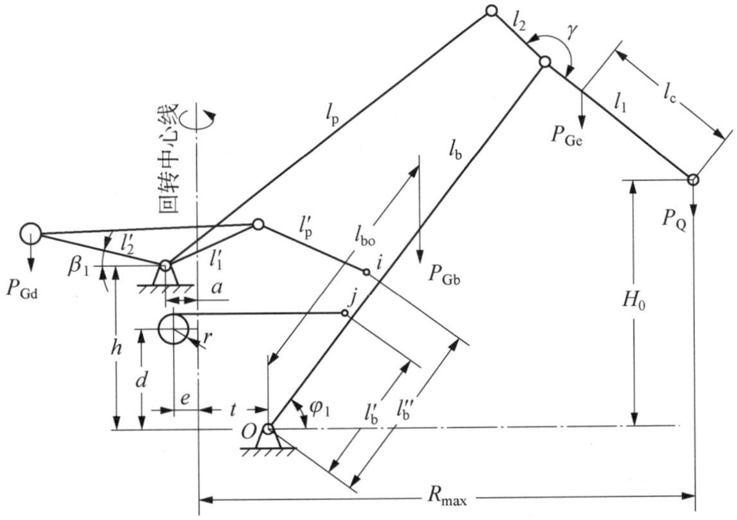

图 8-28　刚性四连杆臂架系统示意图

设计后，臂架系统的几何尺寸：主臂架下铰点到回转中心的距离 $t=3.0\,m$；主臂架 $l_b=26.9\,m$，$i=2.8\,m$，$j=2.7\,m$，$l_b'=6.3\,m$，$l_b''=7.0\,m$，重心位置 $l_{bo}=10.30\,m$；刚性大拉杆 $l_p=22.0\,m$；象鼻架 $l_1=13.75\,m$，$l_2=5.34\,m$，两者之间夹角 $\gamma=171.0°$，重心位置 $l_e=12.06\,m$；人字架铰点 $a=1.9\,m$，$h=12.3\,m$；平衡重系统 $l_1'=2.4\,m$，$l_2'=5.0\,m$，两者夹角为 148.0°，刚性小拉杆 $l_p'=7.7\,m$；驱动小齿轮中心 $d=6.50\,m$，$e=0.5\,m$，小齿轮中心到齿条杆轴线的距离 $r=0.410\,m$，齿轮的模数 $m=25$，齿数 $Z=13$。

各构件的质量如下：臂架为 24 000 kg，象鼻架为 11 500 kg，大拉杆为 3 500 kg，起重量为 25 000 kg，活动对重为 12 000 kg。

(2) 某厂生产的 5 t-20 m 门座起重机的变幅装置拟采用活动对重使臂架的合成重心在变幅过程中只做水平移动。已知条件如图 8-29 所示，$f=c=2\,m$，$h=6.13\,m$，$\beta_1=20°$，$\varphi_1=29°$，$\overline{O_1B}=\overline{O_1A}=r=3.4\,m$，臂架自重载荷 $P_{Gb}=50\,kN$，臂架自重载荷重心在最大幅度时距起重机回转重心的水平距离 $r_{bmax}=8\,m$；当臂架处于最大幅度 $R_{max}=20\,m$ 时，臂架与水平线的夹角为 29°；当臂架处于最小幅度 $R_{min}=7.5\,m$ 时，臂架与水平线的夹角为 75°；起升机构滑轮组

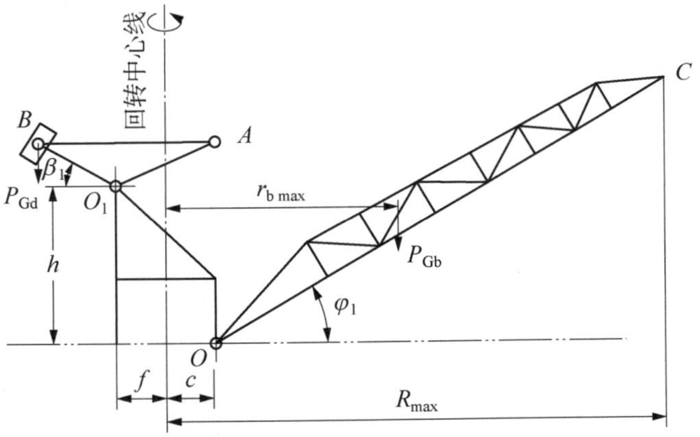

图 8-29　门座起重机计算简图

的倍率 $a=2$，补偿滑轮组的倍率为 $a_k=3$，求：①配重的自重 P_{Gd}，分析影响配重大小的因素；②补偿滑轮组定滑轮的装设位置。

(3) 某厂生产的10t-30m门座起重机臂架系统采用刚性四连杆结构以保证货物在变幅过程中只做水平移动。已知条件如图8-30所示，$c=2.5\,m$，$H_0=14.1\,m$，$R_{max}=30\,m$，$R_{min}=8.5\,m$。用解析法确定臂架系统的主要尺寸(臂架长度 l_b、象鼻梁前臂长度 l_1 和后臂长度 l_2、拉杆长度 l_p)，确定拉杆铰点的位置。

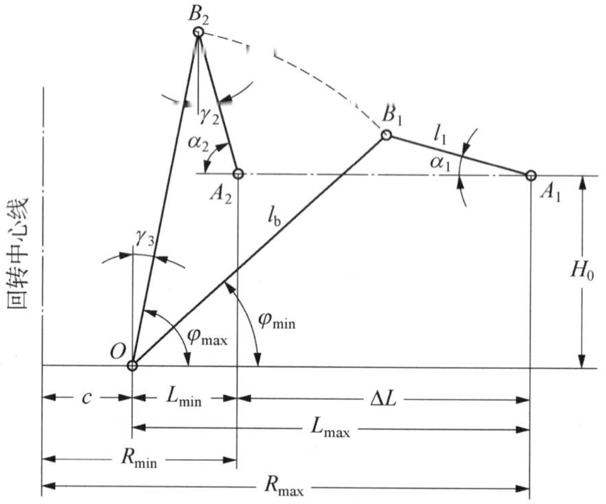

图8-30 几何尺寸示意图

(4) 一台门座起重机(见图8-31)的设计主参数如下：起重量 $m_Q=5\,000\,kg$(取物装置为抓斗)；幅度 $R_{max}=24\,m$，$R_{min}=8.7\,m$；尾部半径 $r_w=3.4\,m$；计算起升高度 $H_0=11.35\,m$；电动机工作类型 $JC=40\%$；平均变幅速度 $v_{btop}=50\,m/min$。

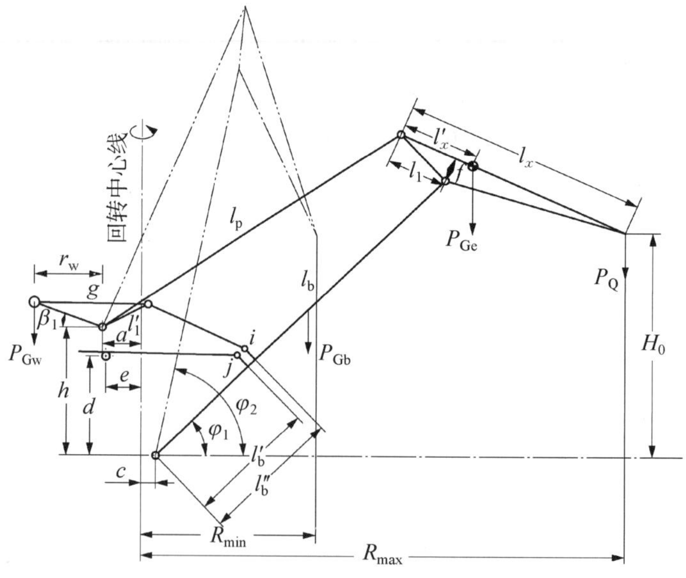

图8-31 门座起重机计算简图

设计数据如图 8-31 所示(最大幅度时)：$a=2.0\,m$，$h=6.5\,m$，$c=0.75\,m$，$d=5.04\,m$，$e=1.8\,m$，$g=5.73\,m$，$l_1'=2.6\,m$，$i=0.8\,m$，$j=0.8\,m$，$f=0.5\,m$，$l_b'=6.5\,m$，$l_b''=7.0\,m$，$l_b=20.5\,m$，$l_p=17.8\,m$，$l_x=12.2\,m$，$l_2=2.9\,m$，$\beta_1=20°$。根据几何尺寸可知，臂架轴线与水平线之间的夹角 $\varphi_1=44.0°$，$\varphi_2=78.5°$。

各部件的质量：臂架质量 $m_b=6000\,kg$(重心到臂架下铰点的距离 $l_{bo}=8.24\,m$)，象鼻梁质量 $m_x=2860\,kg$(重心至大拉杆上铰点的距离 $l_x'=3.9\,m$)，拉杆质量 $m_l=1600\,kg$，对重质量 $m_d=6000\,kg$。

驱动方式：齿轮齿条，小齿轮直径 $d_z=0.384\,m$。计算变幅驱动机构，忽略风载荷和起重机轨道坡度引起的变幅阻力。

(5) 图 8-32 所示的变幅机构采用补偿滑轮组以保证货物在变幅过程中只做水平移动。已知起重机在各种幅度时的起升载荷 $P_Q=100\,kN$，臂架自重载荷 $P_{Gb}=20\,kN$，臂架最大倾角 $\beta_{max}=65°$，臂架长度 $l_b=21\,m$，$\overline{OB}=10.5\,m$，由起重机回转中心线到臂架根部铰点处的距离 $c=1\,m$，最大幅度 $R_{max}=22\,m$，最小幅度 $R_{min}=10\,m$，臂架变幅滑轮组中定滑轮位置对根部铰点的高度 $h=5\,m$，起重滑轮的半径为 250 mm，滑轮轴直径 $d=100\,mm$，变幅时吊重在水平投影面上的平均移动速度 $v_{btop}=10\,m/min$，$JC=25\%$。设计变幅驱动机构和变幅滑轮组。

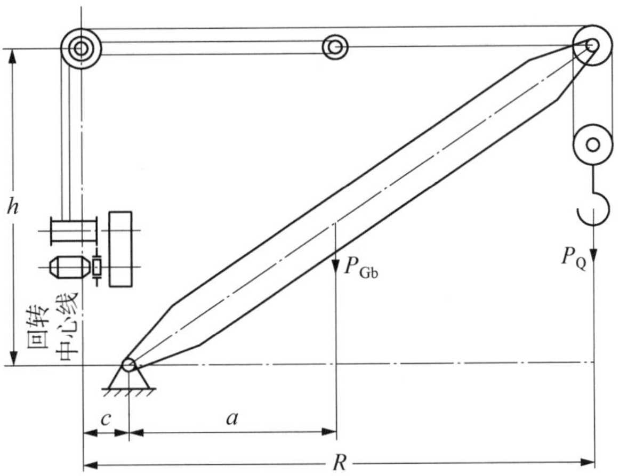

图 8-32　变幅机构补偿滑轮组

第九章 回转机构

一、学习目标

（一）知识目标

（1）了解转盘式和柱式回转支承的类型、工作原理和特点。
（2）熟悉回转机构几种主要的驱动装置方案以及其特点和适用场合。
（3）了解回转机构制动器的形式、制动方式和安装位置。
（4）了解极限力矩联轴器构造、工作原理及安装位置，解释其在机构中的作用。

（二）能力目标

（1）掌握转盘式回转支承装置与转柱式回转支承装置在结构、承载方面的特点。
（2）根据实际应用场合，选择合适的回转支承装置和驱动方案。
（3）正确分析回转支承所承受的载荷和载荷情况，基于产品样本能正确进行回转支承、回转驱动装置零部件的设计、选型和验算。
（4）理解极限力矩联轴器对回转机构安全工作起的作用以及存在的不足。

二、学习要点

回转机构的作用是使吊起的货物围绕起重机的铅垂回转轴线在水平面内沿圆弧线运移物品。当与起升、变幅、运行机构配合动作时，能将货物运送到起重机工作空间范围内的任何地方。它是回转类型起重机的主要工作机构之一，如门座起重机和浮式起重机。回转机构由回转支承和回转驱动装置组成。

（一）回转支承装置的结构形式

回转支承装置用来连接起重机的回转部分和非回转部分，并提供回转运动所要求的约束以保证回转部分具有确定的运动，同时为回转部分提供稳固的支承，承受垂直载荷、水平载荷和倾覆力矩。

常用的回转支承装置分为转盘式和柱式两类，如图 9－1 所示。港口装卸用门座起重机大多采用转盘式回转支承装置。

- 回转支承
  - 转盘式
    - 滚轮式回转支承
    - 滚子夹套式回转支承
    - 滚动轴承式回转支承
  - 柱式
    - 转柱式回转支承
    - 定柱式回转支承

图 9－1　回转支承装置的分类

(二) 回转支承的设计计算

1. 计算载荷情况

回转支承装置的计算载荷按表 9－1 取用，分三种情况：工作状态正常载荷情况（Ⅰ类），用来计算疲劳、磨损或发热；工作状态最大载荷情况（Ⅱ类），用来计算静强度；非工作状态最大载荷情况（Ⅲ类），用来计算静强度。

表 9－1　回转支承装置计算载荷情况

载荷名称		载荷情况				
		Ⅰ	$Ⅱ_a$	$Ⅱ_b$	$Ⅲ_a$	$Ⅲ_b$
回转部分重力载荷（包括活动对重、臂架）		P_{Gh}	$\phi_1 P_{Gh}$	P_{Gh}	P_{Gh}	P_{Gh}
额定起升载荷		P'_Q	$\phi_2 P_Q$	P_Q	—	—
物品偏摆水平载荷	臂架变幅平面内	P_A	—	P_A	—	—
	臂架回转平面内					
坡道载荷		$(P_{Gh}+P_Q)\sin\gamma$	$(P_{Gh}+P_Q)\sin\gamma$	$(P_{Gh}+P_Q)\sin\gamma$	$P_{Gh}\sin\gamma$	$\left(P_{Gh}+\begin{matrix}\phi_6 P_{td}\\ P_{ts}\end{matrix}\right)\sin\gamma$
回转部分的水平惯性载荷（不含物品）	变幅启制动	—	—	P_{Ab}	—	—
	回转启制动	P_{At}	—	P_{At}	—	—
	回转时离心力	P_{An}	—	P_{An}	—	—
	运行启制动	—	—	P_{Ay}	—	—
回转部分风载荷（不包括物品）		—	$P_{WⅡ}$	$P_{WⅡ}$	$P_{WⅢ}$	—
回转机构最后一级齿轮传动的啮合力		$P_{CⅠ}$	$P_{CⅡ}$	$P_{CⅡ}$	—	—
试验载荷		—	—	—	—	$\phi_6 P_{td}$ 或 P_{ts}

注：表中 P'_Q 为等效起升载荷；γ 为坡度角。

1）工作状态正常载荷情况

Ⅰ等效载荷工况：起重机处于(0.7～0.8)R_{max} 的等效幅度处，起吊等效起重量，回转机构平稳制动。须计算回转部分的离心力以及回转制动切向惯性力、物品偏摆时产生的水平力（正常偏摆角 α_{I}）、开式齿轮传动的啮合力，不计风载荷。

2）工作状态最大载荷情况

II_a 起重机起吊额定起重量位于最大幅度位置，臂架位于最大坡度角方向，起升质量突然离地提升，工作状态下的最大风载荷沿臂架从后向前吹。对于起升质量考虑动载系数 ϕ_2，回转部分自重计入动载系数 ϕ_1。

II_b 起重机起吊额定起重量位于最大幅度位置，臂架位于最大坡度角方向，起升钢丝绳在臂架平面内具有最大偏摆角 α_{II}。对装卸用起重机，考虑回转机构与变幅机构同时启动、制动时的惯性载荷；对安装用起重机，考虑运行机构与回转机构同时启动、制动时的惯性载荷。计入工作状态下的最大风载荷及开式齿轮传动的啮合力。

3）非工作状态最大载荷情况Ⅲ

III_a 起重机处于非工作状态，臂架位于最小幅度位置，非工作状态最大风载荷沿臂架方向从后向前吹。

III_b 试验工况：静态试验时，起重量为额定起重量的 1.25 倍，臂架处于该额定起重量相对应的最大幅度位置，无风载荷；动态试验时，起重量为额定起重量的 1.10 倍，臂架处于该额定起重量相对应的最大幅度位置，考虑机构动载荷的影响。

2. 载荷计算

1）回转惯性载荷

P_{At} 为回转机构起(制)动时，作用于回转部分质心上的水平切向惯性载荷：

$$P_{\mathrm{At}} = \sum \frac{P_{\mathrm{Gh}i}}{g} \frac{v_{\mathrm{h}i}}{t_{\mathrm{h}}} \tag{9-1}$$

式中，$P_{\mathrm{Gh}i}$ 为回转部分（包括平衡重）各构件的重力载荷(N)；$v_{\mathrm{h}i}$ 为回转部分各构件质心的回转线速度(m/s)；t_{h} 为回转起(制)动时间，初步计算时，可取 3～10 s；g 为重力加速度，9.81 m/s^2。

P_{An} 为作用在回转部分上的水平法向惯性载荷：

$$P_{\mathrm{An}} = \sum \frac{P_{\mathrm{Gh}i} l_i}{g} \omega^2 = \sum \frac{P_{\mathrm{Gh}i} n_{\mathrm{h}}^2 l_i}{900} \tag{9-2}$$

式中，n_h 为起重机回转速度(r/min)；l_i 为回转部分各构件质心到回转中心线的距离(m)。

2）变幅惯性载荷

P_{Ab} 是变幅机构启(制)动时，作用在臂架系统质心上的水平惯性力：

$$P_{\mathrm{Ab}} = \frac{P_{\mathrm{Gb}}}{g} \frac{v_{\mathrm{C}}}{t_{\mathrm{b}}} \tag{9-3}$$

式中，P_{Gb} 为臂架系统的重力载荷(N)；v_{C} 为臂架系统质心的水平变幅速度(m/s)；t_{b} 为变幅机构制动(或启动)时间(s)。

3）运行惯性载荷 P_{Ay}

$$P_{Ay}=\frac{P_{Gh}}{g}\frac{v_y}{t_y} \tag{9-4}$$

式中，P_{Gh} 为回转部分的重力载荷(N)；v_y 为起重机运行速度(m/s)；t_y 为起重机运行机构制动(或启动)时间(s)。

4）齿轮传动的啮合力

P_{CI}、P_{CII} 分别为按工作状态正常载荷和工作状态最大载荷计算的回转驱动装置最后一级齿轮传动的啮合力：

$$P_{CI}=\frac{M_{CI}}{r_c\cos\alpha},\ P_{CII}=\frac{M_{CII}}{r_c\cos\alpha} \tag{9-5}$$

式中，r_c 为回转驱动装置大齿轮的分度圆半径(m)；α 为齿轮啮合压力角，标准齿形 $\alpha=20°$；M_{CI}、M_{CII} 为按工作状态正常载荷和工作状态最大载荷计算的回转阻力矩。初步计算时，可根据初选电动机的性能参数推算，如已知电动机的额定转矩 M_N，最大转矩 λ_m，回转驱动装置总传动比 i_h 和传动效率 η_h，则

$$M_{CI}=M_N i_h\eta_h,\ M_{CII}=\lambda_m M_N i_h\eta_h \tag{9-6}$$

3. 作用在回转支承上的载荷

1）总垂直载荷

载荷情况Ⅰ：
$$V=(P_{Gh}+P_Q)\gamma'_m \tag{9-7}$$

载荷情况Ⅱ：
$$V=(\phi_1 P_{Gh}+\phi_2 P_Q)\gamma'_m \tag{9-8}$$

载荷情况Ⅲ：
$$V=(P_{Gh}+P_{ts})\gamma'_m \text{或} V=(P_{Gh}+\phi_6 P_{td})\gamma'_m \tag{9-9}$$

式中，γ'_m 为增大系数，根据机构的工作级别由教材表 2－24 选取。

2）总水平载荷

$$H=\sqrt{H_x^2+H_y^2} \tag{9-10}$$

式中，$H_x=\sum H_{xi}$ 为 x 轴方向(臂架回转平面方向)上所有水平力的总和(N)；$H_y=\sum H_{yi}$ 为 y 轴方向(臂架摆动平面方向)上所有水平力的总和(N)。

3）总力矩

$$M=\sqrt{M_x^2+M_y^2} \tag{9-11}$$

式中，$M_x=\sum M_{xi}$ 为在臂架回转平面内，各种垂直力和水平力引起的对支承滚子中心所在平面或水平滚轮所在平面与回转中心线交点的倾覆力矩总和(N·m)；$M_y=\sum M_{yi}$ 为在臂架摆动平面内，各种垂直力和水平力引起的对支承滚子中心所在平面或水平滚轮所在平面与回转中心线交点的倾覆力矩总和(N·m)。

4. 转柱式回转支承的设计

转柱式回转支承的设计内容主要涉及配重、上支承和下支承(见图 9－2)。设计要求：回

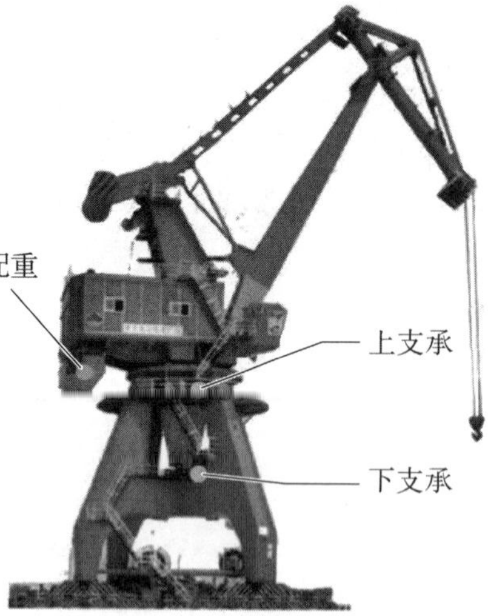

图 9-2 转柱式回转支承

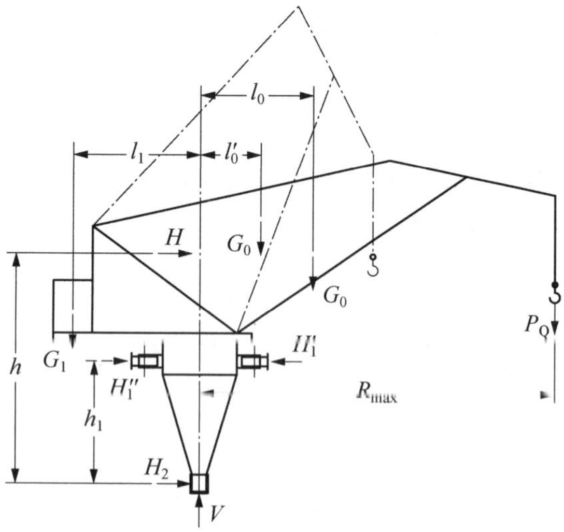

图 9-3 转柱式回转支承受力分析

转平稳，回转受力状况良好，支承满足强度要求，转柱式回转支承受力分析如图 9-3 所示。

1）配重 G_1 的确定

配重 G_1 计算的原则：忽略风载荷和货物偏摆的影响，使满载最大幅度时在上支承产生的水平力 H'_1 与空载最小幅度时在上支承产生的水平力 H''_1 相等。

令 $H'_1 = H''_1 = H_1$，则有

$$G_1 = \frac{P_Q R_{max} + G_0 l_0 + G_0 l'_0}{2 l_1} \tag{9-12}$$

在上述计算中，回转部分重量 G_0 的确定一般采用类比法，即参考同类型其他起重机的回转各部分重量，从而定出 G_1，待设计完成后，再进行校核。

滚动轴承直径和转柱滚轮中心的回转直径 D 也可根据类比法初定，或者根据经验公式 $d = 0.028D$ 先确定滚子直径 d，再反算出 D。

在初步计算中，由于这些参数是初定的，因此设计完成后需进行验算和修正。

2）支承反力的计算

进行强度计算时，支承反力按载荷情况Ⅱ、Ⅲ考虑风和水平惯性力等载荷的影响。

（1）上支承反力 H_1 值（由不平衡力矩和水平载荷 H 引起）。

$$H_1 = \frac{\phi_2 P_Q R_{max} + \phi_1 (G_0 l_0 - G_1 l_1) + Hh}{h_1}, \quad H = P_{W\text{II}} + P_A \tag{9-13}$$

考虑机构的工作级别后，式(9-13)为

$$H_1 = \frac{\phi_2 P_Q R_{max} + \phi_1 (G_0 l_0 - G_1 l_1) + H(h - h_1)}{h_1} \gamma'_m + H$$

$$= \frac{M}{h_1} + H,$$

$$H = (P_{W\text{II}} + P_A)\gamma'_m \tag{9-14}$$

式中，h 为总水平载荷 H 的作用点到下支承中心的垂直距离(m)；P_A 为臂架在最大幅度，回转部分和货物以额定回转速度回转时产生的离心力合力(N)。

(2) 下支承反力 H_2。

$$H_2 = |H - H_1| = \frac{M}{h_1} \tag{9-15}$$

3) 转柱式回转支承的设计与校核

当下支承采用轴承支承时，止推轴承的反力 P_z 和径向轴承反力 P_j 分别为

$$P_z = V,\ P_j = H_2 \tag{9-16}$$

对于用推力向心球面滚子轴承代替止推轴承和径向轴承的结构中，应根据 P_z 和 P_j 的联合作用来选取轴承。

当上支承由两个滚轮(见图 9-4)来承受水平载荷 H_1 时，每个轮子上所受的力 N 为

$$N = \frac{H_1}{2\cos\gamma} \tag{9-17}$$

式中，γ 为滚轮与臂架平面水平夹角，一般取 25°～40°。

支承反力 N 求出后，按式(5-27)和式(5-28)验算水平滚轮的强度。其中，接触处的曲率半径 R 按表 9-2 中的公式计算。

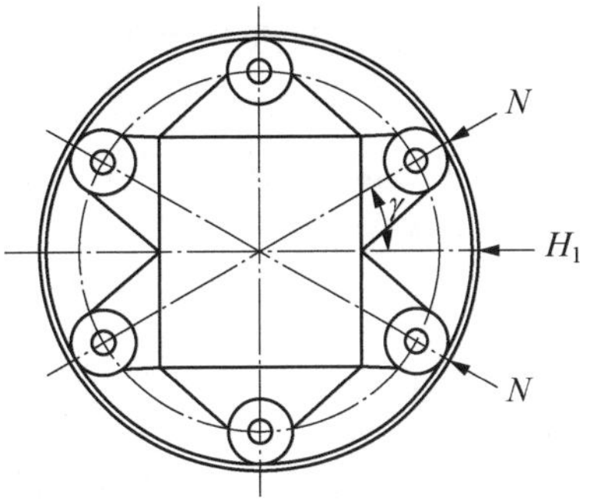

图 9-4　滚轮压力

表 9-2　几种接触情况下的 1/R

图序	1/R	图序	1/R
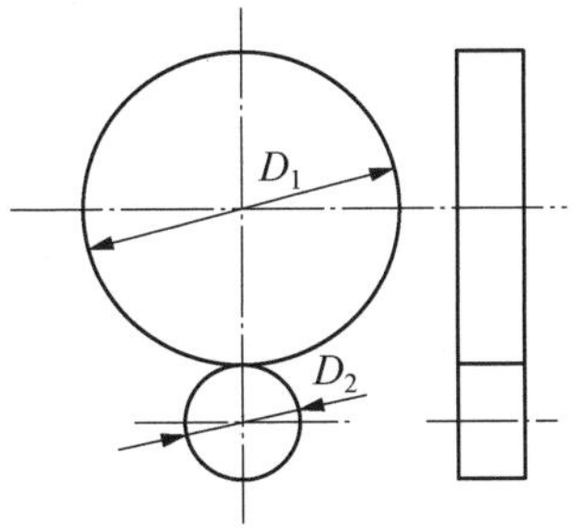	$\frac{2}{D_1} + \frac{2}{D_2}$	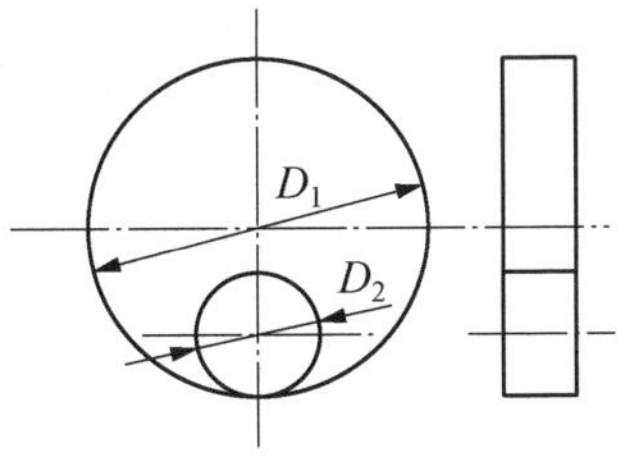	$\frac{2}{D_2} - \frac{2}{D_1}$
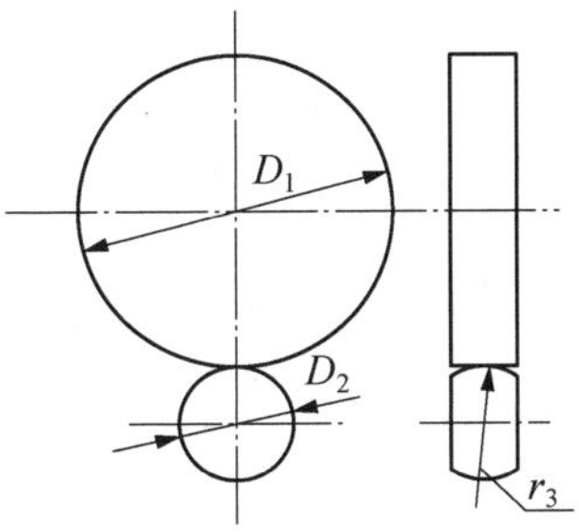	$\frac{2}{D_1} + \frac{2}{D_2} + \frac{2}{r_3}$	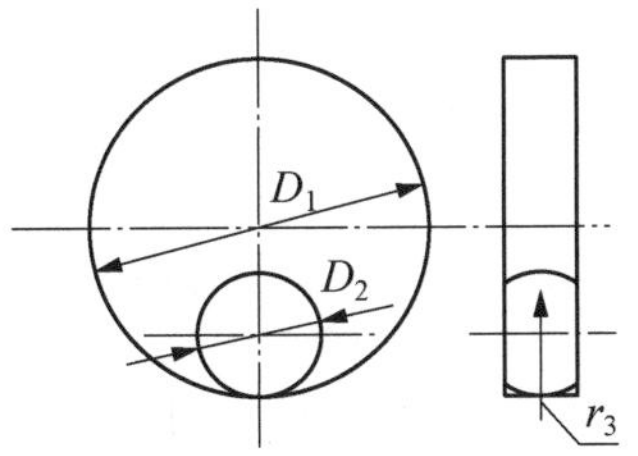	$\frac{2}{D_2} - \frac{2}{D_1} - \frac{2}{r_3}$

5. 转盘式回转支承

1）滚子夹套式回转支承

（1）滚道直径计算。

滚道直径的大小应保证在不需要中心轴枢参与作用的条件下回转部分承受工作状态最大载荷时的稳定性。

$$R_{\min}=\frac{\xi M}{V},\ b=\frac{\xi M_x}{V} \tag{9-18}$$

式中，$R_{\min}$ 为最小滚道半径(m)；b 为有效承压宽度(m)；ξ 为起重机回转部分的稳定系数，一般取 $\xi=1.1\sim1.2$。

（2）中心轴枢的计算。

应根据工作状态下的最大载荷和非工作状态下的最大载荷进行静强度校核。

（3）滚子的压力计算。

假定：所有滚子直径都相等；上下支承结构具有足够的刚度，其由载荷引起的变形可略去不计；支承轨道面绝对平整，且相互平行；滚子变形与载荷呈线性关系。滚轮压力计算简图如图 9－5 所示。

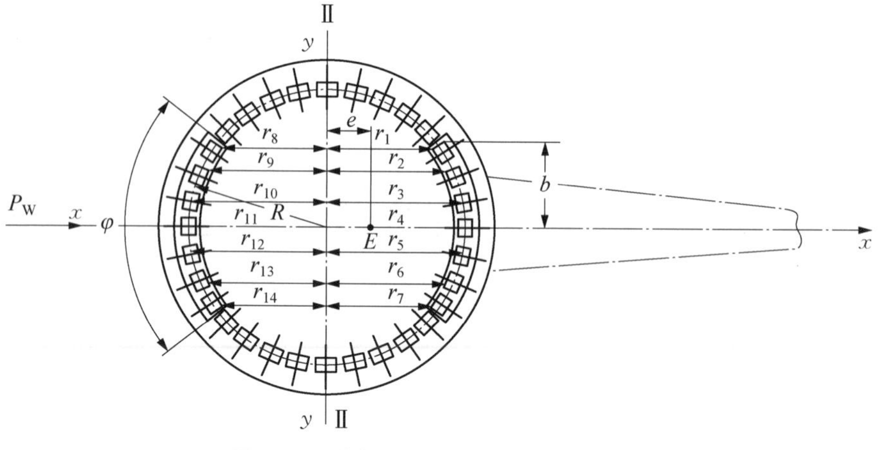

图 9－5　滚轮压力(多点支承)计算简图

最大轮压：
$$N_{\max}=\frac{P_Q+P_{Gh}}{n}+M\frac{R}{\sum r_i^2} \tag{9-19}$$

最小轮压：
$$N_{\min}=\frac{P_Q+P_{Gh}}{n}-M\frac{R}{\sum r_i^2} \tag{9-20}$$

式中，n 为位于圆形轨道上的承压滚子数，$n=\frac{\varphi}{180°}\times n_0$，$n_0$ 为滚子总数；R 为圆形轨道之半径(m)；$\sum r_i^2$ 为所有受载滚子的中心到 Ⅱ－Ⅱ 平面的距离平方和，$\sum r_i^2=r_1^2+r_2^2+r_3^2+\cdots+r_i^2(i=1,\ \cdots,\ n)$；$M$ 为由回转部分自重载荷、风载荷、惯性载荷等引起的最大倾覆力矩。

上述计算中，在确定各项载荷之后，组合时再乘以一个增大系数 γ'_m，γ'_m 值与机构的工作级别有关,见教材表2-24。

在工作状态最大载荷情况下,要求 $N_{min}>0$,即不允许滚子出现负压力,以免载荷变化时产生冲击。在非工作状态载荷情况下,允许 $N_{min}<0$,但此时式(9-19)和式(9-20)不再适用。若非工作状态下回转部分已丧失稳定性,则应验算中心轴枢或反滚轮装置的强度。

根据 N_{max} 与 N_{min},按照车轮强度计算方法,由式(5-27)和式(5-28)验算滚轮的强度。

2) 滚动轴承式回转支承

选型设计时,应先根据起重机的载荷大小,工作条件及总体布置要求,初步选定回转支承型式,然后按静态容量选型,并校核动态寿命。

(1) 选取轴承型号。

作用在滚动轴承式回转支承上的载荷有总轴向力 $F_a=V$(总垂直载荷),总倾覆力矩 M(总力矩),在力矩作用平面内的总径向力 $F_r=H$(总水平载荷)。

为便于根据制造厂家提供的承载能力曲线选择回转轴承型号,应将各载荷分量折算为当量载荷 F'_a 和 M'。根据当量载荷可得到回转轴承承载能力曲线图中的载荷点,当该点位于某一型号轴承的承载能力曲线之下时,说明该型号轴承满足承载要求。

(2) 寿命校核。

轴承使用寿命 L_f 为

$$L_f=(f_e)^{\varepsilon}\times 30\,000 \tag{9-21}$$

式中,L_f 为轴承全回转时的使用寿命(转);f_e 为轴承寿命载荷系数;ε 为寿命指数,球轴承 $\varepsilon=3$,滚子轴承 $\varepsilon=10/3$。

寿命载荷系数 f_e 按下式计算

$$f_e=F_{a0}/F'_a=M_0/M' \tag{9-22}$$

式中,F_{a0} 为承载曲线坐标原点与动载荷点连线在动载荷承载曲线上交点对应的轴向载荷(kN);M_0 为承载曲线坐标原点与动载荷点连线在动载荷承载曲线上交点对应的倾覆力矩(kN·m)。

(三) 回转阻力矩的计算

起重机回转阻力矩 M 为

$$M=M_m+M_W+M_\alpha+M_H+M_A \tag{9-23}$$

式中,M_m 为回转摩擦阻力矩,主要是回转支承装置的摩擦阻力矩(N·m);M_W 为风阻力矩(N·m);M_α 为坡道阻力矩(N·m);M_H 为由物品偏摆造成的回转阻力矩(N·m);M_A 为由回转部分(不含物品)的惯性力造成的回转阻力矩(N·m)。

1. 回转摩擦阻力矩

1) 柱式回转支承装置

$$M_m=M_s+M_j+M_z \tag{9-24}$$

式中,M_s 为水平滚轮的摩擦阻力矩(N·m);M_j 为径向轴承的摩擦阻力矩(N·m);M_z 为止推轴承的摩擦阻力矩(N·m)。

（1）水平滚轮的摩擦阻力矩。

$$M_s = \frac{1}{2} f D \sum N \tag{9-25}$$

式中，$\sum N$ 为所有水平滚轮轮压之和(N)；f 为摩擦阻力系数；D 为水平滚轮中心圆直径或滚道直径(m)。

当滚道固定，水平滚轮沿轨道做行星运动时[见图 9-6(a)和见图 9-7(a)]，

$$D = \frac{D_g \pm D_p}{2} \tag{9-26}$$

式中，D_g 为滚道直径(m)；D_p 为水平滚轮直径(m)。

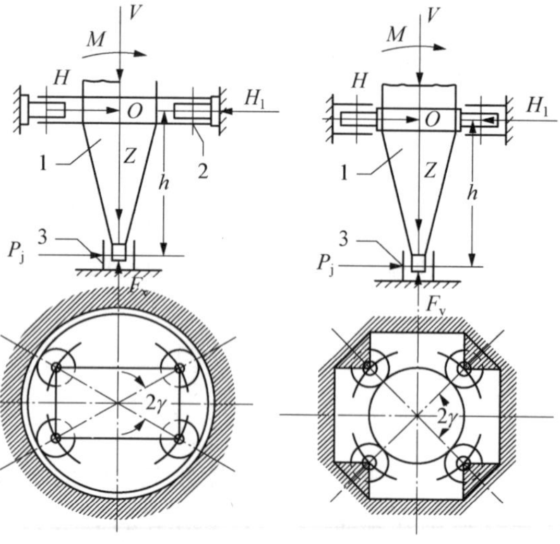

(a)　(b)

图 9-6　转柱式回转支承

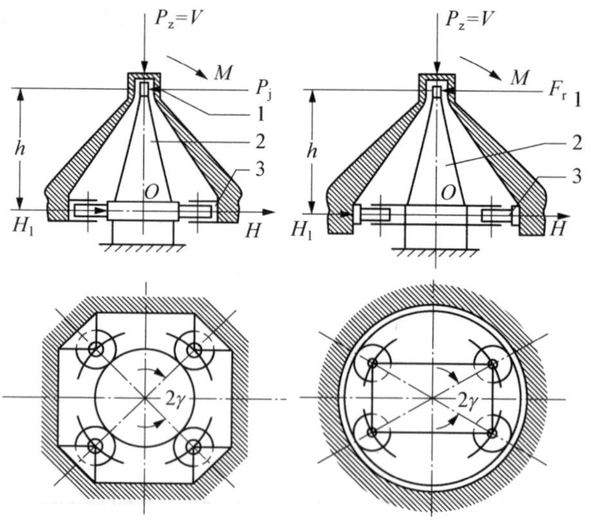

(a)　(b)

图 9-7　定柱式回转支承

式(9-26)中"+"号用于滚轮在滚道外滚动(外啮合)，"−"号用于滚轮在滚道内滚动(内啮合)。

$$f = \frac{\mu d + 2 f_k}{D_p} \tag{9-27}$$

式中，μ 为水平滚轮中轴承的摩擦系数，见教材表 7-1；f_k 为水平滚轮的滚动摩擦系数，见教材表 7-2；d 为水平滚轮轴的直径(m)。

当滚道回转带动水平轮做自转运动时[见图 9-6(b)和图 9-7(b)]，

$$D = D_g \tag{9-28}$$

$$f = \mu \frac{d}{D_p} + \frac{2 f_k}{D_p}\left(1 + \frac{D_p}{D_g}\right) \tag{9-29}$$

(2) 径向轴承和止推轴承的摩擦阻力矩。

径向轴承：
$$M_j = \frac{1}{2}\mu P_j d \tag{9-30}$$

止推轴承：
$$M_z = \frac{1}{2}P_z \mu_z d \tag{9-31}$$

式中，P_j、P_z 分别为径向轴承所受的水平力和止推轴承所受的垂直力(N)，如式(9-16)所示；μ 为水平滚轮中轴承的摩擦系数，对滑动轴承取 $\mu = 0.08 \sim 0.1$，对滚动轴承取 $\mu = 0.015$；μ_z 为止推轴承的摩擦系数，可取 $\mu_z = 0.01 \sim 0.015$；d 为对于滚动轴承和滑动径向轴承，d 为轴承内径(m)；对于滑动止推轴承，d 为内径与外径的平均值。

(3) 推力向心球面滚子轴承的摩擦阻力矩。

$$M_j + M_z = \left(\frac{P_z}{\cos\theta} + \frac{4P_j}{\pi\sin\theta}\right)\mu_z R_{jt} \tag{9-32}$$

其中，$R_{jt} = \frac{1}{4}(D_1 + d_1)$，$\theta = \arctan\left(\frac{R_{jt}}{A + B/2}\right)$。几何尺寸参数如图 9-8 所示。

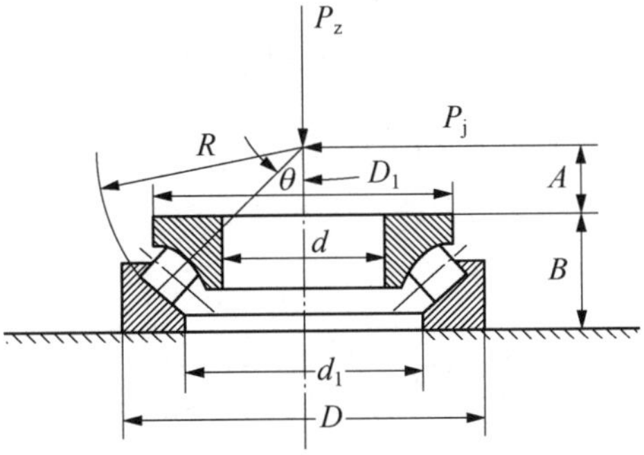

图 9-8 推力向心对称球面轴承摩擦阻力矩计算简图

2) 滚轮式回转支承装置

滚轮式回转支承装置摩擦阻力矩包括滚轮摩擦阻力矩和中心轴摩擦阻力矩。通常中心轴摩擦阻力矩较小，可忽略不计，则

$$M_m = C_f' V \frac{\mu d + 2f_k}{D_p}\frac{D_g}{2} \tag{9-33}$$

式中，C_f'为附件阻力系数，其值如表 9-3 所示。

表 9-3 滚轮和滚子回转支承装置的附加阻力系数 C_f' 值

滚轮式支承				滚子夹套式支承	
滑动轴承		滚动轴承		有凸缘的圆柱形滚子	无凸缘的圆柱形滚子
圆柱形滚轮	锥形滚轮	圆柱形滚轮	锥形滚轮		
1.4	1.2	2.5	1.5	1.8	1.3

3）滚子夹套式回转支承装置

（1）对圆锥形滚子：

$$M_{m}=\frac{VR}{r}(f_{k}+\mu_{z}r_{z}\tan\varphi) \tag{9-34}$$

式中，P_{Gh} 为起重机回转部分重力载荷（N）；P_{Q} 为起升载荷（N）；R 为支承轨道的平均半径（m）；r 为滚子的半径（对圆锥形滚子为平均半径）（m）；μ_{z} 为滚子止推轴承中的摩擦系数，可取 $\mu_{z}=0.01\sim0.015$；r_{z} 为滚子止推轴承的平均半径（m）；φ 为圆锥形滚子对其轴线的斜角（为锥角之半）。

（2）对圆柱形滚子：

$$M_{m}=V\left[\frac{R}{r}\left(C'_{f}f_{k}+\frac{3\mu\mu_{t}br_{x}}{b_{t}}\right)+\frac{\mu b}{4}\right] \tag{9-35}$$

式中，μ 为滚子在轨道上的滑动摩擦系数，可取 $\mu=0.10$；μ_{t} 为滚子轴套中的滑动摩擦系数；r_{x} 为滚子心轴的半径（m）；b 为支承轨道的宽度（m）；b_{t} 为滚子轴套的长度（m）。

4）滚动轴承式回转支承装置

对于滚动轴承式回转支承装置：

$$M_{m}=\frac{1}{4}\mu_{h}D\sum N \tag{9-36}$$

式中，μ_{h} 为换算摩擦系数，可取 $\mu_{h}=0.01$；D 为滚动体中心圆直径（m）；$\sum N$ 为滚动体法向反力之绝对值总和（N），其取值见式（9-37）和式（9-38）。

对于单向作用的结构：

$$\sum N=\frac{V}{\sin\beta}+\frac{1.25H}{\cos\beta} \tag{9-37}$$

式中，V 为回转支承装置所受的总垂直力（N），由式（9-7）计算；H 为回转支承装置所受的总水平力（N），由式（9-8）计算；β 为滚动体的接触角（°）。

对双向作用的结构：

$$\sum N=\frac{V}{\sin\beta}\left(1-\frac{2\varphi_{2}}{\pi}\right)+\frac{2kM\sin\varphi_{2}}{\pi D\sin\beta}+\frac{4H}{\pi\cos\beta} \tag{9-38}$$

式中，φ_{2} 为与最小载荷滚动体之间的夹角，$\varphi_{2}=\arccos\frac{DV}{kM}$；$k$ 为与滚动体形状和滚道刚度有关的系数，对于滚柱轴承 $k=4\sim4.5$，对于滚珠轴承 $k=4.5\sim5$，滚道刚度小时取值大，刚度大时取小值。

2. 坡道阻力矩 M_{α}

坡道阻力矩 M_{α} 由下式计算：

$$M_{\alpha}=\left(\sum_{i=1}^{n}P_{Ghi}l_{i}+P_{Q}R\right)\sin\gamma\sin\varphi \tag{9-39}$$

$$M_{\alpha\max}=\left(\sum_{i=1}^{n}P_{Ghi}l_{i}+P_{Q}R\right)\sin\gamma \tag{9-40}$$

式中，P_{Ghi} 为回转部分各构件重力载荷(N)；P_Q 为物品的重力载荷(N)；l_i 为回转部分各构件重力载荷的作用中心到回转轴线的距离(m)；R 为幅度(m)；γ 为门座起重机的坡度角(°)；φ 为门座起重机的回转角(°)。

臂架从 $\varphi=0$ 转到 $\varphi=\pi$ 的过程中，M_α 不断变化，其等效坡道阻力矩为

$$M_\alpha=M_{\alpha\max}\sqrt{\frac{\int_0^\pi \sin^2\varphi\,\mathrm{d}\varphi}{\pi}}=\frac{1}{\sqrt{2}}M_{\alpha\max}\approx 0.7M_{\alpha\max} \tag{9-41}$$

3. 风阻力矩 M_W

在臂架回转的过程中，该阻力矩的大小在变化；当臂架与风向垂直时，由风力产生的回转阻力矩达到最大值(见图 9-9)：

$$M_{W\mathrm{I}\max}=P_{W\mathrm{I}}\,l,\ M_{W\mathrm{II}\max}=P_{W\mathrm{II}}\,l \tag{9-42}$$

式中，$P_{W\mathrm{I}}$、$P_{W\mathrm{II}}$ 为起重机回转部分(不含物品)的风载荷，$P_{W\mathrm{I}}$ 用风压 p_I 计算，$P_{W\mathrm{II}}$ 用风压 p_II 计算；l 为起重机回转部分迎风面积形心到回转轴线的距离(m)。

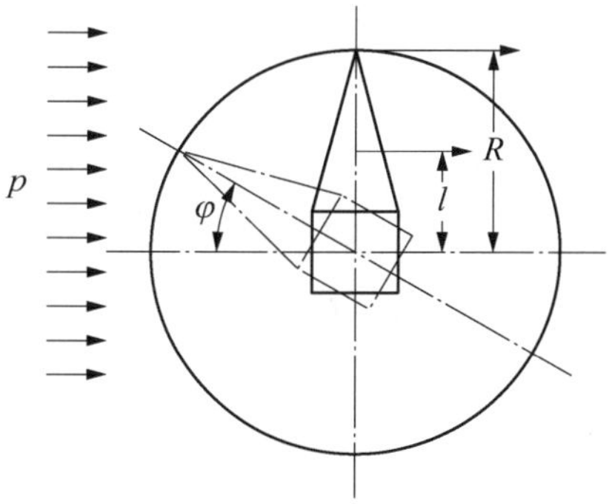

图 9-9 风阻力矩计算简图

对任意角度 φ 有：

$$M_W(\varphi)=M_{W\max}\sin^2\varphi$$

臂架从 $\varphi=0$ 转到 $\varphi=\pi$ 的过程中，M_W 不断变化，其等效风阻力矩为

$$M_W=M_{W\max}\sqrt{\frac{\int_0^\pi \sin^4\varphi\,\mathrm{d}\varphi}{\pi}}=\sqrt{\frac{3}{8}}M_{W\max}\approx 0.7M_{W\max} \tag{9-43}$$

4. 由物品偏摆造成的回转阻力矩 M_H

由物品偏摆造成的回转阻力矩 M_H 由下式计算

$$M_H^\mathrm{I}=P_Q\tan\alpha_\mathrm{I}R \tag{9-44}$$

$$M_H^\mathrm{II}=P_Q\tan\alpha_\mathrm{II}R \tag{9-45}$$

式中，α_I、α_II分别为垂直于臂架平面的偏摆角，α_I、α_II取值参照教材表 2-17；R 为幅度(m)。

5. 由惯性力产生的回转阻力矩 M_A

回转惯性力由三部分质量引起：物品质量、起重机回转部分质量和驱动装置的回转零部件

质量。由物品质量引起的回转惯性力矩已归入由物品偏摆造成的回转阻力矩中，这里不再考虑。因此由惯性力产生的回转惯性阻力矩为

$$M_A = M_{A1} + M_{A2}$$

1）由回转部分的质量引起的惯性阻力矩 M_{A1}

$$M_{A1} = J_h \frac{\pi n_h}{30 t_h} \tag{9-46}$$

式中，J_h 为起重机回转部分（不含物品）各构件质量对回转轴线的转动惯量，$J_h = \sum_{i=1}^{n} m_{Ghi} l_i^2$，$m_{Ghi}$ 为起重机回转部分各构件质量（kg）；l_i 为各构件自身质心到回转轴线的距离（m）；t_h 为回转机构的启制动时间（s），初步设计时，无风可取 $t_h = 3 \sim 5$ s，有风可取 $t_h = 4 \sim 10$ s；n_h 为起重机的回转速度（r/min）。

2）由驱动装置的回转零部件质量引起的惯性阻力矩 M_{A2}

$$M_{A2} = \frac{k(J_1 + J_2)n}{t_h} i_h \tag{9-47}$$

式中，J_1 为电动机转子的转动惯量（kg · m^2）；J_2 为电动机轴上制动轮和联轴器的转动惯量（kg · m^2）；k 为考虑其他传动件飞轮矩影响系数，换算到电动机轴，可取 $k = 1.1 \sim 1.2$；n 为电动机转速（r/min）；i_h 为回转机构的总传动比。

（四）回转驱动装置的设计计算

港口起重机常用的是电力驱动的回转驱动装置，对于流动性较大，不便直接从电网获取电能的汽车起重机或浮式起重机，可采用内燃机驱动的回转驱动装置。

臂架型回转起重机要求低速和正反向回转。当采用电力驱动和液压驱动时，可直接实现正反方向回转；当采用内燃机集中驱动时，则需要采用换向装置。

1. 等效回转稳态阻力矩

回转机构稳定运动时的等效回转稳态阻力矩 M_{eq}：

$$M_{eq} = M_m + M_W + M_\alpha \tag{9-48}$$

式中，M_{eq} 为等效静回转稳态静阻力矩（N · m）；M_m 为回转摩擦阻力矩，主要是回转支承装置的摩擦阻力矩（N · m）；M_W 为正常工作状态下的等效风阻力矩，按 P_{WI} 风阻力矩的 0.7 倍计算（N · m）；M_α 为等效坡道阻力矩，按坡道阻力矩的 0.7 倍计算（N · m）。

2. 电动机的选择和校验

电动机的选择和校验详见第四章表 4-1 和表 4-2。当电动机使用地点的海拔超过 1000 m 和/或使用环境温度与其额定环境温度不一致时，其输出功率应按实际使用地的海拔和使用环境温度下的输出功率计算。

3. 启动加速度计算

启动加速度由下式计算：

$$t_q = \frac{\sum J \cdot n}{9.55(M_{dq} - M_j)} \tag{9-49}$$

式中，M_{dq} 为电动机平均启动转矩（N·m），$M_{dq} = \lambda_{AS} M_n$；$\lambda_{AS}$ 为电动机平均启动转矩倍数；M_n 为电动机额定转矩（N·m）；$\sum J$ 为电动机所在的高速轴上的等效转动惯量的总和（含电动机、制动轮、联轴器等）（kg·m²），$\sum J = k(J_1 + J_2) + \frac{J_h}{i_h^2 \eta}$，其中，$k$ 为其他传动件的转动惯量折算到电动机轴上的影响系数，$k = 1.05 \sim 1.20$；J_h 为起重机回转部分（包括物品）的转动惯量（kg·m²），$J_h = \sum_{i=1}^{n} m_{Ghi} l_i^2 + QR^2$，其中 Q 为起重量（kg），R 为等效幅度（m），$R = (0.7 \sim 0.8)R_{max}$；$\eta$ 为回转机构总传动效率；M_j 为起重机启动时折算到电动机轴的回转阻力矩（N·m），$M_j = M/i$。

启动时的切向加速度：

$$a_q^t = \frac{\pi n_h R}{30 t_q} \tag{9-50}$$

式中，a_q^t 为启动时的切向加速度（m/s²）；n_h 为回转速度（r/min）。

对于电动机直接启动的回转机构应计算机构的启动加速度，应使臂架起重机回转臂架头部切向加（减）速度不大于下列数据：对于回转速度较低的安装用起重机，根据起重量大小，此值一般为 0.1～0.3 m/s²；对于回转速度较高的装卸用起重机，根据起重量大小，此值一般为 0.8～1.2 m/s²。起重量大者取小值。

4. 减速器的选择

回转机构的减速器用等效功率进行选择，减速器的工作特点和选择原则与运行机构减速器相同。

回转减速装置由减速器与开式齿轮传动组成，所以有回转传动装置的总传动比 i 为

$$i = i_1 i_2 \tag{9-51}$$

式中，i_1 为减速器传动比；i_2 为回转大齿圈与小齿轮的齿数比，其中小齿轮齿数一般为 13～18。

5. 制动器的选择

在回转机构最不利工作状态（受工作状态最大风力，臂架处于最不利位置，悬挂的物品有最大偏角）下，其制动器力矩应能使回转部分从运动中停止；对塔式起重机，则是使已停住的回转部分在工作中能保持定位不动。制动减速度不宜超过上述启动加速度值。

制动力矩按式（5-15）计算。物品回转制动时，回转部分（含起吊物品）的质量换算到电动机轴（制动器轴）上的机构总转动惯量 $\sum J'$ 按下式计算：

$$\sum J' = k(J_1 + J_2) + \frac{J_h}{i_h^2} \eta \tag{9-52}$$

在装有极限力矩联轴器的情况下，制动器一般装在电动机与极限力矩联轴器之间。

6. 极限力矩联轴器

对于有自锁可能的传动机构应装设极限力矩联轴器。非自锁机构如果不装设极限力矩联

轴器，则应计算传动机构在事故状态下的静强度。

极限力矩联轴器的摩擦力矩，按下式计算：

$$M_{jl}=1.1\left[M_{max}-\frac{(J_1+J_2)n}{9.55t}\right]i_c\eta_c \tag{9-53}$$

式中，M_{jl} 为极限力矩联轴器的摩擦力矩(N·m)；M_{max} 为电动机最大启动转矩或制动器的制动力矩(N·m)；t 为启动、制动时间(s)；i_c 为电动机至极限力矩联轴器的回转机构传动比；η_c 为电动机至极限力矩联轴器的传动效率。

(五) 设计计算中的问题

1. 作用在轴承滚动体上的载荷

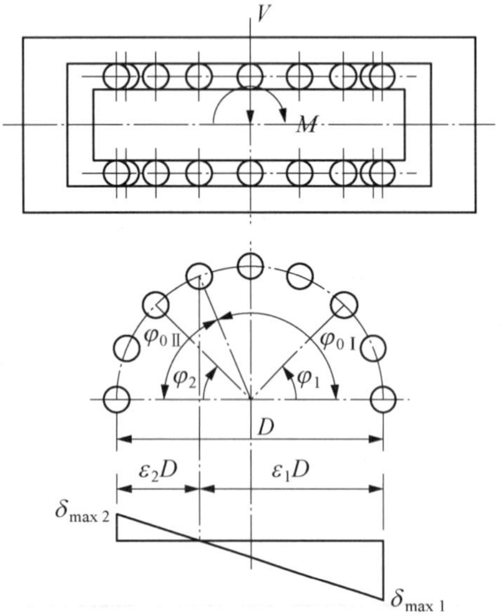

图 9-10 滚动体接触变形关系

假定：内外座圈都是刚体，只能作为一个刚体平面倾斜某一角度；滚道无高低不平，滚道之间相互平行；在同一滚道中的所有滚动体大小均相等；受力后只在滚动体与滚道接触处发生弹性接触变形。

由上述假设条件可认为接触变形在轴向平面内为一直线(见图 9-10)，则接触变形方程可表达为

$$P=\left(\frac{\delta}{C}\right)^n \tag{9-54}$$

式中，P 为作用在滚动体上的载荷；δ 为滚动体的变形；C 为滚动体弹性系数；n 为接触弹性变形方程的指数，对线接触的滚柱 $n=1$，对点接触的滚珠 $n=1.5$。

当回转支承同时承受轴向载荷 V 和倾覆力矩 M 时，根据力的平衡条件即可找出载荷在滚动体与滚道上的分布和最大载荷。为了简化计算，仅考虑两排滚动体和滚道之间无轴向间隙的情况。其中组Ⅰ滚动体上排受力，组Ⅱ滚动体下排受力。

上下任一组滚动体中任一滚动体的变形反力为

$$P_\varphi=\left(\frac{\delta_{max}}{C}\right)^n\frac{1}{(2\varepsilon)^n}(\cos\varphi-K)^n=P_{max}\frac{1}{(2\varepsilon)^n}(\cos\varphi-K)^n \tag{9-55}$$

式中，P_{max} 为滚动体的最大载荷(或最大接触变形反力)。

大滚动轴承中滚动体个数多，排列得较密，可以把集中反力换算成沿滚道圆周的连续分布载荷，即把 P_φ 换算为单位弧长上的反力：

$$p_\varphi=P_\varphi\frac{Z}{\pi D}=\frac{P_{max}Z}{\pi D}\frac{1}{(2\varepsilon)^n}(\cos\varphi-K)^n \tag{9-56}$$

式中，Z 为一排滚动体的数目，对单排交叉排列的滚柱轴承为同样排列的滚柱数。

一组滚动体沿轴承轴线变形的总反力 F' 为

$$F'=2\int_0^{\varphi_0}p_\varphi\frac{D}{2}\mathrm{d}\varphi=2\frac{Z}{2\pi}\frac{P_{\max}}{(2\varepsilon)^n}\int_0^{\varphi_0}(\cos\varphi-K)^n\mathrm{d}\varphi=P_{\max}ZJ_A \tag{9-57}$$

其中，$J_A=\frac{1}{\pi(2\varepsilon)^n}\int_0^{\varphi_0}(\cos\varphi-K)^n\mathrm{d}\varphi$；在无间隙的情况下，对上排滚动体，$K_1=1-2\varepsilon_1$，对下排滚动体，$K_2=-K_1$。

该组滚动体的变形反力对横向水平中心线的合力矩 M' 为

$$\begin{aligned}M'&=2\int_0^{\varphi_0}p_\varphi\frac{D}{2}\mathrm{d}\varphi\frac{D}{2}\cos\varphi\\&=2\frac{Z}{2\pi}\frac{D}{2}\frac{P_{\max}}{(2\varepsilon)^n}\int_0^{\varphi_0}(\cos\varphi-K)^n\cos\varphi\mathrm{d}\varphi\\&=P_{\max}Z\frac{D}{2}J_R\end{aligned} \tag{9-58}$$

其中，$J_R=\frac{1}{\pi(2\varepsilon)^n}\int_0^{\varphi_0}(\cos\varphi-K)^n\cos\varphi\mathrm{d}\varphi$。

1）轴向载荷 V、倾覆力矩 M 作用下滚动体的最大轴向载荷

根据轴力平衡条件，有 $V=F'_1-F'_2$ (9-59)

其中上下排滚动体的反力分别为 $F'_1=P_{\max1}ZJ_{A1}$，$F'_2=P_{\max2}ZJ_{A2}$，代入式(9-59)得

$$V=P_{\max1}Z\left(J_{A1}-\frac{P_{\max2}}{P_{\max1}}J_{A2}\right)=P_{\max1}ZJ_{DA} \tag{9-60}$$

其中，
$$J_{DA}=J_{A1}-\left(\frac{\varepsilon_2}{\varepsilon_1}\right)^nJ_{A2} \tag{9-61}$$

由作用在滚盘上的倾覆力矩 M 与滚动体反力力矩的平衡条件有

$$M=M'_1+M'_2 \tag{9-62}$$

其中，$M'_1=P_{\max}Z\frac{D}{2}J_{R1}$，$M'_2=P_{\max}Z\frac{D}{2}J_{R2}$，可得

$$M=P_{\max1}Z\frac{D}{2}\left(J_{R1}+\frac{P_{\max2}}{P_{\max1}}J_{R2}\right)=P_{\max1}Z\frac{D}{2}J_{DR} \tag{9-63}$$

其中，$J_{DR}=J_{R1}+\left(\frac{\varepsilon_2}{\varepsilon_1}\right)^nJ_{R2}$ (9-64)

由式(9-60)和式(9-63)得偏心距 e 为

$$e=\frac{M}{V}=\frac{D}{2}\frac{J_{DR}}{J_{DA}} \tag{9-65}$$

即
$$\frac{2e}{D}=\frac{J_{DR}}{J_{DA}}\text{或}\frac{2e}{D}=\frac{2M}{VD} \tag{9-66}$$

由以上的推导可知滚动体上的载荷求解步骤如下：

(1) 双排滚柱（$n=1$）和双排滚珠（$n=1.5$）在载荷区域的积分关系如图 9-11 所示。

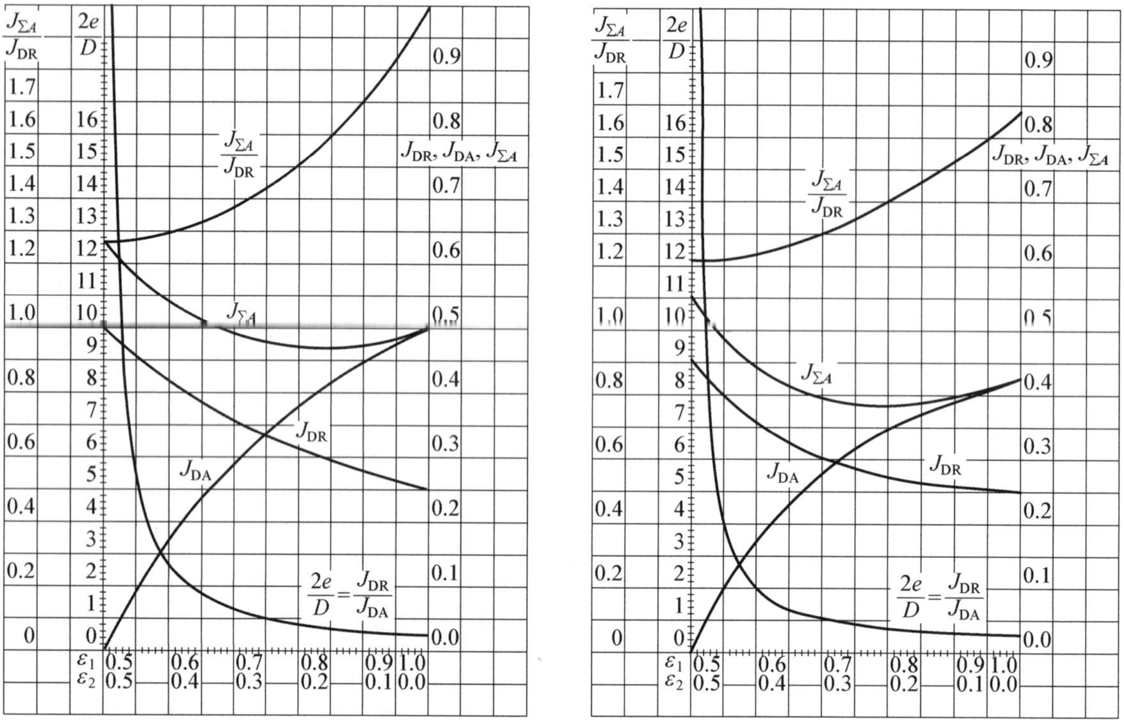

(a) (b)

图 9-11 双排滚动轴承的滚动体受载积分关系图

(a)滚柱;(b)滚珠

(2) 计算 $\frac{2e}{D}=\frac{2M}{VD}$ 之值,利用双排滚柱(或滚珠)在载荷区域的积分关系图,在左边纵坐标上找到$\frac{2e}{D}$ 值的位置,并由该点作横坐标的平行线,交于$\frac{2e}{D}=\frac{J_{\mathrm{DR}}}{J_{\mathrm{DA}}}$ 曲线上的一点,作纵坐标的平行线,从横坐标上读出载荷区域范围参数 ε_1 和 ε_2 值,再向上分别找到与 J_{DR}、J_{DA} 两曲线的交点,读出 J_{DR}、J_{DA} 的值。

(3) 利用式(9-63)即可求出在 V 和 M 作用下滚柱(或滚珠)最大轴向载荷,即

$$P_{\max 1}=\frac{2M}{ZD}\frac{1}{J_{\mathrm{DR}}} \tag{9-67}$$

2) 水平力 H 作用下滚动体的最大径向载荷

在一般起重机上,水平力是较小的,通常可忽略不计。但在有些情况下,如满载倾斜工作的浮式起重机、挖掘装卸机械以及作为某些装卸机械悬臂下铰点水平回转支承的滚盘,它们所承受的水平力不应忽略。

根据一般径向滚动轴承理论,并考虑到存在的径向间隙不大,对于滚柱或滚珠均可采用下式来计算因水平力(即径向力)而产生的滚动体最大径向载荷:

$$P_{\mathrm{Hmax}}=\frac{5H}{iZ} \tag{9-68}$$

式中,H 为回转支承上所承受的总水平力;i 为承受水平力的滚动体排数;Z 为一排中的滚动体

数目，对于单排交叉排列的滚柱轴承，取滚盘中滚柱总数，即交叉两方向的滚柱皆承受水平力。

3）轴向载荷 V、倾覆力矩 M 和水平力 H 共同作用时滚动体所受的最大法向载荷

如果滚动体与滚道接触法线不与轴承的轴线平行或垂直，而是与轴承轴线构成一个接触角（见图 9－12），那么一排滚动体就可以同时承受轴向和径向载荷，也就是可以同时承受轴向载荷 V、倾覆力矩 M 和水平力 H。这时，滚动体所受的最大法向载荷为

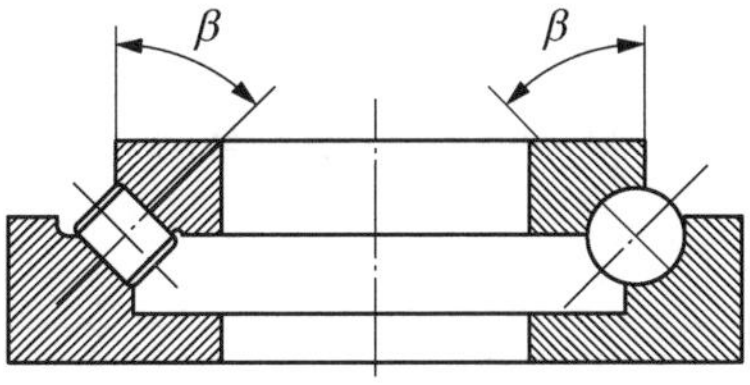

图 9－12 接触角

$$N_{\max}=\frac{P_{\max 1}}{\cos\beta}+\frac{P_{H\max}}{\sin\beta} \tag{9-69}$$

式中，β 为接触角，即滚动体与滚道接触点法线与轴承轴线的夹角。

2. 载荷项中系数的来源

在单个滚动体的最大径向载荷 $P_{H\max}=\frac{5H}{iZ}$ 和摩擦阻力矩 $M_m=\frac{1}{2}\mu D\left(\frac{\sum F}{\sin\beta}+\frac{1.25H}{\cos\beta}\right)$ 的计算式中，水平载荷 H 前的系数都不是 1，下面证明系数的由来（见图 9－13）。

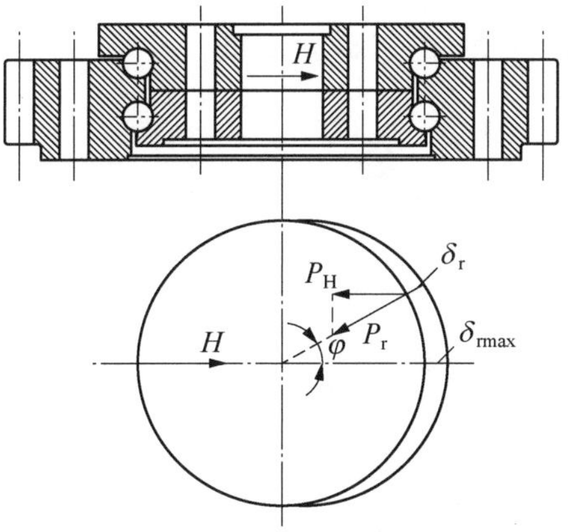

图 9－13 滚动体径向载荷和变形图

1）最大径向载荷计算式中系数 5 的由来

$$\delta_r=a\cos\varphi=\delta_{r\max}\cos\varphi$$

利用接触弹性变形公式，写成滚动体径向变形时的约束反力为

$$P_r=\left(\frac{\delta_r}{C}\right)^n=\left(\frac{\delta_{r\max}}{C}\right)^n\cos^n\varphi$$

其中，$\left(\frac{\delta_{r\max}}{C}\right)^n=P_{r\max}$，$P_r=P_{r\max}\cos^n\varphi$。

受载半圆周上各滚动体径向接触变形反力 P_r 在 x 轴向（H 方向）的投影 P_H 之和与水平力 H 平衡，即

$$P_H=P_{r\max}\cos^{(n+1)}\varphi$$

将 P_H 换算成单位弧长上的反力

$$p_H=\frac{P_H}{\pi D/Z}=P_{r\max}[\cos^{(n+1)}\varphi]\frac{Z}{\pi D}$$

水平方向的平衡方程式有

$$H=i\cdot 2\int_0^{\frac{\pi}{2}}p_H\frac{D}{2}\mathrm{d}\varphi=i\cdot 2\int_0^{\frac{\pi}{2}}P_{r\max}[\cos^{(n+1)}\varphi]\frac{Z}{\pi D}\frac{D}{2}\mathrm{d}\varphi=i\cdot\frac{P_{r\max}Z}{\pi}\int_0^{\frac{\pi}{2}}\cos^{(n+1)}\varphi\,\mathrm{d}\varphi$$

由此得到水平力作用下，最大径向载荷反力为

$$P_{\mathrm{rmax}}=\frac{\pi H}{iZ\int_0^{\frac{\pi}{2}}\cos^{(n+1)}\varphi\,\mathrm{d}\varphi} \tag{9-70}$$

对于线接触滚柱轴承，$n=1$，则

$$P_{\mathrm{rmax}}=\frac{\pi H}{iZ\int_0^{\frac{\pi}{2}}\cos^2\varphi\,\mathrm{d}\varphi}=\frac{4H}{iZ} \tag{9-71}$$

对于点接触滚珠轴承，$n=1.5$，则

$$P_{\mathrm{rmax}}=\frac{\pi H}{iZ\int_0^{\frac{\pi}{2}}\cos^{2.5}\varphi\,\mathrm{d}\varphi}=\frac{H}{iZ\times 0.229}=\frac{4.37H}{iZ} \tag{9-72}$$

因此，在滚动体最大径向载荷 P_{Hmax} 计算中水平载荷 H 前保守地取系数为 5。

2）证明所有滚动体径向载荷绝对值之和为 $1.25H$

在水平力 H 作用下，滚动体径向载荷反力绝对值之和 $\sum P_{\mathrm{r}}$ 的求解过程如下。

将 P_{r} 换算成单位弧长上的径向载荷反力：

$$p_{\mathrm{r}}=\frac{P_{\mathrm{r}}}{\pi D/Z}=P_{\mathrm{rmax}}[\cos^n\varphi]\frac{Z}{\pi D}$$

滚动体径向载荷反力绝对值之和 $\sum P_{\mathrm{r}}$ 为

$$\sum P_{\mathrm{r}}=i\cdot 2\int_0^{\frac{\pi}{2}}p_{\mathrm{r}}\frac{D}{2}\mathrm{d}\varphi=i\,\frac{P_{\mathrm{rmax}}Z}{\pi}\int_0^{\frac{\pi}{2}}\cos^n\varphi\,\mathrm{d}\varphi \tag{9-73}$$

对线接触滚柱轴承（$n=1$）有

$$\sum P_{\mathrm{r}}=i\cdot\frac{4H}{i\cdot Z}\cdot\frac{Z}{\pi}\int_0^{\frac{\pi}{2}}\cos\varphi\,\mathrm{d}\varphi=\frac{4H}{\pi}=1.273H \tag{9-74}$$

对点接触滚珠轴承（$n=1.5$）有

$$\begin{aligned}\sum P_{\mathrm{r}}&=i\cdot\frac{4.37H}{i\cdot Z}\cdot\frac{Z}{\pi}\int_0^{\frac{\pi}{2}}\cos^{1.5}\varphi\,\mathrm{d}\varphi\\&=4.37H\times\frac{0.87438}{\pi}=1.216H\end{aligned} \tag{9-75}$$

由于滚柱和滚珠所得 $\sum P_{\mathrm{r}}$ 很接近，所以为了计算简便，式中系数取为 1.25。

三、本章例题

（一）基本设计参数

请设计某抓斗式门座起重机的回转机构驱动装置，如图 9-14 所示。已知参数如下。

（1）回转部分质量（除起升重量外）$G=281.30$ t，其质心到回转中心的水平距离 $y=$

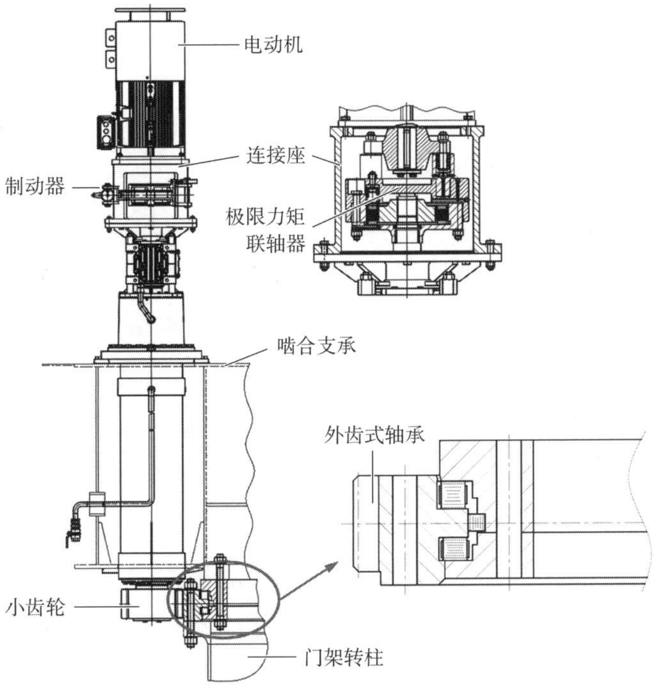

图 9-14　回转驱动装置

2.19 m(最大幅度时)或 $y=0.326$ m(最小幅度时),质心到回转支承面的垂直距离为 $h_G=6.3$ m(最大幅度 $R_{max}=35$ m),起升重量 $Q=25$ t(抓斗的重量为 9 t),吊点到回转支承面的垂直距离为 $h_Q=14.7$ m(最大幅度)。

(2) 回转支承方式:13 系列外齿式三排柱式回转支承。

(3) 风载荷情况

第Ⅱ类载荷情况下的计算风压 $p_{Ⅱ}=250\ N/m^2$,第 Ⅲ 类载荷情况下的计算风压 $p_{Ⅲ}=1\,890.625\ N/m^2$,高度修正系数 $K_h=1.32$。回转部分风载荷计算参数如表 9-4 所示。

表 9-4　风载荷计算参数

计算载荷情况	迎风面积/m^2	等效风力系数 C	作用线至回转支承面的垂直距离 h/m	作用面
工作状态(最大幅度 35 m 时)	146.6	1.19	8.55	变幅平面内
	177.1	1.19	9.22	回转平面内
非工作状态(最小幅度 10 m 时)	161.1	1.20	12.22	变幅平面内
	168.4	1.20	11.91	回转平面内

(4) 轨道坡度角 $\gamma=0.17°$。

(5) 起升速度 $v_q=55$ m/min;回转机构速度 $n_h=1.5$ r/min;大车运行速度 $v_y=25$ m/min,启制动时间 $t_y=2.5$ s;变幅时臂架系统质心的速度 $v_C=0.5$ m/s,启制动时间 $t_b=5$ s。

(6) 该起重机的单循环作业周期 $T=77.3$ s。

（7）回转机构工作级别为 M7，L3，T6。

（二）回转机构的设计计算

1. 载荷计算

1）垂直载荷

回转部分自重 $P_{Gh}=281.30\times 9.81=2759.55(\text{kN})$

起升载荷 $P_Q=25\times 9.81=245.25(\text{kN})$

等效起升载荷 $P'_Q=18.75\times 9.81=183.94(\text{kN})$

起升冲击系数 $\phi_1=1.10$

根据起升状态 HC2，由教材表 2-12 知 $\phi_{2\min}=1.10$，$\beta_2=0.34$，则起升动载系数

$$\phi_2=\phi_{2\min}+\beta_2 v_q=1.10+0.34\times 55/60=1.41$$

试验载荷起升动载系数 $\phi_6=0.5(1+\phi_2)=1.205$

静态试验载荷 $P_{ts}=1.25P_Q=306.56\,\text{kN}$

动态试验载荷 $P_{td}=1.1P_Q=269.78\,\text{kN}$

2）水平载荷

（1）坡道载荷。

$P_\alpha=(P_{Gh}+P_Q)\sin\gamma=(2759.55+245.25)\sin 0.17^\circ=8.92(\text{kN})$

$P_{\alpha\text{Ⅲ}}=(P_{Gh}+P_{ts})\sin\gamma=(2759.55+306.56)\sin 0.17^\circ=9.10(\text{kN})$

或 $P_{\alpha\text{Ⅲ}}=(P_{Gh}+\phi_6 P_{td})\sin\gamma=(2759.55+269.78\times 1.205)\sin 0.17^\circ=9.15(\text{kN})$

（2）起升质量的偏摆载荷。

根据教材表 2-17，$\alpha_{\text{Ⅱ}}=10^\circ$（臂架变幅平面内）或 $\alpha_{\text{Ⅱ}}=12^\circ$（垂直臂架变幅平面内，即回转平面内），且有 $\alpha_{\text{Ⅰ}}=0.3\alpha_{\text{Ⅱ}}=3^\circ$ 或 3.6°。

$P_{A\text{Ⅰ}}=P_Q\tan\alpha_{\text{Ⅰ}}=245.25\,\text{kN}\times\tan 3^\circ$ 或 $\tan 3.6^\circ=12.85\,\text{kN}$（变幅平面）或 $15.43\,\text{kN}$（回转平面）

$P_{A\text{Ⅱ}}=P_Q\tan\alpha_{\text{Ⅱ}}=245.25\,\text{kN}\times\tan 10^\circ$ 或 $\tan 12^\circ=43.24\,\text{kN}$（变幅平面）或 $52.13\,\text{kN}$（回转平面）

等效载荷时：

$P_{A\text{Ⅰ}}=P'_Q\tan\alpha_{\text{Ⅰ}}=183.94\,\text{kN}\times\tan 3^\circ$ 或 $\tan 3.6^\circ=9.64\,\text{kN}$（变幅平面）或 $11.57\,\text{kN}$（回转平面）

（3）作用在回转部分上的风载荷 $P_W=CpA$。

表 9-5 风载荷计算值

计算载荷情况	风载荷 P_W/kN	风载荷引起的力矩 $P_W h$/(kN·m)	作用面
Ⅱ. 工作状态（最大幅度 35 m 时）	43.61	372.90	变幅平面内
	52.69	485.78	回转平面内
Ⅲ. 非工作状态（最小幅度 10 m 时）	365.50	4466.36	变幅平面内
	382.06	4550.30	回转平面内

（4）回转惯性载荷。

切向分量：$P_{At}=\sum m_{Ghi}\times\frac{\omega l_i}{t_h}=281.30\times2.19\times0.15/8=11.55(kN)$

式中，m_{Ghi} 为除物品外回转部分（包括平衡重）各构件的质量(kg)；l_i 为回转部分各构件质心到回转中心的距离(m)；ω 为起重机回转角速度，$\omega\approx0.1n_h=0.15r/s$；$t_h$ 为回转起（制）动时间，初步计算时，可取 3～10 s，初取为 $t_h=8s$。

法向分量：$P_{An}=\sum m_{Ghi}l_i\omega^2=281.30\times2.19\times0.15^2=13.86(kN)$

（5）运行惯性载荷。

$$P_{Ay}=\frac{P_{Gh}}{g}\frac{v_y}{t_y}=281.30\times25/60/2.5=46.88(kN)$$

（6）变幅惯性载荷。

$$P_{Ab}=\frac{P_{Gh}}{g}\frac{v_C}{t_b}=281.30\times0.5/5=28.13(kN)$$

（7）齿轮传动的啮合力。

大齿轮切向力（回转平面）：

$$P_{C\mathrm{I}}=\frac{M_{C\mathrm{I}}}{r_c\cos\alpha}=170.34\,kN,\ P_{C\mathrm{II}}=\frac{M_{C\mathrm{II}}}{r_c\cos\alpha}=511.04\,kN$$

式中，r_c 为回转驱动装置大齿轮的分度圆半径(m)；$r_c=3.550/2=1.775(m)$；α 为齿轮啮合压力角，标准齿形 $\alpha=20°$；$M_{C\mathrm{I}}$、$M_{C\mathrm{II}}$ 分别为按工作状态正常载荷和工作状态最大载荷计算的回转阻力矩。

$$M_{C\mathrm{I}}=M_n i_h\eta_h=291\times976.39\times1\times10^{-3}=284.13(kN\cdot m)$$
$$M_{C\mathrm{II}}=\lambda_m M_N i_h\eta_h=3\times291\times976.39\times1\times10^{-3}=852.39(kN\cdot m)$$

大齿轮径向力（变幅平面）：

$$P_{H\mathrm{I}}=P_{C\mathrm{I}}\tan\alpha=62.0\,kN,\ P_{H\mathrm{II}}=P_{C\mathrm{II}}\tan\alpha=186.0\,kN$$

2. 载荷组合

1）载荷情况描述

本算例中选用教材表 9－1 中以下载荷情况进行相应的计算，计算载荷坐标系如图 9－15 所示。

Ⅰ类载荷情况，即起重机起吊等效起重量在等效幅度时的正常工作载荷情况；等效载荷 $P'_Q=9+(25-9)\times0.75=18.75(t)$（考虑等效载荷系数为 0.75），等效幅度 $R'=10+(35-10)\times0.80=30(m)$（考虑等效幅度系数为 0.80）；$\mathrm{II}_a$ 类载荷情况，即起升物品离地起升工况；II_b 类载荷情况，即起重机满载时，回转和变幅机构同时起（制）动或者运行和回转机构同时起（制）动的工况；III_a 类载荷情

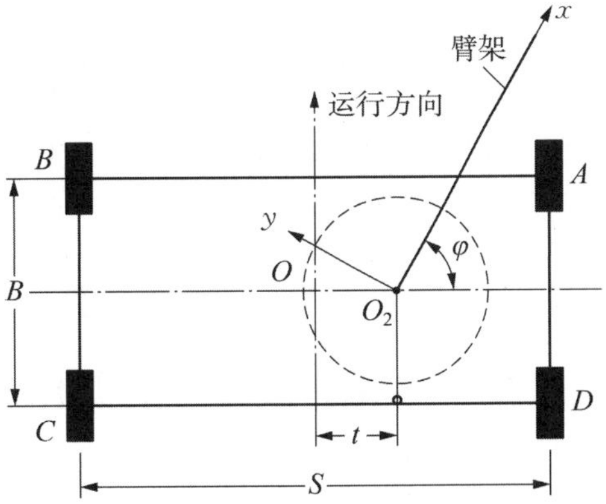

图 9－15　载荷坐标示意图

况，即非工作状态最大风载荷工况；Ⅲ$_b$ 类载荷情况，即静态或动态试验工况。

计算回转支承承受垂直载荷、水平载荷及其引起的力矩时，要考虑各种情况的最不利组合。

2）总垂直载荷

根据机构的工作级别 M7，由教材表 2－24 选取增大系数 $\gamma'_m=1.25$。

载荷情况Ⅰ：

$$V=(P_{Gh}+P'_Q)\gamma'_m=(2759.55+18.75\times 9.81)\times 1.25=2943.49\times 1.25=3679.36(kN)$$

载荷情况Ⅱ$_a$：

$$\begin{aligned}V&=(\phi_1 P_{Gh}+\phi_2 P_Q)\gamma'_m\\&=(1.1\times 2759.55+1.41\times 245.25)\times 1.25=3381.3\times 1.25=4226.63(kN)\end{aligned}$$

载荷情况Ⅱ$_b$：

$$V=(P_{Gh}+P_Q)\gamma'_m=(2759.55+245.25)\times 1.25=3004.8\times 1.25=3756.0(kN)$$

载荷情况Ⅲ$_a$：

$$V=P_{Gh}\gamma'_m=2759.55\times 1.25=3449.44(kN)$$

载荷情况Ⅲ$_b$：

$$V=(P_{Gh}+P_{ts})\gamma'_m=(2759.55+306.56)\times 1.25=3066.11\times 1.25=3832.64(kN)$$

或

$$\begin{aligned}V&=(P_{Gh}+\phi_6 P_{td})\gamma'_m\\&=(2759.55+269.78\times 1.205)\times 1.25=3084.63\times 1.25\\&=3855.79(kN)\end{aligned}$$

3）总水平载荷

（1）载荷情况Ⅰ。

x 轴方向（变幅平面内）上所有水平力的总和：

$$\begin{aligned}H_x=\sum H_{xi}&=(P_{A\text{I}}+P_{An}+P_{\alpha}+P_{H\text{I}})\gamma'_m\\&=(12.85+13.86+8.92+62.0)\times 1.25\\&=97.63\times 1.25=122.04(kN)\end{aligned}$$

y 轴方向（回转平面内）上所有水平力的总和：

$$\begin{aligned}H_y=\sum H_{yi}&=(P_{A\text{I}}+P_{At}+P_{C\text{I}})\gamma'_m\\&=(15.43+11.55+170.34)\times 1.25=197.32\times 1.25=246.65(kN)\end{aligned}$$

总的水平载荷为 $H=\sqrt{H_x^2+H_y^2}=220.15\times 1.25=275.19(kN)$

（2）载荷情况Ⅱ$_a$。

a. 风作用在变幅平面内。

x 轴方向（变幅平面内）上所有水平力的总和：

$$\begin{aligned}H_x &= \sum H_{xi} \\ &= (P_{\mathrm{W}\mathrm{II}} + P_{\alpha} + P_{\mathrm{H}\mathrm{II}})\gamma'_{\mathrm{m}} \\ &= (43.61 + 8.92 + 186.0) \times 1.25 = 238.53 \times 1.25 = 298.16(\mathrm{kN})\end{aligned}$$

y 轴方向(回转平面内)上所有水平力的总和：

$$H_y = \sum H_{yi} = P_{\mathrm{C}\mathrm{II}} \times \gamma'_{\mathrm{m}} = 511.04 \times 1.25 = 638.80(\mathrm{kN})$$

总的水平载荷为 $H = \sqrt{H_x^2 + H_y^2} = 563.97 \times 1.25 = 704.96(\mathrm{kN})$

b. 风作用在回转平面内。

x 轴方向(变幅平面内)上所有水平力的总和：

$$H_x = \sum H_{xi} = (P_{\alpha} + P_{\mathrm{H}\mathrm{II}})\gamma'_{\mathrm{m}} = (8.92 + 186.0) \times 1.25 = 194.92 \times 1.25 = 243.65(\mathrm{kN})$$

y 轴方向(回转平面内)上所有水平力的总和：

$$\begin{aligned}H_y &= \sum H_{yi} \\ &= (P_{\mathrm{W}\mathrm{II}} + P_{\mathrm{C}\mathrm{II}}) \times \gamma'_{\mathrm{m}} \\ &= (52.69 + 511.04) \times 1.25 = 563.73 \times 1.25 = 704.66(\mathrm{kN})\end{aligned}$$

总的水平载荷为 $H = \sqrt{H_x^2 + H_y^2} = 596.48 \times 1.25 = 745.60(\mathrm{kN})$

(3) 载荷情况 II_{b}。

a. 回转和变幅机构同时起(制)动，风载荷作用在变幅平面内 x 轴方向(变幅平面内)上所有水平力的总和：

$$\begin{aligned}H_x &= \sum H_{xi} = (P_{\mathrm{W}\mathrm{II}} + P_{\mathrm{A}\mathrm{II}} + P_{\mathrm{An}} + P_{\mathrm{Ab}} + P_{\alpha} + P_{\mathrm{H}\mathrm{II}})\gamma'_{\mathrm{m}} \\ &= (43.61 + 43.24 + 13.86 + 28.13 + 8.92 + 186.0) \times 1.25 \\ &= 323.76 \times 1.25 = 404.70(\mathrm{kN})\end{aligned}$$

y 轴方向(回转平面内)上所有水平力的总和：

$$\begin{aligned}H_y &= \sum H_{yi} = (P_{\mathrm{A}\mathrm{II}} + P_{\mathrm{At}} + P_{\mathrm{C}\mathrm{II}})\gamma'_{\mathrm{m}} \\ &= (52.13 + 11.55 + 511.04) \times 1.25 = 574.72 \times 1.25 = 718.40(\mathrm{kN})\end{aligned}$$

总的水平载荷为 $H = \sqrt{H_x^2 + H_y^2} = 659.64 \times 1.25 = 824.55(\mathrm{kN})$

b. 回转和变幅机构同时起(制)动，风载荷作用在回转平面内 x 轴方向(变幅平面内)上所有水平力的总和：

$$\begin{aligned}H_x &= \sum H_{xi} = (P_{\mathrm{A}\mathrm{II}} + P_{\mathrm{An}} + P_{\mathrm{Ab}} + P_{\alpha} + P_{\mathrm{H}\mathrm{II}})\gamma'_{\mathrm{m}} \\ &= (43.24 + 13.86 + 28.13 + 8.92 + 186.0) \times 1.25 \\ &= 280.15 \times 1.25 = 350.19(\mathrm{kN})\end{aligned}$$

y 轴方向(回转平面内)上所有水平力的总和：

$$H_y=\sum H_{yi}=(P_{W\text{II}}+P_{A\text{II}}+P_{At}+P_{C\text{II}})\gamma'_m$$
$$=(52.69+52.13+11.55+511.04)\times 1.25$$
$$=627.41\times 1.25=789.08(\text{kN})$$

总的水平载荷为 $H=\sqrt{H_x^2+H_y^2}=687.12\times 1.25=858.89(\text{kN})$

c. 运行和回转机构同时起(制)动,风载荷作用在变幅平面内 x 轴方向(变幅平面内)上所有水平力的总和:

$$H_x=\sum H_{xi}=(P_{W\text{II}}+P_{A\text{II}}+P_{An}+P_{Ay}+P_{\alpha}+P_{H\text{II}})\gamma'_m$$
$$=(43.61+43.24+13.86+46.88+8.92+186.0)\times 1.25$$
$$=342.51\times 1.25=428.14(\text{kN})$$

y 轴方向(回转平面内)上所有水平力的总和:

$$H_y=\sum H_{yi}=(P_{A\text{II}}+P_{At}+P_{C\text{II}})\gamma'_m$$
$$=(52.13+11.55+511.04)\times 1.25=574.72\times 1.25=718.40(\text{kN})$$

总的水平载荷为 $H=\sqrt{H_x^2+H_y^2}=669.04\times 1.25=836.30(\text{kN})$

d. 运行和回转机构同时起(制)动,风载荷作用在回转平面内 x 轴方向(变幅平面内)上所有水平力的总和:

$$H_x=\sum H_{xi}=(P_{A\text{II}}+P_{An}+P_{Ay}+P_{\alpha}+P_{H\text{II}})\gamma'_m$$
$$=(43.24+13.86+46.88+8.92+186.0)\times 1.25$$
$$=298.9\times 1.25=373.625(\text{kN})$$

y 轴方向(回转平面内)上所有水平力的总和:

$$H_y=\sum H_{yi}=(P_{W\text{II}}+P_{A\text{II}}+P_{At}+P_{C\text{II}})\gamma'_m$$
$$=(52.69+52.13+11.55+511.04)\times 1.25$$
$$=627.41\times 1.25=784.26(\text{kN})$$

总的水平载荷为 $H=\sqrt{H_x^2+H_y^2}=694.97\times 1.25=868.71(\text{kN})$

(4) 载荷情况Ⅲ$_a$。

总的水平载荷为 $H=P_{W\text{III}}K_h\times\gamma'_m=365.50\times 1.32\times 1.25=603.08(\text{kN})$ (变幅平面内)

$H=P_{W\text{III}}K_h\times\gamma'_m=382.06\times 1.32\times 1.25=630.40(\text{kN})$ (回转平面内)

(5) 载荷情况Ⅲ$_b$。

总的水平载荷为 $H=P_{\alpha\text{III}}\times\gamma'_m=9.15\times 1.25=11.44(\text{kN})$

4) 总力矩

(1) 载荷情况Ⅰ。

由垂直载荷和变幅平面内的水平载荷引起的绕 y 轴的弯矩为

$$M_y=[P_{Gh}y+P'_QR+P_{An}h_G+P_{\alpha}h_G+P'_Qh_Q\tan(\alpha_{\text{I}}+\gamma)+P_{H\text{I}}\times 0]\gamma'_m$$
$$=[2759.55\times 2.19+183.94\times 30+13.86\times 6.3+8.92\times 6.3+$$
$$183.94\times 14.7\tan(3^\circ+1.7^\circ)]\times 1.25$$
$$=11\,927.35\times 1.25=14\,909.19(\text{kN}\cdot\text{m})$$

由回转平面内的水平载荷引起的绕 x 轴的弯矩为

$$M_x = (P_{A\mathrm{I}} h_Q + P_{At} h_G + P_{C\mathrm{I}} \times 0)\gamma'_m$$
$$= (11.57 \times 14.7 + 11.55 \times 6.3) \times 1.25 = 242.844 \times 1.25 = 303.555(\mathrm{kN \cdot m})$$

总力矩 $M = \sqrt{M_x^2 + M_y^2} = 11929.82 \times 1.25 = 14912.28(\mathrm{kN \cdot m})$

(2) 载荷情况Ⅱ$_a$。

a. 风作用在变幅平面内绕 y 轴的弯矩为

$$M_y = (\phi_1 P_{Gh} y + \phi_2 P_Q R_{max} + P_\alpha h_G + P_{W\mathrm{II}} h + P_{H\mathrm{II}} \times 0)\gamma'_m$$
$$= (1.1 \times 2759.55 \times 2.19 + 1.41 \times 245.25 \times 35 + 8.92 \times 6.3 + 372.90) \times 1.25$$
$$= 19179.94 \times 1.25 = 23974.92(\mathrm{kN \cdot m})$$

绕 x 轴的弯矩为

$$M_x = (P_{C\mathrm{II}} \times 0)\gamma'_m = 0$$

总力矩 $M = \sqrt{M_x^2 + M_y^2} = 19179.94 \times 1.25 = 23974.92(\mathrm{kN \cdot m})$

b. 风作用在回转平面内绕 y 轴的弯矩为

$$M_y = (\phi_1 P_{Gh} y + \phi_2 P_Q R_{max} + P_\alpha h_G + P_{H\mathrm{II}} \times 0)\gamma'_m$$
$$= (1.1 \times 2759.55 \times 2.19 + 1.41 \times 245.25 \times 35 + 8.92 \times 6.3) \times 1.25$$
$$= 18807.04 \times 1.25 = 23508.80(\mathrm{kN \cdot m})$$

绕 x 轴的弯矩为

$$M_x = (P_{W\mathrm{II}} h + P_{C\mathrm{II}} \times 0)\gamma'_m = 485.78 \times 1.25 = 607.23(\mathrm{kN \cdot m})$$

总力矩 $M = \sqrt{M_x^2 + M_y^2} = 18813.31 \times 1.25 = 23516.64(\mathrm{kN \cdot m})$

(3) 载荷情况Ⅱ$_b$。

a. 回转和变幅机构同时起(制)动,风作用在变幅平面内绕 y 轴的弯矩为

$$M_y = [P_{Gh} y + P_Q R_{max} + P_{An} h_G + P_{Ab} h_G + P_\alpha h_G + P_Q h_Q \tan(\alpha_{\mathrm{II}} + \gamma) + P_{W\mathrm{II}} h + P_{H\mathrm{II}} \times 0]\gamma'_m$$
$$= [2759.55 \times 2.19 + 245.25 \times 35 + 13.86 \times 6.3 + 28.13 \times 6.3 + 8.92 \times 6.3 + 245.25 \times 14.7\tan(10^\circ + 1.7^\circ) + 372.90] \times 1.25$$
$$= 16067.39 \times 1.25 = 20084.24(\mathrm{kN \cdot m})$$

绕 x 轴的弯矩为

$$M_x = (P_{A\mathrm{II}} h_Q + P_{At} h_G + P_{C\mathrm{II}} \times 0)\gamma'_m$$
$$= (52.13 \times 14.7 + 11.55 \times 6.3) \times 1.25 = 839.08 \times 1.25 = 1048.85(\mathrm{kN \cdot m})$$

总力矩 $M = \sqrt{M_x^2 + M_y^2} = 16089.28 \times 1.25 = 20111.61(\mathrm{kN \cdot m})$

b. 回转和变幅机构同时起(制)动,风作用在回转平面内绕 y 轴的弯矩为

$$M_y = [P_{Gh} y + P_Q R_{max} + P_{An} h_G + P_{Ab} h_G + P_\alpha h_G + P_Q h_Q \tan(\alpha_{\mathrm{II}} + \gamma) + P_{H\mathrm{II}} \times 0]\gamma'_m$$
$$= [2759.55 \times 2.19 + 245.25 \times 35 + 13.86 \times 6.3 + 28.13 \times 6.3 + 8.92 \times 6.3 + 245.25 \times 14.7\tan(10^\circ + 1.7^\circ)] \times 1.25 = 15694.49 \times 1.25 = 19618.12(\mathrm{kN \cdot m})$$

绕 x 轴的弯矩为

$$\begin{aligned}M_x&=(P_{A\mathrm{II}}h_Q+P_{At}h_G+P_{W\mathrm{II}}h+P_{C\mathrm{II}}\times 0)\gamma'_m\\&=(52.13\times 14.7+11.55\times 6.3+485.78)\times 1.25\\&=1324.86\times 1.25=1656.07(\text{kN}\cdot\text{m})\end{aligned}$$

总力矩　$M=\sqrt{M_x^2+M_y^2}=15750.31\times 1.25=19687.89(\text{kN}\cdot\text{m})$

c. 运行和回转机构同时起(制)动,风作用在变幅平面内绕 y 轴的弯矩为

$$\begin{aligned}M_y&=[P_{Gh}y+P_QR_{max}+P_{An}h_G+P_{Ay}h_G+P_{\alpha}h_G+P_Qh_Q\tan(\alpha_{\mathrm{II}}+\\&\quad\gamma)+P_{W\mathrm{II}}h+P_{H\mathrm{II}}\times 0]\gamma'_m\\&=[2759.55\times 2.19+245.25\times 35+13.86\times 6.3+46.88\times 6.3+8.92\times 6.3+\\&\quad 245.25\times 14.7\tan(10^\circ+1.7^\circ)+372.90]\times 1.25\\&=16185.52\times 1.25=20231.90(\text{kN}\cdot\text{m})\end{aligned}$$

绕 x 轴的弯矩为

$$\begin{aligned}M_x&=(P_{A\mathrm{II}}h_Q+P_{At}h_G+P_{C\mathrm{II}}\times 0)\gamma'_m\\&=(52.13\times 14.7+11.55\times 6.3)\times 1.25=839.08\times 1.25=1048.85(\text{kN}\cdot\text{m})\end{aligned}$$

总力矩　$M=\sqrt{M_x^2+M_y^2}=16207.25\times 1.25=20259.07(\text{kN}\cdot\text{m})$

d. 运行和回转机构同时起(制)动,风作用在回转平面内绕 y 轴的弯矩为

$$\begin{aligned}M_y&=[P_{Gh}y+P_QR_{max}+P_{An}h_G+P_{Ay}h_G+P_{\alpha}h_G+P_Qh_Q\tan(\alpha_{\mathrm{II}}+\gamma)+P_{H\mathrm{II}}\times 0]\gamma'_m\\&=[2759.55\times 2.19+245.25\times 35+13.86\times 6.3+46.88\times 6.3+8.92\times 6.3+\\&\quad 245.25\times 14.7\tan(10^\circ+1.7^\circ)]\times 1.25\\&=15812.62\times 1.25=19765.77(\text{kN}\cdot\text{m})\end{aligned}$$

绕 x 轴的弯矩为

$$\begin{aligned}M_x&=(P_{A\mathrm{II}}h_Q+P_{At}h_G+P_{W\mathrm{II}}h+P_{C\mathrm{II}}\times 0)\gamma'_m\\&=(52.13\times 14.7+11.55\times 6.3+485.78)\times 1.25\\&=1324.86\times 1.25=1656.07(\text{kN}\cdot\text{m})\end{aligned}$$

总力矩　$M=\sqrt{M_x^2+M_y^2}=15868.02\times 1.25=19837.58(\text{kN}\cdot\text{m})$

(4) 载荷情况III_a。

a. 风作用在变幅平面内绕 y 轴的弯矩为

$$\begin{aligned}M_y&=(P_{Gh}y+P_{W\mathrm{III}}h)\gamma'_m\\&=(2756.74\times 0.326+1.32\times 4466.36)\times 1.25\\&=6794.29\times 1.25=8492.87(\text{kN}\cdot\text{m})\end{aligned}$$

绕 x 轴的弯矩为

$$M_x=P_{\alpha\mathrm{III}}h_G\gamma'_m=9.15\times 6.3\times 1.25=57.65\times 1.25=72.06(\text{kN}\cdot\text{m})$$

总力矩　$M=\sqrt{M_x^2+M_y^2}=6794.53\times 1.25=8493.17(\text{kN}\cdot\text{m})$

b. 风作用在回转平面内绕 y 轴的弯矩为

$$M_y = P_{Gh} y \gamma'_m = 2756.74 \times 0.326 \times 1.25 = 898.70 \times 1.25 = 1123.37(\text{kN}\cdot\text{m})$$

绕 x 轴的弯矩为

$$\begin{aligned} M_x &= (P_{\alpha \mathrm{III}} h_G + P_{W\mathrm{III}} h)\gamma'_m \\ &= (9.15 \times 6.3 + 1.32 \times 4550.30) \times 1.25 = 6064.04 \times 1.25 = 7580.05(\text{kN}\cdot\text{m}) \end{aligned}$$

总力矩　$M = \sqrt{M_x^2 + M_y^2} = 6130.27 \times 1.25 = 7662.84(\text{kN}\cdot\text{m})$

(5) 载荷情况 III_b。

绕 y 轴的弯矩为

$$\begin{aligned} M_y &= (P_{Gh} y + \phi_6 P_{td} R_{max})\gamma'_m \\ &= (2756.74 \times 0.326 + 1.205 \times 269.5 \times 35) \times 1.25 = 12264.86 \times 1.25 = 15331.07(\text{kN}\cdot\text{m}) \end{aligned}$$

绕 x 轴的弯矩为

$$M_x = P_{\alpha \mathrm{III}} h_G \gamma'_m = 9.15 \times 6.3 \times 1.25 = 57.65 \times 1.25 = 72.06(\text{kN}\cdot\text{m})$$

总力矩　$M = \sqrt{M_x^2 + M_y^2} = 12265.0 \times 1.25 = 15331.24(\text{kN}\cdot\text{m})$

3. 回转轴承的选型和校核

1) 按静态工况选型

由教材表 9-5 知,13 系列轴承的系数 $f_s = 1.25$, $f_d = 1.13$。

三排滚柱式回转支承中,径向力 F_r 由径向滚柱承受,仅对轴向力和倾覆力矩进行计算。

根据载荷情况Ⅰ,回转支承装置承受的总垂直力 $F_a = V = 2943.49\,\text{kN}$,倾覆力矩 $M = 14996.48\,\text{kN}\cdot\text{m}$ 按静态载荷算得,并考虑系数 f_s,则

$$F'_a = f_s F_a = 2943.49 \times 1.25 = 3679.36(\text{kN})$$

$$\begin{aligned} M' &= f_s M = 11929.82 \times 1.25 \\ &= 14912.28(\text{kN}\cdot\text{m}) \end{aligned}$$

根据 13 系列轴承的承载曲线和 8.8 级螺栓连接(JB/T 2300—2011),选择轴承型号 132.50.3550,模数 22,齿数 176,轴承直径 $D = 3550\,\text{mm}$,其承载曲线如图 9-16 所示。

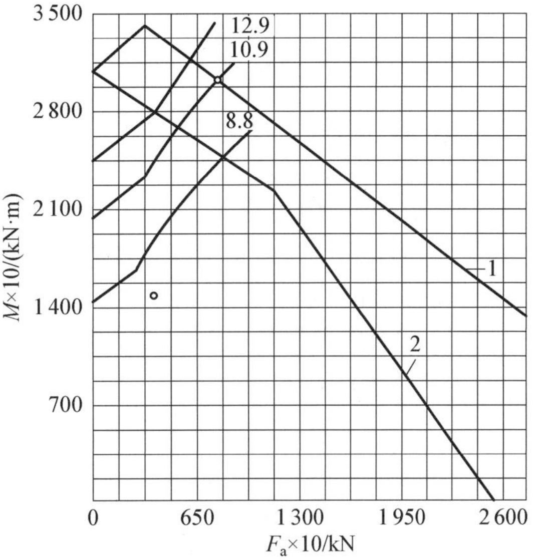

1—静态承载曲线;2—动态承载曲线。

图 9-16　回转轴承载荷曲线

2) 动态寿命校核

根据载荷情况Ⅱ,验算轴承的使用寿命 $L_f = (f_e)^{\varepsilon} \times 30000$,其中 $\varepsilon = 10/3$。由图 9-16 查得,$F_{a0} = 8000\,\text{kN}$, $M_0 = 30100\,\text{kN}\cdot\text{m}$。轴承在各工况下的寿命计算如表 9-6 所示。

表 9-6　轴承寿命计算表

载荷情况	全寿命占比 w_i/%	总垂直载荷 V/kN	倾覆力矩 M/(kN·m)	当量中心轴向力 $F'_a=f_d F_a$/kN	当量倾覆力矩 $M'=f_d M$/(kN·m)	系数 F_{a0}/F'_a	系数 M_0/M'	寿命载荷系数 f_e	轴承的使用寿命 L_f/转
Ⅰ	50	2943.49	11929.82	3326.14	13480.70	2.405	2.233	2.233	436484.1
$Ⅱ_a$a	13	3381.30	19179.94	3820.87	21673.33	2.094	1.389	1.389	89658.3
$Ⅱ_a$b	13	3381.30	18813.31	3820.87	21259.04	2.094	1.416	1.416	95616.0
$Ⅱ_b$a	6	3004.8	16089.28	3395.42	18180.89	2.356	1.656	1.656	161049.5
$Ⅱ_b$b	6	3004.8	15750.31	3395.42	17797.85	2.356	1.691	1.691	172895.8
$Ⅱ_b$c	6	3004.8	16207.25	3395.42	18314.19	2.356	1.644	1.644	157175.1
$Ⅱ_b$d	6	3004.8	15868.02	3395.42	17930.86	2.356	1.679	1.679	168657.5

$$L_f=\frac{1}{60n_h}\times\sum_{i=1}^{n}L_{fi}\times w_i=\frac{281868.8}{60\times1.5}=3132(\text{h})$$

根据起重机的作业周期，可得每小时工作制下的作业循环数为

$$N=\frac{3600}{T}=3600/77.3=46.57(\text{r/h})$$

每天的回转作业时间为 $\frac{N}{n_h}\times24=\frac{46.57}{1.5\times60}\times24=12.42(\text{h})$

则该轴承的寿命为 3132/12.42＝252(天)。

4. 电动机选型

1) 等效回转阻力计算

等效回转阻力按载荷情况Ⅰ计算。当惯性力较大时，应将惯性力与等效阻力相加，以考虑惯性力的影响。

(1) 回转摩擦阻力矩 M_m 的计算。

滚动体压力：

$$\sum N=\frac{V}{\sin\beta}\left(1-\frac{2\varphi_2}{\pi}\right)+\frac{2kM\sin\varphi_2}{\pi D\sin\beta}+\frac{4H}{\pi\cos\beta}$$

$$=\frac{2943.49}{\sin90^\circ}\left(1-\frac{2\times0.438}{\pi}\right)+\frac{2\times4.5\times11930.34\sin78.77^\circ}{\pi\times3.55\sin90^\circ}=11565.97(\text{kN})$$

式中，φ_2 为与最小载荷滚动体之间的夹角，$\varphi_2=\arccos\frac{DV}{kM}=\arccos\frac{3.55\times2943.49}{4.5\times11930.34}=78.77(^\circ)=0.438(\text{rad})$；$k$ 为与滚动体形状和滚道刚度有关的系数，对于滚柱轴承 $k=4\sim4.5$，对于滚珠轴承 $k=4.5\sim5$，滚道刚度小时取值大，刚度大时取小值；β 为滚动体的接触角，$\beta=90^\circ$。

回转摩擦阻力矩为

$$M_m = \frac{1}{4}\mu_h D \sum N = 0.25 \times 0.01 \times 3.55 \times 11\,565.97 = 102.65(\text{kN} \cdot \text{m})$$

式中，μ_h 为换算摩擦系数，可取 $\mu_h = 0.01$；D 为滚动体中心圆直径(m)。

(2) 等效风阻力矩 M_{Weq} 的计算。

回转机构的等效风阻力矩按第Ⅰ类载荷风阻力矩的 0.7 倍计算。风垂直于臂架方向时，风阻力矩达到最大值。起重机正常工作时，货物产生的等效风阻力矩为

$$M_{Weq} = 0.7 \times M_{W\text{I}} = 0.7 \times (0.6 \times 52.69 \times 6.5) = 0.7 \times 205.49 = 143.84(\text{kN} \cdot \text{m})$$

其中，等效幅度时风载荷到回转中心的水平距离为 6.5 m。

(3) 等效坡道阻力矩 $M_{\alpha eq}$ 的计算。

最大坡道阻力矩为

$$\begin{aligned} M_{\alpha max} &= P'_Q(\sin\gamma)R + P_{Gh}(\sin\gamma)y \\ &= (183.94 \times 30 + 2\,756.74 \times 2.19)\sin 0.17^\circ = 34.29(\text{kN} \cdot \text{m}) \end{aligned}$$

等效坡道阻力矩按坡道阻力矩的 0.7 倍计算，即

$$M_{\alpha eq} = 0.7M_\alpha = 0.7 \times 34.29 = 24.00(\text{kN} \cdot \text{m})$$

(4) 惯性阻力矩 M_A 的计算。

$$M_A = M_{A1} + M_{A2} = 341.70 + 234.85 = 575.55(\text{kN} \cdot \text{m})$$

由回转部分的质量引起的惯性阻力矩 M_{A1} 为

$$M_{A1} = \frac{J_h n_h}{10t_h} = \frac{1.8224 \times 10^4 \times 1.5}{10 \times 8} = 341.70(\text{kN} \cdot \text{m})$$

式中，J_h 为起重机回转部分(不含物品)各构件质量对回转轴线的转动惯量，$J_h = \sum_{i=1}^{n} m_{Ghi} l_i^2 = 281.30 \times 10^3 \times 2.19^2 + 18.75 \times 10^3 \times 30^2 = 1.8224 \times 10^7(\text{kg} \cdot \text{m}^2)$；$m_{Ghi}$ 为起重机回转部分各构件质量(kg)；l_i 为相应于上述各质量的质心到回转轴线的距离(m)；n_h 为门座起重机的回转速度(r/min)。

由驱动装置的回转零部件质量引起的惯性阻力矩 M_{A2} 为

$$\begin{aligned} M_{A2} &= \frac{k(J_1 + J_2)n}{10t_h} i_h \eta_h = \frac{1.1 \times (3.65 + 2.30) \times 2 \times 1470}{10 \times 8} \times 976.39 \times 1 \times 10^{-3} \\ &= 234.85(\text{kN} \cdot \text{m}) \end{aligned}$$

式中，$J_1 + J_2$ 为电动机转子与联轴器的惯性矩($\text{kg} \cdot \text{m}^2$)；$k$ 为考虑其他传动件飞轮矩影响的系数，换算到电动机轴可取 $k = 1.1 \sim 1.2$；n 为电动机转速(r/min)。

综上所述，等效回转阻力矩为

$$M_{eq} = M_m + M_{Weq} + M_{\alpha eq} + M_A = 102.65 + 143.84 + 24.0 + 575.55 = 846.04(\text{kN} \cdot \text{m})$$

2) 稳态功率的计算

回转机构的等效功率按下式进行计算：

$$P_e=\frac{M_{eq}n}{9550\eta m}=\frac{846.04\times 10^3\times 1.5}{9550\times 1\times 2}=66.44(\text{kW})$$

式中，η 为回转机构的效率，取为 1；m 为电动机的台数。

则稳态功率为

$$P_n=GP_e=0.6\times 66.44=39.87(\text{kW})$$

式中，G 为稳态负载平均系数，对于门座式起重机回转机构，取 $G=0.6$（见教材表 4－1 和表 4－2）。

3）电动机的选择

选择两台电动机，型号为 YZP225M－4，额定功率 $P_N=37\,\text{kW}$，额定转速 $n_N=1480\,\text{r/min}$，额定转矩 $M_n=236\,\text{N}\cdot\text{m}$，最大启动转矩系数 $\lambda_m=2.8$，平均启动转矩系数 $\lambda_{AS}=1.8$，转动惯量 $J_1=0.74\,\text{kg}\cdot\text{m}^2$，电动机轴直径 $d_1=65\,\text{mm}$，轴长 $L_1=140\,\text{mm}$。

5．减速器的选择

$$i_0=\frac{n_N}{n_h}=1480/1.5=986.7$$

由于传动比较大，选用减速器和开式齿轮相结合的方式进行调速。回转支承的齿数为 176，减速器小齿轮齿数为 15，因此，开式齿轮传动的传动比为 $i_1=176/15=11.73$。则减速器的传动比为

$$i_2=\frac{986.7}{11.73}=84.12$$

回转机构的减速器用等效功率进行选择，减速器的工作特点和选择原则与运行机构减速器相同。

工况系数 $K=1.4$（机构工作级别），则减速器的输入功率为

$$P_{K1}=K\phi_8P_{N1}=1.4\times 2\times 45=126(\text{kW})$$

根据样本，选择行星齿轮减速器，型号为 JVP314，额定功率 $P_{N1}=196\,\text{kW}$，其传动比为 83.215，额定输出转矩 $M_{N2}=110.0\,\text{kN}\cdot\text{m}$，$M_{N\max}=170.0\,\text{kN}\cdot\text{m}$。

$$M_{K1}=K\phi_8M_c=1.4\times 2\times 912.25/(2\times 11.73)=108.88(\text{kN}\cdot\text{m})<M_{N2}$$

式中，M_c 为计算输出转矩，$M_c=M_{eq}/mi_1$。

于是，实际总传动比为　$i=i_1i_2=976.39$。

6．齿轮强度的校核

根据载荷情况Ⅰ进行齿面的接触强度校核，根据载荷情况Ⅱ和Ⅲ进行齿根的弯曲强度校核，校核时需考虑 γ_m' 的影响。

7．极限力矩联轴器的选择

极限力矩联轴器所需的摩擦力矩：

$$M_{jl}=1.1\left[M_{\max}-\frac{(J_1+J_2)n}{9.55t}\right]i_c\eta_c$$

$$=1.1\times\left[873-\frac{(3.65+2.30)\times 2\times 1470}{9.55\times 8}\right]\times 1\times 1=708.4(\text{N}\cdot\text{m})$$

式中，M_{max} 为电动机最大启动转矩或制动器的制动力矩(N·m)，$M_{max}=\lambda_m M_n=3.0\times 291=873$(N·m)；$t$ 为启动、制动时间(s)；i_c 为电动机至极限力矩联轴器的回转机构传动比；η_c 为电动机至极限力矩联轴器的传动效率。

联轴器型号为 MQA40，公称转矩为 1400 N·m，转动惯量 $J_2=2.30\text{kg}\cdot\text{m}^2$，直径为400mm 如图 9－17 所示。

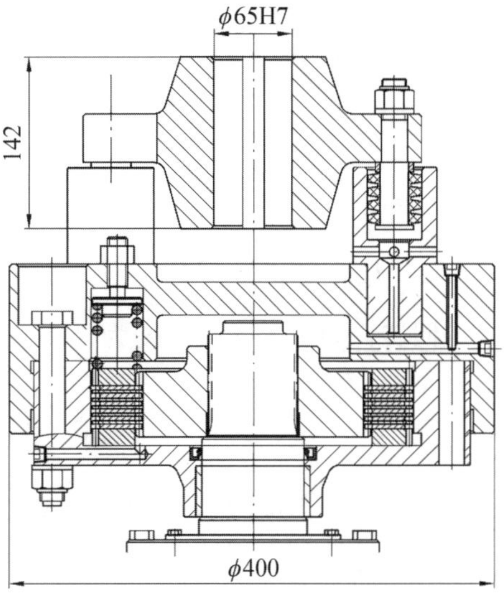

图 9－17 极限力矩联轴器

8. 电动机校核

1) 过载验算

回转机构电动机的过载验算为

$$P_N\geqslant\frac{H}{m\lambda_m}\frac{(M_m+M_{\alpha max}+M_{W\text{II}}+M_{\alpha\text{I}})n_1}{9550\eta i}$$

式中，对于绕线式异步电机，系数 $H=1.55$；电动机最大转矩倍数 $\lambda_m=3.0$。

$$M_{\alpha\text{I}}=P_Q(\tan\alpha_{\text{I}})R_{max}=245\times\tan 3.6^\circ\times 35=539.49(\text{kN}\cdot\text{m})$$

$$(\text{回转平面内 }\alpha_{\text{I}}=0.3\times 12^\circ=3.62^\circ)$$

$$M_{W\text{II}}=52.69\times 6.5=342.49(\text{kN}\cdot\text{m})$$

于是 $\frac{H}{m\lambda_m}\frac{(M_m+M_{\alpha max}+M_{W\text{II}}+M_{\alpha\text{I}})n_1}{9550\eta i}$

$$=\frac{1.55}{2\times 3.0}\times\frac{(102.65+34.29+342.49+539.49)\times 10^3\times 1470}{9550\times 976.39\times 1}$$

$$=41.50(\text{kW})<P_N$$

故过载满足要求。

2) 发热验算

回转机构电动机的发热验算为

$$P_S=G\frac{(M_m+M_{\alpha eq}+M_{Weq})n_1}{9550mi\eta}$$

$$=0.6\times\frac{(102.65+24.0+143.84)\times 10^3\times 1470}{9550\times 976.39\times 1}=25.59(\text{kW})<P_N$$

故满足发热验算。

3) 启动加速度计算

$$t_q=\frac{(\sum J)n_1}{9.55(M_{dq}-M_j)}=\frac{46.63\times 1470}{9.55\times(1164-350.71)}=8.8\text{s}$$

式中，$\sum J$ 为回转机构及货物在内的全部回转运动质量换算到电动机轴上机构总转动惯量；

M_{dq} 为电动机的平均启动力矩，$M_{dq}=\lambda_{AS}M_n=2.0\times291\times2=1164(N\cdot m)$；$M_j$ 为折算到电动机轴上的稳态回转阻力矩。

$$J_h=m_{Gh}y^2+m_QR_{max}^2=281.3\times10^3\times2.19^2+25\times10^3\times35^2=3.197\times10^7(kg\cdot m^2)$$

$$\sum J=\frac{J_h}{i^2\eta}+1.1(J_1+J_2)=\frac{3.197\times10^7}{976.39^2\times1}+1.1\times(3.65+2.30)\times2=46.63(kg\cdot m^2)$$

$$M_j=(M_m+M_{\alpha max}+M_{WI})/i\eta=(102.65+34.29+205.49)\times10^3/976.39=350.71(N\cdot m)$$

回转臂架头部的线速度为

$$v_h=\frac{\pi n_h}{30}\times R_{max}=\frac{\pi\times1.5}{30}\times35=5.50(m/s)$$

回转臂架头部的切向加速度为

$$a_h=\frac{v_h}{t_q}=5.50/8.8=0.625(m/s^2)$$

满足设计要求。

9. 制动器的选择

在回转机构最不利工作状态下，其制动器应能使回转部分从运动中停止。其制动转矩按下式进行计算：

$$M_Z=\frac{(\sum J)n_1}{9.55t_Z}+M_C=\frac{46.63\times1470}{9.55\times8}+65.19=962.39(N\cdot m)$$

回转机构及货物在内的全部回转运动质量换算到电动机轴上的机构总转动惯量为

$$\sum J=\frac{J_h}{i^2}\eta+1.1(J_1+J_2)$$
$$=\frac{3.197\times10^7}{976.39^2}\times1+1.1\times(3.65+2.30)\times2=46.63(kg\cdot m^2)$$

换算到电动机轴上的等效回转力矩 M_C 为

$$M_C=\frac{\eta}{i}(M_{WIeq}+M_{\alpha eq}-M_m)=\frac{1}{976.39}\times(143.84+24.0-102.65)\times10^3=65.19(N\cdot m)$$

选择两台型号为 TYW400 的脚踏式液压制动器，其公称制动力矩范围为 600～800N・m。

四、思考题

(1) 起重机的回转支承装置起什么作用？试举一个实例详细分析。

(2) 门座起重机回转机构常采用的回转支承形式有哪些？它是由哪几部分组成的？又承受哪些载荷？

(3) 起重机回转机构常采用何种形式的制动器？为什么？一般采用什么样的操纵方式？

为了保证在工作时和非工作时都可靠制动，还应采取什么措施？

（4）起重机回转机构为什么采用极限力矩联轴器，简要说明其工作原理。

（5）回转支承承受的回转阻力有哪些？它们是如何计算的？

（6）回转支承滚动体的总水平力为什么取为回转机构所承受的水平载荷 H 的 1.5 倍？

五、计算题

（1）计算图 9－18 所示的柱式回转支承装置的下列参数：①止推轴承的支承力；②径向轴承的支承力；③水平滚轮的轮压。

已知条件：z 方向各垂直力的总和 P_V，回转支承装置的计算力矩 M，水平方向力的总和 P_H，上下水平支承间的距离 h，水平滚轮间夹角之半 γ。

【解】每个轮子上所受的力 N 为

$$N=\frac{H_1}{2\cos\gamma}-\frac{1}{2\cos\gamma}\left(\frac{M}{h}+P_H\right)$$

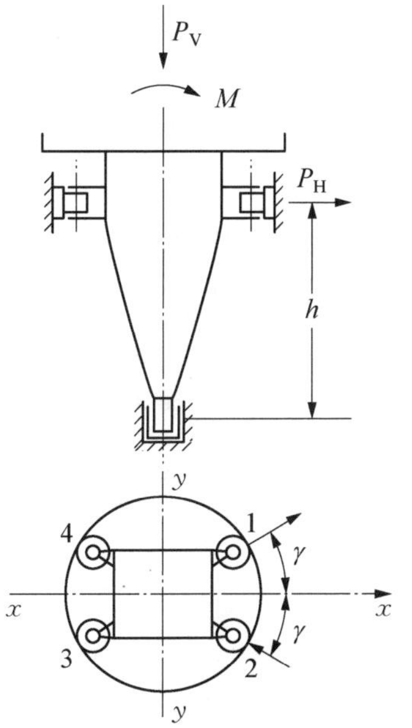

图 9－18　柱式回转支承装置简图

（2）一台门座式起重机（见图 9－19）的数据如下：起重量 $m_Q=5000\,kg$；取物装置（吊钩）质量 $m_0=250\,kg$；幅度 $R_{max}=24\,m$，$R_{min}=7.5\,m$；回转支承装置的结构尺寸如图 9－19 所示。回转速度 $n_h=1.82\,r/min$；回转机构工作制度为 S3，$JC=40\%$。试进行回转支承装置的受力分析和回转驱动装置的设计。其中，回转部分自重载荷 $P_G=568\,kN$；回转部分迎风面积 $A=48.5\,m^2$，风压 $p_{II}=250\,N/m^2$；变幅速度 $v_b=0.15\,m/s$，变幅时间 $t_b=3\,s$。

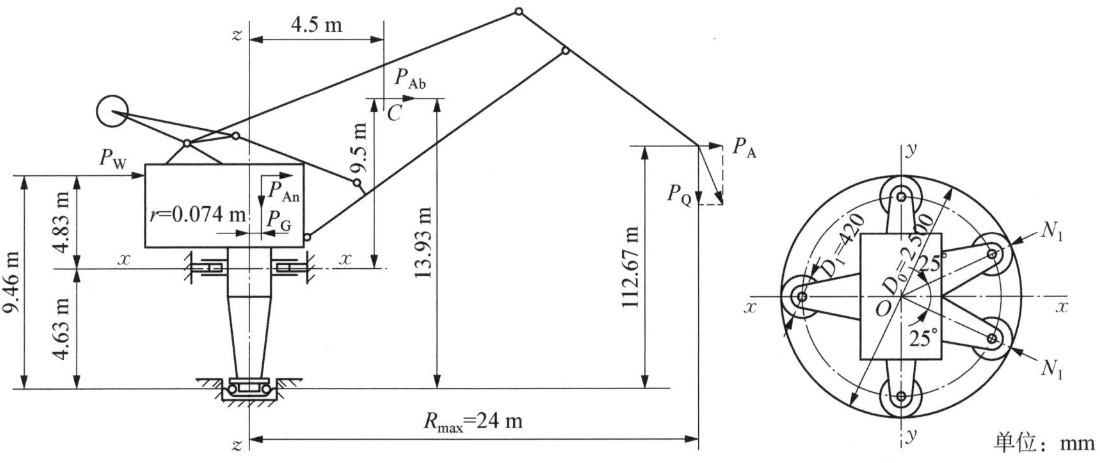

图 9－19　门座起重机简图

【解】略。

(3) 某汽车起重机采用双排滚珠滚动轴承作为回转支承装置。已知起重量为10t,最大幅度R_{max}=11m,回转部分自重为25t,回转部分重心至回转中心距离为1.1m。水平力(包括风力及偏摆力)为27.5kN,水平力至滚动轴承中心的高度为10m,大滚动轴承的滚道为1.8m,每排滚珠有112个,滚动体的接触角为30°,当量摩擦系数为0.01。试求:①单个滚动体的最大受载;②滚动轴承的摩擦阻力矩。

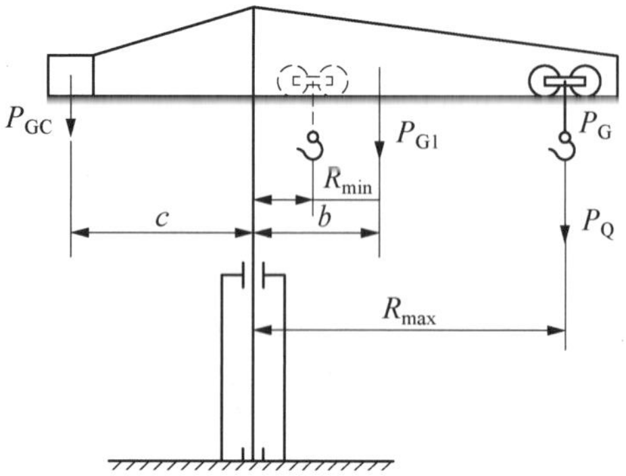

图9-20

【解】单个滚动体的最大载荷N_{max}=73.92kN;转盘式回转支承摩擦阻力矩M_m=24.82kN·m。

(4) 计算如图9-20所示的回转起重机的对重重量P_{GC}。已知条件:额定起升载荷为P_Q,载重小车自重载荷为P_G,起重机回转部分自重载荷为P_{G1},起重机的最大幅度为R_{max},起重机的最小幅度为R_{min},起重机回转部分及对重的重心到起重机回转中心线的距离分别为b、c。

【解】本题的回转支承形式为转柱式回转支承

$$P_{GC}=\frac{2P_{G1}b+(P_G+P_Q)R_{max}+P_GR_{min}}{2c}。$$

第十章 典型港口起重机介绍

一、学习目标

(一) 知识目标

(1) 了解门座起重机的总体构造以及回转支承装置的结构、安装方式。

(2) 了解岸边集装箱起重机发展趋势、设计主参数以及结构和机构的特点。

(3) 了解集装箱门式起重机的类型以及结构和机构特点。

(4) 了解桥式抓斗卸船机的类型以及物料输送系统和结构的特点。

(5) 了解浮式起重机的分类、技术参数及其稳性计算。

(二) 能力目标

(1) 掌握各种机型应用范围、整机结构构造、性能参数和机构组成特点。

(2) 理解机构型式与整机结构构造之间的关系。

(3) 掌握分析各种起重机中各机构的工作原理和工作性能的基础知识。

二、复习思考题

(1) 请指出图 10-1 所示部分是起重机的什么机构,并指出其组成零部件的对应位置。

(a)

(b)

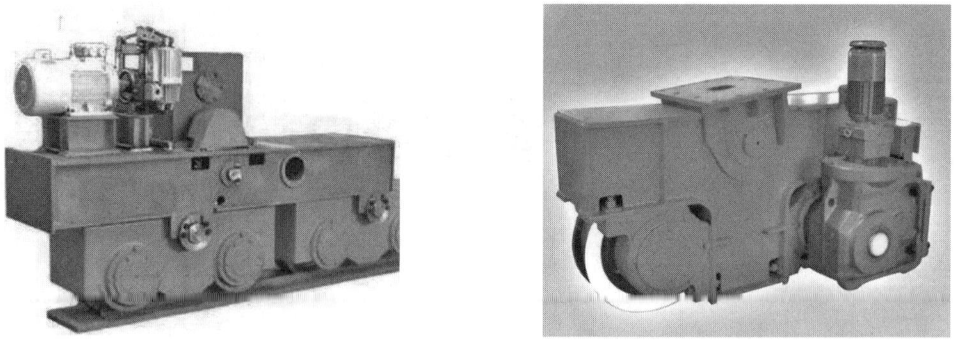

(c) (d)

图 10-1 起重机的典型机构

(2) 门座起重机门架结构形式是怎样的？有什么特点？

(3) 门座起重机上为什么要安装极限力矩联轴器？安装在什么位置？

(4) 请判断图 10-2 所示是否为平衡式变幅系统？如果是，其实现的方案是什么，并解释该方案的原理。如果不是，请说明理由。

图 10-2 典型的变幅机构

(5) 简述岸边集装箱起重机的结构和机构组成,以及近年来的技术革新有哪些?

(6) 集装箱起重机常用的防摇装置有哪些类型?简要说明防摇原理。

(7) 堆场上使用的集装箱门式起重机有哪些类型,它们各有什么优缺点。

(8) 桥式抓斗卸船机和岸边集装箱起重机在结构和机构上有什么区别?

(9) 简要描述浮式起重机的类型和分类方式。

(10) 说明相比陆上使用的起重机,浮式起重机上作用了哪些特殊载荷,这些载荷应如何考虑?

(11) 图 10-3 所示为现代港口起重机的整机运输方案,请比较分析图示方案的特点及设计时应考虑的因素。

图 10-3　港口起重机整机发运

下篇

港口起重机课程设计

第十一章　概　述

一、起重机课程设计的目的

起重机课程设计是港口起重机课程的一个重要实践教学环节，目的是对学生进行较全面的技术设计训练。课程设计的目的如下：

（1）使学生初步掌握典型机构的设计方法和设计计算步骤。

（2）使学生进一步熟悉典型机构的组成、工作原理；掌握各零部件的结构、装配位置、安装要求、计算或选用方法；了解各零件的制造工艺和加工方法等。

（3）使学生能熟练地查阅有关的技术标准与规范，正确地使用设计手册和技术资料，提高计算和绘图能力。

（4）培养学生综合运用基础知识和专业知识去分析和解决实际工程中复杂问题的能力。

通过课程设计，为学生毕业后能在起重机械科研院所、起重机械制造厂、港务集团公司、交通工程公司等单位从事起重机械设计、制造、技术改造和设备管理奠定良好的基础。

二、起重机课程设计的要求

设计者要树立正确的设计思想，培养严谨的工作作风，具有认真踏实的工作态度。在设计中要独立思考，独立设计，充分发挥自己的主观能动性。在课程设计中必须做到以下几点。

（1）熟悉起重机课程设计的内容，认真复习相关机构及零部件计算或选型的知识。同时准备好所需的技术资料、设计手册、设计用品，以便随时查阅、使用。

（2）在设计指导课上，专心听教师讲解，明确计算目的、要求、方法。在设计中遇到问题时，应首先认真思考，提出自己的看法，再与指导老师一起研究解决。

（3）在零部件设计时，要注意零件的加工工艺是否合理，部件的装拆检修是否容易，机构操作是否方便，以及使用是否安全。并要努力减少材料损耗，减轻部件重量，降低制造成本。

（4）恰当安排设计进度，做到前紧后松，按计划保质保量地完成设计任务。

（5）设计应分两步进行：①初算，记录设计参数选择、传动方案确定、机构计算过程中碰到的问题等并绘制设计草图，再对以上工作进行认真修改至初算完毕。②绘制施工图纸、整理设计计算书。

三、设计任务和时间安排

起重机课程设计的任务如下。

(1) 选择机构传动方案,计算零部件、机构和金属结构的参数,同时绘制布置图。在计算与制图过程中,要边算、边画和边修改,即所谓“三边”设计。

(2) 绘制总体方案图。

(3) 选用标准零部件,绘制非标准部件的施工图,分析某些标准零部件的设计条件。

(4) 整理设计计算说明书。

本课程设计可在起升机构和变幅机构中选其一完成,时间安排各为两周,具体可根据实际情况调整。

第十二章　起升机构的设计计算

一、设计任务和进度安排

（一）设计题目和主要参数

1. 题目

____A____ 吊钩/抓斗 ____B____ 起重机起升机构的设计计算。

备注："A"为起重量，如表 12－1 和表 12－2 所示；"B"为门座或桥式。

2. 设计主参数

表 12－1 和表 12－2 列出了内陆码头前沿中小起重量的门座起重机和广泛应用于工厂、仓库、料场等不同场合下桥式起重机的主要设计参数。

表 12－1　门座起重机起升机构设计题目

题号	起重量/t	工作级别	起升高度/m		起升状态级别	起升速度/(m/min)
			轨上 h_1	轨下 h_2		
1	5	M4～M6	12	6	HC_2，HC_3	30
2	8	M4～M6	12	10	HC_2，HC_3	20
3	10	M4～M6	8	10	HC_2，HC_3	33
4	16	M4～M6	10	10	HC_2，HC_3	36
5	15	M4～M6	28	16	HC_2，HC_3	50

表 12－2　桥式起重机起升机构设计题目

题号	起重量/t	起升高度/m		起升状态级别	起升速度/(m/min)		
		主钩	副钩		主钩		副钩
					M5	M6	
1	5	16	—	HC_2，HC_3	12.2	15.6	—
2	10	16	—	HC_2，HC_3	10.4	13.2	—
3	16/3.2	16	18	HC_2，HC_3	10.4	13.1	15.3
4	25/5	12	14	HC_2，HC_3	—	7	20

注：工作状态风速为 20 m/s；非工作状态风速为 28.3～31.0 m/s。

（二）设计任务

设计任务包括以下内容：

（1）选择合理的设计参数。

（2）根据应用场合和设计参数确定机构的传动方案，绘制传动布置简图，并证明方案的可行性。

（3）确定起升机构零部件，进行设计计算、校核或选型。

（4）绘制机构装配图、零件施工图。

（5）编写设计计算说明书，并进行价格核算。

（三）设计要求

起升机构的设计要求如下：

（1）注重机构传动方案的确定。设计者应根据已有的理论知识、技术资料和实践经验，从许多可能的方案中选择一种最佳方案。

（2）在设计中应严格遵循和执行有关的国家标准、行业标准。进行标准化设计，减轻设计工作量，节省设计时间，设计要有利于零件的互换性、选择合理的加工工艺性。

（3）在设计中贯彻边计算、边画图、边修改的设计方法：通过理论计算以及根据结构和加工工艺要求确定零部件的尺寸。有时要通过绘制草图来确定零部件的尺寸，再进行校核，最后根据计算结果修改草图。

（四）起重机课程设计的内容和进度安排

1. 课程设计内容

（1）设计计算书一份。

（2）绘制卷筒装配图、吊钩组装配图各一张。

（3）卷筒、卷筒轴零件图各一张。

（4）课程设计答辩。

2. 设计进度安排

本课程设计时间为 2 周（10 个工作日，每天以 4 学时计），拟订起升机构设计计算的进度如表 12－3 所示。

表 12－3 起升机构设计计算进度表

序号	设计阶段	设计内容	时数
1	动员与准备	布置设计任务，明确设计目的与要求	2
2	机构计算和通用零部件选型	确定钢丝绳缠绕系统方案和电力驱动装置方案；绘制驱动装置布置简图；进行机构零部件选型并校核；初步编写设计计算书	14
3	特殊零部件的设计计算	卷筒组结构设计与校核；吊钩组设计	10
4	绘图（二维或三维施工图）	绘制吊钩组装配图；卷筒、卷筒轴零件图	8
5	技术总结	完善设计计算书；整理图纸	4
6	答辩	课程设计答辩；计算书、图纸修改	2

二、起升机构的方案设计和计算

（一）起升驱动装置

起升机构驱动装置因取物装置、起重量、起升速度和使用场合不同而有所不同。以吊钩作为取物装置的起升机构驱动装置可以是单卷筒系统（见图 12-1），也可以是双卷筒系统（见图 12-2）。在工作过程中，卷筒以相同速度运行从而实现起吊货物的升降作业。

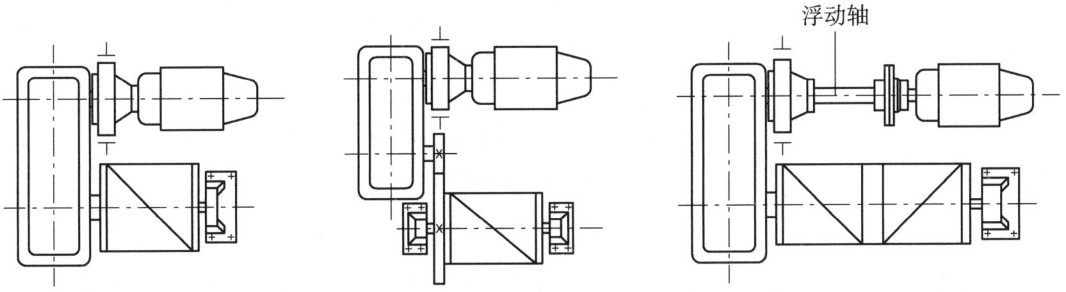

图 12-1　起升机构单卷筒系统布置图

(a)单联卷筒驱动；(b)带开式传动的单联卷筒驱动；(c)带浮动轴的双联卷筒驱动

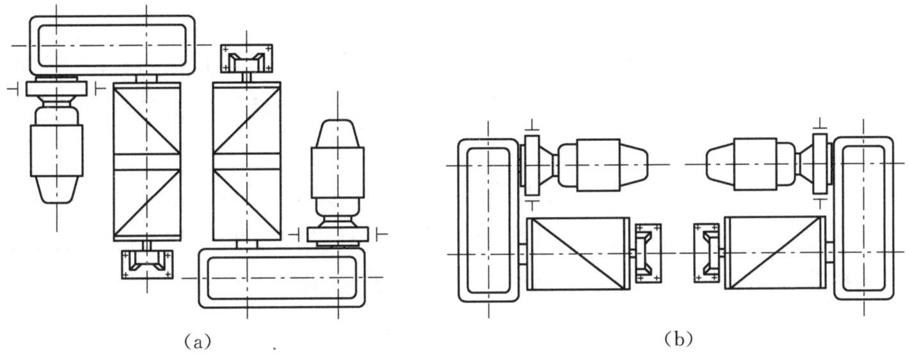

图 12-2　起升机构双卷筒系统布置图

(a)双联卷筒驱动；(b)单联卷筒驱动

以抓斗作为取物装置的起升机构驱动装置须采用两套独立的起升驱动装置，其中一套驱动装置用作抓斗开闭，另一套驱动装置用作抓斗开闭时的抓斗支持。在工作过程中，两套驱动装置可以分别独立动作，也可以联合动作，以实现抓斗开闭作业和升降运行，如图 12-3 所示。

桥式起重机的起升机构安装在小车架上。单吊钩时为一套独立的驱动装置，当有主、副两个吊钩时，需安装两套各自独立驱动的起升机构。

（二）起升钢丝绳缠绕方式

起升钢丝绳缠绕系统是传动系统的一部分，它由钢丝绳、滑轮和卷筒等组成，主要起旋转运动与升降运动形式的转换和动力传递作用。

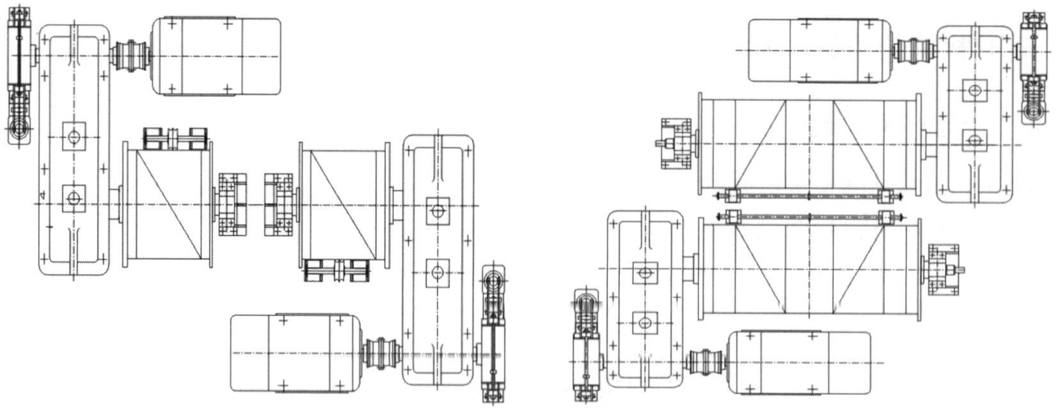

(a)　　　　　　　　　　　　　　(b)

图 12－3　抓斗作业用起升机构

(a)双绳抓斗;(b)四绳抓斗

1. 门座起重机

门座起重机的起升钢丝绳从起升卷筒引出后,经臂架端部的导向滑轮与取物装置相连。导向滑轮的数目、安装位置由起升钢丝绳缠绕系统确定。由于门座起重机在变幅过程中,臂架端部的导向滑轮到人字架上定滑轮间的距离变化,取物装置会出现落差,因此,缠绕方式分无补偿形式和有补偿形式两大类。

1) 无补偿形式

图 12－4 所示为吊钩、抓斗两用四连杆门座起重机的典型钢丝绳缠绕系统,该系统由两套双绳驱动的缠绕系统组成,使用吊钩时通过平衡滑轮均衡两套系统的钢丝绳张力。

2) 有补偿形式

图 12－5 所示为单臂架起重机上采用的滑轮组补偿式钢丝绳缠绕系统。在变幅过程中,可使钢丝绳以一定规律收进或放出,以补偿变幅时物品高度位置的变化,使物品做近似水平移动。补偿滑轮组倍率 a_k 与起升滑轮组倍率 a 关系通常取 $a_k/a=3$ 或 2.5,如图 12－6 所示。

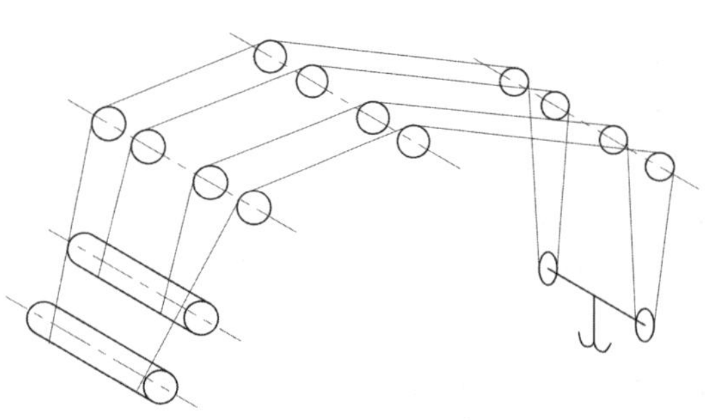

图 12－4　无补偿形式钢丝绳缠绕图(吊钩)

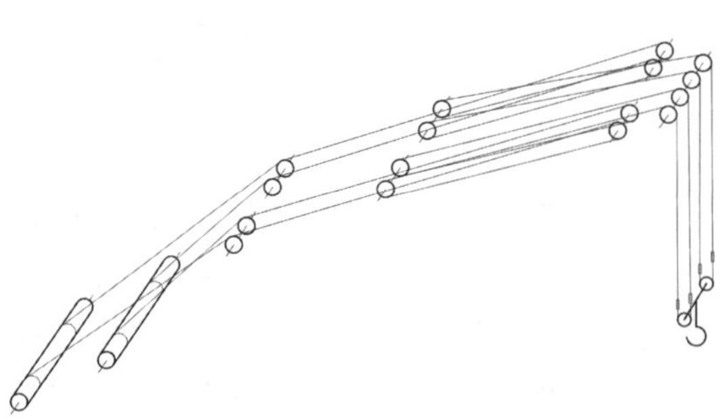

图 12－5　滑轮组补偿形式钢丝绳缠绕图(吊钩)

这类补偿法与组合臂架补偿法相比,其主要优点是构造简单,臂架受力大大改善,缺点是起升钢丝绳的长度大、绕过的滑轮数多,因而磨损快,小幅度时物品摆动角度大,不能保证物品沿严格的水平线移动等。这种形式主要用于起重量较小的起重机中。

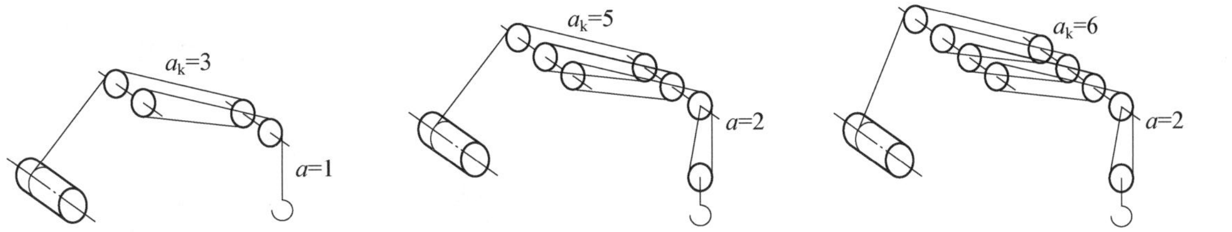

图 12 - 6 滑轮组补偿式起升钢丝绳缠绕图

若取物装置为抓斗时，其钢丝绳缠绕系统如图 12 - 7 和图 12 - 8 所示。

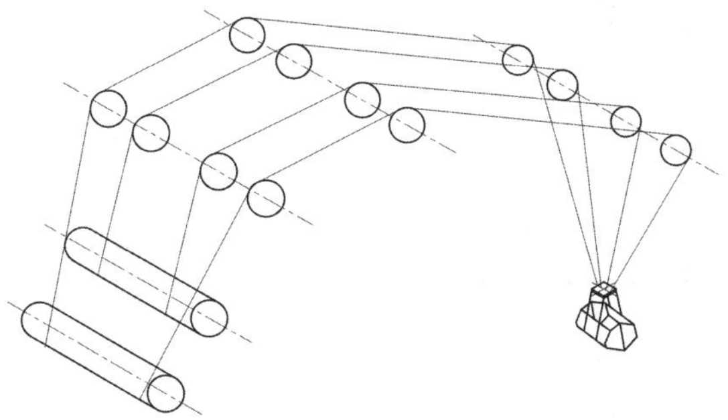

图 12 - 7 无补偿形式钢丝绳缠绕图(抓斗)

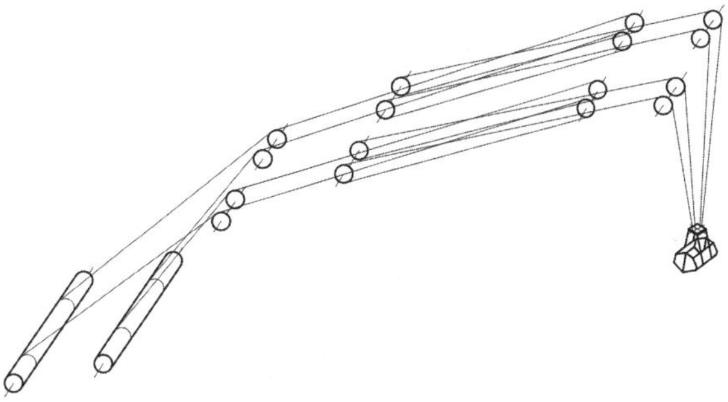

图 12 - 8 滑轮组补偿形式钢丝绳缠绕图(抓斗)

2. 桥式起重机

桥式起重机俗称行车，其起升机构一般放在移动的小车上，小车由小车架、平衡臂、滑轮组、吊钩滑轮组、卷筒和钢丝绳组成。定滑轮安装在小车架上，动滑轮与吊钩一起组成吊钩组。当起升高度不大时，钢丝绳一般在卷筒上单层卷绕；当主钩的起升高度大于 28 m，副钩的起升高度大于 32 m 时，采用双层卷绕方式。其钢丝绳缠绕系统的布置相对简单，有单联卷筒(见图 12 - 9)和双联卷筒(见图 12 - 10)两种缠绕方式。

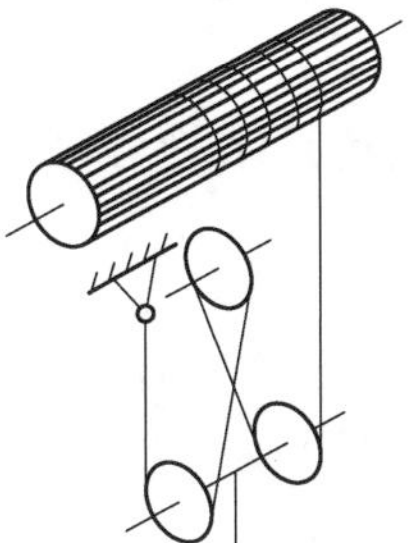

图 12 - 9 单联卷筒缠绕

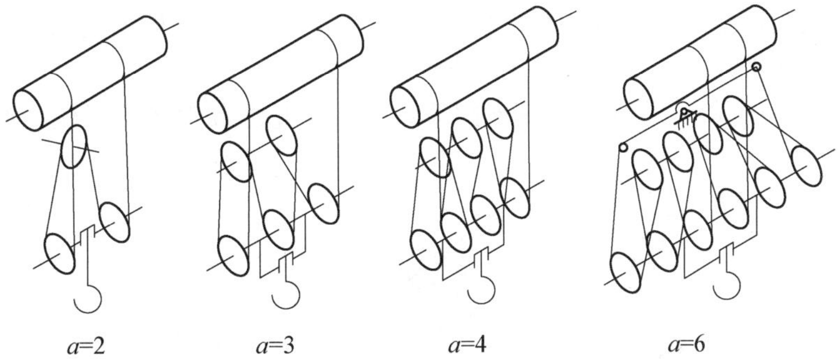

图 12 - 10 双联卷筒缠绕

当取物装置为抓斗时，桥式起重机也需要两套独立的驱动装置，这时闭合绳和支持绳各是两根，即为四绳抓斗。图 12 - 11(a)所示为驱动装置放在主小车车架上的钢丝绳缠绕系统，图 12 - 11(b)所示为驱动装置在机器房内，并采用补偿小车，使得主小车的运行速度与补偿小车的运行速度之比始终保持 2 : 1，同时保证抓斗的各个运动姿态。

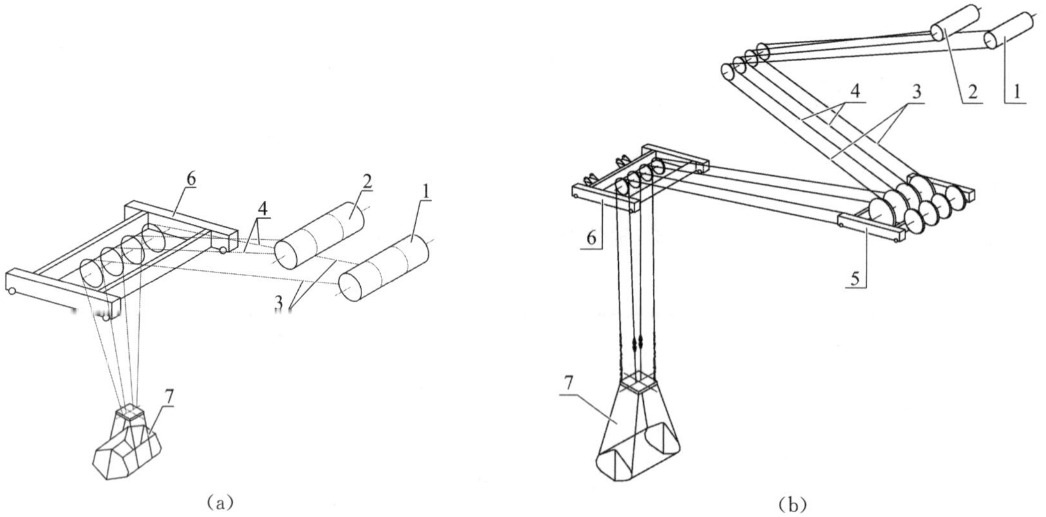

1—起升卷筒；2—开闭卷筒；3—起升钢丝绳；4—开闭钢丝绳；5—补偿小车；6—主小车；7—抓斗。

图 12－11　抓斗桥式起重机钢丝绳缠绕图

3. 选择缠绕方式需注意的几个问题

1）防止钢丝绳打结现象

近年，起重机的起升高度越来越高，导致起升钢丝绳的悬长也越来越长，钢丝绳打结的现象时有发生，影响了起重机的正常使用。

研究表明，钢丝绳系统的缠绕方式是引起钢丝绳打结的重要原因之一。同一个起升钢丝绳系统，采用不同的缠绕方式会产生不同甚至完全相反的旋转打结效果。如图 12－12 所示，假如设计者选用的钢丝绳为左旋钢丝绳，钢丝绳的自旋会引起吊钩滑轮组顺时针旋转，如果采用图 12－12(a)所示的缠绕方式，吊钩滑轮组相对于定滑轮组也有顺时针旋转的趋势，则钢丝绳系统顺时针打结的倾向和可能性会严重加剧；反之，如果采用图 12－12(b)所示的缠绕方式，吊钩滑轮组相对于定滑轮组有逆时针旋转的趋势，这样，就可以抵消一部分由于钢丝绳自旋引起的吊钩滑轮组顺时针方向旋转。依此理，设计者选用的钢丝绳如果为右旋钢丝绳，则应选用图 12－12(a)的缠绕方式。

图 12－13 所示的钢丝绳系统吊钩滑轮组相对于定滑轮组有顺时针旋转打结趋势，此时只

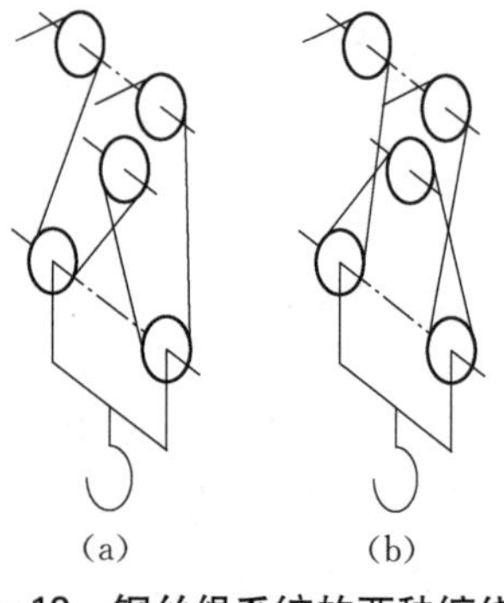

图 12－12　钢丝绳系统的两种缠绕方式

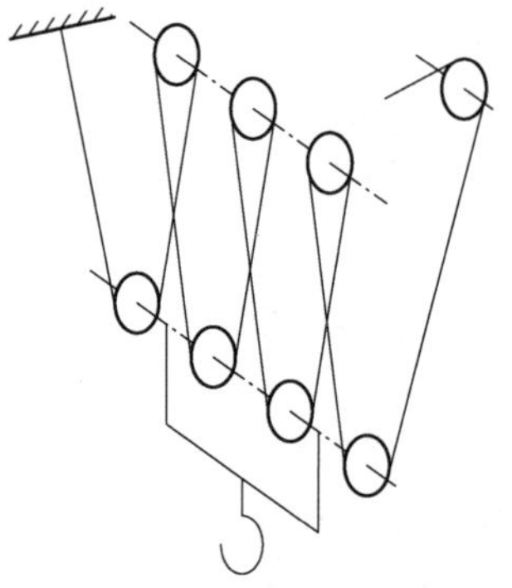

图 12－13　单联钢丝绳缠绕系统

能选择右旋钢丝绳，不能选择左旋钢丝绳。

2）吊具倾斜问题

钢丝绳缠绕方式如果设计不当，在实际使用中还会出现诸如乱绳、钢丝绳上垛和动滑轮组倾斜等问题。对于乱绳和钢丝绳上垛，目前通过优化卷筒设计（采用 LeBus 卷筒等）或者增加排绳器等措施都已经得到了很好的解决，但是动滑轮组倾斜现象还是比较普遍，具体表现如图 12－14 所示。

图 12－14 动定滑轮组之间的穿绳均类似图 12－15 所示的小花穿法，右边 5、6、7、8 号滑轮的钢丝绳拉力大于左边 1、2、3、4 号滑轮的钢丝绳拉力，而且交叉的钢丝绳会出现相互摩擦现象，对钢丝绳的使用寿命有一定影响。

图 12－14　动滑轮倾斜

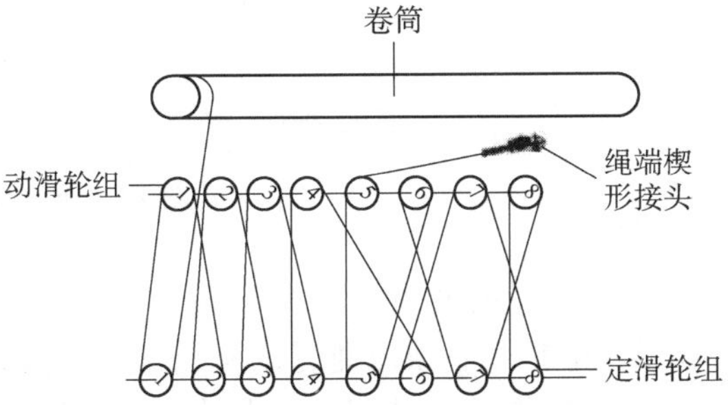

图 12－15　小花穿法

图 12－16 所示为顺穿法，图 12－17 所示为大花穿法，其中，采用顺穿法时，动滑轮组的倾斜程度更严重；而采用大花穿法虽稍有改善但仍不理想，且仍存在交叉钢丝绳相互摩擦的情况，因此还需要改进。

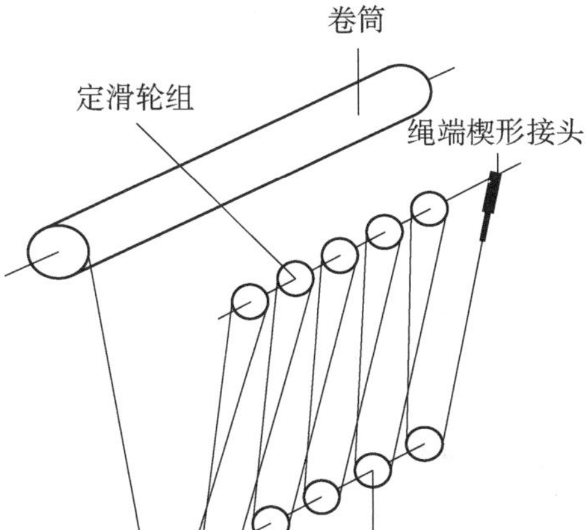

图 12－16　动滑轮组钢丝绳顺穿法

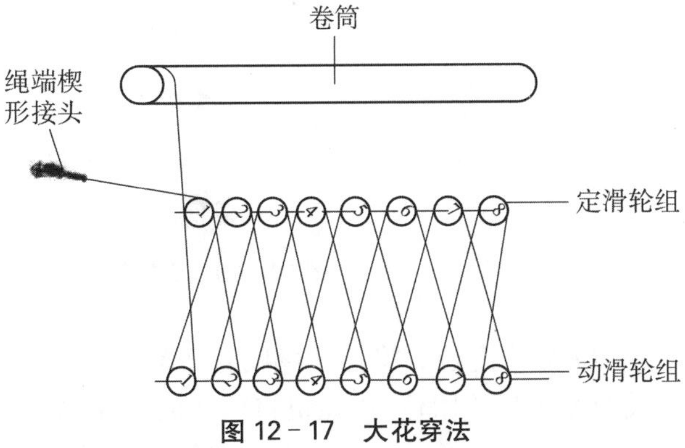

图 12－17　大花穿法

分析后发现，由于滑轮不可避免地存在摩擦阻力，所以钢丝绳必然存在张紧绳段和放松绳段，滑轮数量越多，钢丝绳的张紧力变化呈指数级递增，且累加效果越明显，靠后的钢丝绳动作就越会有延迟，从而导致动滑轮倾斜加剧，达到一定程度时，动滑轮组甚至会停在半空中无法继续起升。如果穿绳方式如图 12－18 所示：入绳 4→c→2→a→1→b→3→d→5→f→7→h→8→g→6→e 出绳，就能很好地解决动滑轮组的倾斜现象。图中，“---”线表示在一个面上缠绕的钢丝绳，“——”表示在另一个面上缠绕的钢丝绳。所有的钢丝绳都不交叉。

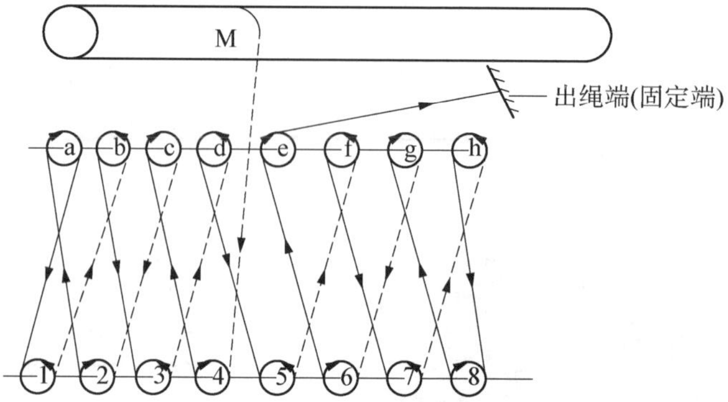

图 12－18　改进后的穿绳方法

3）钢丝绳的换绳问题

工程中常用一根尼龙绳或麻绳作为过渡绳来实现钢丝绳换绳，先将旧钢丝绳绑在尼龙绳上，通过起升滑轮组从起重机上放下来，然后把尼龙绳缠在起升卷筒上，调开起升限位，最后将新钢丝绳绑在尼龙绳上，利用起升机构的卷筒转动，把新绳带上来，新绳入机房后，用绳子绑住，退出尼龙绳，装上新绳，调好限位。

以四卷筒行星差动机构的抓斗钢丝绳缠绕系统（见图 12－19）为例，更换卷筒钢丝绳时，需要各卷筒单独动作。钢丝绳更换的具体操作如下：

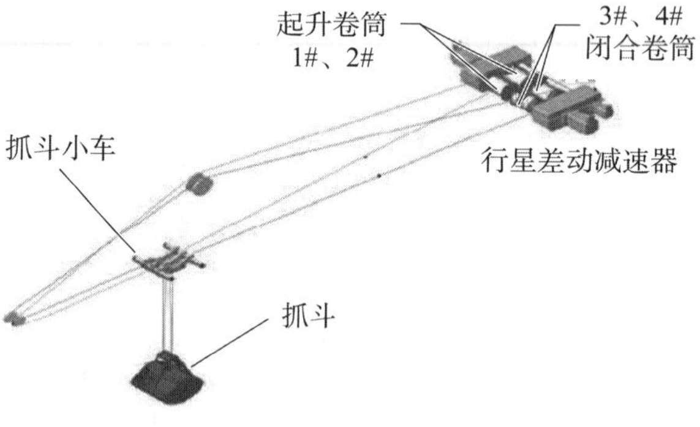

图 12－19　四卷筒行星差动机构钢丝绳缠绕系统

（1）抓斗定位。将抓斗微闭置于码头与轨道上表面齐平，拆卸提升和开闭减速器的凸轮开关及小车超程限位，由司机将抓斗放置在码头地面。

（2）更换钢丝绳。将报废的钢丝绳与抓斗脱开。单动卷筒，释放报废钢丝绳，同时，在码头层面牵拉该绳，使其逐渐下放。当报废的钢丝绳放至卷筒上留存两圈时，将钢丝绳可靠固定。拆卸钢丝绳压板放出余绳，可采用在钢丝绳头焊接螺母的方法，将其尾部与换绳牵引绳头连接。操作换绳器，继续松放报废钢丝绳；监视报废钢丝绳带着牵引绳逐步通过所经滑轮，直至到达码头地面。报废钢丝绳应绕放入收绳架内。解开牵引钢丝绳与报废钢丝绳的捆扎，并与新钢丝绳的绳头连接。操作换绳器，牵引新钢丝绳逐步通过所经滑轮，直至新换钢丝绳的绳头到达卷筒上方。解开钢丝绳的端部绳头，继续牵引钢丝绳，直至能够将钢丝绳绳头固定于卷筒上，然后解开牵引绳的绳头。

（3）调整抓斗平衡。先调整起升钢丝绳，脱开开闭减速器离合器手柄。单动1＃、2＃卷筒调整至起升绳受力平衡。恢复开闭减速器离合器手柄，脱开起升减速器离合器手柄。用单动3＃、4＃卷筒调整开闭绳受力平衡。将控制箱内传动/卷筒开关切换至传动，点动闭合抓斗至抓斗微闭。检查抓斗内两开闭绳楔套高度差，两楔套高度差要控制在10 cm以内。恢复起升减速器离合器手柄，通知司机将抓斗微闭，提至轨道上表面。恢复起升和开闭减速器的凸轮开关及小车超程限位。由司机进行初始化操作，起重机即可投入正常使用。

（三）起升机构计算

按图6－9所示步骤设计起升机构：包括确定钢丝绳缠绕方式和驱动装置传动方案、钢丝绳选型、滑轮选型、取物装置的选择/设计、卷筒的设计和校核、电动机的选型与校核、减速器的选型与校核、制动器的选型、联轴器的选型，以及机构启动、制动时间和加速度的验算等内容。

三、非标准零部件的设计计算

（一）卷筒组设计计算

1. 卷筒组的典型结构

卷筒组是起升机构中用来卷绕钢丝绳的部件，它由卷筒、卷筒轴、轴承、轴承座等组成。卷筒组有长轴卷筒组和短轴卷筒组。

1）带齿轮接盘的长轴卷筒组

卷筒轴左端用自位轴承支承于减速器输出轴的内腔轴承座中，低速轴的外缘制成外齿轮，它与固定在卷筒上的带内齿轮的接盘相啮合，形成一个齿轮联轴器传递转矩，并可以补偿一定的安装误差。在齿轮联轴器外侧，即靠近减速器的一侧装有剖分式密封盖，以防止联轴器内的润滑油流出来以及防止外面的灰尘进入。这种连接型式的优点是结构紧凑、轴向尺寸小、分组性好、能补偿减速器与卷筒轴之间的安装误差。与减速器低速轴外齿轮相啮合的内齿圈和卷筒毂做成一体，并用铰制孔螺栓与卷筒的筒体连接。因此，卷筒轴是不受转矩，只受弯矩的转动心轴，这是目前桥式起重机卷筒组的典型结构，如图12－20所示。

2）与开式齿轮连接的长轴卷筒组

在卷筒与减速器之间还有开式齿轮传动。卷筒的端面与齿轮轮辐之间用铰制孔螺栓或铰配受剪套筒而采用手拉的普遍螺栓连接，并传递转矩。卷筒轴两端支承在卷筒轴承上，不受转矩，只受弯矩的转动心轴。这种结构适用于起重量较大，起升速度较低的机升机构中，如图12－21所示。

3）短轴式卷筒组

短轴式卷筒组采用分开的短轴代替整根卷筒长轴，如图12－22所示。减速器侧与卷筒专

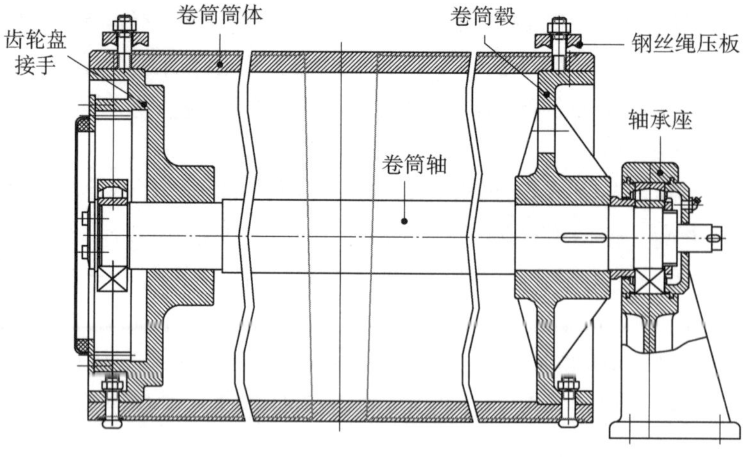

图 12－20　带齿轮接盘的卷筒组

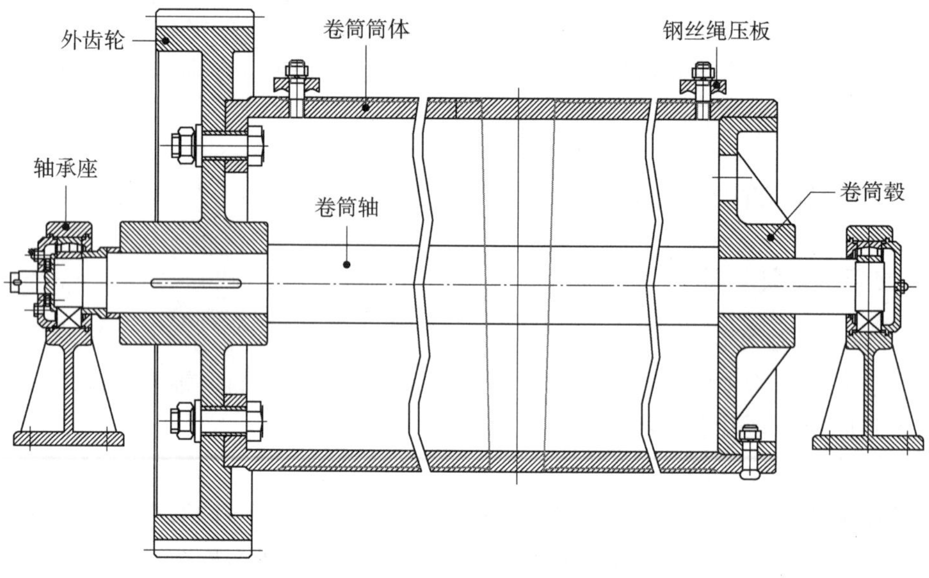

图 12－21　与开式齿轮连接的卷筒组

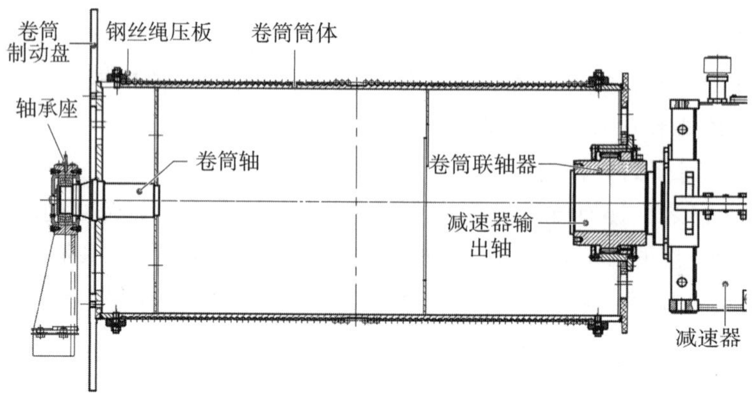

图 12－22　短轴式卷筒

用联轴器连接，轴承座侧采用定轴式或转轴式短轴，其优点是构造简单，调整安装比较方便，因此在港口起重机中应用最为广泛。

2. 卷筒组的零件

1) 卷筒

(1) 卷筒的构造。卷筒有整体式和装配式两种。在图 12－23(a)和(b)中，轮毂和卷筒做成一体。这种轮毂与轮辐的过渡处在铸造时容易产生裂纹，轮毂处易有铸造缺陷，费工时。图 12－23(a)轮毂的两边均有加强筋板；图 12－23(b)加强筋板在卷筒的外侧，铸造时易清砂。在图 12－23(c)和(d)中，轮毂与卷筒分别制造，然后装配成一体。这种卷筒铸造方便，铸造后容易清砂，缺点是加工和装配所需工时较多。为适应大起升高度，港口起重机起升机构的卷筒多采用焊接制造方式并装配成一体。

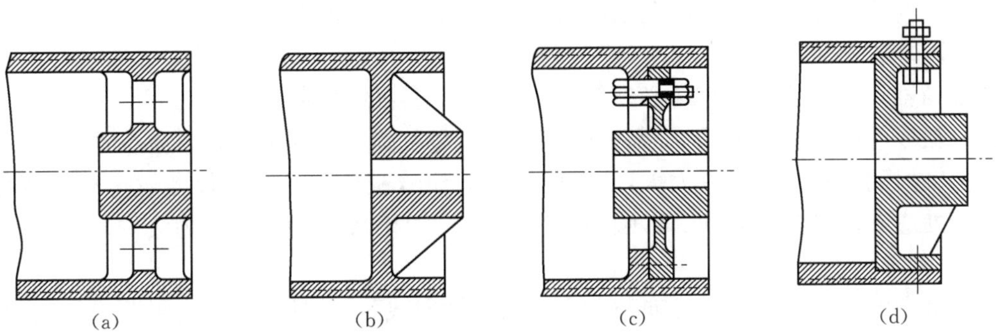

图 12－23　铸造卷筒

(2) 钢丝绳在卷筒上的固定。钢丝绳应能可靠地固定于卷筒并且要容易更换，避免钢丝绳在固定处过分弯曲。现在采用的钢丝绳固定装置主要是压板。采用这种固定方法的卷筒构造简单、工作可靠、便于检查，但钢丝绳在卷筒上所占的空间位置较大，并且不能用于多层卷绕。

2) 卷筒轴

(1) 卷筒轴的材料。

卷筒轴最常用的材料是 45 钢，为改善其机械性能，应进行调质或正火处理，也可采用合金结构钢 40Cr、35SiMn 等，同样也必须进行调质处理。

(2) 卷筒轴的结构。

卷筒轴通常为阶梯形，并接近等强度。轴的结构应满足：轴和装在轴上的零件要有准确固定的工作位置，轴上零件应便于装拆和调整，轴应具有良好的制造工艺性等。

a. 卷筒轴上零件的轴向固定。零件在轴上的轴向固定常采用轴肩、套筒、螺母或轴端挡圈等实现。以图 12－21 卷筒组为例，卷筒采用套筒实现轴向双向固定，轴承(左端)的轴向固定靠套筒、轴端挡圈，而联轴器靠轴肩做轴向固定。

采用套筒、螺母、轴端挡圈做轴向固定时，应将安装零件的轴段长度做得比零件轮毂的长度短 2～3 mm，以确保套筒、螺母、轴端挡圈能靠紧零件的端面。

为了保证轴上零件紧靠轴肩，轴肩的圆角半径必须小于相配合零件的倒角或圆角半径，轴肩的高度必须大于相配合零件的倒角或圆角半径。

轴向力较小时，零件在轴上的固定也可采用弹性挡圈或紧定螺钉。

b. 卷筒轴上零件的周向固定。零件在轴上的周向固定常采用键、花键或过盈配合等连接形式。图 12－21 中，因为卷筒轴转速较低，对中精度要求不太高，所以卷筒与卷筒轴、联轴器与卷筒轴都采用平键连接。

c. 卷筒轴上零件的装拆和轴的加工。卷筒轴上的台阶应保证零件顺利地装拆。如图 12－21 所示的卷筒轴，直径从轴段到中间逐段增大，可依次将卷筒、套筒、轴承、轴承端盖、联轴器从轴右端装入；套筒、另一轴承从轴左端装入。为使轴上零件易于安装，轴段及各段的端部应有倒角。

若沿轴的长度方向需开几个键槽时，如图 12－21 中卷筒轴要开三个键槽(安装卷筒、联轴器处)，为了方便加工，应使这些键槽中心线位于同一方位的母线上，并尽可能采用统一规格的键槽截面尺寸。

为了使卷筒轴各段有较好的同轴度，在轴的两端开有中心孔。

(3) 卷筒轴的直径。

与滚动轴承配合的轴颈直径必须符合滚动轴承内径的系列标准。

与一般零件(卷筒、联轴器等)配合的直径也应尽可能采用标准直径。

相邻轴段的直径不能相差太大，一般取 5～10 mm，避免轴的截面尺寸发生急剧变化。在直径突变处应平缓过渡，制成圆角，圆角半径应尽量大些，减轻轴上的应力集中。

3) 轴承、轴承座

卷筒轴上的轴承主要承受径向载荷和不大的轴向载荷，并且轴承的支承距离较大，所以多选用调心球轴承、调心滚子轴承；当卷筒轴支承距离较短时，也可以用深沟球轴承。

轴承座主要承受卷筒与卷筒轴的重力，钢丝绳通过卷筒与轴传递压力。轴承座可采用标准轴承座再配上一个支架。

3. 卷筒轴计算

设计计算准则：卷筒轴的直径应保证轴的强度或刚度要求，必要时还应校核其振动稳定性。

轴的设计步骤：①选择材料；②初估轴的直径；③结构设计；④强度校核；⑤刚度校核；⑥振动稳定性计算。

1) 卷筒轴为转轴(既承受转矩又承受弯矩)时的设计计算

(1) 按抗扭强度初步确定轴的直径 d。

$$d \geqslant \sqrt[3]{\frac{32}{\pi} M_{\mathrm{n}}} \tag{12-1}$$

式中，M_{n} 为卷筒轴所要传递的转矩(N·mm)。

若该截面有键槽，当 $d \leqslant 100\,\mathrm{mm}$，有一个键槽时，可将计算出的直径加大 5%～7%；有两个键槽时，直径加大 10%～15%。当 $d > 100\,\mathrm{mm}$，有一个键槽时，可将计算出的直径加大 3%～5%；有两个键槽时，直径加大 7%～10%。求出的直径值需圆整成标准直径，并作为轴的最小直径。

(2) 按弯扭合成强度校核轴的强度。

通过轴的结构设计，轴的主要结构尺寸、轴上零件的位置以及外载荷和支反力的作用位置均已确定，轴上的载荷(弯矩和转矩)已可以求得。计算时，通常将卷筒轴和卷筒简化成铰链支座上的双支点梁；不计轴、轴上零件的质量（除非很重的零件）和轴承中的摩擦力；假设支反力集中作用在轴承宽度的中点和卷筒筒体长度的中间点上。

a. 画出轴的受力图，确定轴上的作用力。

b. 求出支座反力。

c. 求出弯矩 M_W，作出弯矩图。

d. 求出轴所受的转矩 M_n，作出转矩图。

$$M_n = 9.55 \times 10^6 \frac{P}{n_d} \tag{12-2}$$

式中，P 为卷筒轴传递的功率（kW）；n_d 为卷筒轴的转速（r/min）。

e. 求出轴的当量弯矩 M_e，作出当量弯矩图。

对于一般钢制轴，可用第三强度理论求出危险截面的当量应力：

$$\sigma_e = \frac{M_e}{W} = \frac{\sqrt{M_W^2 + (\alpha M_n)^2}}{W} \leqslant [\sigma_{-1}] \tag{12-3}$$

式中，α 为考虑弯曲应力与扭转剪应力循环特性不同而引入的修正系数，其取值如下。

对于不变的转矩：　$\alpha = \dfrac{[\sigma_{-1}]}{[\sigma_{+1}]} \approx 0.3$

对于脉动循环转矩：　$\alpha = \dfrac{[\sigma_{-1}]}{[\sigma_0]} \approx 0.6$

对于对称循环转矩：　$\alpha = \dfrac{[\sigma_{-1}]}{[\sigma_{-1}]} = 1$

其中，$[\sigma_{+1}]$、$[\sigma_0]$、$[\sigma_{-1}]$为材料在静应力、脉动循环应力、对称循环应力状态下的许用弯曲应力（N/mm^2）。

f. 轴径

$$d \geqslant \sqrt[3]{\frac{M_e}{0.1[\sigma_{-1}]}} \tag{12-4}$$

轴截面开有键槽时，将该处轴径适当增大。

g. 若计算所得的轴径（包括考虑开键槽而增大以后的轴径）小于或等于结构设计时确定的轴径，则表示按照原定的轴径，轴的强度足够；反之则表示轴的强度不足，需重新考虑轴各段尺寸。

2) 卷筒轴为心轴（仅承受弯矩，即 $M_n = 0$）时的设计计算

卷筒轴为转动心轴时，轴径为

$$d \geqslant \sqrt[3]{\frac{M_W}{0.1[\sigma_{-1}]}} \tag{12-5}$$

若卷筒轴为固定心轴：当载荷变化时，用$[\sigma_0]$代替$[\sigma_{-1}]$；当载荷不变时，用$[\sigma_{+1}]$代替$[\sigma_{-1}]$。

3）键连接的强度计算

（1）键和键连接形式。

键和键之间多采用平键连接。平键的两侧面是工作面，工作时靠键与键槽侧面的挤压作用传递运动和转矩。因此，键宽与键槽需要紧密配合。键的上表面是非工作面，与轮毂槽底之间留有间隙。

普通平键的端部形状可制成圆头（A 型）、方头（B 型）和单圆头（C 型）三种。圆头平键在槽中固定良好，不会发生轴向移动，单圆头平键常用于轴端连接。

（2）键连接的强度计算

确定轴上键的形式、数目、尺寸。根据轴的直径选择键的宽度、高度。键的长度一般略短于轮毂长度，但必须符合键的长度系列，参见《普通平键的尺寸与公差》（GB/T 1096—2003）。

平键连接的挤压强度为

$$\sigma_{jy}=\frac{4M_n}{dhl}\leqslant[\sigma_{jy}] \tag{12-6}$$

式中，h 为键的高度（mm）；l 为键的工作长度（mm），A 型普通平键，$l=L-b$，B 型普通平键，$l=L$，C 型普通平键，$l=L-b/2$；L 为键长（mm）；b 为键宽（mm）；$[\sigma_{jy}]$为键连接的许用挤压应力（N/mm^2）。

若设计的键强度不够，则适当增加键和轮毂的长度，但键长一般不应超过 $2.5d$，否则挤压应力沿键的长度方向分布将很不均匀。在轴上相隔 180°配置两个平键，考虑到双键所受载荷不均匀，强度计算时按 1.5 个键计算。

4）轴承的选型

（1）选择轴承的类型。

滚动轴承是标准件，在国家标准《滚动轴承代号方法》（GB/T 272—2017）中分为 13 类。其中，最为常见的轴承及其标准号如下：调心球轴承[《滚动轴承 调以球轴承 外形尺寸》（GB/T 281—2013）]、调心滚子轴承[《滚动轴承 调以滚子轴承 外形尺寸》（GB/T 288—2013）]、推力球轴承[《滚动轴承 推力球轴承 外形尺寸》（GB/T 301—2015）]、圆柱滚子轴承[《滚动轴承 圆柱滚子轴承 外形尺寸》（GB/T 283—2007）]、深沟球轴承[《滚动轴承 深沟球轴承 外形尺寸》（GB/T 276—2013）]。

滚动轴承的最主要的失效形式是疲劳点蚀，滚动体表面、套圈滚道都可能发生点蚀；低速轴承的主要失效形式是塑性变形，由于载荷过大或冲击载荷作用，接触应力过大，元件表面出现较大塑性变形。针对失效形式，轴承的设计准则如下：计算寿命，防止点蚀破坏；验算静强度，防止塑性变形。

轴承选型与所受载荷的性质、大小、工作条件有关，计算过程如图 12-24 所示。

（2）确定当量载荷。

当量动载荷 P 为

$$P=f_p(XF_r+YF_a) \tag{12-7}$$

式中，f_p 为载荷系数，考虑机器工作时振动、冲击对轴承寿命影响的系数；F_r、F_a 为径向、轴向载荷（N）；X、Y 为径向、轴向载荷系数，需查样本获得。

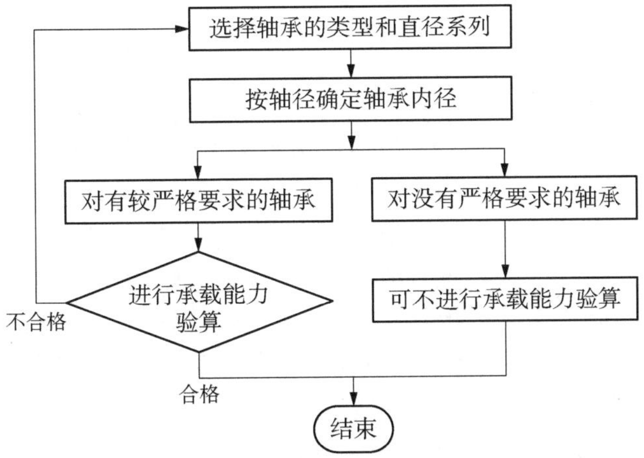

图 12-24　滚动轴承选择的一般过程

当量静载荷 P_0 的计算如下。

a. 对于向心球轴承和 $\alpha \neq 0$ 的向心滚子轴承：

$$P_0 = X_0 F_r + Y_0 F_a,\ P_0 = F_r \tag{12-8}$$

式中，X_0、Y_0 分别为径向、轴向静载荷系数，其余符号意义同前。当量静载荷取式(12-8)两式中计算值较大者。

b. 对于 $\alpha = 90°$ 的推力轴承：

$$P_0 = F_a \tag{12-9}$$

c. 对于 $\alpha \neq 90°$ 的推力轴承：

$$P_0 = 2.3 F_r \tan\alpha + F_a \tag{12-10}$$

(3) 轴承的额定承载能力验算。

当轴承的基本额定寿命恰好为 10^6 转时，轴承所能承受的基本额定动载荷 C 为

$$C \geqslant \frac{P}{f_r}\left(\frac{60n[L_h]}{10^6}\right)^{1/\varepsilon} \tag{12-11}$$

式中，P 为当量动载荷(N)；n 为轴承转速(r/min)；f_r 为温度系数；$[L_h]$为轴承预期寿命(h)；ε 为寿命指数，对于球轴承 $\varepsilon = 3$，对于滚子轴承 $\varepsilon = 10/3$。

基本额定静载荷 C_0 为

$$C_0 = P_0 S_0 \tag{12-12}$$

式中，P_0 为当量静载荷(N)；S_0 为静强度安全系数。

(4) 确定轴承型号。

按照轴的直径以及 C 值或 C_0 值，在轴承性能表中选择轴承。

满足：$C_r \geqslant C$，$C_{0r} \geqslant C_0$

式中，C_r、C_{0r} 分别为轴承额定动、静载荷，由样本获得(N)。

(二)吊钩组的设计计算

1. 吊钩组的构造

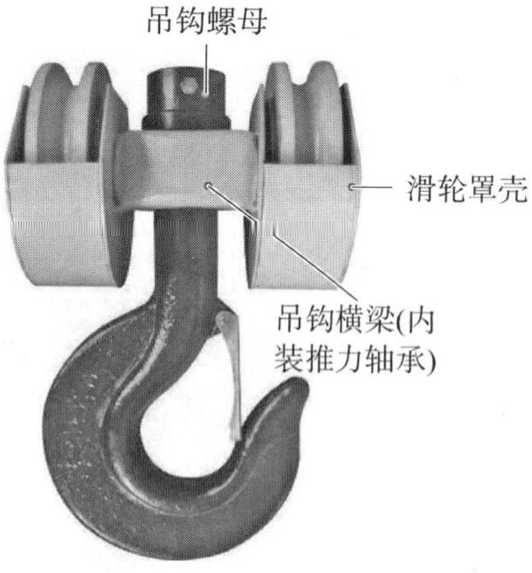

图 12-25 短钩型吊钩组

吊钩组是起重机最重要的承载部件,是吊钩与动滑轮的组合体。它由吊钩、吊钩横梁(短型吊钩组兼做滑轮轴)、吊钩螺母(应有防松装置)、止推轴承(应有防尘装置)、滑轮轴(应考虑滑轮轴承的润滑问题)、定轴挡板(拉板)、滑轮、轴承、滑轮罩(防尘、防脱、高度限位开关撞杆)组成,吊钩应能绕垂直轴线与水平轴线旋转。

吊钩组有短钩型(见图 12-25)和长钩型(见图 12-26)两种。在图 12-26 中,滑轮轴和拉板的形式多样,滑轮罩也可制成半封闭和全封闭形。如图 12-26(b)所示,吊钩穿过吊钩横梁与吊钩螺母相连。在螺母与吊钩横梁之间装有推力球轴承,使吊钩可绕本身垂直轴线自由转动。螺母的凸缘要罩住推力轴承,防止灰尘、污物侵入。

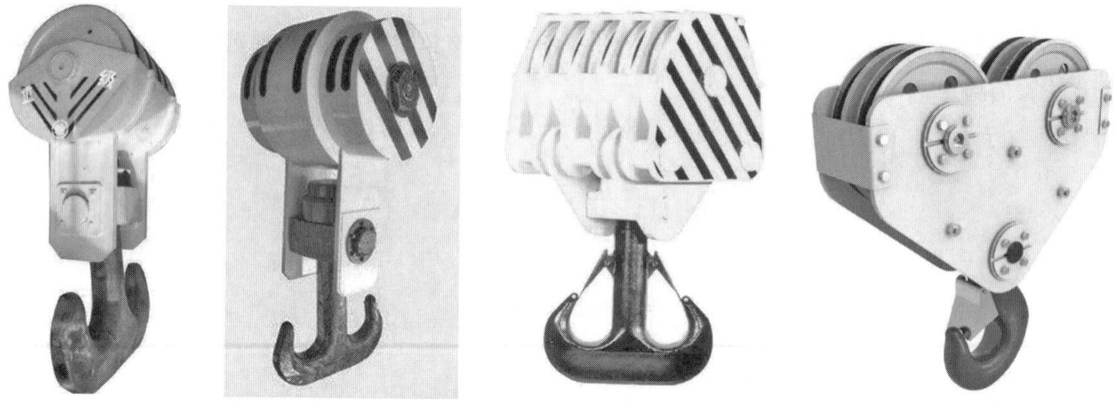

(a) (b) (c) (d)

图 12-26 长钩型吊钩组

吊钩横梁支承在拉板上,两端通过轴端挡圈固定,防止横梁轴向窜动,但由于横梁两端车有环形槽,轴段挡板与环形槽有一定径向间隙,因此,吊钩横梁可以绕其水平轴线转动。滑轮轴的两端设有端盖或轴端挡圈,防止滑轮轴的轴向窜动。在滑轮与滑轮轴之间安装滚动轴承或滑动轴承。一般在每个滑轮轮毂内装有两个轴承,可以是径向轴承或径向推力轴承,有时滑轮内装一个螺旋滚子轴承。

在滑轮的两个滚动轴承内外圈之间,装有两个定位环。装在滑轮轴上的定位环内面开有环形槽和径向孔。从滑轮轴端部油嘴注入的润滑油通过轴中的油孔和定位环的环形槽及径向孔润滑轴承。滑轮下面套有罩壳,罩壳底部开流水孔,其作用是防止滑轮上的钢丝绳脱槽和避免滑轮受到碰撞。

吊钩组的构造要保证吊钩有绕各个方向摆动的可能性,同时要有一定的质量,以便空钩能顺利下降,消除钢丝绳过分松弛的现象。当吊钩自身质量不足以使空钩顺利下降时,需采用附加重锤。

2. 吊钩组的计算

1）确定吊钩组的结构

根据滑轮组的倍率、滑轮数目确定吊钩组的形式。

2）吊钩选择

对起重量在500 t以内的吊钩，可根据起重量、起升机构工作级别、吊钩强度等级，按《起重吊钩》(GB/T 10051—2016)选标准吊钩。对起重量超过500 t的吊钩，可采用双吊钩或四爪吊钩，并自行设计。

3）吊钩横梁的计算

确定吊钩横梁的尺寸、材料，按《起重吊钩 第8部分：吊钩横梁毛坯件》和《起重吊钩 第9部分：吊钩横梁》(GB/T 10051.8—2010和GB/T 10051.9—2010)计算吊钩横梁中间截面最大弯曲应力。

4）吊钩轴承的选择

选择轴承的类型，计算轴承受到的额定静载荷。按式(12-9)计算当量静载荷，按式(12-12)计算额定静载荷，确定轴承型号。使所选的轴承额定静载荷值不小于额定静载荷计算值。

5）滑轮轴的计算

滑轮轴计算的内容包括确定滑轮轴尺寸、材料。

根据拉板在滑轮轴上的不同位置，将滑轮轴简化为简支梁或外伸梁，并承受起升钢丝绳作用在滑轮中心上的集中载荷，作出滑轮轴的弯矩图，进行静强度计算。此时，轴截面上的最大弯曲应力为

$$\sigma_{\mathrm{w}}=\frac{M_{\mathrm{W}}}{W}\leqslant\frac{\sigma_{\mathrm{s}}}{2.5} \tag{12-13}$$

式中，M_W为滑轮轴截面的弯矩(N·mm)；W为滑轮轴截面的抗弯截面模量(mm^3)。

6）拉板计算

(1) 确定拉板的尺寸、材料。

(2) 计算拉板水平截面$A-A$内侧孔边最大拉应力(见图12-27)。

$$\sigma_1=\frac{S_Q\alpha_j}{2(b-d_1)(\delta+\delta')}\leqslant\frac{\sigma_s}{1.7} \tag{12-14}$$

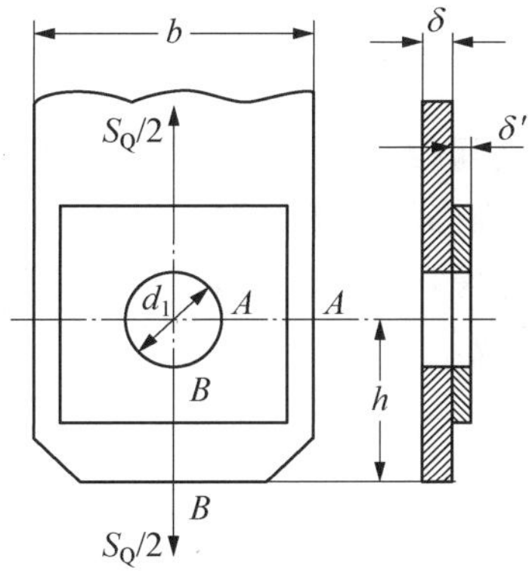

图12-27 拉板计算简图

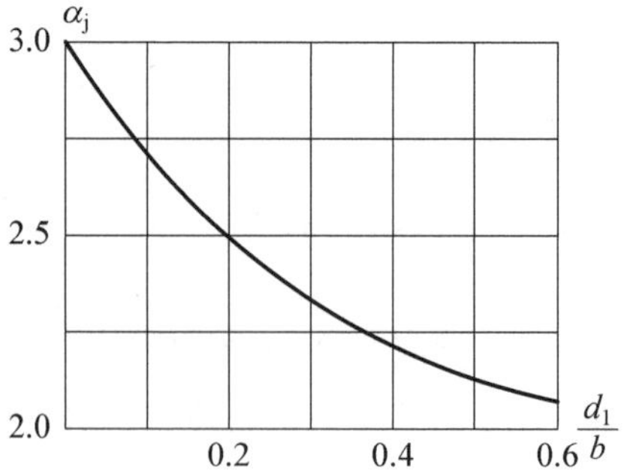

图 12-28 系数 α_j 值

式中，α_j 为应力集中系数，如图 12-28 所示；δ 为拉板厚度(mm)；δ'为贴板厚度(mm)。

(3) 计算拉板垂直截面 $B-B$ 内侧孔边最大拉应力。

$$\sigma_y=\frac{S_Q(h^2+0.25d_1^2)}{2d_1(\delta+\delta')(h^2-0.25d_1^2)}\leqslant\frac{\sigma_s}{3} \tag{12-15}$$

(4) 计算轴孔处平均挤压应力。

$$\sigma_{jy}=\frac{S_Q}{2d_1(\delta+\delta')}\leqslant[\sigma_{jy}] \tag{12-16}$$

式中，$[\sigma_{jy}]$为许用挤压应力(N/mm^2)，工作时有相对转动，则 $[\sigma_{jy}]=\frac{\sigma_s}{6}\sim\frac{\sigma_s}{5}$，工作时无相对转动，则 $[\sigma_{jy}]=\frac{\sigma_s}{4}\sim\frac{\sigma_s}{3}$。

对中小起重量取小值，对大起重量取大值。

7) 滑轮轴承选择

滑轮轴承的选择包括选择轴承类型；轴承受到的额定动载荷或额定静载荷，按式(12-8)计算当量静载荷，按式(12-12)计算额定静载荷；或按式(12-7)计算当量动载荷，按式(12-11)计算额定动载荷；确定轴承型号。使所选的轴承额定静载荷值不小于额定静载荷计算值，或使所选轴承的额定动载荷值不小于额定动载荷计算值。

四、装配图、零件施工图的设计与绘制

(一) 装配图的设计与绘制

机械装配图是表达各零部件之间相互位置、尺寸关系和各零件结构形状的图形，也是绘制零件施工图，进行机械安装、调试、维修的技术依据。设计与绘制装配图涉及的内容较多，既包括结构设计，又有计算校核，还要考虑材料、加工、装拆、调整等诸多因素，因此，必须采用“边绘图、边计算、边修改”的方法逐步完成。

1. 卷筒组装配图

1) 装配草图的设计与绘制

(1) 卷筒轴的结构尺寸设计。

以图 12-29 为例说明轴各段直径与长度的确定过程(见表 12-4 和表 12-5)。

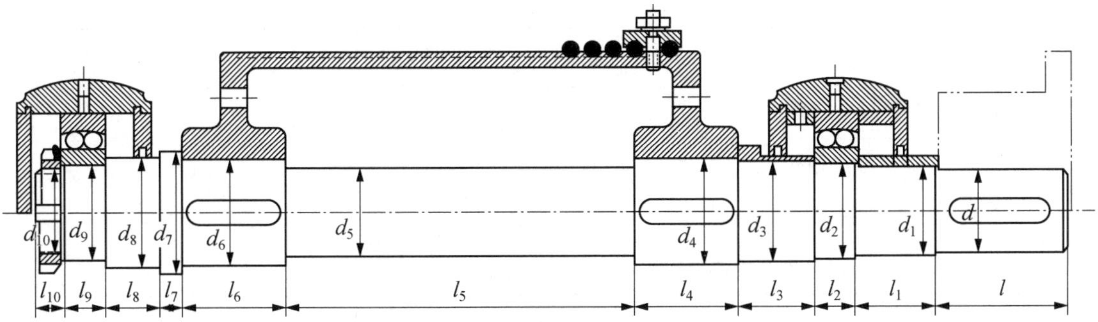

图 12－29　卷筒轴结构尺寸设计

表 12－4　轴各段直径的确定

符号	确定方法与说明
d	初步计算轴端直径，与联轴器相配
d_1	$d_1=d+2a$，a 为轴肩高度，用于轴上零件轴向定位或 $d_1>d$ 再用套筒轴向定位
d_2	$d_2=d_1+(1\sim5)$mm 装配方便，区分加工表面，差值可小；d_2 与滚动轴承相配，与轴承孔径一致，可预选中系列轴承
d_3	$d_3\geqslant d_2$，仅区别加工表面
d_4	$d_4=d_3+(1\sim5)$mm 装配方便；d_4 与卷筒轮毂相配，圆整成标准直径
d_5	$d_5<d_4$ 加工、装配方便
d_6	$d_6\geqslant d_4$，$d_6>d_4$ 便于卷筒装配，与卷筒轮毂相配，圆整成标准直径
d_7	$d_7=d_6+2a$，轴肩用于卷筒轴向定位和固定
d_8	$d_8<d_7$，$d_8=d_9+2a$，轴肩用于轴承轴向定位，其值参照轴承安装尺寸确定
d_9	$d_9=d_2$，同一轴上滚动轴承选用同一型号，减少轴承类型
d_{10}	$d_{10}<d_9$，符合螺纹直径系列

表 12－5　轴各段长度的确定

符号	确定方法与说明
l	根据联轴器的毂孔宽度而定，键连接时，l 满足键的强度要求
l_1	由轴承座宽度、轴承端盖的结构、轴承端盖与联轴器的间隙确定
l_2	轴承宽度按轴承直径初选（初选中系列轴承）
l_3	与 l_1 确定方法相同
l_4	由卷筒轮毂宽度而定，键连接时，l_4 满足键的强度要求，稍短于轮毂宽度
l_5	小于卷筒长度（卷筒两轮毂端面间总长）$-l_4-l_6$
l_6	与 l_4 确定方法相同

（续表）

符号	确定方法与说明
l_7	轴环长度 $l_7 \approx 1.4a$，$a=(0.07d+3\,\text{mm})\sim(0.1d+5\,\text{mm})$
l_8	与 l_1 确定方法相同
l_9	略短于轴承宽度
l_{10}	由止推垫片、圆螺母厚度确定，注意螺纹的退刀槽尺寸

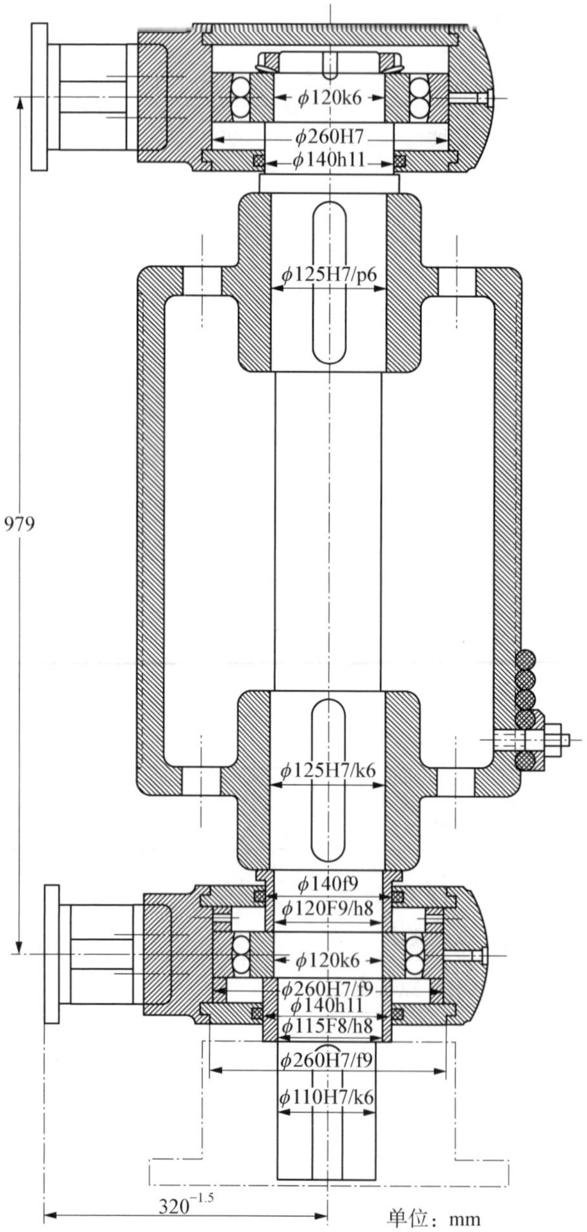

图 12－30　卷筒组装配图

(2) 卷筒轴上部件设计。

a. 卷筒结构设计。卷筒轮毂直径为 1.6 倍的轮毂孔直径（铸钢）或 1.8 倍的轮毂孔直径（铸铁）；卷筒轮毂长度一般为 $(1.2\sim1.3)d_4$，采用键连接时，要满足键强度要求，并比键稍长。

b. 卷筒轮辐的结构为腹板式、轮辐式。

c. 确定钢丝绳在卷筒上的固定方式，并设计或选用固定装置。轴系的轴向固定方法有两端固定式，一端固定、一端游动式。两端固定式支承结构为轴的两个支点中每个支点都能限制轴的单向移动，两个支点合起来就限制轴的双向移动。该支承形式适用于工作温度变化不大的短轴。一端固定、一端游动式支承结构为一个支点双向固定，另一个支点可做轴向移动。该支承形式适用于工作温度较高的长轴。根据卷筒组的工作要求以及卷筒轴的支承距离选择固定方式。

d. 轴承的润滑与密封装置设计。滚动轴承采用脂润滑，用旋转式油杯或直通式压注油杯添加润滑脂。轴承的密封采用毡圈式密封或唇形密封圈密封。绘制卷筒组装配草图时，要先画主要零件，后画次要零件，先画零件轮廓，后画详细结构。

2）装配草图的检查与修改

装配草图画好后，应进行仔细检查和认真修改。

(1) 结构、工艺方面。

确定装配图布置与传动方案布置是否

一致，轴上零件沿轴向及周向能否固定，轴上零件能否顺利装配及拆卸，轴承的润滑和密封能否保证。

(2) 制图方面。

确定卷筒组中各零件的相互位置、基本形状是否表达清楚，各个零件的画法是否符合机械制图标准规定的画法。

3) 完成装配图

卷筒组装配图如图 12-30 所示。绘制卷筒组装配图的要求如下：

(1) 卷筒组装配图只需主视图。用全剖视图画出卷筒组各零件，包括卷筒轴、卷筒、轴承、轴承座、支架等的结构形状和相互关系位置。

(2) 按照计算得到卷筒轴、卷筒的尺寸，选择键、轴承、轴承座、钢丝绳固定装置的形式和尺寸，在装配图上画出上述零件。注意：当用标准轴承座配一支架作为卷筒轴的支撑装置时，应使卷筒轴中心到支架底面的距离与减速器低速轴中心到底面的距离一致。

(3) 标注外形尺寸、安装尺寸、有配合要求的结合部位的尺寸和配合要求。

(4) 标出所有零件的序号，编写标题栏和零件明细表。

(5) 编写技术要求，包括装配要求、润滑要求、密封要求等。

2. 吊钩组装配图

吊钩组装配图如图 12-31 所示。绘制吊钩组装配图的要求如下：

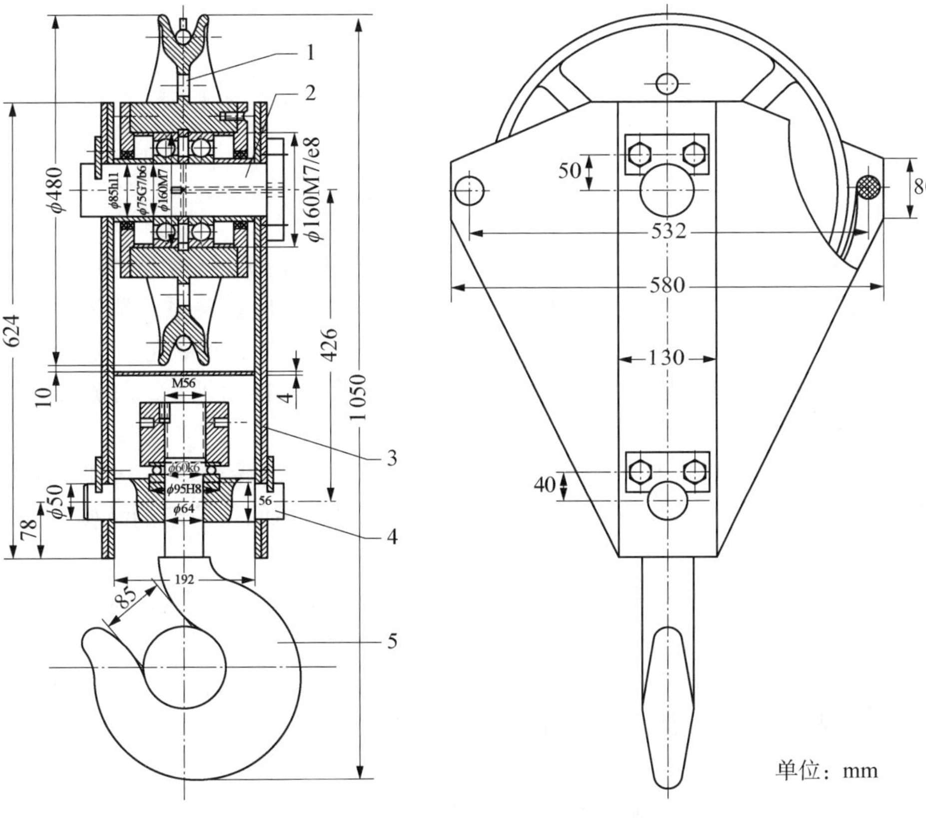

1—滑轮；2—滑轮轴；3—拉板；4—吊钩横梁；5—吊钩。

(a)

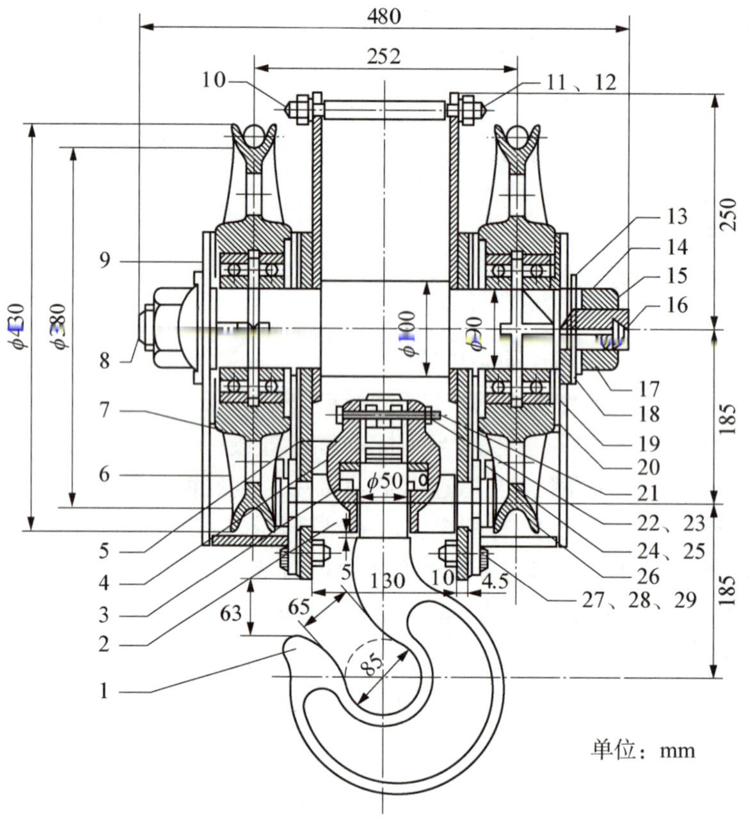

1—吊钩；2—吊钩横梁；3—推力轴承；4—吊钩螺母；5—拉板；6—滑轮罩；7—滑轮；8—滑轮轴；9—压盖；10、21、24、27—螺栓；11、15、22、28—螺母；12、13、17、23—垫圈；14—销子；16—油杯；18—止动垫圈；19—间隔套；20—胀圈；25、29—弹垫；26—定轴板。

(b)

图 12-31　吊钩组装配图

(1) 吊钩组装配图一般需要两个视图。主视图用全剖视画出吊钩组各零件如滑轮、滑轮轴、轴承、吊钩、吊钩螺母、吊钩横梁、拉板等的结构形状及相互位置关系。侧视图表示吊钩组的外形，尤其是滑轮轮辐、拉板的形状，并用局部剖视来表达滑轮下面罩壳的安装情况。

(2) 按照选定的标准吊钩、推力轴承在主视图上画出吊钩、推力轴承。注意轴承内孔与钩柱，轴承外圈与吊钩螺母、吊钩横梁的装配关系。

(3) 按照计算得到的滑轮直径、滑轮轴直径和长度，选定滑轮轮缘形状和轮辐的结构尺寸、滑轮轴承，画出滑轮、滑轮轴、滚动轴承。注意两个滚动轴承间定位环的结构、安装，在滑轮轴中画出润滑油道。

(4) 滑轮下面的罩壳是由薄钢带弯曲而成的，其与吊钩螺母和滑轮轮缘均有一定的间距，但与滑轮轮缘的间距要小于卷绕在滑轮上的钢丝绳直径。

(5) 采用短钩型吊钩组时，画出拉板将滑轮轴与吊钩横梁连接起来。拉板的厚度要符合热轧钢板的尺寸规格，在吊钩横梁两端画上轴端挡圈。

(6) 标注外形尺寸、安装尺寸、有配合要求的结合部位的尺寸和配合要求。

(7) 标出所有零件的序号，编写标题栏和零件明细表。

(8) 编写技术要求，包括装配要求、润滑要求、使用要求等。

（二）零件施工图的设计及绘制

零件施工图（零件图）是生产中的重要技术文件，是制造、检验零件的重要依据，短轴焊接卷筒施工图如图 12－32 所示。零件图应在装配图完成以后，根据装配图拆绘、设计得到。零件图的结构、装配尺寸应与装配图一致。但是如果在零件图设计过程中，发现装配图上的零件有不完善或错误时，可以修改该零件的结构和尺寸，此时，必须对装配图做相应的修改。

1. 卷筒轴施工图

1）视图

卷筒轴是回转体，只需一个主视图。轴上的键槽可用局部剖视表示。对轴上的中心孔、退刀槽等细小结构可画出局部放大图。

2）尺寸标注

卷筒轴主要标注各轴段的直径尺寸和长度尺寸。轴的直径尺寸要一一标注，即使是基本尺寸和公差都相同的几段直径，也要逐一标出，不能省略。轴的长度尺寸要根据精度要求、机械加工工艺过程，确定加工基准以后，进行合理标注。对尺寸精度要求高的长度尺寸应直接标出，避免加工过程中进行尺寸计算。不允许尺寸链封闭。

3）尺寸公差、形位公差和表面粗糙度标注

轴上的配合部位（如装卷筒、轴承、联轴器等处）的直径尺寸，要根据装配图上的配合性质查出公差值，标出各尺寸的极限偏差。

轴上的一些重要表面还应标注形位公差，如安装滚动轴承、卷筒处要标注同轴度及圆柱度；键槽侧面要标注平行度及对称度公差。根据精度等级和切削加工方法，选择各个轴的表面粗糙度，并进行标注。

4）技术要求

（1）对材料表面机械性能的要求，热处理方法、热处理后表面达到的硬度值等进行说明。

（2）对机械加工的要求，如与其他零件配合的要求，对中心孔的要求进行说明。

（3）对图上未标明的圆角、倒角进行说明。

2. 卷筒施工图

1）视图

卷筒施工图一般需要一个或两个视图；主视图用全剖视表达孔、轮辐、轮毂、筒壁的结构；左视图可为剖面图，表达出键槽形状和尺寸，固定钢丝绳槽的形状、位置。

2）尺寸标注

卷筒的径向尺寸以轮毂孔轴线为基准，轴向尺寸以轮毂端面为基准，以不同的要求，分别标注。标注尺寸时，应标出各部分形状尺寸、位置尺寸，加工绳槽的各个尺寸。

3）尺寸公差、形位公差和表面粗糙度

卷筒施工图上要标注各配合表面的尺寸公差，如轮毂孔尺寸的极限偏差、键槽宽、键槽深的极限偏差。还应标注轮毂孔圆柱度、同轴度公差，键槽侧面的平行度、对称度公差等形位公差。根据精度等级和切削加工方法，在卷筒主要表面标注表面粗糙度值。

4）技术要求

（1）对铸件的毛坯件的要求进行说明。

（2）对铸造斜度、铸造圆角、图上未注明圆角、倒角进行说明。

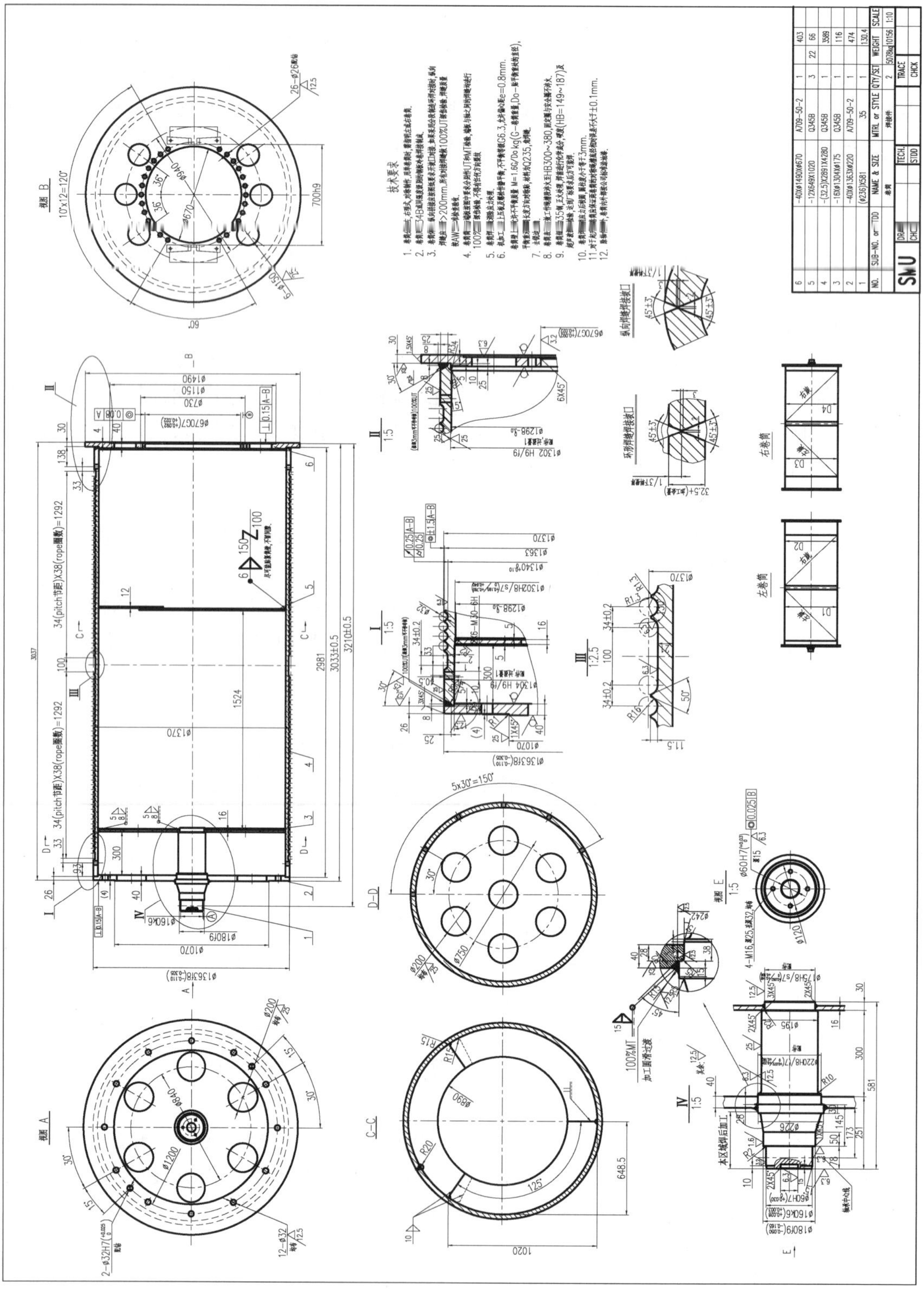

图 12－32　短轴焊接卷筒施工图

五、编写设计计算说明书

(一) 要求

设计计算说明书是阐述设计者的设计思想、计算方法和计算数据的说明资料，是审查设计是否合理的文件。对设计计算说明书的要求如下。

(1) 设计计算说明书应包括全部计算项目以及系统说明设计原则与计算中考虑到的问题(合理性、经济性等)。

(2) 说明书中的计算应正确完整、文字简洁通顺、书写整齐清晰、绘图工整明了。计算时，要列出计算公式，代入原始数据，略去中间计算过程，写出计算结果。说明书中引用的重要计算公式及数据应注明来源(注明参考文献的代号、图号、表号等)。

(3) 说明书中应附有与计算有关的简图(如受力图、内力图、结构图等)，绘制的简图应正确、清楚、按比例。

(4) 说明书用 A4 纸，按规定的格式书写。左栏写计算内容的标题、计算过程、说明的内容；右栏写计算结果(数据)、结论(合格、安全)等。完成全部计算内容后，编写目录、注明页次、装订成册。

(二) 内容

设计计算说明书的内容和编写顺序如下：

(1) 封面(标题、题目、个人信息等)。

(2) 目录(标题与页次，应在最后编写)。

(3) 设计任务书(设计题目，编入设计任务书)。

(4) 机构传动方案的选择，绘制传动布置方式简图。

(5) 起升机构设计计算和校核。

(6) 零部件(卷筒组、吊钩组)的设计计算。

(7) 课程设计小结(设计方案可行性分析，设计心得体会)。

(8) 参考文献(资料名称、作者、出版单位、出版日期等)。

六、课程设计答辩

(一) 答辩的要求

答辩是课程设计的最后一个重要环节。通过答辩的准备和答辩的过程，可以对设计的全过程，包括传动方案的确定，电动机、减速器、制动器、联轴器、轴承、轴承座、吊钩、钢丝绳等标准部件或零件的选择，各零件的受力分析、材料选择、结构、尺寸的确定、加工工艺和经济性考虑，技术资料和设计手册的应用等方面，做一个系统和全面的总结。通过总结，把还不清楚或不太清楚、未考虑或考虑不周全的问题进一步弄懂，以达到课程设计提出的目的和要求。

(二) 答辩的内容

(1) 阐述设计思想、设计参数的选择；对所设计起升机构传动方案的特点、优点、缺点进行分析，并提出改进意见。

(2) 对起升机构计算的全过程进行分析，说明计算原则、分析各个计算步骤之间的联系，并阐述计算结果。

(3) 阐述卷筒组、吊钩组的结构设计及装配工艺，各个零件结构尺寸的确定、受力分析、材料选择、加工工艺等问题。

(4) 阐述关于图纸上的各种问题(如视图的表达、尺寸标注、尺寸公差、形位公差、表面粗糙度、技术要求、加工工艺、安装工艺等问题)。

七、复习思考题

(1) 起重机既能用吊钩也能用双绳抓斗作业时，在选择设计参数起重量与起升高度时要注意什么？为什么？

(2) 起重机采用吊钩及双绳抓斗作业时，应选用什么样的起升机构传动方案？这种传动方案有什么特点？

(3) 起重机采用吊钩及四绳抓斗作业时，应选用什么样的起升钢丝绳缠绕系统、滑轮组、卷筒形式？为什么？

(4) 起升机构卷筒组应采用何种结构形式？卷筒应采用何种结构？钢丝绳在卷筒上是如何固定的？为什么？

(5) 卷筒轴的结构形式是怎样的？如何进行卷筒轴的结构设计(零件在轴上的轴向、周向固定，零件的装拆和轴的加工等)？

(6) 如何确定卷筒轴各段的直径？在进行轴合成强度计算时，为什么要考虑应力修正系数 α？如何选取应力修正系数 α 值？

(7) 如何确定卷筒轴各段的长度？在确定轴的各段长度时要注意什么？

(8) 卷筒与卷筒轴、联轴器与卷筒轴采用何种键连接？如何确定键的尺寸(宽度、高度、长度)？如何保证所选择的键满足其强度要求？

(9) 支承卷筒轴和轴承采用何种类型？为什么？如何正确选择轴承的型号？

(10) 所设计的起升机构中采用何种形式的吊钩组？为什么？

(11) 吊钩组的构造是怎样的？如何正确地选择吊钩？如何确定吊钩横梁、拉板的尺寸？

(12) 吊钩轴承、滑轮轴承与支承卷筒轴的轴承在类型选择、型号确定方面有何不同？为什么？

(13) 吊钩轴承、滑轮轴承与支承卷筒轴的轴承应采用什么样的润滑方式与密封装置？如何选择密封装置？

第十三章 平衡式变幅机构的优化设计

一、设计任务和进度安排

(一) 设计题目和主要参数

1. 题目

5t - 24 m 门座起重机变幅机构的优化设计。

2. 设计主参数

该门座起重机采用刚性四连杆组合臂架，如图 13 - 1 所示，其主设计参数如下：起重量 $Q=5\text{t}$；幅度 $R_{\max}=24\text{m}$，$R_{\min}=7.5\text{m}$；变幅速度 $v_{\text{btop}}=50\text{m/min}$，回转速度 $n_{\text{h}}=1.8\text{r/min}$(选择 α_{II} 时参考)；起升高度 $H_0=11.35\text{m}$(由臂架下铰点 O 到象鼻梁前端滑轮中心的垂直距离)；尾部回转半径 $r_{\text{w}}=6\text{m}$，主臂架下铰点 O 到回转中心的距离 $c=1.8\text{m}$；小拉杆铰点到主臂架下

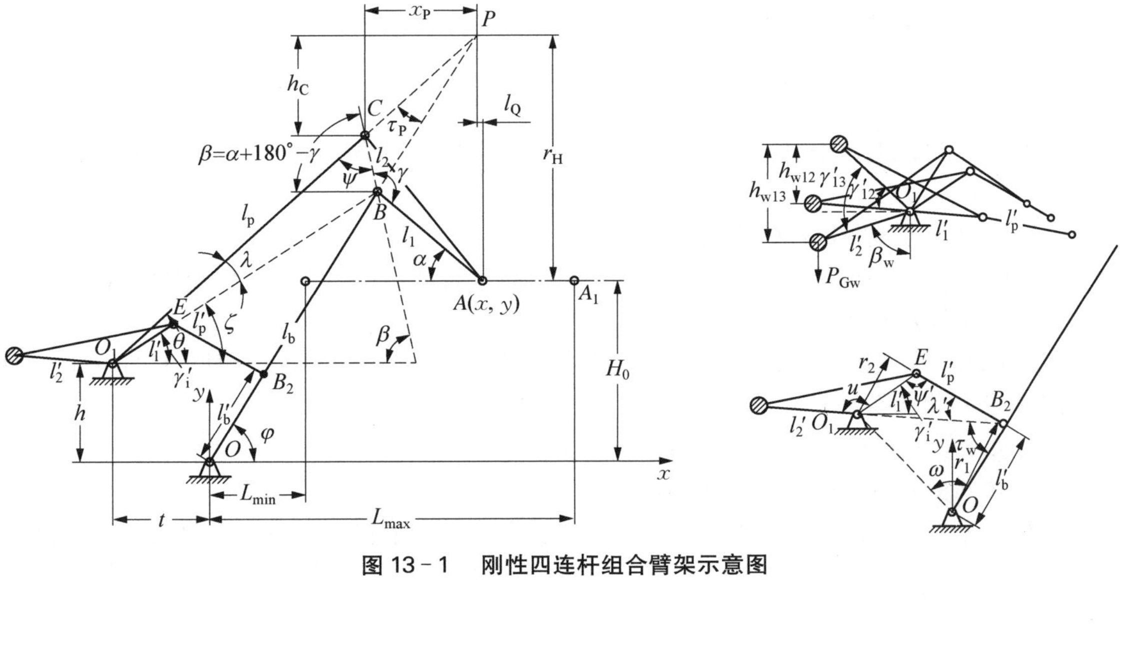

图 13 - 1　刚性四连杆组合臂架示意图

铰点 O 的连线与主臂架轴线之间存在的角度 $\Delta\varphi = 7°$。小齿轮分度圆直径为 216 mm，模数为 18。变幅机构的工作级别为 M5。

3. 刚性四连杆组合臂架的几何尺寸优化

1）各部件的自重及重心位置（估算值）

变幅臂架系统各部件的自重采用逐步逼近估算法，根据设计经验，估算出自重数据，在初步设计后对自重进行复核和调整，以达到工程允许的精度。

主臂架的自重 $P_{Gb} = 6000\,kg$，重心到主臂架铰点 O 的距离约为 $l_{Gb} = l_b \times 3/7$，象鼻梁的自重 $P_{G_1} = 2860\,kg$，重心离 B 点的距离约为 $(l_1 - l_0)/2$（单位为 m），拉杆自重 $P_{Gp} = 1600\,kg$（按均布载荷考虑），活动对重的自重 $P_{Gc} = 8000\,kg$。

2）风载荷和各部件的迎风面积

计算风压 $p_{\text{I}} = 150\,N/m^2$，$p_{\text{II}} = 250\,N/m^2$，$p_{\text{III}} = 1000\,N/m^2$；风力系数 $C = 1.2$，高度变化系数 $K_h = 1$（忽略高度变化的影响）。

象鼻梁的迎风面积为 $4.8\,m^2$，作用于 B 点；主臂架的迎风面积为 $7.2\,m^2$，作用于距 O 点 $3/7 l_b$ 的位置；拉杆的迎风面积为 $2.4\,m^2$；活动对重及其杠杆的迎风面积近似取为 0。

3）优化后的几何尺寸（供参考）

根据起重机总体布置方案，通过编程，优化后的几何参数如下：活动对重铰点 O_1 的坐标 $t = 3.8\,m$，$h = 6.8\,m$；最小幅度时，活动对重后段轴线与铅垂线之间的夹角 $\beta_w = 20°$；主臂架长度 $l_b = 20\,m$，拉杆长度 $l_p = 18\,m$；象鼻梁前段长度 $l_1 = 8.8\,m$，后段长度 $l_2 = 2.9\,m$，前后段之间的夹角 $\gamma = 170°$，前段与水平线间的夹角为 $\alpha_1 = 25°$，$\alpha_2 = 85°$；对重后段的长度 $l_2' = 3.5\,m$；小拉杆与主臂架的铰点到 O 点的距离 $l_p' = 5.6\,m$；最大幅度时，臂架轴线与水平线之间的夹角 $\varphi_{min} = 44°$；最小幅度时，臂架轴线与水平线之间的夹角 $\varphi_{max} = 76.8°$。

（二）设计任务

本课程设计的任务为完成变幅臂架系统几何尺寸的优化设计和变幅驱动装置的设计计算。

1. 平衡式变幅臂架系统的尺寸优化

运用解析法编制优化程序，确定平衡式臂架系统中各部件的几何尺寸，以实现臂架自重平衡和物品水平移动。

1）确定臂架系统各部件的几何尺寸

（1）确定组合臂架系统的臂架长度 l_b、象鼻架前臂长度 l_1/后臂长度 l_2、刚性大拉杆长度 l_p，以及臂架下铰点 O 和拉杆下铰点 O_1 的位置。

（2）确定对重自重 P_{Gw}、活动对重杠杆尺寸 l_1'/l_2' 和小拉杆长度 l_p'，以及对重杠杆支承铰轴 O_1 的位置和对重的摆动半径。

以上尺寸单位为 mm，优化后需圆整为 50 的倍数。

2）平衡式变幅臂架系统的校验

平衡式变幅臂架系统的校验包含以下内容：验算物品水平移动的最大差值 Δh_{max}；验算物品未平衡力矩的最大值 $|M_{OQ}|_{max}$；验算平衡臂架系统自重未平衡系数 ζ；校核吊点的水平速度 v_H。

2. 变幅机构驱动装置的设计

1）变幅阻力

计算不同载荷组合、幅度时作用在驱动齿条上的变幅阻力 P_Z。

2）吊点的变幅速度

计算不同幅度时吊点的变幅速度水平分量 v_H 以及各变幅区间内所用的变幅时间 t_i。

3）变幅机构驱动方案和零部件的选型、设计与校核

(1) 根据变幅阻力均方根值计算变幅等效功率、工作级别、G 值，选择合适的电动机（$JC=40\%$，$CZ=600$），并进行过载和发热的校核。

(2) 选择减速器。根据已选电动机转速及初始拟定的变幅速度计算传动比；依据传动比及输入功率选择减速器，并验算实际变幅速度和最大变幅速度以及最大变幅加速度。

(3) 传动轴的设计计算。需考虑弹性振动而引起的动力增长效应。

(4) 高速轴、低速轴的联轴器选型。

(5) 制动器的选型和制动时间校核。

(6) 齿轮齿条的传动计算。

(7) 摇架的设计计算。

3. 绘制图纸

根据优化结果，绘制臂架系统几何关系简图，并利用作图法校核变幅阻力计算的正确性。根据零部件的样本，绘制机构驱动装配图，以校验方案的可行性。

(三) 设计要求

(1) 要很好地学习和深入研究现有的资料和结构工艺，并充分利用国家标准或规范，力求所设计结构工艺合理，质量可靠，安装方便。

(2) 设计计算书中应尽量采用《起重机设计规范》中的符号和单位制。

(3) 按国家制图标准要求绘制施工图，图面要求表达清楚和正确，力求清洁、技术条件和标题栏等可参考有关图纸资料。计算书书写、运算过程要清晰。

(四) 课程设计的内容和进度安排

1. 课程设计内容

(1) C语言程序和优化结果。

(2) 设计计算说明书一份。

(3) 变幅臂架系统几何关系简图一张。

(4) 机构驱动装配方案图一张。

(5) 牵引构件装配图一张或摇架装配图一张。

(6) 课程设计答辩。

2. 设计进度安排

课程设计时间为 2 周（10 个工作日，每天以 4 学时计），拟订变幅机构设计计算进度如表 13-1 所示。

表 13－1 变幅机构设计计算进度表

序号	设计阶段	设计内容	学时数
1	动员与准备	布置设计任务，明确设计目的与要求	2
2	变幅臂架系统优化设计	确定变幅臂架系统几何尺寸设计的程序编程，绘制臂架系统变幅过程简图	12
3	机构计算和零部件选型/设计	确定机构传动方案；机构驱动装置零部件选型或校核；齿轮齿条驱动装置设计计算；初步编写设计计算书	16
4	绘图	绘制机构驱动方案图、牵引构件装配图	6
5	技术总结	完善设计计算书；整理图纸	2
6	答辩	课程设计答辩；计算书、图纸修改	2

二、刚性四连杆平衡式门座起重机的结构形式

门座起重机的金属结构是最重要的承载和传力部件，主要由臂架系统、人字架及平衡系统、转台、门架等组成。但不同类型门座起重机的金属结构组成略有不同，图 13－2 是刚性四

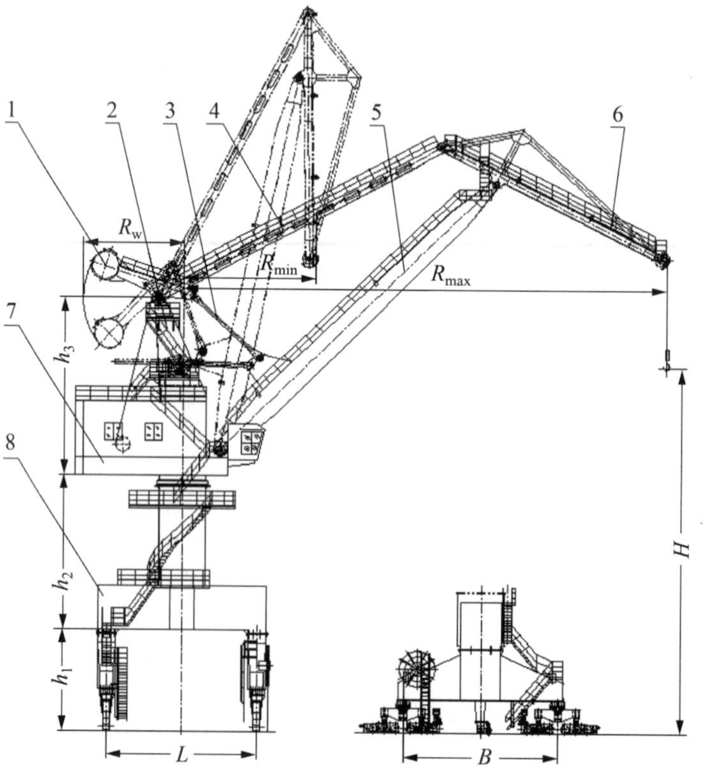

1—活动对重；2—人字架；3—小拉杆；4—大拉杆；5—全臂架；6—象鼻架；7—转台；8—圆筒门架。

图 13－2 四连杆门座起重机金属结构组成

连杆平衡式门座起重机的典型结构类型。合理选择各部分金属结构件的型式对满足起重机的作业要求、降低自重、提高起重机的性能等都十分重要。

1. 门架

门架支承着门座起重机回转部分的所有结构，承受回转部分结构重量、物品重量、风力和各工作机构运动产生的惯性力和这些力产生的力矩。为了保证门机运行平稳，门架结构应具有较大的刚度。门架的结构形式主要有交叉门架、八撑杆门架和圆筒门架。前两种门架用于转柱式门座起重机，后一种门架用于轴承转盘式门座起重机。

1) 交叉式门架

交叉式门架(见图 13－3)是由两片平面刚架组成的刚架结构。其顶部是一个箱形支承圆环，圆环内侧装有环形轨道，用于支承转柱上端的水平滚轮。门架的中部有一个十字横梁，横梁和门腿的截面都是箱形截面。为增强门架的刚性，沿轨道方向用拉杆把同一侧两条门腿之间连接起来。门腿与支承圆环之间采用法兰螺栓连接，这种门架制造安装方便，但自重较大。

2) 八撑杆式门架

八撑杆门架(见图 13－4)的顶部仍然是一个内侧装有环形轨道的箱形支承圆环，支承圆环通过八根撑杆支承在下门架四角的门腿上。八根撑杆在各侧面内两两成对称的三角形桁架。下门架是一种交叉刚架，这种门架自重较轻，但是抗扭性较差。当门架的高度较大时，可采用双层八撑杆式门架。

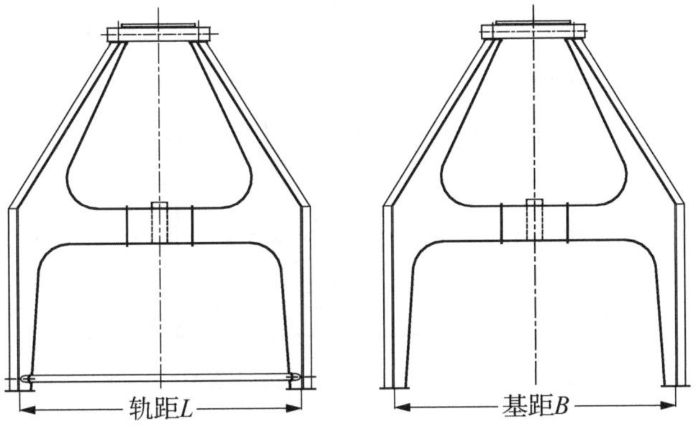

图 13－3　交叉式门架

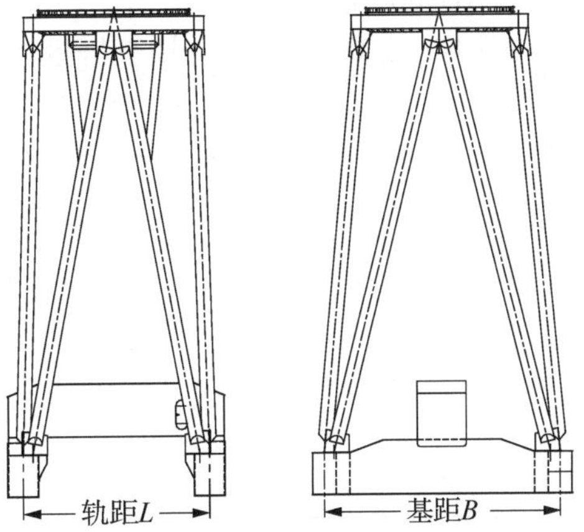

图 13－4　八撑杆式门架

3) 圆筒式门架

圆筒门架(见图 13－5)的顶部是一个特制的圆环形法兰盘，法兰盘的刚性要求很大，以确保上部大轴承的正常工作。门架的中部是一个直圆筒，直圆筒要有足够的刚度。为了保证门架下部的净空高度，下门架通常采用主横梁结构形式，圆筒下端插入下门架主梁的内部与主梁焊成一体。圆筒式门架自重较轻，风阻力小，外形美观，在港口门座起重机中得到广泛的应用。

2. 转台

转台是门座起重机回转部分的基础，用来支承工作机构、电气设备、机器房、臂架系统及人字架等部件的重量，并将回转部分的全部载荷传递给固定门架，因此它应有足够的强度和刚度。

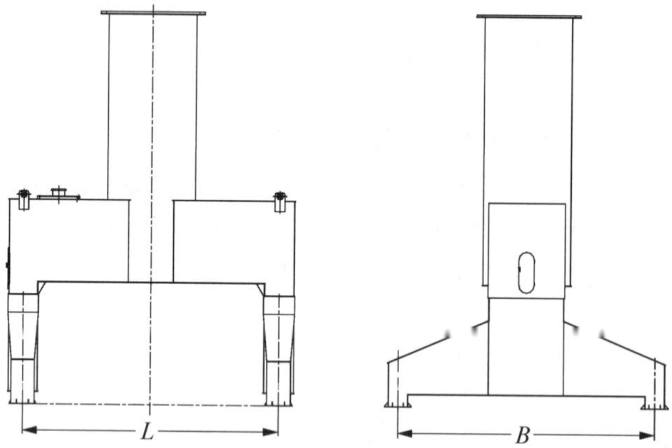

图 13-5 圆筒式门架

转台通常是由两根纵向主梁和若干根横梁并辅以一些面板和筋板组成的平面板架结构。主梁和横梁设计成箱形或工字形截面梁，两根主梁的中心距尽可能与臂架下铰点间距以及人字架横向间距相同或相近。转台尾部做成箱体，以便装载一定数量的固定配重。横梁和筋板的设置应根据转台上机构和结构的安装位置来确定。对于滚动轴承式门座起重机，转台下方通常有一节支撑圆筒和一个连接法兰。支撑圆筒插入转台内部与转台焊接成一体，以加强连接的刚性和改善传力条件(见图 13-6)。对于转柱式门座起重机，转台下方配有连接下转柱用的箱体(见图 13-7)，并用带拼接板的对接方式实现两者之间的高强度螺栓连接。

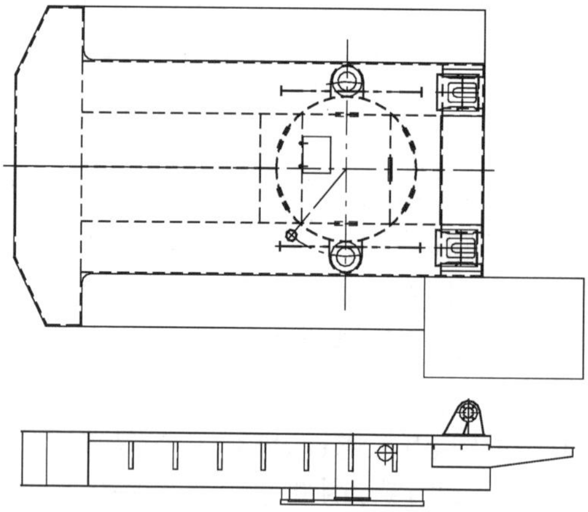

图 13-6 转盘式门座起重机转台

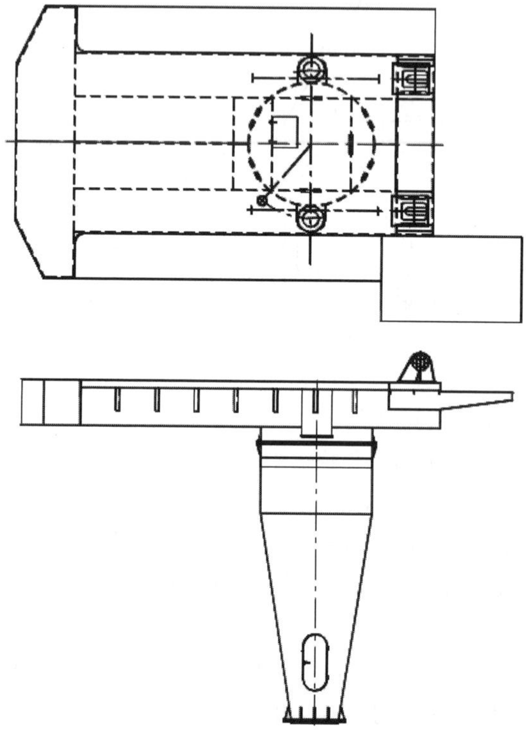

图 13-7 转柱式门座起重机转台

3. 臂架系统

门座起重机的臂架系统用来承受和传递各种工作载荷，实现所吊货物在变幅工作过程中水平位移的结构系统。根据实现水平位移的方式不同，通常有刚性四连杆组合臂架系统和钢丝绳水平位移补偿单臂架系统两种结构形式。

刚性四连杆组合臂架系统（见图 13－8）是目前港口门座起重机普遍采用的一种型式，它由象鼻架、大拉杆和主臂架三部分组成。通过象鼻架与臂架、大拉杆之间的铰轴连接，臂架与转台，大拉杆与人字架之间的铰轴连接形成四连杆平面机构，即以臂架下铰点、大拉杆后铰点为支点的双摇杆机构。起升钢丝绳绕过布置在象鼻架两端的滑轮组起吊货物。当进行变幅工作时，所起吊货物按象鼻架头部的运动轨迹做近似水平移动。

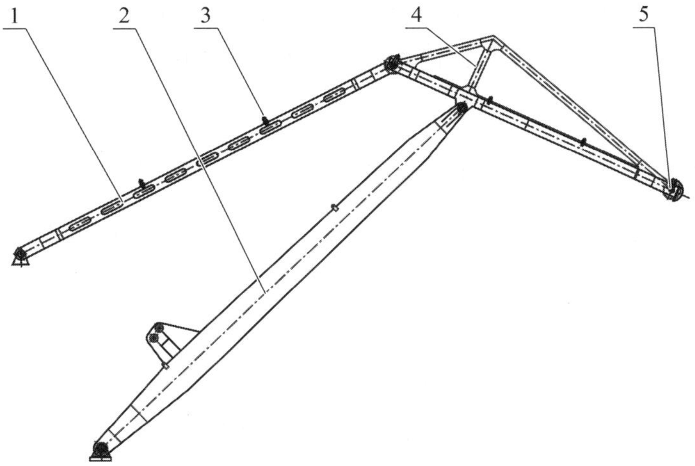

1—大拉杆；2—主臂架；3—钢丝绳托辊；4—象鼻架；5—滑轮组。

图 13－8 刚性四连杆组合臂架系统

象鼻架是直接承受起吊载荷的构件，为简支悬臂结构。港口门座起重机的象鼻架通常采用如图 13－9 所示的桁构式结构，它由一根箱形主梁和一片或两片桁杆结构焊接而成。象鼻架与臂架相连的铰轴结构布置在主梁下方，与大拉杆相连的铰轴布置在象鼻架后方。

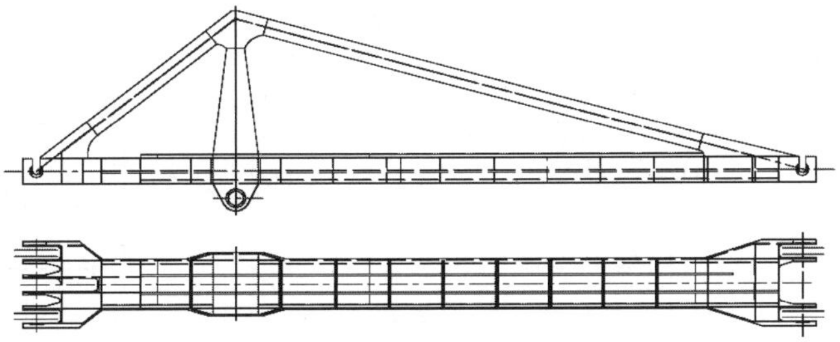

图 13－9 桁构式象鼻架

主臂架是四杆系统中受力最复杂的构件，头部与象鼻架铰接，根部与转台铰接，其在纵向平面和横向平面均承受较大的载荷作用。港口门座起重机的臂架通常采用变截面箱形构件，在水平横向平面内，臂架头部和根部均分叉成支腿，以满足水平刚度条件及构造布置要求。根

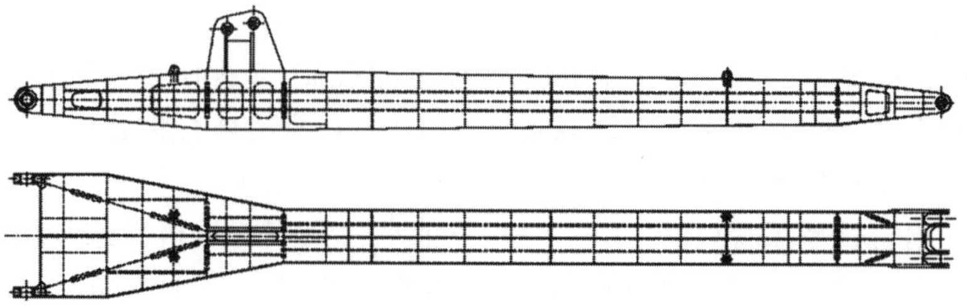

图 13-10 箱形实体式主臂架

据臂架箱型结构的局部稳定性条件和构造要求，箱形体内设置有横隔板和纵筋等。图 13-10 所示为箱形实体式臂架结构。

大拉杆一般为实腹式箱形结构，按照连接布置的需要，其根部也可分叉成支腿状。为了减少风振的影响，通常在大拉杆的箱形侧向腹板上沿轴线方向间隔地开一些长圆形的导流孔，如图 13-11 所示。

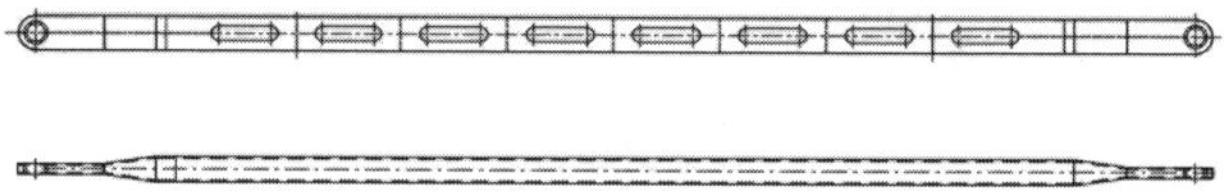

图 13-11 带导流孔的实腹形大拉杆

4. 人字架及平衡系统

人字架及平衡系统在门座起重机中用来承受臂架系统传来的部分载荷，平衡臂架系统自重力矩的结构系统由人字架和平衡系统两部分做成，如图 13-12 所示。

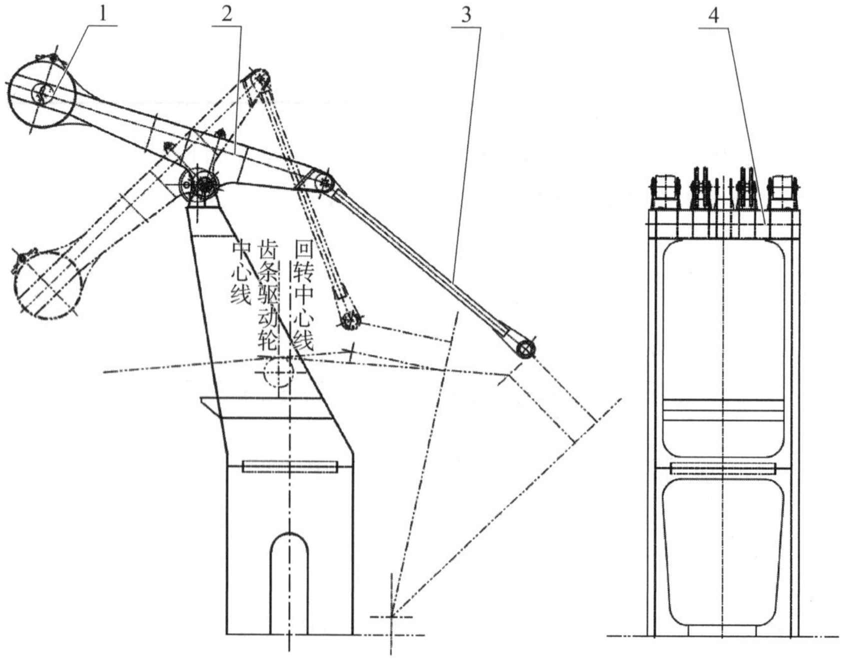

1—活动对重；2—平衡梁；3—小拉杆；4—人字架。

图 13-12 人字架及平衡系统

1）人字架

人字架是门座起重机受力最为复杂的结构件之一，对于刚性变幅的门座起重机，人字架顶部的横梁上设有大拉杆、平衡梁及导向滑轮支座，人字架中部横梁上连接有变幅机构平台。人字架需要支承和传递以上各部分施加的载荷。对于柔性变幅的门座起重机，人字架顶部的横梁上设有导向滑轮、补偿滑轮支座等，人字架需要支承和传递由各滑轮组施加的载荷。人字架按其侧面的形状可分为桁构式、板梁式和立柱式等结构形式。

桁构式人字架结构（见图 13-13）是一种最典型的结构，当工作时，前撑杆受力较大，常采用截面较大的工字钢或焊接箱形结构，后拉杆采用管形结构或其他截面较小的构件，这种类型的人字架应用较为广泛。

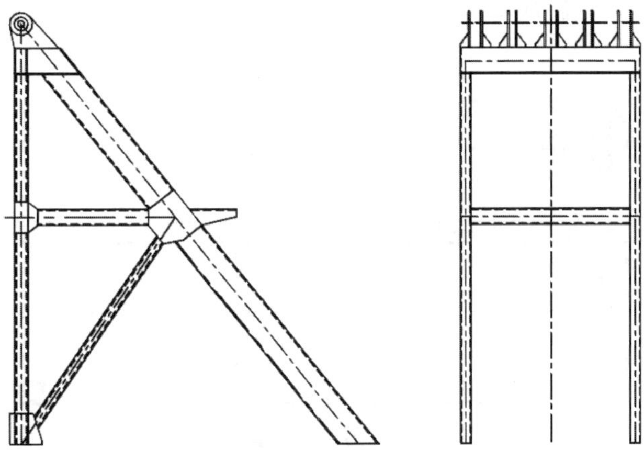

图 13-13　桁构式人字架

板梁式人字架（见图 13-14）是一种广泛应用于港口门座起重机的新型结构。这种人字架结构完全由板材围成一个大的、空心的四棱柱。前后两片大面积镂空、左右两侧则基本为实腹式结构，该结构简洁，施工方便，容易采用自动焊接工艺制作。

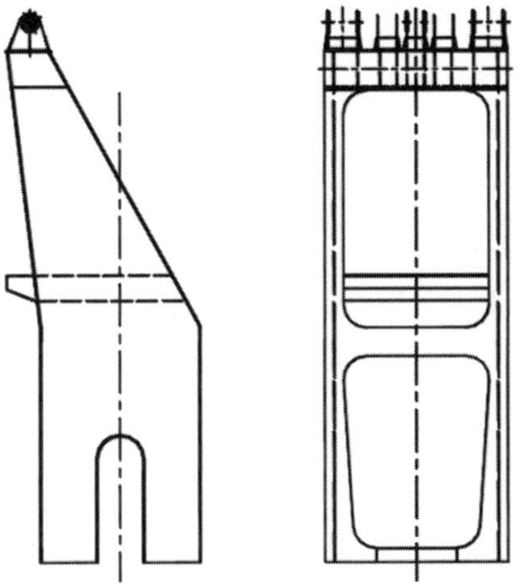

图 13-14　板梁式人字架

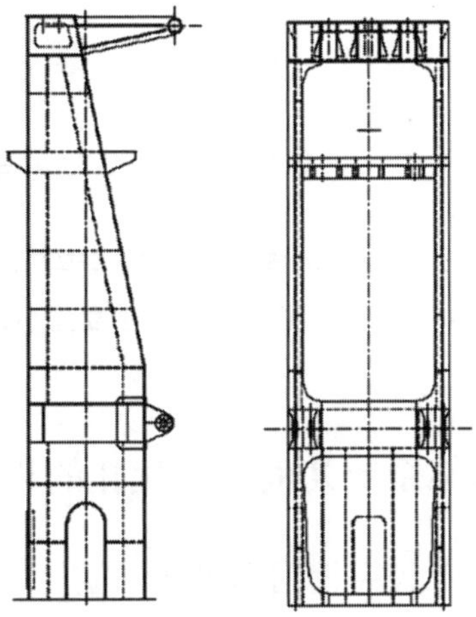

图 13-15　立柱式人字架

立柱式人字架(图 13－15)是对传统人字架进行简化处理后的一种新结构类型，广泛适用于单臂架门机中。该结构可以做成箱式或完全筒体式，根据立柱的受力沿着高度方向可做成变截面。各种人字架下部通常与转台直接焊接，也可以采用螺栓或铰轴连接。

2）平衡系统

根据门座起重机臂架系统的结构类型，衍生出了有臂架自重平衡系统和无臂架自重平衡系统两种类型。大多数港口装卸门座起重机的臂架系统带有自重平衡，该系统通常采用杠杆活配重型式，由平衡梁、小拉杆和活配重组成。平衡梁支撑在人字架顶部横梁上，小拉杆通过铰点与平衡梁和臂架相连，与人字架一起形成平面四杆机构和以臂架下铰点、平衡梁后铰点为支点的双摇杆机构，在平衡梁的尾部设有活配重。

平衡梁一般采用箱型结构(见图 13－16)，由于平衡梁起杠杆作用，其支撑铰点处的结构受力最大，故其长度方向常做成变截面结构。

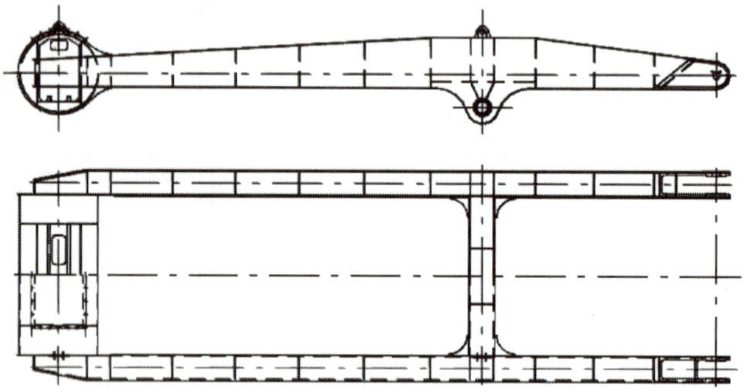

图 13－16　平衡梁结构

小拉杆是臂架和平衡梁之间的连接杆，其构造有独立型和组合型，独立型小拉杆(见图 13－17)的连接铰点在同一纵向平面内，其受力为二力杆。组合型小拉杆(见图 13－18)的连接铰点不在同一纵向平面内，除了承受拉力外，组合杆还受弯矩作用。小拉杆可以用钢管、工字钢或焊接箱形等制作。

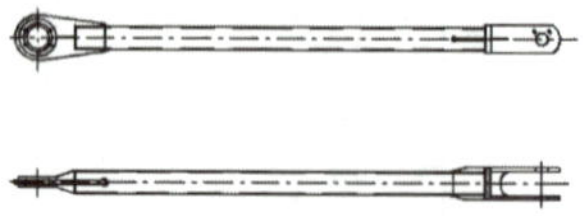

图 13－17　独立型小拉杆

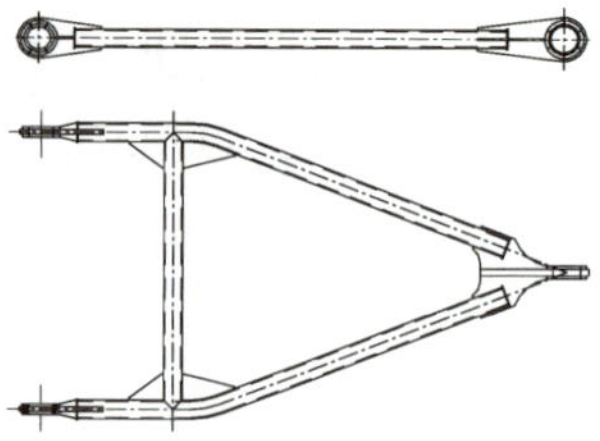

图 13－18　组合型小拉杆

三、臂架系统几何尺寸优化的程序设计

(一) 程序框图和参数说明

几何尺寸的优化程序如图 13－19 所示，参数说明如表 13－2 所示。

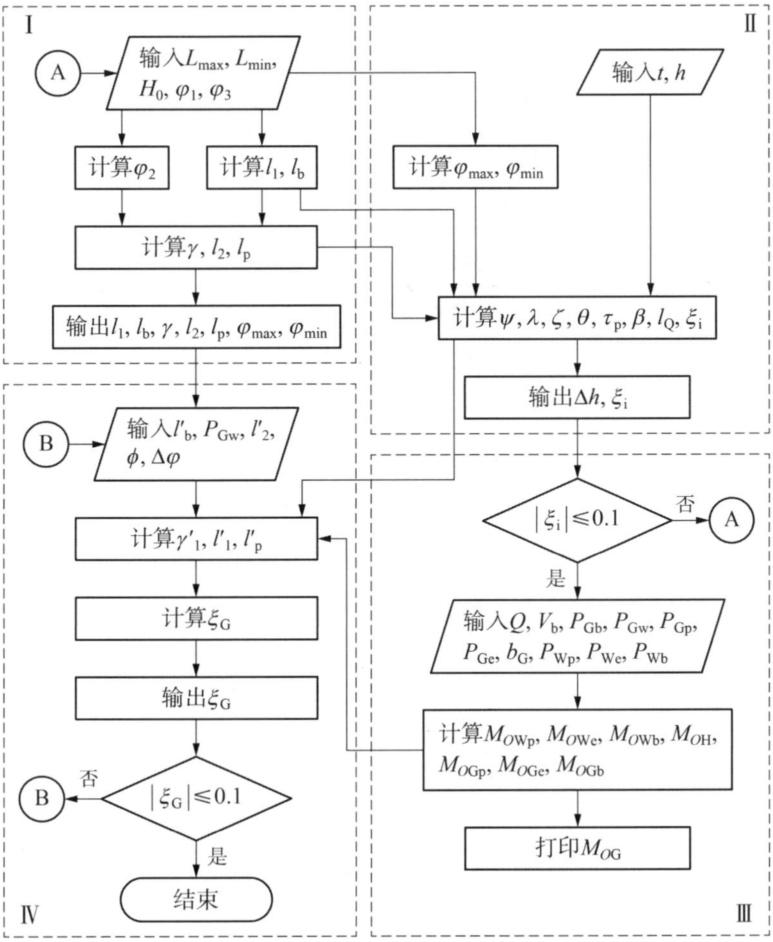

图 13-19　程序框图

表 13-2　参数说明和公式对照

程序符号	参　数	意义和计算式	单位
A0	l_1	象鼻架前段的长度，式(8-8) $l_1=\dfrac{L_{max}^2-L_{min}^2}{2[H_0(\sin\alpha_3-\sin\alpha_1)+L_{max}\cos\alpha_1-L_{min}\cos\alpha_3]}=$ 8.808	m
B0	l_b	主臂架的长度，式(8-9) $l_b=\sqrt{l_1^2-2l_1(L_{max}\cos\alpha_1-H_0\sin\alpha_1)+L_{max}^2+H_0^2}=$ 20.7199	m
B2	l'_b	小拉杆与主臂架铰点至下铰点 O 的距离	m
BF	P_{Wb}	作用在主臂架上的风载荷	kg
BG		臂架重心到铰点 O 的距离	m
C0	l_2	象鼻架后段的长度	m

（续表）

程序符号	参　数	意义和计算式	单位
C2	l_p'	小拉杆的长度	m
D0	l_p	大拉杆的长度	m
D1	h_{w12}	对重从“1”位置转至“2”位置时所需升降的垂直距离	m
D2	l_1'	对重杠杆前段的长度	m
D3	h_{w13}	对重从“1”位置转至“3”位置时所需升降的垂直距离	m
DH0	Δh	象鼻架端点在变幅过程中的高低差	m
DX	l_Q	象鼻架端点至速度瞬心 P 的水平距离	m
E(I)	E	组合臂架的总动能，如式(8－41)所示	
F(I)	φ	任意位置臂架轴线和水平线的夹角	°
FA	φ_3	最小幅度时，主臂架轴线与其带有斜度的表面之间的夹角	°
FI	φ_1	最大幅度时，主臂架轴线与其带有斜度的表面之间的夹角	°
F0	$\Delta\varphi$	主臂架轴线与其带有斜度的表面之间的夹角	°
F1(I)	$\omega=\varphi+\Delta\varphi$	—	°
F2(I)	ψ	大拉杆和象鼻架后段轴线的夹角，$2l_2l_p\cos\psi=l_2^2+l_p^2-\overline{O_1B}^2$	°
F3(I)	λ	大拉杆和 O_1B 的夹角，$\dfrac{l_2}{\sin\lambda}=\dfrac{\overline{O_1B}}{\sin\psi}=\dfrac{l_p}{\sin(\gamma-\alpha)}$	°
F4(I)	ζ	O_1B 与水平线的夹角，$\overline{O_1B}\sin\zeta=l_b\sin\varphi-h$	°
F5(I)	θ	大拉杆和水平线之间的夹角	°
F6(I)	τ_P	OP 和 O_1P 之间的夹角，P 为象鼻架的速度瞬心	°
F7(I)	β	$\beta=180°-\psi-\theta$	°
F8	γ	象鼻架前后段轴线之间的夹角	°
F9(I)	α_i	任意幅度时，象鼻架前段轴线和水平线的夹角，如式(8－7)所示	°
F10	—	O_1O 连线和主臂架表面的夹角	°
F11(I)	τ_w	O_1B_2 连线与主臂架轴线之间的夹角	°
F12(I)	ψ'	对重杠杆前段和小拉杆之间的夹角	°
GB	P_{Gb}	主臂架的自重	kg
GD	P_{Gw}	对重的自重	kg
GL	P_{Gp}	拉杆自重的一半	kg
GX	P_{Ge}	象鼻架的自重	kg

（续表）

程序符号	参　　数	意义和计算式	单位
H	H_0	从臂架下铰算起的起升高度	m
H0	h	对重铰点 O_1 的铅垂坐标	m
HC	h_C	拉杆上铰点 C 到速度瞬心 P 的距离	m
HZ(I)	H_0	从臂架下铰算起的实际起升高度	m
L0	t	对重铰点 O_1 的水平坐标	m
LA	$L_{max}=R_{max}-f$	最大计算幅度	m
LD	l_2'	对重杠杆后段的长度	m
LI	$L_{min}=R_{min}-f$	最小计算幅度	m
M1	M_{OWp}	作用在拉杆上的风载荷引起的对下铰点 O 的力矩，如式(8-68)所示	kg·m
M2	M_{OWe}	作用在象鼻架上的风载荷引起的对下铰点 O 的力矩	kg·m
M3	M_{OWb}	作用在主臂架上的风载荷引起的对下铰点 O 的力矩，如式(8-70)所示	kg·m
MQ	M_{OQ}	起升载荷对主臂架下铰点 O 的力矩，如式(8-60)所示	kg·m
MT	M_{OH}	起升偏摆载荷引起的对下铰点 O 的不平衡力矩，如式(8-71)所示	kg·m
ML	M_{OGp}	拉杆一半的自重对下铰点 O 的不平衡力矩，如式(8-64)所示	kg·m
MX	M_{OGe}	象鼻架自重引起的对下铰点 O 的不平衡力矩，如式(8-66)所示	kg·m
MB	M_{OGb}	主臂架自重引起的对下铰点 O 的不平衡力矩，如式(8-67)所示	kg·m
MG	$M_{O\sum}(P_{Gb},P_{Ge},P_{Gp})$	组合臂架各部分自重引起的对主臂架下铰点的力矩之和	kg·m
nh	n_h	回转转速	m/min
PB(I)		速度瞬心到 B 点的距离	m
Q	Q	额定起重量	kg
R	r_1	O 点到小拉杆的距离	m
R0	r_2	O_1 点到小拉杆的距离	m
S	β_w	最小幅度时，对重杠杆尾段与垂线的夹角	°
S1	ϕ_1	$\phi_1=\arcsin\left(\dfrac{h_{w13}-l'_2\cos\phi}{l'_2}\right)$，如式(8-18)所示	°

（续表）

程序符号	参　　数	意义和计算式	单位
S2	γ'_{12}	"2"位置相对于位置"1"，对重杠杆转过的角度	°
S3	γ'_{13}	"3"位置相对于位置"1"，对重杠杆转过的角度	°
S5	γ'_{1}	最大幅度时，对重杠杆前段轴线与水平线的夹角，如式(8－14)所示	°
S7	η	对重杠杆前后段之间的夹角	°
SF	P_{wp}	作用在大拉杆上的一半风载荷	kg
Vb	v_b	变幅速度	m/min
U	x_P	象鼻架 C 点对速度瞬心 P 点的水平距离，如式(8－65)所示	
X(I) Y(I)	—	小拉杆 l'_p 与对重杠杆铰点 B_2 相对于点 O 的坐标	m
X2	x_2	象鼻架端点 A 的中间位置水平坐标	m
XF	P_{We}	作用在象鼻架的风载荷	kg
XI	ξ_i	起升载荷未平衡力矩系数，$\xi_i=\dfrac{l_Q}{L_{max}}\dfrac{\overline{OB}}{\overline{PB}}$，$l_Q$ 的计算如式(8－63)所示	
XIG	ζ_G	臂架-对重杠杆系统自重不平衡系数，如式(8－23)所示	
Z1	α_1	最大幅度时象鼻架前段与水平线的夹角	°
Z2	α_2	中间幅度时象鼻架前段与水平线的夹角	°
Z3	α_3	最小幅度时象鼻架前段与水平线的夹角	°
U	—	辅助临时变量	—
V	—	辅助临时变量	—
W	—	辅助临时变量	—
J	—	辅助临时变量	—

（二）参考程序(Matlab 程序)

```
clc
clear all
%----------------------------------------
%  主臂架和象鼻架几何尺寸
%----------------------------------------
```

```
LA=24-1.8;           %①最大幅度 Lmax
LI=7.5-1.8;          %最小幅度 Lmin
H=11.35;             %起升高度 H
Z1=25;               %最大幅度时象鼻架前段与水平线的夹角 α1
Z3=85;               %最小幅度时象鼻架前段与水平线的夹角 α3

RTD=180/pi();            %弧度和角度转换关系

Z1=Z1/RTD;
Z3=Z3/RTD;
%象鼻架前段的长度 l1
A0=(LA^2-LI^2)/2/(H*(sin(Z3)-sin(Z1))+LA*cos(Z1)-LI*cos(Z3));
%主臂架的长度 lb
B0=sqrt(A0^2-2*A0*(LA*cos(Z1)-H*sin(Z1))+LA^2+H^2);

%象鼻架前段轴线与水平线的夹角 α2
X2=LA-0.2*(LA-LI);         %象鼻架端点 A 的中间位置 2(x2, y2)
U1=B0^2-A0^2-H^2-X2^2;
U2=4*A0^2*(X2^2+H^2)-U1^2;
Z2=acos((-X2*U1+H*sqrt(U2))/(2*A0*(X2^2+H^2)));

%-----------------------------------------------
%  大拉杆的几何尺寸和臂架系统的校核
%-----------------------------------------------

L0=3.8;          %对重铰点坐标 t
H0=6.8;          %对重铰点坐标 h
%--------计算象鼻架前后段轴线之间的夹角 γ--------
%在三个位置时,臂架上铰点 B 相对于对重铰点 O1 的坐标
A1=H-H0+A0*sin(Z1);  B1=LA+L0-A0*cos(Z1);     %位置 1(最大幅度)
A2=H-H0+A0*sin(Z2);  B2=X2+L0-A0*cos(Z2);     %位置 2
A3=H-H0+A0*sin(Z3);  B3=LI+L0-A0*cos(Z3);     %位置 3(最小幅度)

M=A1*A1-A2*A2+B1*B1-B2*B2;
N=A2*A2-A3*A3+B2*B2-B3*B3;
U=N*A1*sin(Z1)-(M+N)*A2*sin(Z2)+M*A3*sin(Z3)-N*B1*cos(Z1)+(M+N)*B2*
cos(Z2)-M*B3*cos(Z3);
V=N*A1*cos(Z1)-(M+N)*A2*cos(Z2)+M*A3*cos(Z3)+N*B1*sin(Z1)-(M+N)*B2*
sin(Z2)+M*B3*sin(Z3);
```

① 此处“%”为程序里的分割符,“%”之前为运行程序语言,“%”之后为对此语言含义的解释说明。

```
F8 = pi() + atan(U/V);                %象鼻架前后段轴线之间的夹角γ
GAMA = F8* RTD;
%象鼻架后段的长度 l2
U1 = - A1* sin(F8 - Z1) + A2* sin(F8 - Z2) - B1* cos(F8 - Z1) + B2* cos(F8 - Z2);
C0 = M/2/U1;
%大拉杆的长度 lp
U = C0* sin(F8 - Z1) + A1;
V = C0* cos(F8 - Z1) + B1;
D0 = sqrt(U* U + V* V);

%最大幅度和最小幅度时主臂架与水平线的夹角
U = (LA - A0* cos(Z1))/B0;
FI = acos(U);
V = (LI - A0* cos(Z3))/B0;
FA = acos(V);

for I = 1:9                           %9 个臂架位置
  F(I) = (FA - FI)* (I - 1)/8 + FI;   %任意位置臂架轴线和水平线的夹角
  U = L0 + B0* cos(F(I));             %臂架上铰点的水平坐标(以对重铰点 O1 为坐标原点)
  V = B0* sin(F(I)) - H0;             %臂架上铰点的垂直坐标(以对重铰点 O1 为坐标原点)
  %大拉杆和象鼻架后段轴线的夹角ψ,lp^2 + l2^2 - 2 lp l2 cosψ = (O1B)^2
  O1B = sqrt(U* U + V* V);
  U = (C0* C0 + D0* D0 - O1B* O1B);
  U = U/2/C0/D0;
  F2(I) = acos(U);                    %夹角ψ

  %大拉杆轴线和水平线之间的夹角θ
  U = C0* sin(F2(I))/O1B;
  F3(I) = asin(U);                    %大拉杆和 O1B 的夹角λ, l2/sinλ = O1B/sinψ = lp/sin(γ-α)
  U = (B0* sin(F(I)) - H0)/O1B;
  F4(I) = atan(U/sqrt(1 - U* U));     %O1B 与水平线的夹角ζ
  F5(I) = F3(I) + F4(I);              %大拉杆和水平线之间的夹角θ

  F6(I) = F(I) - F5(I);               %OP 和 O1P 之间的夹角τP,P 为象鼻架的速度瞬心
  F7(I) = pi() - (F2(I) + F5(I));     %夹角β
  F9(I) = F7(I) + F8 - pi();          %象鼻架前段轴线和水平线的夹角α
  PB(I) = C0* sin(F2(I))/sin(F6(I));  %速度瞬心 P 到 B 点的距离 PB

  HZ(I) = B0* sin(F(I)) - A0* sin(F9(I));   %货物吊点 A 相对于臂架铰点 O 的垂直距离
```

```
  DH0(I) = HZ(I) - H;                              %货物吊点 A 的轨迹曲线的高低差 Δh
  DX(I) = PB(I)* cos(F(I)) - A0* cos(F9(I)); %货物吊点 A 相对于速度瞬心 P 的水平距离 lQ
  XI(I) = DX(I)/LA* B0/PB(I);                      %起升载荷未平衡力矩系数
  DXI(I, 1) = DH0(I); DXI(I, 2) = XI(I);
end

% --------------------------------------------------
%  臂架系统的载荷及其对铰点 O 的矩
% --------------------------------------------------

g = 10;          %重力加速度(m/s^2)
pII = 250;        %风压(N/m^2)
Q = 5000;         %额定起重量(kg)
nh = 1.8;       %回转速度(r/min)
GL = 1600/2;   %拉杆自重的一半(kg)
GX = 2860;   %象鼻梁的自重(kg)
GB = 6000;   %臂架的质量(kg)
BG = 8.24;   %臂架重心到铰点 O 的距离 lb
SF = 2.4* pII/2/g;       %作用在大拉杆上风载荷的一半(kg)
XF = 4.8* pII/g;   %象鼻梁的风载荷(kg)
BF = 7.2* pII/g;   %臂架的风载荷(kg)

%臂架系统各载荷对主臂架下铰点 O 的力矩
for I = 1:1:9
%起升载荷对主臂架下铰点 O 的力矩
    MQ(I) = Q* DX(I)* B0/PB(I)* g;                 %起升载荷力矩
  %偏摆载荷对主臂架下铰点 O 的力矩
    U = 0.05* LA* nh* 2* pi()/60;
    UT = atan(U)* 0.3;                              %货物回转偏摆角
    T = Q* tan(UT);                                 %偏摆载荷
    rH = (B0 + PB(I))* sin(F(I)) - HZ(I);          %货物吊点 A 到速度瞬心 P 的垂直距离 rH
    MT(I) = T* rH* B0/PB(I)* g;                        %偏摆载荷力矩
  %风载荷对主臂架下铰点 O 的力矩
    hC = (B0 + PB(I))* sin(F(I)) - (H0 + D0* sin(F5(I))); %拉杆上铰点 C 到速度瞬心 P 的垂直距离 hC
    M1 = hC* SF* B0/PB(I);                              %大拉杆风载荷力矩
    M2 = XF* B0* sin(F(I));                             %象鼻梁风载荷力矩
    M3 = BF* B0* sin(F(I))* 3/7;                        %主臂架风载荷力矩
    MF(I) = (M1 + M2 + M3)* g;
  %自重载荷对主臂架下铰点 O 的力矩
```

```
    U=L0+(B0+PB(I))*cos(F(I))-D0*cos(F5(I));   %象鼻梁C点对速度瞬心P点的水平距离xP
    ML(I)=U*GL*B0/PB(I);                        %拉杆自重力矩
    AX=0.5*(A0+C0)-C0;                          %象鼻架自重的偏心距离le
    MX(I)=(PB(I)*cos(F(I))-AX*cos(F9(I)))*GX*B0/PB(I);   %象鼻梁自重力矩
    MB(I)=GB*BG*cos(F(I));                               %主臂架自重力矩
    MG(I)=(ML(I)+MX(I)+MB(I))*g;
end

%----------------------------------------
%平衡对重杠杆系统的几何尺寸设计,臂架自重未平衡系数校核
%----------------------------------------
B2=7.0;                %小拉杆与主臂架的铰点到O点的距离l'b
GD=8000;               %对重的自重
LD=3.8;                %对重后段的长度l'2
S=20;                  %最小幅度时,对重后段轴线与铅垂线之间的夹角βw
F0=7;                  %小拉杆铰点到下铰点O的连线与主臂架轴线之间存在的角度Δφ

FZ(1)=FI+F0/RTD;       %最小幅度时,小拉杆铰点到下铰点O的连线与水平线之间的夹角
FZ(3)=FA+F0/RTD;       %最大幅度时
FZ(2)=0.5*(FZ(1)+FZ(3));

for I=1:3
  Y(I)=B2*sin(FZ(I));  %小拉杆铰点的铅垂坐标(以O点为坐标原点)
  X(I)=B2*cos(FZ(I));  %小拉杆铰点的水平坐标
  A(I)=H0-Y(I);        %系数Ai
  B(I)=L0+X(I);        %系数Bi
end

%组合臂架的势能
K=BG/B0;               %系数k
m=9;                   %计算幅度的个数
for I=1:1:m            %共8个位置,如式(8-41)所示
  Ee=(GX+GL+K*GB)*B0*sin(F(I));
  Ep=GX*AX*sin(F9(I));
  Eb=GL*C0*sin(F7(I));
  E(I)=Ee-Ep+Eb;
end
D1=(E(5)-E(1))/GD;     %垂直距离hw12
D3=(E(9)-E(1))/GD;     %垂直距离hw13
```

```
S=S/RTD;                    %最小幅度时,对重杠杆尾端与垂直线的夹角 β_w
S1=asin((D3-LD*cos(S))/LD);             %夹角 φ_1
S3=pi()/2-S+S1;                         %对重杠杆的转角 γ'_13 = π/2 + φ_1 - β_w
S2=S1+asin((D1-LD*sin(S1))/LD);         %对重杠杆的转角 γ'_12 = φ_1 + sin^-1[(h_w12 - l'_2 sinφ_1)/l'_2]
M=A(2)*A(2)-A(1)*A(1)+B(2)*B(2)-B(1)*B(1);
N=A(3)*A(3)-A(2)*A(2)+B(3)*B(3)-B(2)*B(2);
U=B(2)*cos(S2)-A(2)*sin(S2);
V=A(3)*sin(S3)-B(3)*cos(S3);
NUM=(M+N)*U+M*V-N*B(1);
W=B(2)*sin(S2)+A(2)*cos(S2);
J=A(3)*cos(S3)+B(3)*sin(S3);
DEN=(M+N)*W-M*J-N*A(1);
S5=atan(NUM/DEN);  %最大幅度时,对重前端轴线与水平线的夹角 γ'_1,顺时针为负
D2=A(1)*sin(S5)-A(2)*sin(S5+S2)-B(1)*cos(S5)+B(2)*cos(S5+S2);
D2=M/2/D2;                              %对重杠杆前端长度 l'_1
V=D2*sin(S5)+A(1);
U=D2*cos(S5)-B(1);
C2=sqrt(V*V+U*U);                       %小拉杆的长度 l'_p

S7=1.5*pi()-S-S3-S5;                    %对重杠杆前后段之间的夹角 u

for I=1:1:m
  F1(I)=F(I)+F0/RTD;
  F10=pi()-F1(I)-atan(H0/L0);           %OO_1 连线和主臂架表面的夹角 ω
  OO1=sqrt(L0*L0+H0*H0);
  W=H0-B2*sin(F1(I));
  J=L0+B2*cos(F1(I));
  OB2=sqrt(W*W+J*J);          %O_1B_2 连线的长度 O_1B_2 = √((h - l'_b sinφ_1)^2 + (t + l'_b cosφ_1)^2)
  U=OO1*sin(F10)/OB2;
  F60(I)=asin(U);                       %夹角 τ_w, O_1B_2/sinω = O_1O/sinτ_w
  U=(D2^2+C2^2-OB2^2)/2/D2/C2;  %对重前端轴线 O_1E 和小拉杆 EB_2 的夹角余弦 ψ'
  if U>=0
      F20(I)=atan(sqrt(1-U*U)/U);  %夹角 ψ'
  else
      F20(I)=atan(sqrt(1-U*U)/U)+pi();
  end
```

```
    R0(I) = D2 * sin(F20(I));                       %O1 点到小拉杆的距离 r2
    F30(I) = asin(R0(I)/OB2);                       %夹角 λ'
    F40(I) = F60(I) - F1(I);
    F50(I) = pi() - (F20(I) + F30(I) + F40(I))  %对重前端轴线O1E 与水平线的夹角 γ'i
    R(I) = B2 * sin(F60(I) + F30(I));               %O 点到小拉杆的距离 r1
    V = abs(cos(pi() - F50(I) - S7));              %对重后端轴线与水平线的夹角 β'wi
    J = MG(I) - GD * g * LD * R(I) * V/R0(I);
    XIG(I) = J/MG(1);                          %臂架自重未平衡系数
end

%------------------------------------------
%------------------结果输出-------------------
%------------------------------------------
fid = fopen('E:\Luffing_Result.txt','wt');
fprintf(fid,'          刚性四连杆组合臂架的设计');
fprintf(fid,'\n');                                 %换行
fprintf(fid,'(一)主臂架和象鼻梁的几何尺寸');
NS = ['象鼻架前段的长度 l1:'  num2str(A0,'%.4f,')  'm'];
fprintf(fid,'\n');
fprintf(fid, char(NS));
NS = ['主臂架的长度 lb:'  num2str(B0,'%.4f,')  'm'];
fprintf(fid,'\n');
fprintf(fid, char(NS));
NS = ['最大幅度时主臂架与水平线的夹角 φ1:'  num2str(FI * RTD,'%.4f,')  'DEG'];
fprintf(fid,'\n');
fprintf(fid, char(NS));
NS = ['最小幅度时主臂架与水平线的夹角 φ2:'  num2str(FA * RTD,'%.4f,')  'DEG'];
fprintf(fid,'\n');
fprintf(fid, char(NS));

fprintf(fid,'\n');
fprintf(fid,'\n');
fprintf(fid,'(二)起升载荷未平衡力矩的校核');
fprintf(fid,'\n');
fprintf(fid,'货物吊点高低差 Δh      起升载荷未平衡力矩系数 ξ'i');
fprintf(fid,'\n');
for i = 1:1:m
  fprintf(fid,'  %.4e        %.4e\n',DXI(i, 1), DXI(i, 2));        %\t 换行
end
```

```
fprintf(fid,'\n');
fprintf(fid,'(三)对重杠杆的几何尺寸');
NS=['对重杠杆前端的长度:'  num2str(D2,'%.4f,')  'm'];
fprintf(fid,'\n');
fprintf(fid, char(NS));
NS=['小拉杆的长度:'  num2str(C2,'%.4f,')  'm'];
fprintf(fid,'\n');
fprintf(fid, char(NS));
NS=['最大幅度时,对重前端轴线与水平线的夹角 γ1(顺时针为负):'  num2str(S5*RTD,'%
.4f,')  'DEG'];
fprintf(fid,'\n');
fprintf(fid, char(NS));
NS=['对重杠杆的转角 γ13:'  num2str(S3*RTD,'%.4f,')  'DEG'];
fprintf(fid,'\n');
fprintf(fid, char(NS));
NS=['对重杠杆的转角 γ12:'  num2str(S2*RTD,'%.4f,')  'DEG'];
fprintf(fid,'\n');
fprintf(fid, char(NS));
NS=['对重杠杆前后段之间的夹角:'  num2str(S7*RTD,'%.4f,')  'DEG'];
fprintf(fid,'\n');
fprintf(fid, char(NS));

fprintf(fid,'\n');
fprintf(fid,'\n');
fprintf(fid,'\n');
fprintf(fid,'(四)臂架系统自重未平衡系数的校核');
fprintf(fid,'\n');
fprintf(fid,'臂架各部分自重引起的对主臂架下铰点 O 的力矩之和');
fprintf(fid,'\n');
fprintf(fid,'%.4e\n',MG);        %\t 换行
fprintf(fid,'臂架-对重杠杆系统的自重未平衡系数');
fprintf(fid,'\n');
fprintf(fid,'%.4e\n',XIG);        %\t 换行
fclose(fid);
```

四、齿轮齿条的设计计算

齿轮和齿条常采用 45 号钢调质处理的材料,调质后硬度约为 190～240HB,具体设计参考《渐开线圆柱齿轮承载能力计算方法》(GB/T 3480—1997)和《通用机械和重型机械用圆柱齿轮 标准基本齿条齿廓》(GB/T 1356—2001)。

(一) 几何尺寸的初步设计

1. 小齿轮的齿数 z_1

对于中低速传动，小齿轮的齿数 $z_1=16\sim35$；高速传动 $z_1=25\sim50$。

2. 齿宽 b

$$b=\psi_d d_1 \tag{13-1}$$

式中，ψ_d 为齿宽系数，如表 13-3 所示；d_1 为小齿轮的分度圆直径(mm)。

齿宽系数 ψ_d 的推荐范围如表 13-3 所示。

表 13-3　齿宽系数 ψ_d 的推荐范围

支承对齿轮的配重	载荷特性	ψ_d 的最大值		ψ_d 的推荐值	
		工作齿面硬度			
		不大于 350HB（一对或一个齿轮）	大于 350HB（两个齿轮）	不大于 350HB（一对或一个齿轮）	大于 350HB（两个齿轮）
对称布置并靠近齿轮	变动较小	1.8	1.0	0.8～1.4	0.4～0.9
	变动较大	1.4	0.9		
非对称布置	变动较小	1.4	0.9	结构刚性较大时（如两级减速器的低速级）	
	变动较大	1.15	0.7	0.6～1.2	0.3～0.6
悬臂布置	变动较小	0.8	0.55		
	变动较大	0.6	0.4		

3. 小齿轮直径

在初步设计齿轮时，根据齿面接触强度，估算小齿轮的直径尺寸：

$$d_1 \geqslant A_d\sqrt[3]{\frac{KT_1}{\psi_d\sigma_{HP}^2}\cdot\frac{u\pm1}{u}},\sigma_{HP}\approx0.9\sigma_{Hlim} \tag{13-2}$$

式中，K 为载荷系数，取 $K=1.2\sim2$。当载荷平稳，齿宽系数较小，轴承对称布置，轴的刚性较大，齿轮精度较高(6 级以上)，齿的螺旋角较大时取较小值；反之，取较大值。A_d 为常系数。对于直齿轮 $A_d=766$；斜齿轮当螺旋角 $\beta=8^\circ\sim15^\circ$ 时，$A_d=476$；$\beta=25^\circ\sim35^\circ$ 时，$A_d=447$。σ_{HP} 为许用接触应力，$\sigma_{HP}\approx0.9\sigma_{Hlim}$。式中“+”用于外啮合，“−”用于内啮合。

在初步设计齿轮时，根据齿根弯曲强度，估算齿轮的法向模数：

$$m_n \geqslant A_m\sqrt[3]{\frac{KT_1Y_{Fs}}{\psi_d z_1^2\sigma_{FP}}} \tag{13-3}$$

式中，Y_{Fs} 为复合齿廓系数，$Y_{Fs}=Y_{Fa}Y_{Sa}$，Y_{Fa} 为齿形系数；Y_{Sa} 为载荷作用于齿顶时的应力校正系数，如表 13－4 所示；A_m 为常系数，对于直齿轮 $A_m=12.6$，斜齿轮当螺旋角 $\beta=8^\circ\sim15^\circ$ 时，$A_m=12.4$，$\beta=25^\circ\sim35^\circ$ 时，$A_m=11.5$；σ_{FP} 为许用弯曲应力，$\sigma_{FP}\approx\sigma_{Flim}$。

表 13－4 齿形系数和应力校正系数表

齿数 z	17	18	19	20	21	22	23	24	25	26	27	28	29
Y_{Fa}	2.97	2.91	2.85	2.80	2.76	2.72	2.69	2.65	2.62	2.60	2.57	2.55	2.53
Y_{Sa}	1.52	1.53	1.54	1.55	1.56	1.57	1.575	1.58	1.5	1.595	1.60	1.61	1.62
齿数 z	30	35	40	45	50	60	70	80	90	100	150	200	1000
Y_{Fa}	2.52	2.45	2.40	2.35	2.32	2.28	2.24	2.22	2.20	2.18	2.14	2.12	2.06
Y_{Sa}	1.625	1.65	1.67	1.68	1.70	1.73	1.75	1.77	1.78	1.79	1.83	1.865	1.97

齿轮的切向模数：$m_t=m_n\cos\beta$。 (13－4)

直齿轮传动时，$\beta=0^\circ$ 时，小齿轮直径为

$$d_1=m_t z_1 \tag{13-5}$$

式中，m_t 为小齿轮的切向模数(mm)。

(二) 强度校核

齿轮传动的失效形式主要有以后几种：①轮齿折断，如图 13－20 所示。为了提高抗折断能力，采取增大齿根过渡圆角半径及消除加工刀痕的方法减小齿根应力集中；增大轴及支撑的刚性使轮齿接触线上受荷载均匀；采用合适的热处理加工方法使齿芯材料具有足够的韧性；采用喷丸、滚压等工艺措施对齿根表面进行强化处理。②齿面磨损。避免齿面磨粒磨损的最有效方法为采用闭式齿轮传动。③齿面点蚀，如图 13－21 所示。提高齿轮材料的硬度可以增强齿轮抗点蚀的能力。④齿面胶合。加强润滑措施或者在润滑油中加入极压添加剂均可减轻胶合。⑤塑性变形。塑性变形分为滚压塑变和锤击塑变，采用较高黏度的或者添加极压添加剂的润滑油均可减缓塑性变形。

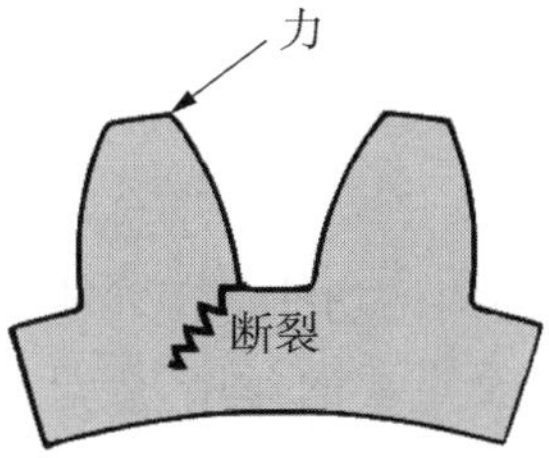

图 13－20 齿根断裂失效

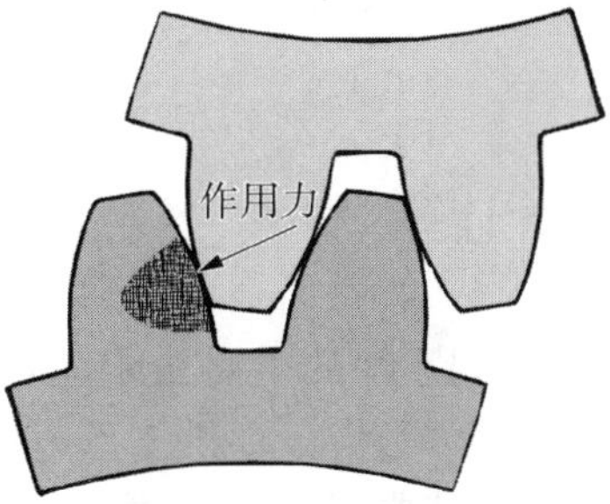

图 13－21 点蚀疲劳

1. 齿根弯曲强度计算公式

当作用在轮齿上的力超过极限值时，轮齿会从齿根部出现裂痕造成轮齿断裂。弯曲强度计算公式如下所示。

$$\begin{aligned} P_{FP} &= C_{F1}C_{F2}C_{F3}C_{F4}\sigma_{FE}K_L/(K_V Y_{Fs} S_{Fmin}) \\ &\geqslant K_A P_1 \end{aligned} \tag{13-6}$$

式中，P_{FP} 为弯曲强度计算的许用功率；C_{F1} 为系数，考虑小齿轮齿数 z_1、法向模数 m_n、小齿轮的转速 n_1 对齿根弯曲强度的影响，$C_{F1}=52.4\times 10^{-6}z_1 m_n^2 n_1$，$C_{F2}$ 为系数，考虑重合度系数 Y_ε 及螺旋角系数 Y_β 对齿根弯曲强度的影响，$C_{F2}=1/(Y_\varepsilon Y_\beta \cos\beta)$；$C_{F3}$ 为系数，考虑齿向载荷分布系数 $K_{F\beta}$ 及齿间载荷分布系数 $K_{F\alpha}$ 对齿根强度的影响，$C_{F3}=10^{-3}b/(K_{F\beta}K_{F\alpha})$；$C_{F4}$ 为系数，考虑相对齿根圆角敏感系数 Y_δ、相对齿根表面状况系数 Y_R 和尺寸系数 K_{FX} 对齿根弯曲强度的影响，$C_{F4}=Y_\delta Y_R K_{FX}$；$\sigma_{FE}$ 为齿轮材料的弯曲疲劳强度基本值，$\sigma_{FE}=\sigma_{Flim}Y_{ST}$；$\sigma_{Flim}$ 为试验齿轮的弯曲疲劳极限(MPa)；Y_{ST} 为试验齿轮的应力修正系数，$Y_{ST}=2.0$；K_L 为弯曲强度计算的寿命系数；S_{Fmin} 为弯曲强度计算的最小安全系数，$S_{Fmin}\geqslant 1.6$；K_A 为使用系数；P_1 为小齿轮的名义功率。

2. 齿面接触强度计算公式

齿面接触强度是基于齿面的接触应力计算轮齿抵抗点蚀(pitting)发生的强度。

$$\begin{aligned} P_{HP} &= C_{H1}C_{H2}C_{H3}C_{H4}\sigma_{Hlim}^2\left(\frac{Z_{HL}Z_W K_{HX}}{Z_M S_{Hmin}}\right)^2\frac{1}{K_V} \\ &\geqslant K_A P_1 \end{aligned} \tag{13-7}$$

式中，P_{HP} 为接触强度计算许用功率；σ_{Hlim} 为试验齿轮的接触疲劳极限；C_{H1} 为系数，考虑小齿轮转速 n_1 和齿数比 i 对接触疲劳强度的影响，$C_{H1}=52.4\times 10^{-3}n_1 i/(i\pm 1)$，$i=z_2/z_1$，其中的“+”用于外啮合传动，“−”用于内啮合传动；C_{H2} 为系数，考虑节点区域系数 Z_H、重合度系数 Z_ε 及螺旋角系数 Z_β 对接触疲劳强度的影响，$C_{H2}=1/(Z_H Z_M Z_\varepsilon Z_\beta)^2$；$C_{H3}$ 为系数，考虑齿轮的主要尺寸齿宽 b、小轮的分度圆直径 d_1 和齿向载荷分布系数 $K_{H\beta}$ 及齿间载荷分布系数 $K_{H\alpha}$ 对接触强度的影响，$C_{H3}=bd_1^2 10^{-3}/(K_{H\beta}K_{H\alpha})$；$C_{H4}$ 为系数，考虑润滑剂的黏度、节点线速度和齿面粗糙度对形成润滑油膜的影响，系数分别为 Z_L、Z_V 和 Z_R，$C_{H4}=(Z_L Z_V Z_R)^2$；Z_{HL} 为接触强度计算的寿命系数；Z_W 为齿面工作硬化系数；K_{HX} 为接触强度计算的尺寸系数，一般取为 1.0；K_V 为动载系数；S_{Hmin} 为接触强度计算的最小安全系数，$S_{Hmin}\geqslant 1.3$。

五、摇架的设计计算

摇架(齿条导向装置)的主要功能是通过三个具有偏心轴调位功能的滚轮来保证齿条与驱动小齿轮的正确啮合，为齿条提供支承与导向。摇架还有一个重要的作用，就是作为防止齿条冲出的机械止挡架，其典型结构如图 13-22 所示。

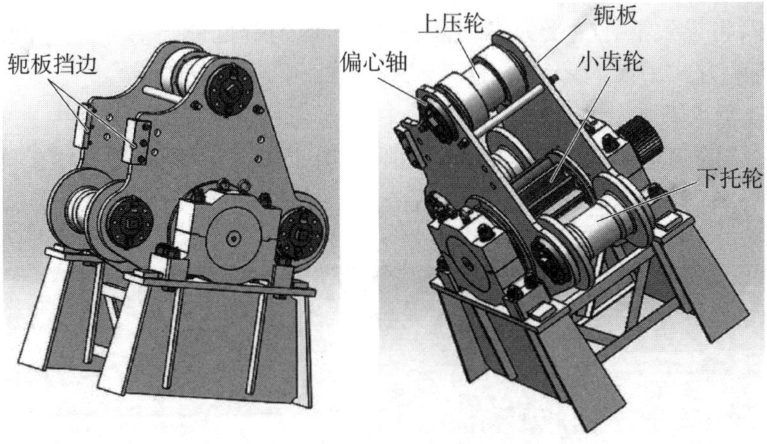

图 13-22　摇架的典型结构

1. 滚轮的布置形式及特点

1）对称布置

对称布置如图 13-23 所示，其特点是小齿轮轴线 O（即摇架支点）与上压轮轴线 O_1 的连线与齿条轴线垂直，小齿轮在工作时的径向力可经齿条箱体直接传递给上压轮，齿条箱体、摇架受力清楚简单；两下托轮关于轴线 OO_1 对称布置，摇架质量分布均衡，两下托轮轮压均衡，安装、使用较为理想。

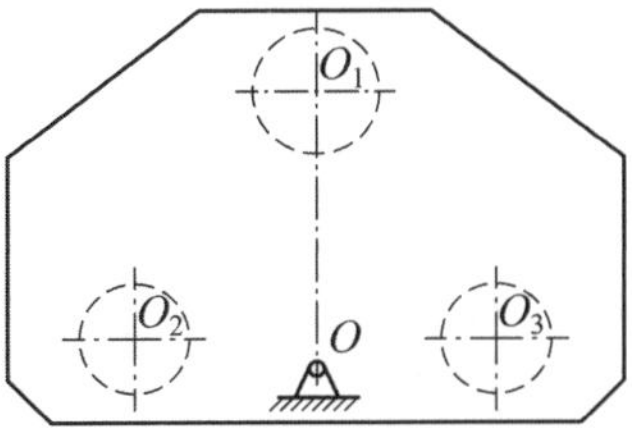

图 13-23　对称布置

2）下托轮偏置

当摇架布置空间受限制或需要调整两个托轮轮压分配关系时，可采用下托轮偏置方式。例如，变幅机构位置偏后，而变幅齿条在最小幅度位置其尾部长度超出起重机允许的尾部半径时，可采用下托轮向前偏置的布置方式，如图 13-24(a)所示。又如，在直挡边摇架中，为了减小止挡时对 O_1、O_2 两轮产生的附加轮压，可以采取将下托轮向后偏置的方式，如图 13-24(b)所示。

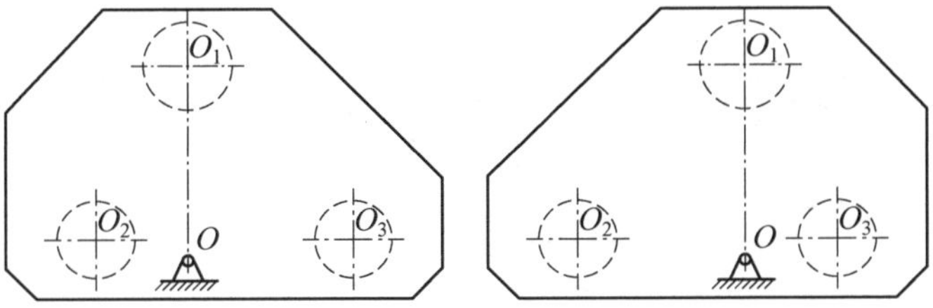

(a)　(b)

图 13-24　下托轮偏置方式

(a)向前偏置；(b)向后偏置

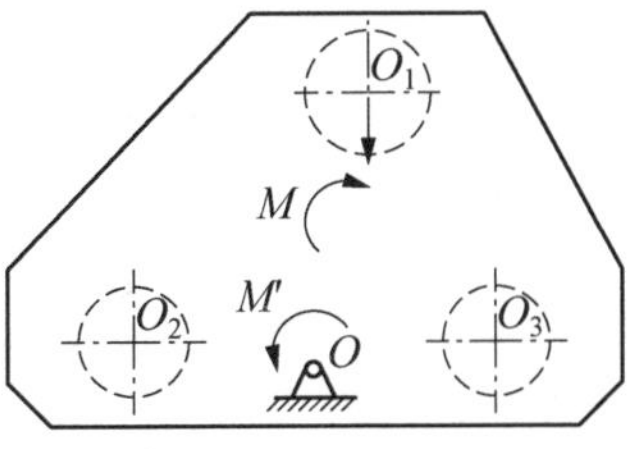

图 13-25　上压轮偏置方式

3）上压轮偏置

上压轮偏置方式如图 13-25 所示。由于上压轮轴线 O_1 偏离了摇架支点 O 正上方，使齿条箱体在摇架支点位置附近增加了一个附加弯矩 M，这个附加弯矩对齿条箱体结构的整体稳定性不利，在设计计算中需加以考虑；同时，摇架上将产生一个与 M 反向的力偶 M'，要靠下托轮轮压予以平衡，将导致下托轮受力不均衡、磨损不均匀等问题。鉴于上述问题，一般不推荐采用上压轮偏置的方式。

2. 轭板挡边型式及其特点

轭板挡边型式的确定原则：首先考虑止挡限位功能的需要，同时应与滚轮布置的形式相适应。挡边型式主要有斜挡边和直挡边两种，后者如图 13－26 所示。

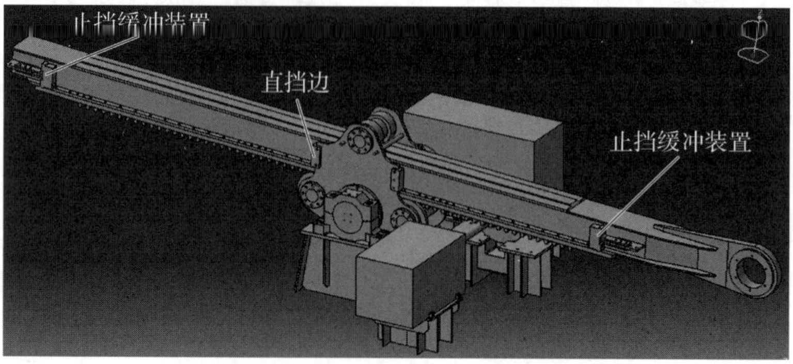

图 13－26 直挡边摇架-齿条系统

1）斜挡边

如图 13－27 所示，斜挡边轭板端部与齿条箱体的止挡缓冲器接触时，齿条给轭板的作用力 F_z' 指向摇架支点 O，因而摇架受撞击时没有转动的趋势。这是斜挡边轭板区别于直挡边轭板的最大特点。

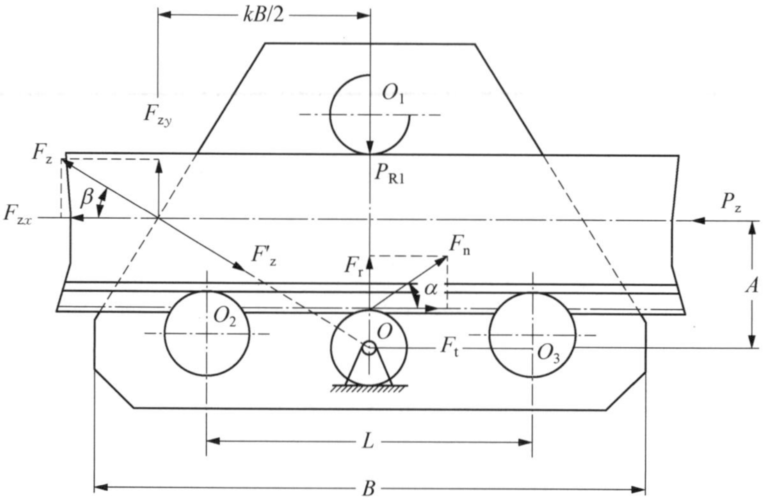

图 13－27 斜挡边摇架-齿条系统受力简图

起重机在最大幅度时齿条冲击要求的情况较多，此时，摇架-齿条系统的受力状况如下。

（1）上压轮轮压。

设最大幅度时的变幅阻力为 P_z，并指向摇架方向；在止挡状态下，小齿轮的切向力 F_t 为

电动机的堵转力矩 M_d 折算到啮合点的力 F_d。为简便起见，忽略齿条自重和切向力 F_t 对齿条中心产生的附加弯矩，则由图 13-27 所示的力关系得止挡力 F_z 的水平分量为

$$F_{zx}=F_t-P_z=F_d-P_z$$

止挡力与水平方向的夹角为

$$\beta=\arctan\frac{2A}{kB}$$

式中，k 为斜挡边轭板的形状系数，一般取 $k=0.8\sim0.85$。

以齿条箱体为研究对象，考虑到最大幅度时的齿条工作长度远大于作用力 F_{zy} 到支点 O 的水平距离，因而上压轮轮压可以写为

$$P_{R1}=F_{zy}+F_r=F_{zx}\tan\beta+F_t\tan\alpha$$

即 $$P_{R1}=\frac{2(F_d-P_z)A}{kB}+F_d\tan\alpha$$

式中，α 为标准啮合角，$\alpha=20°$。

(2) 下托轮轮压。

由于 F_{zy} 和 F_r 两个力的作用，齿条箱被抬起顶住上压轮，且此时摇架并无偏转趋势，所以左右两个下托轮的轮压均为零。

(3) 齿条箱上的弯矩。

由图 13-27 可知，止挡力的垂直分量 F_{zy} 将在齿条箱的 OO_1 截面产生最大弯矩，其值为

$$M_W=F_{zy}\frac{kB}{2}=(F_d-P_z)A$$

2) 直挡边

如图 13-28 所示，直挡边轭板的止挡力 F_z 与齿条箱纵轴线重合，而反作用力 F_z' 将对摇架产生一个力偶 $M_z=F_z'A$，这个转动趋势受到齿条和摇架上一对滚轮的约束，从而给齿条箱自由端(OO_1 截面以左)施加了弯矩，同时还在上压轮和左下托轮上产生了附加轮压 P_f。

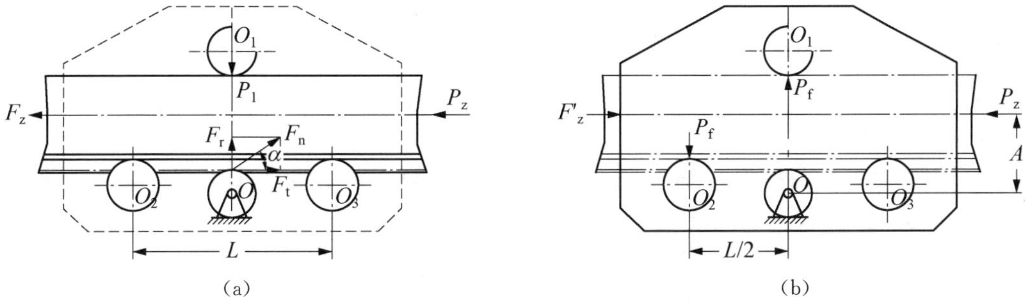

图 13-28 直挡边摇架—齿条系统受力简图

(a)小齿轮径向力引起的上压轮轮压及止挡力；(b)力偶引起的附加轮压

(1) 上压轮轮压。

如图 13-13(a)所示，由小齿轮径向力 F_r 的作用引起的上压轮轮压为

$$P_1 = F_r = F_d \tan\alpha$$

止挡力

$$F_z = F_t - P_z = F_d - P_z$$

如图 13－28(b)所示，取摇架为研究对象，令 $\sum M_O = 0$ 得到力偶 M_z 产生的附加轮压为

$$P_f = \frac{2M_z}{L} = \frac{2(F_d - P_z)A}{L}$$

因而直挡边轭板止挡状态的上压轮轮压为

$$P_{R1} = P_1 + P_f = F_d \tan\alpha + 2(F_d - P_z) \times A/L$$

(2) 下托轮轮压。

左下托轮轮压： $P_{R2} = P_f = 2(F_d - P_z) \times A/L$

右下托轮轮压： $P_{R3} = 0$

(3) 齿条箱上的弯矩。

齿条箱 OO_1 截面上的最大弯矩为

$$M_W = \frac{P_f L}{2} = (F_d - P_z)A$$

3) 总结

由上述分析可知，两种止挡状态下对齿条产生的弯矩相等；直挡边摇架的上压轮轮压略大于斜挡边，且左下托轮也有较大的轮压，但由于止挡力的方向与齿条箱的轴线重合，使齿条箱两侧的止挡缓冲装置受力情况较好，不易损坏，故目前被广泛采用。

六、编写设计计算说明

(一) 设计计算说明书的要求

设计计算说明书是阐述设计者的设计思想、计算方法和计算数据的说明资料，是审查设计是否合理的文件。

对设计计算说明书的要求如下：

(1) 应包括全部计算项目，并系统说明设计原则与计算中考虑到的问题(合理性、经济性等)。

(2) 计算正确完整、文字简洁通顺、书写整齐清晰、绘图工整明了。计算时，只要列出计算公式，代入原始数据，略去计算过程，直接写出结果。说明书中引用的重要计算公式及数据应注明来源(注明参考资料的名称或代号、图号、表号)。

(3) 应附有与计算相关的简图，简图绘制应正确、清楚、按比例。

(4) 说明书用 A4 纸，按规定的格式书写。左栏写计算内容的标题、计算过程、说明的内容；右栏写计算结果(数据)、结论(合格、安全)等。完成全部编写后，编写目录、注明页次、装订成册。

（二）设计计算说明书的内容

设计计算说明书的内容和编写顺序如下：

（1）题目、目录（标题与页次）。

（2）设计任务书（题目、主参数、设计要求等）。

（3）刚性四连杆组合臂架系统几何尺寸的设计（程序框图和输出结果）。

（4）变幅机构驱动装置设计计算（臂架系统在不同位置处载荷计算简图和传动方式布置简图）。

（5）设计小结（设计方案分析，设计心得体会）。

（6）参考资料（资料名称、作者、出版单位、出版日期等）。

七、课程设计答辩

（一）答辩的要求

答辩是课程设计的最后一个重要环节。通过答辩的准备和答辩的过程，可以对设计的全过程做一个系统和全面的总结。通过总结，把还不清楚或不太清楚、未考虑或考虑不周全的问题进一步弄懂，达到课程设计提出的目的和要求。

（二）答辩的内容

（1）阐述设计思想、设计参数的选择；对所设计的变幅机构臂架系统和传动方案的特点、优点、缺点进行分析，并提出改进意见。

（2）优化程序的编程原理和载荷计算方法，了解参数间的解析关系。

（3）对变幅机构计算的全过程进行分析。说明计算原则、分析各个计算步骤之间的联系，并阐述计算结果。

（4）阐述变幅机构各个零部件尺寸的确定、受力分析、材料选择、加工工艺等问题。

八、复习思考题

（1）本设计中，变幅机构是采用什么方案实现臂架自重平衡和物品水平移动的？并简要说明原理。

（2）程序中为保证选定的几何参数是合理性的，对哪些参数进行了校核？其验算公式是什么？

（3）臂架变幅驱动牵引构件有哪些形式？本次设计中采用的是什么方案，其与其他形式相比有什么优缺点？

（4）变幅机构设计中是如何保证最大幅度时臂架不会前倾，最小幅度时臂架不会后倾的？

（5）刚性四连杆组合臂架变幅机构中作用在牵引构件上的变幅阻力有哪些？请简要叙述计算原理和方法。

（6）简述变幅驱动装置中的组成零部件，概要叙述设计计算过程。

(7) 本设计中实现臂架变幅所采用的牵引构件是什么？请说明对应该驱动方式如何计算传动装置中减速器的传动比。

(8) 图 13-29 为刚性四连杆组合臂架变幅阻力矩的计算简图，请说明程序中求解臂架系统各重力对臂架下铰点 O 力矩的基本原理，并推导出计算公式。

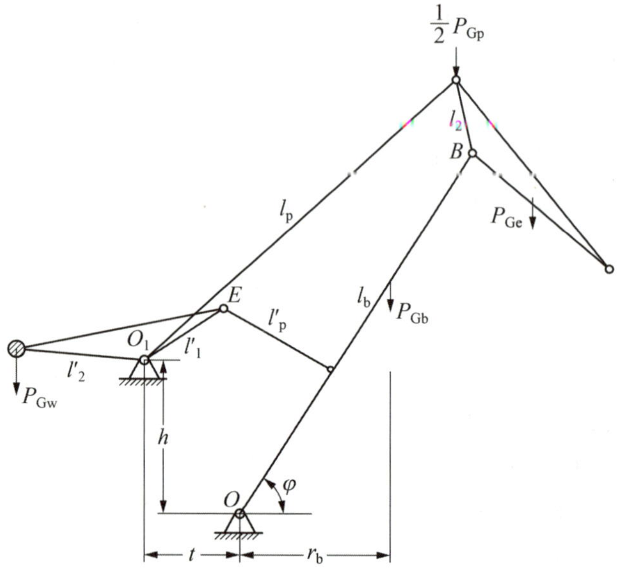

图 13-29 变幅阻力矩的计算简图

(9) 图 13-30 为刚性四连杆组合臂架变幅齿条力的计算简图，已知变幅系统采用齿轮齿条传动，试用作图法求出在偏摆载荷 P_A 和主臂架的自重 P_{Gb} 作用下的齿条力。(需要在图上增添辅助线时要标出线段的符号，要求写出作图步骤，列出计算式)

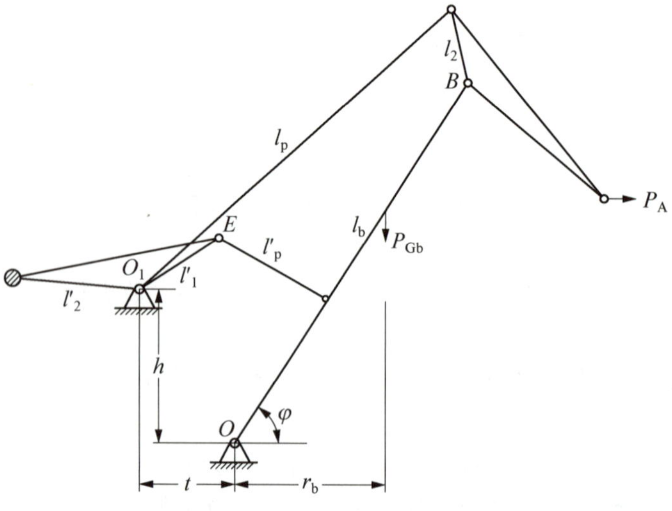

图 13-30 变幅齿条力的计算简图

（10）请说明臂架系统等效转动惯量的计算原理，并以主臂架为例写出其等效转动惯量的计算式。已知主臂架的自重为 P_{Gb}，变幅齿条的速度为 v_b，其他尺寸如图 13 - 31 所示。

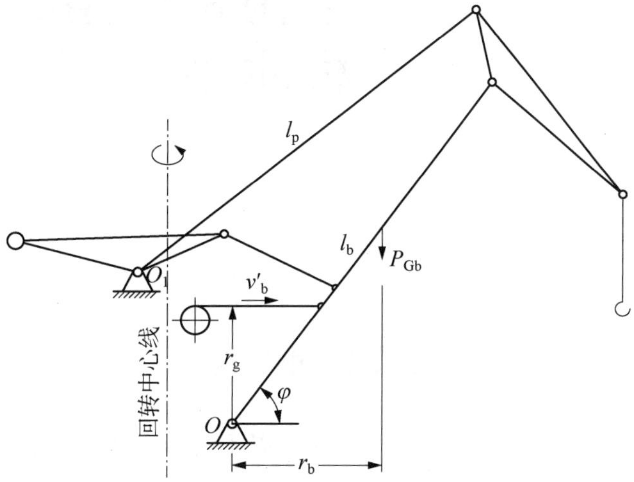

图 13 - 31　臂架系统简图

（11）在齿轮齿条驱动装置中，简述作图计算整个变幅过程中齿条的伸缩量 Δl 的原理。

附录 起重机通用零部件样本集

附录 1 钢丝绳

重要用途钢丝绳参见标准 GB 8918—2016。以下样本摘自《一般用途钢丝绳》(GB/T 20118—2006)。

表 F1-1 第 3 组和第 4 组 6×19(a)和 6×37(a)类钢丝绳力学性能

钢丝绳结构:6×25Fi+FC 6×25Fi+IWR 6×26WS+FC 6×26WS+IWR
6×29Fi+FC 6×29Fi+IWR 6×31WS+FC 6×31WS+IWR
6×36WS+FC 6×36WS+IWR 6×37S+FC 6×37S+IWR
6×41WS+FC 6×41WS+IWR 6×49SWS+FC 6×49SWS+IWR
6×55SWS+FC 6×55SWS+IWR

钢丝绳公称直径/mm	参考重量/(kg/100m)			钢丝绳公称抗拉强度/MPa											
				1570		1670		1770		1870		1960		2160	
				钢丝绳最小破断拉力/kN											
	天然纤维芯钢丝绳	合成纤维芯钢丝绳	钢芯钢丝绳	纤维芯钢丝绳	钢芯钢丝绳	纤维芯钢丝绳	钢芯钢丝绳	纤维芯钢丝绳	钢芯钢丝绳	纤维芯钢丝绳	钢芯钢丝绳	纤维芯钢丝绳	钢芯钢丝绳	纤维芯钢丝绳	钢芯钢丝绳
8	24.3	23.7	26.8	33.2	35.8	35.3	38.0	37.4	40.3	39.5	42.6	41.4	44.7	45.6	49.2
10	38.0	37.1	41.8	51.8	55.9	55.1	59.5	58.4	63.0	61.7	66.6	64.7	69.8	71.3	76.9
12	54.7	53.4	60.2	74.6	80.5	79.4	85.6	84.1	90.7	88.9	95.9	93.1	100	103	111
13	64.2	62.7	70.6	87.6	94.5	93.1	100	98.7	106	104	113	109	118	120	130
14	74.5	72.7	81.9	102	110	108	117	114	124	121	130	127	137	140	151
16	97.3	95.0	107	133	143	141	152	150	161	158	170	166	179	182	197
18	123	120	135	168	181	179	193	189	204	200	216	210	226	231	249
20	152	148	167	207	224	220	238	234	252	247	266	259	279	285	308
22	184	180	202	251	271	267	288	283	305	299	322	313	338	345	372
24	219	214	241	298	322	317	342	336	363	355	383	373	402	411	443

（续表）

钢丝绳公称直径/mm	参考重量/(kg/100 m)			钢丝绳公称抗拉强度/MPa											
				1570		1670		1770		1870		1960		2160	
				钢丝绳最小破断拉力/kN											
	天然纤维芯钢丝绳	合成纤维芯钢丝绳	钢芯钢丝绳	纤维芯钢丝绳	钢芯钢丝绳	纤维芯钢丝绳	钢芯钢丝绳	纤维芯钢丝绳	钢芯钢丝绳	纤维芯钢丝绳	钢芯钢丝绳	纤维芯钢丝绳	钢芯钢丝绳	纤维芯钢丝绳	钢芯钢丝绳
26	257	251	283	350	378	373	402	395	426	417	450	437	472	482	520
28	298	291	328	406	438	432	466	458	494	484	522	507	547	559	603
30	342	334	376	466	503	496	535	526	567	555	599	582	628	642	692
32	389	380	428	531	572	564	609	598	645	632	682	662	715	730	787
34	439	429	483	599	646	637	687	675	728	713	770	748	807	824	889
36	492	481	542	671	724	714	770	757	817	800	863	838	904	924	997
38	549	536	604	748	807	796	858	843	910	891	961	934	1010	1030	1110
40	608	594	669	829	894	882	951	935	1010	987	1070	1030	1120	1140	1230
42	670	654	737	914	986	972	1050	1030	1110	1090	1170	1140	1230	1260	1360
44	736	718	809	1000	1080	1070	1150	1130	1220	1190	1290	1250	1350	1380	1490
46	804	785	884	1100	1180	1170	1260	1240	1330	1310	1410	1370	1480	1510	1630
48	876	855	963	1190	1290	1270	1370	1350	1450	1420	1530	1490	1610	1640	1770
50	950	928	1040	1300	1400	1380	1490	1460	1580	1540	1660	1620	1740	1780	1920
52	1030	1000	1130	1400	1510	1490	1610	1580	1700	1670	1800	1750	1890	1930	2080
54	1110	1080	1220	1510	1630	1610	1730	1700	1840	1800	1940	1890	2030	2080	2240
56	1190	1160	1310	1620	1750	1730	1860	1830	1980	1940	2090	2030	2190	2240	2410
58	1280	1250	1410	1740	1880	1850	2000	1960	2120	2080	2240	2180	2350	2400	2590
60	1370	1340	1500	1870	2010	1980	2140	2100	2270	2220	2400	2330	2510	2570	2770

注：最小钢丝破断拉力总和＝钢丝绳最小破断拉力×1.226（纤维芯）或 1.321（钢芯），其中 6×37S 纤维芯为 1.191，钢芯为 1.283。

表 F1－2 第 4 组 6×37(b)类钢丝绳力学性能

钢丝绳结构：6×37＋FC 6×37＋IWR

钢丝绳公称直径/mm	参考重量/(kg/100 m)			钢丝绳公称抗拉强度/MPa							
				1570		1670		1770		1870	
				钢丝绳最小破断拉力/kN							
	天然纤维芯钢丝绳	合成纤维芯钢丝绳	钢芯钢丝绳	纤维芯钢丝绳	钢芯钢丝绳	纤维芯钢丝绳	钢芯钢丝绳	纤维芯钢丝绳	钢芯钢丝绳	纤维芯钢丝绳	钢芯钢丝绳
5	8.65	8.43	10.0	11.6	12.5	12.3	13.3	13.1	14.1	13.8	14.9

（续表）

钢丝绳公称直径/mm	参考重量/(kg/100m)			钢丝绳公称抗拉强度/MPa							
				1570		1670		1770		1870	
				钢丝绳最小破断拉力/kN							
	天然纤维芯钢丝绳	合成纤维芯钢丝绳	钢芯钢丝绳	纤维芯钢丝绳	钢芯钢丝绳	纤维芯钢丝绳	钢芯钢丝绳	纤维芯钢丝绳	钢芯钢丝绳	纤维芯钢丝绳	钢芯钢丝绳
6	12.5	12.1	14.4	16.7	18.0	17.7	19.2	18.8	20.3	19.9	21.5
7	17.0	16.5	19.6	22.7	24.5	24.1	26.1	25.6	27.7	27.0	29.2
8	22.1	21.6	25.6	29.6	32.1	31.5	34.1	33.4	36.1	35.3	38.2
9	28.0	27.3	32.4	37.5	40.6	39.9	43.2	42.3	45.7	44.7	48.3
10	34.6	33.7	40.0	46.3	50.1	49.3	53.3	52.2	56.5	55.2	59.7
11	41.9	40.8	48.4	56.0	60.6	59.6	64.5	63.2	68.3	66.7	72.2
12	49.8	48.5	57.6	66.7	72.1	70.9	76.7	75.2	81.3	79.4	85.9
13	58.5	57.0	67.6	78.3	84.6	83.3	90.0	88.2	95.4	93.2	101
14	67.8	66.1	78.4	90.8	98.2	96.6	104	102	111	108	117
16	88.6	86.3	102	119	128	126	136	134	145	141	153
18	112	109	130	150	162	160	173	169	183	179	193
20	138	135	160	185	200	197	213	209	226	221	239
22	167	163	194	224	242	238	258	253	273	267	289
24	199	194	230	267	288	284	307	301	325	318	344
26	234	228	270	313	339	333	360	353	382	373	403
28	271	264	314	363	393	386	418	409	443	432	468
30	311	303	360	417	451	443	479	470	508	496	537
32	354	345	410	474	513	504	546	535	578	565	611
34	400	390	462	535	579	570	616	604	653	638	690
36	448	437	518	600	649	638	690	677	732	715	773
38	500	487	578	669	723	711	769	754	815	797	861
40	554	539	640	741	801	788	852	835	903	883	954
42	610	594	706	817	883	869	940	921	996	973	1050
44	670	652	774	897	970	954	1030	1010	1090	1070	1150
46	732	713	846	980	1060	1040	1130	1100	1190	1170	1260
48	797	776	922	1070	1150	1140	1230	1200	1300	1270	1370
50	865	843	1000	1160	1250	1230	1330	1300	1410	1380	1490
52	936	911	1080	1250	1350	1330	1440	1410	1530	1490	1610
54	1010	983	1170	1350	1460	1440	1550	1520	1650	1610	1740

（续表）

钢丝绳公称直径/mm	参考重量/(kg/100 m)			钢丝绳公称抗拉强度/MPa							
				1570		1670		1770		1870	
				钢丝绳最小破断拉力/kN							
	天然纤维芯钢丝绳	合成纤维芯钢丝绳	钢芯钢丝绳	纤维芯钢丝绳	钢芯钢丝绳	纤维芯钢丝绳	钢芯钢丝绳	纤维芯钢丝绳	钢芯钢丝绳	纤维芯钢丝绳	钢芯钢丝绳
56	1090	1060	1250	1450	1570	1540	1670	1640	1770	1730	1870
58	1160	1130	1350	1560	1680	1660	1790	1760	1900	1860	2010
60	1250	1210	1440	1670	1800	1770	1920	1880	2030	1990	2150

注：最小钢丝破断拉力总和＝钢丝绳最小破断拉力×1.249（纤维芯）或1.336（钢芯）。

附录2　吊钩和吊钩组

起重机械用锻造吊钩摘自《起重吊钩》(GB/T 10051—2010)。

一、直柄吊钩的结构型式及尺寸

（一）直柄单钩的结构型式及尺寸

直柄单钩的结构型式分为四种：LM型、LY型、LMD型及LYD型。D表示“带凸耳”。尺寸参数如图F2－1和表F2－1所示。

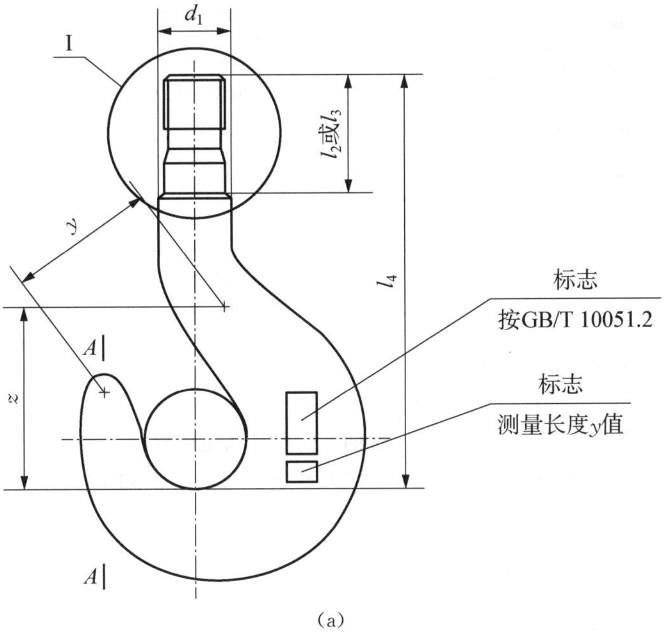

(a)

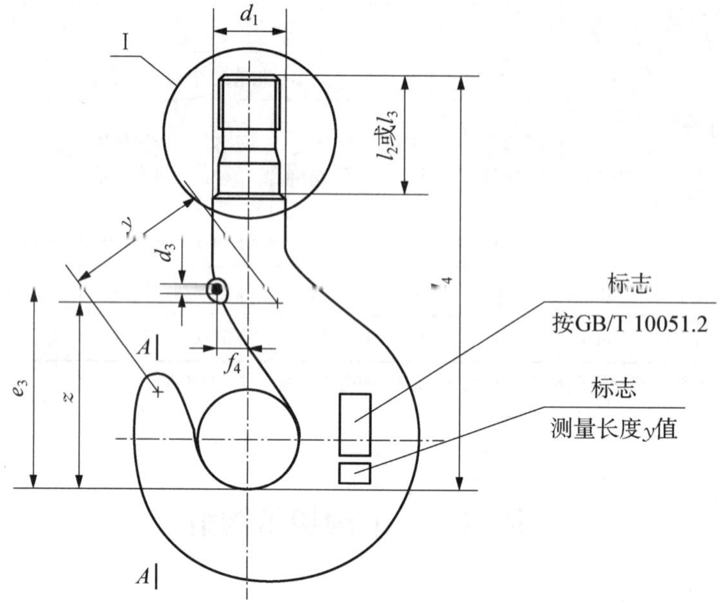

(b)

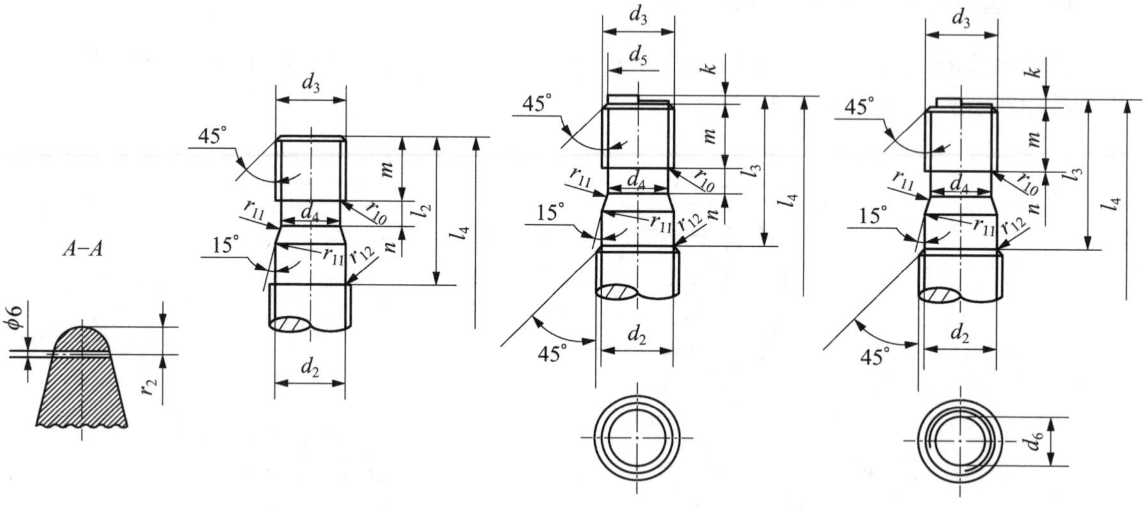

(c)

图 F2-1 直柄单钩吊钩构造尺寸

(a)LM 型和 LY 型；(b)LMD 型和 LYD 型；(c)Ⅰ视图放大

表 F2－1 直柄单钩构造尺寸

单位：mm

钩号	d_1	d_2	普通螺纹 GB/T 196		梯形圆螺纹			d_6	d_7	c_3	f_4	l_2	l_3	l_4	m	n	k	r_{10}	r_{11}	r_{12}	y	z	自重/kg
			d_3	d_4	d_3	d_4	d_5																
006	14	10	M10	7.5	—	—	—	—	3.2	52	11.5	30.5	—	97.5	9	4.5	—	1	2.5	2	—	—	0.2
010	16	12	M12	9	—	—	—	—	3.2	60	13	32.5	—	106	11	5	—	1.2	3	2	—	—	0.3
012										63	14	32.5	—	112	11	5	—	1.2	3	2	—	—	0.4
020	20	16	M16	12.5	—	—	—	—	4.2	70	16	41.5	—	135.5	15	6	—	1.2	3	2	—	—	0.6
025										74	17	41.5	—	141.5	15	6	—	1.2	3	2	—	—	0.8
04	24	20	M20	16	—	—	—	—	5.2	83	19	46	—	152.5	18	7.5	—	1.6	4	2	—	—	1.1
05										89	20	46	—	164	18	7.5	—	1.6	4	2	—	—	1.6
08	30	24	M24	19.5	—	—	—	—	6.2	100	22	55	—	183	22	9	—	2	5	3	—	—	2.3
1										105	23	55	—	194	22	9	—	2	8	3	—	—	3.2
1.6	36	30	M30	24.5	—	—	—	—	6.2	118	26	68	—	221	27	10	—	2	10	3	—	—	4.5
2.5	42	36	M36	30	—	—	—	—	10.2	132	30	83	—	250	32	10	—	2	10	3	—	—	6.3
4	48	42	M42	35.5	—	—	—	—	10.2	148	33	93	—	281.5	36	15	—	3	10	3	—	—	8.8
5	53	45	M45	38.5	—	—	—	—	10.2	165	37	103	—	314.5	40	15	—	3	10	3	—	—	12.3
6	60	50	—	—	TY50×6	42	43.4	—	10.2	185	41	—	112	375	45	20	10	4	14	3	130	160	17.1
8	67	56	—	—	TY56×6	48	49.4	—	12.2	210	46	—	122	413	50	20	10	4	16	3	145	180	24
10	75	64	—	—	TY64×8	54	55.2	—	12.2	221	34	—	135	446	56	25	10	4	18	3	160	200	40
12	85	72	—	—	TY72×8	62	63.2	—	16.2	252	37	—	157	504.5	63	25	12	4	20	3	180	220	55
16	95	80	—	—	TY80×10	68	69	—	16.2	280	42	—	170	576	71	30	12	6	22	3	200	250	77
20	100	90	—	—	TY90×10	78	79	—	20.2	330	48	—	187	645	80	30	12	6	25	3	225	280	112
25	118	100	—	—	TY100×12	85	86.8	—	20.2	360	54	—	207	716	90	40	12	6	28	3	255	315	160

（续表）

钩号	d_1	d_2	普通螺纹 GB/T 196		梯形圆螺纹			d_6	d_7	c_3	f_4	l_2	l_3	l_4	m	n	k	r_{10}	r_{11}	r_{12}	y	z	自重/kg
			d_3	d_4	d_3	d_4	d_5																
32	132	110	—	—	TY110×12	95	96.8	—	20.2	400	60	—	232	788	100	40	12	6	32	3	290	350	220
40	150	125	—	—	TY125×14	108	109.6	80	25.3	447	68	—	257	885	112	45	12	8	36	3	320	395	310
50	170	140	—	—	TY140×16	120	122.4	90	25.3	485	75	—	280	969	125	50	12	10	40	5	355	445	430
63	190	160	—	—	TY160×18	138	140.2	100	25.3	550	83	—	322	1100	140	55	12	10	45	5	400	495	600
80	212	180	—	—	TY180×20	156	158	120	25.3	598	88	—	357	1245	160	60	12	12	50	5	450	565	860
100	236	200	—	—	TY200×22	173	175.8	140	30.3	688	100	—	402	1388	180	70	12	12	56	5	505	635	1220
125	265	225	—	—	TY225×24	196	198.6	160	30.3	750	108	—	465	1565	200	80	15	12	63	5	570	710	1740
160	300	250	—	—	TY250×28	217	219.2	180	30.3	825	117	—	510	1761	225	90	15	15	70	5	640	800	2480
200	335	280	—	—	TY280×32	242	244.8	200	30.3	900	124	—	613	2012	250	100	15	18	80	5	720	900	3420
250	375	320	—	—	TY320×36	278	280.4	240	30.3	980	134	—	690	2272	280	110	15	20	90	5	810	1015	4800

注：TY为梯形圆螺纹代号。

(二) 直柄双钩的结构型式和尺寸

直柄双钩的结构型式分为四种：LM 型、LY 型、LMD 型、LYD 型。尺寸参数如图 F2－2 和表 F2－2 所示。

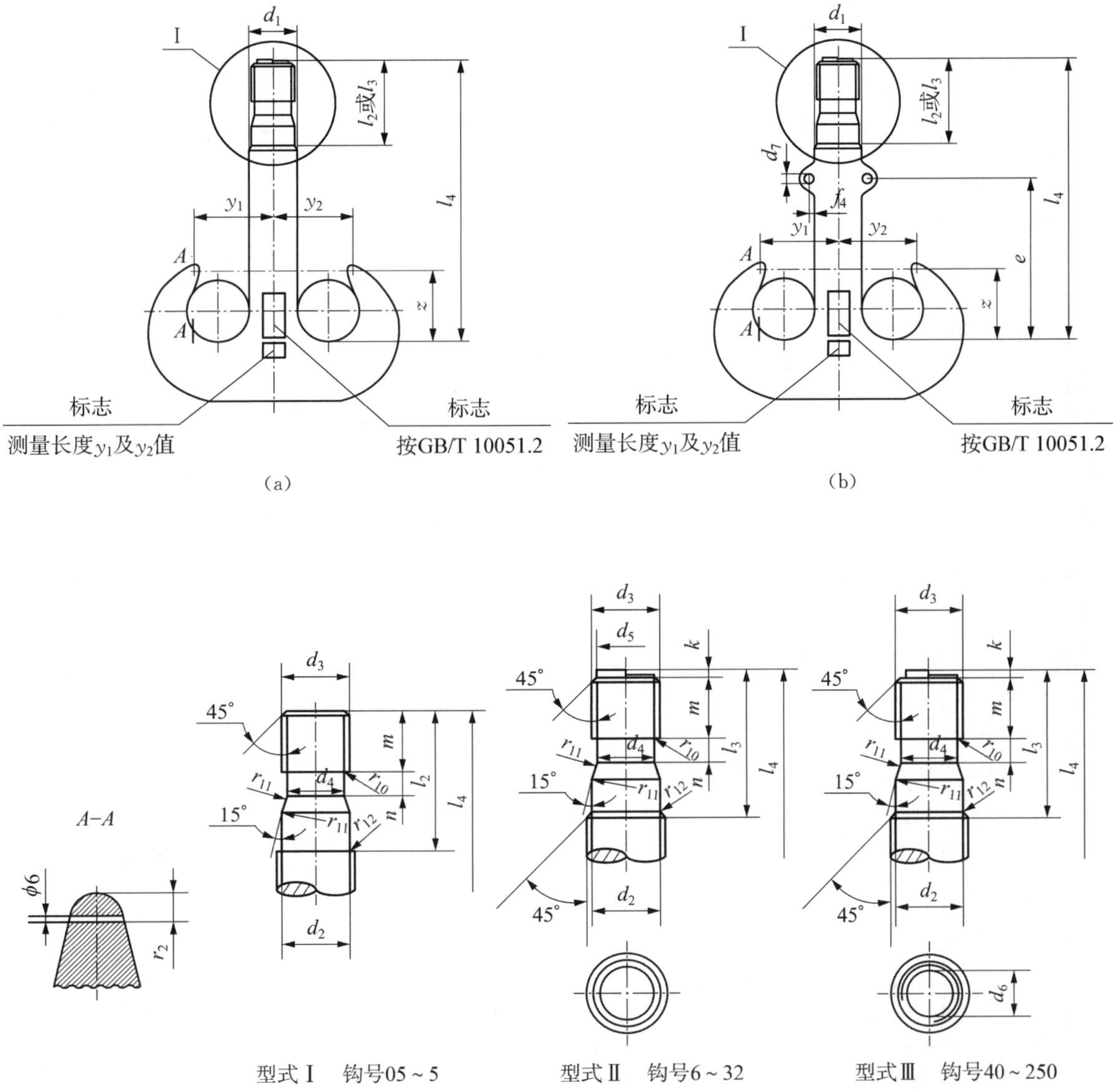

图 F2－2　吊钩构造尺寸

(a)LM 型和 LY 型；(b)LMD 型和 LYD 型；(c) I 视图放大

表 F2-2 双钩(梯形截面)尺寸(mm)

钩号	d_1	d_2	普通螺纹 GB/T 196		梯形圆螺纹			d_6	d_7	e	f_4	l_2	l_3	l_4	m	n	k	r_{10}	r_{11}	r_{12}	$y_1=y_2$	z	自重/kg
			d_3	d_4	d_3	d_4	d_5																
05	23	20	M20	16	—	—	—	—	5.2	80	14	46	—	159.5	18	7.5	—	1.6	4	2	—	—	1.9
08	30	24	M24	19.5	—	—	—	—	5.2	83	16	55	—	178	22	9	—	2	5	3	—	—	2.6
1	30	24	M24	19.5					6.2	96	16	55	—	189	22	9	—	2	8	3	—	—	3.8
1.6	36	30	M30	24.5	—	—	—	—	6.2	100	20	68	—	215.5	27	10	—	2	10	3	—	—	5.3
2.5	42	36	M36	30	—	—	—	—	6.2	112	22	83	—	243.5	32	10	—	2	10	3	—	—	6.9
4	48	42	M42	35.5	—	—	—	—	10.2	124	25	93	—	274	36	15	—	3	10	3	—	—	9.7
5	53	45	M45	38.5	—	—	—	—	10.2	143	30	103	—	306	40	15	—	3	10	3	—	—	13.4
6	60	50	—	—	TY50×6	42	43.4	—	10.2	160	34	—	112	365.5	45	20	10	4	14	3	93	85	16.8
8	67	56	—	—	TY56×6	48	49.4	—	10.2	182	38	—	122	403	50	20	10	4	16	3	104.5	95	25.3
10	75	64	—	—	TY64×8	54	55.2	—	12.2	192	42	—	135	435	56	25	10	4	18	3	117.5	107	35.5
12	85	72	—	—	TY72×8	62	63.2	—	12.2	210	48	—	157	492	63	25	12	4	20	3	132.5	120	49.5
16	95	80	—	—	TY80×10	68	69	—	16.2	237	53	—	170	562	71	30	12	6	22	3	148.5	135	69.7
20	106	90	—	—	TY90×10	78	79	—	16.2	265	59	—	187	628	80	30	12	6	25	3	165.5	150.5	97.5
25	118	100	—	—	TY100×12	85	86.8	—	20.2	315	66	—	207	696	90	40	12	6	28	3	185	168	135
32	132	110	—	—	TY110×12	95	96.8	—	20.2	335	74	—	232	768	100	40	12	6	32	3	207	189	193
40	150	125	—	—	TY125×14	108	109.6	80	20.2	375	84	—	257	863	112	45	12	8	36	3	233	212	280
50	170	140	—	—	TY140×16	120	122.4	90	25.3	420	95	—	280	944	125	50	12	10	40	5	265	240	394
63	190	160	—	—	TY160×18	138	140.2	100	25.3	460	106	—	322	1072	140	55	12	10	45	5	297	270	647

（续表）

钩号	d_1	d_2	普通螺纹 GB/T 196		梯形圆螺纹			d_6	d_7	e	f_4	l_2	l_3	l_4	m	n	k	r_{10}	r_{11}	r_{12}	$y_1=y_2$	z	自重/kg
			d_3	d_4	d_3	d_4	d_5																
80	212	180	—	—	TY180×20	156	158	120	25.3	515	119	—	357	1212	160	60	12	12	50	5	331	300	759
100	236	200	—	—	TY200×22	173	175.8	140	25.3	575	132	—	402	1351	180	70	12	12	56	5	370	336	1060
125	265	225	—	—	TY225×24	196	198.6	160	30.3	645	148	—	465	1522	200	80	15	12	63	5	414.5	376	1491
160	300	250	—	—	TY250×28	217	219.2	180	30.3	725	168	—	510	1714	225	90	15	15	70	5	466	422	2115
200	335	280	—	—	TY280×32	242	244.8	200	30.3	800	188	—	613	1962	250	100	15	18	80	5	522.5	475	3015
250	375	320	—	—	TY320×36	278	280.4	240	30.3	875	210	—	690	2217	280	110	15	20	90	5	587.5	535	4268

二、单钩吊钩组

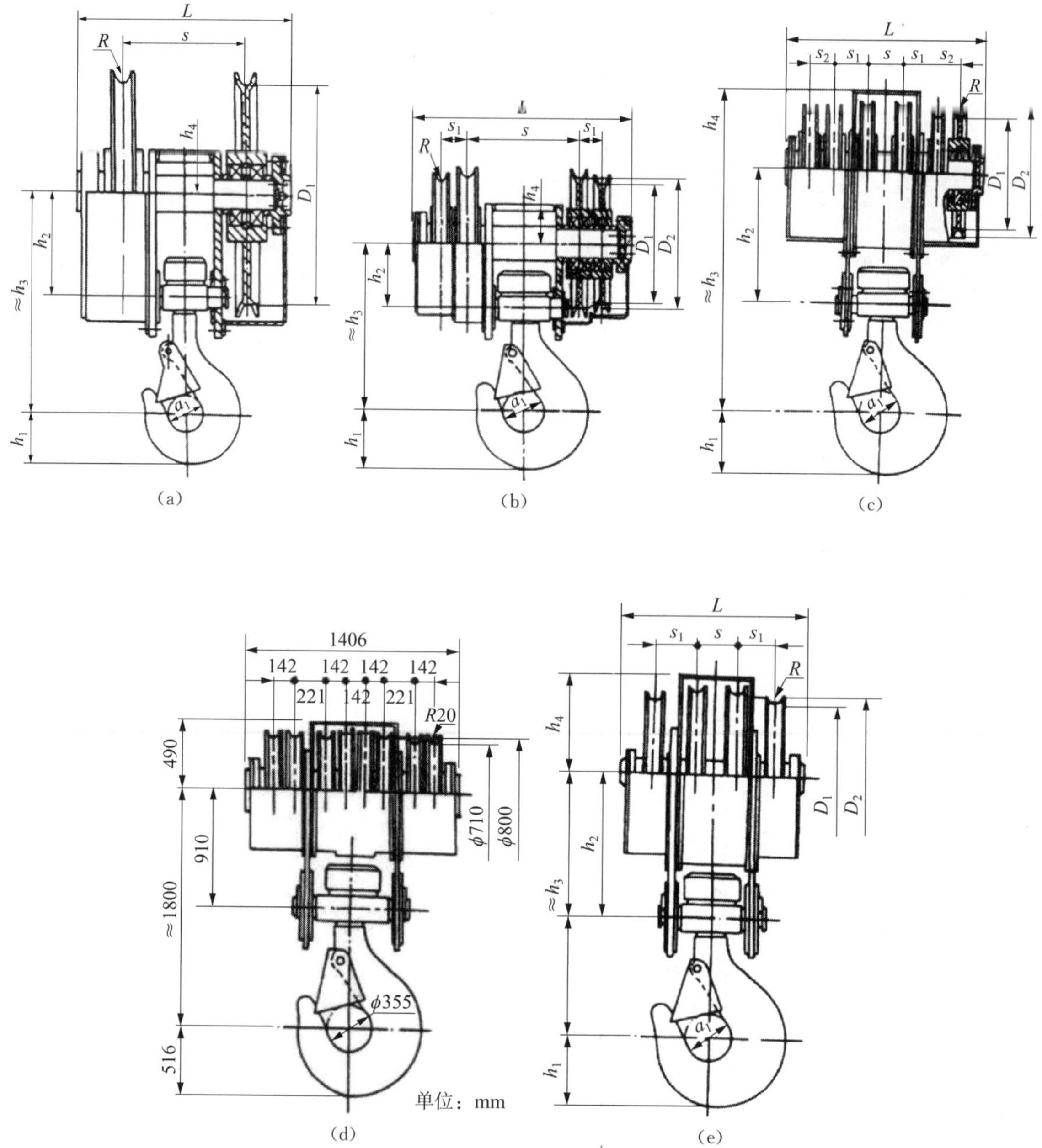

图 F2-3 单钩吊钩组尺寸图

表 F2－3 单钩吊钩组尺寸表

序号	钩号	滑轮数量/个	适用钢丝绳直径/mm	主要尺寸/mm												质量/kg
				R	D_1	D_2	h_1	h_2	h_3	h_4	L	s	s_1	s_2	a_1	
1	1.6	2	8～12	6.5	315		76	150	330	60	279	165			56	58
2	2.5						90		345	70	302	184			63	67
3	4						103	145	360	80	316	198			71	74
4	5		12～15	8.2			114	155	390	90	354	232			80	100
5	6				400		131	190	445	95	383	257			90	145
6	8		14～19	10			146	195	475	115	416	286			100	185
7	10				500		163	230	515	125	446	316			112	246
8	12	2	17.5～24	12.5	500		182	235	555	140	558	352			125	317
9	16				630		204	275	650	145	578	372			140	453
10	20		22.5～30	16			232	270	690	176	610	392			160	554
11	25				710		262	310	775	195	640	422			180	664
12	32		28.5～38	20	800		292	350	855	215	718	496			200	932
13	40				900		326	375	945	215	753	531			224	1196
14	25	4	17.5～24	12.5	500	630	262	310	775	195	910	432	122		180	900
15	32				630	170	292	340	845	215	970	492			200	1126
16	40		22.5～30	16			326	370	940	235	1047	545	130		224	1420
17	50				710	800	363	400	1025	235	1107	605			250	1825
18	63		28.5～38	20	800	900	408	450	1155	255	1214	676	142		280	2550
19	80	4	35～47	25	800	900	460	510	1315	295	1380	758	170		315	3555
20	50	6	22.5～30	16	630	710	363	740	1365	435	1067	197	184	130	250	1983
21	63						408	785	1490	435	1124	242	190		280	2378
22	80		26.5～38	20	710	800	460	870	1675	490	1220	270	206	142	315	3366
23	100				800	900	516	970	1860	540	1300	320	221		355	4245
24		8		尺寸如图 F2－4(d)所示												4505
25	32	4	17.5～24	12.5	630	710	292	675	1180	430	660	162	146		200	921
26	40		22.5～30	16			326	710	1280	440	715	175	161		224	1203
27	50				710	800	363	780	1405	485	775	225	166		250	1625
28	63		28.5～38	20	800	900	408	885	1590	545	838	266	175		280	2280
29	80		35～37	25			460	935	1740	560	980	260	226		315	3370

注：资料来自太原重型机器厂。

附录 3　制动器

一、块式制动器

电力液压块式(鼓式)制动器参见标准《电力液压鼓式制动器》(JB/T 6406—2006), YWLA 系列延时式电力液压块式制动器外形结构如图 F3－1 和表 F3－1 所示。

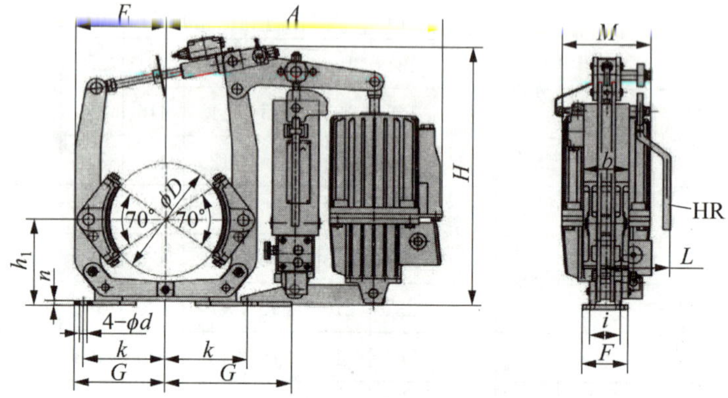

图 F3－1　YWLA 系列延时式电力液压块式制动器外形结构

表 F3－1　YWLA 系列型制动器基本参数和尺寸

<table>
<tr><th rowspan="2">制动器
型号</th><th rowspan="2">推动器
型号</th><th rowspan="2">制动力矩
M/(N·m)</th><th colspan="14">安装及外形尺寸/mm</th><th rowspan="2">重量
/kg</th></tr>
<tr><th>D</th><th>h₁</th><th>k</th><th>l</th><th>b</th><th>d</th><th>n</th><th>F</th><th>G</th><th>E</th><th>A</th><th>H</th><th>L</th><th>M</th></tr>
<tr><td>YWLA200－300</td><td>Ed300－50</td><td rowspan="2">160～315</td><td rowspan="4">200</td><td>160</td><td>145</td><td>55</td><td>70</td><td>14</td><td rowspan="4">8</td><td rowspan="4">90</td><td>165</td><td rowspan="4">170</td><td rowspan="2">515</td><td rowspan="2">515</td><td rowspan="2">115</td><td rowspan="2">160</td><td rowspan="2">48</td></tr>
<tr><td>YWLA200－300A</td><td>Ed300－50</td><td>170</td><td>175</td><td>60</td><td>90</td><td>17</td><td>195</td></tr>
<tr><td>YWLA200－500</td><td>Ed500－60</td><td rowspan="2">250～500</td><td>160</td><td>145</td><td>55</td><td>70</td><td>14</td><td>165</td><td rowspan="2">535</td><td rowspan="2">535</td><td rowspan="7">135</td><td rowspan="7">195</td><td>51</td></tr>
<tr><td>YWLA200－500A</td><td>Ed500－60</td><td>170</td><td>175</td><td>60</td><td>90</td><td>17</td><td>195</td><td>52</td></tr>
<tr><td>YWLA250－500</td><td>Ed500－60</td><td>315～630</td><td>250</td><td>190</td><td>180</td><td>65</td><td>90</td><td rowspan="5">18</td><td rowspan="5">10</td><td>100</td><td>200</td><td>200</td><td>605</td><td>575</td><td>75</td></tr>
<tr><td>YWLA315－500</td><td>Ed500－60</td><td rowspan="2">400～800</td><td>315</td><td>230</td><td rowspan="4">220</td><td rowspan="4">80</td><td>110</td><td rowspan="4">115</td><td rowspan="4">245</td><td rowspan="4">252</td><td rowspan="4">690</td><td rowspan="4">615</td><td>86</td></tr>
<tr><td>YWLA300－500</td><td>Ed500－60</td><td>300</td><td>225</td><td>125</td><td>87</td></tr>
<tr><td>YWLA315－800</td><td>Ed800－60</td><td rowspan="2">630～1 250</td><td>315</td><td>230</td><td>110</td><td>92</td></tr>
<tr><td>YWLA300－800</td><td>Ed800－60</td><td>300</td><td>225</td><td>125</td><td>93</td></tr>
</table>

型号说明：

YWLA315-500-□-□-□ □

- 特殊要求（可用文字说明）—— CP-防腐型
- 电源频率和电压等级（50Hz. 380V时不标）
- 附加装置 —— WL-衬垫磨损极限限位开关；RL-开闸限位开关；WC-衬垫磨损补偿装置；HL-手动释放装置（左侧布置）；HR-手动释放装置（右侧布置）
- 制动力矩
- 制动器型号

二、盘式制动器

电力液压盘式制动器参见标准《电力液压盘式制动器》(JB/T 7020—2006)，YP 系列电力液压盘式制动器外形和尺寸如图 F3－2 和表 F3－2～F3－4 所示。

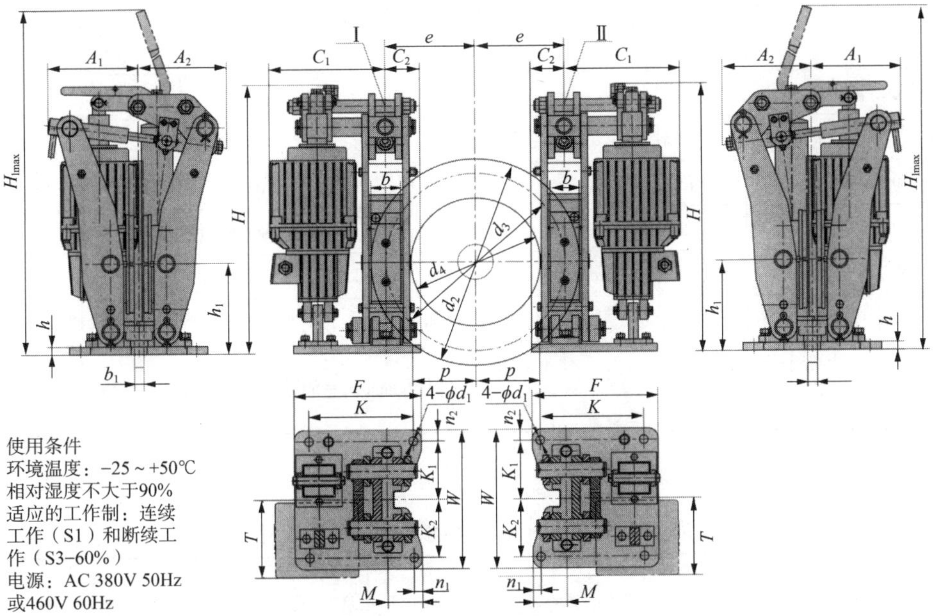

注：图中接线盒位置为标准形式(B)

注：图中接线盒位置为标准形式(B)

图 F3－2　YP11、YP21、YP31 系列电力液压盘式制动器外形图

表 F3－2　YP11 型制动器基本参数和尺寸

推动器型号	h	h_1	H_1	b	s	k	k_1	k_2	d_1	n_1	n_2	F	W	H	A_2	M	A_1	C_2	T		C_1	
																			A	B	A	B
Ed 220－50 Ed 300－50	15	160	680	50	0.8～1	200	80	150	14	15	20	230	270	500	180	52	172	52	172	125	215	225

与制动盘有关的尺寸							技术参数										
制动盘直径 d_2	b_1		d_3	d_4	e	p	配套推动器			制动盘直径							整机重量/kg
							型号	功率/W	电流/A	250	280	315	355	400	450	500	
										最大制动力矩/N·m　$\mu=0.4$							
250	20		190	110	95	58											
280	20		220	140	110	73											
315	20		255	170	128	91	Ed220－50	160	0.35	200	230	260	300	345	395	445	91
355	20		295	210	148	111	Ed300－50	200	0.48	270	310	355	410	470	540	610	93.5
400	20		340	255	170	133	注：全部尺寸单位为 mm，d_3＝允许最大的联轴器外径，s＝每侧瓦块退距。										
450	20		390	305	195	158											
500	20		440	355	220	183											

表 F3-3　YP12 型制动器基本参数和尺寸

推动器型号	h	h_1	H_1	b	s	k	k_1	k_2	d_1	n_1	n_2	F	W	H	A_2	M	C_2	T		A_1		C_1	
																		A	B	A	B	A	B
Ed 500-60 Ed 800-60	22	230	1275	70	0.8～1	260	145	145	18	25	35	330	360	685	228	90	84	277	218	277	240	253	312

与制动盘有关的尺寸

制动盘直径 d_2	b_1		d_3	d_4	e	p
355	30		275	155	137.5	72.5
400	30		320	200	160	95
450	30		370	250	185	120
500	30		420	300	210	145
560	30		480	360	240	175
630			550	460	275	210

技术参数

配套推动器			制动盘直径						整机重量/kg
型号	功率/W	电流/A	355	400	450	500	560	630	
			最大制动力矩/N·m　$\mu=0.4$						
Ed 500-60	210	0.48	935	1085	1255	1425	1630	1870	105
Ed 800-60	330	1.15	1375	1600	1850	2100	2400	2750	106

注:全部尺寸单位为 mm, d_3=允许最大的联轴器外径,s=每侧瓦块退距。

表 F3-4　YP13 型制动器基本参数和尺寸

推动器型号	h	h_1	H_1	b	s	k	k_1	k_2	d_1	n_1	n_2	F	W	H	A_2	M	A_1	A_2	T		C_1	
																			A	B	A	B
Ed 1250-60 Ed 2000-60 Ed 3000-60	24	280	1500	90	0.8～1	320	180	180	27	25	35	390	430	835	265	105	280	105	268	240	330	358

与制动盘有关的尺寸

制动盘直径 d_2	b_1		d_3	d_4	e	p
450	30		350	170	175	100
500	30		400	240	200	120
560	30		460	300	230	150
630	30		530	370	265	185
710	30		610	450	305	225
800	30		700	540	350	270
900	30		800	640	400	320
1000	30		900	740	450	370
1100	30		1000	840	500	420

技术参数

配套推动器			制动盘直径									整机重量/kg
型号	功率/W	电流/A	450	500	560	630	710	800	900	1000	1100	
			最大制动力矩/N·m　$\mu=0.4$									
Ed 1250-60	330	1.15	2700	3100	3550	4100	4700	5400				226
Ed 2000-60	450	1.3	4300	5000	5750	6600	7600	8800				230
Ed 3000-60	550	1.4				9700	11200	12800	14700	16500	18150	236

注:全部尺寸单位为 mm, d_3=允许最大的联轴器外径,s=每侧瓦块退距。

三、其他类型制动器

（一）低速轴制动器

低速制动器适用于：①大中型起重机、港口装卸机械起升机构以及臂架俯仰机构低速轴的紧急安全制动；②矿用卷扬机、提升机工作制动和紧急安全制动；③大中型倾斜式皮带运输机驱动机构的工作制动和紧急安全制动；④缆车和索缆起重机驱动机构的安全制动。型号标注如图 F3－3 所示，安装如图 F3－4 所示。

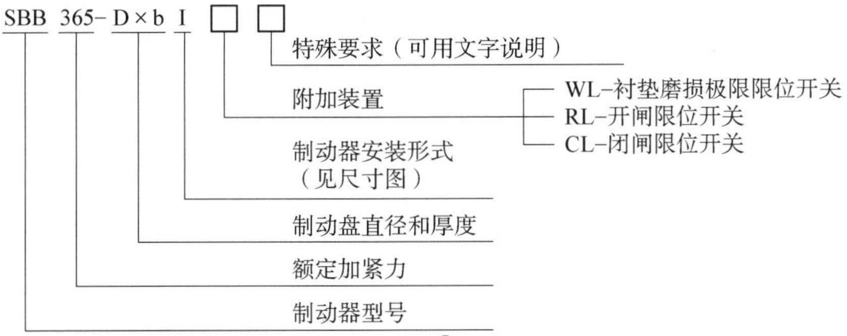

图 F3－3　SBB 型低速轴制动器外形尺寸图

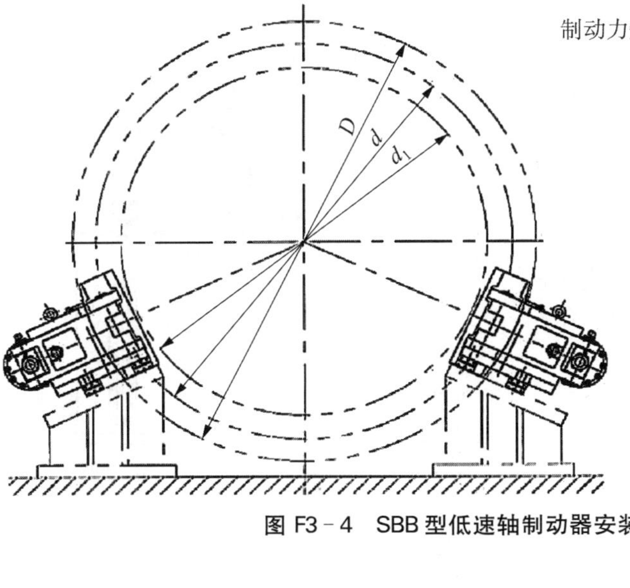

制动力矩　$M=\mu dF$

$\mu_s=0.36$，$\mu_d=0.32$

F为制动时总夹紧力

$d=D-0.22$(m)

$d_{1max}=D-0.5$

d_{1max}为最大卷筒或联接毂外径

图 F3－4　SBB 型低速轴制动器安装示意图

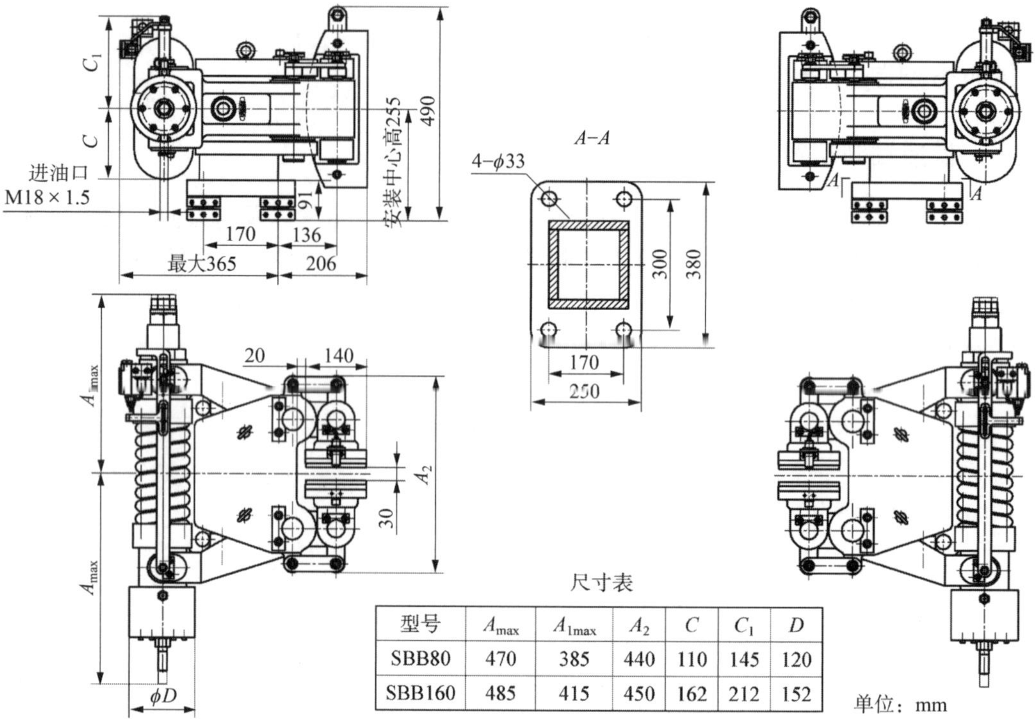

尺寸表

型号	A_{max}	A_{1max}	A_2	C	C_1	D
SBB80	470	385	440	110	145	120
SBB160	485	415	450	162	212	152

单位：mm

(a)

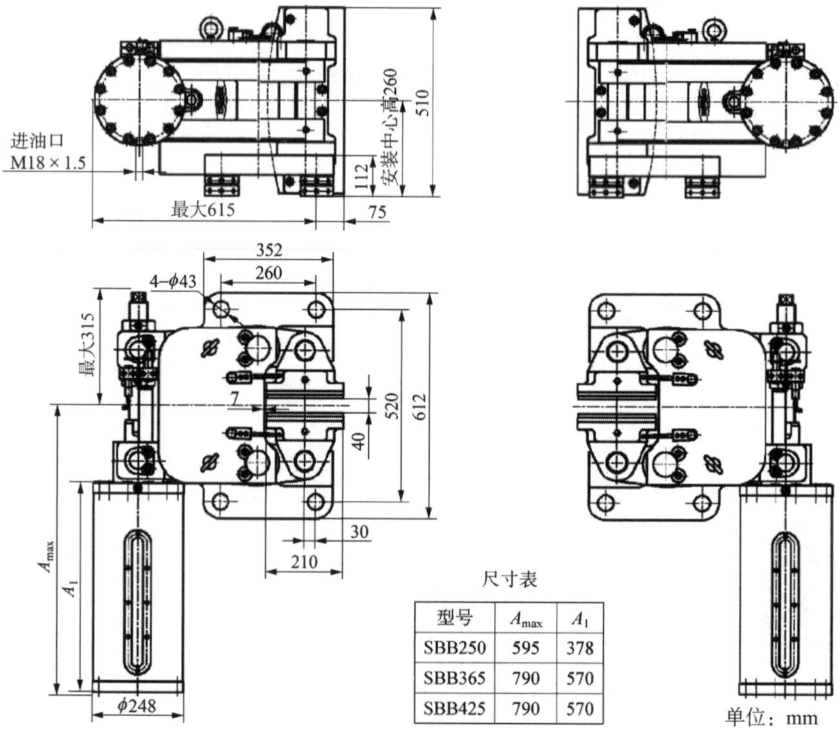

尺寸表

型号	A_{max}	A_1
SBB250	595	378
SBB365	790	570
SBB425	790	570

单位：mm

(b)

图 F3-5　SBB 型低速轴制动器外形尺寸

(a)SBB80-SBB160 型;(b)SBB250-SBB425 型

(二) YLZ 液压式轮边制动器

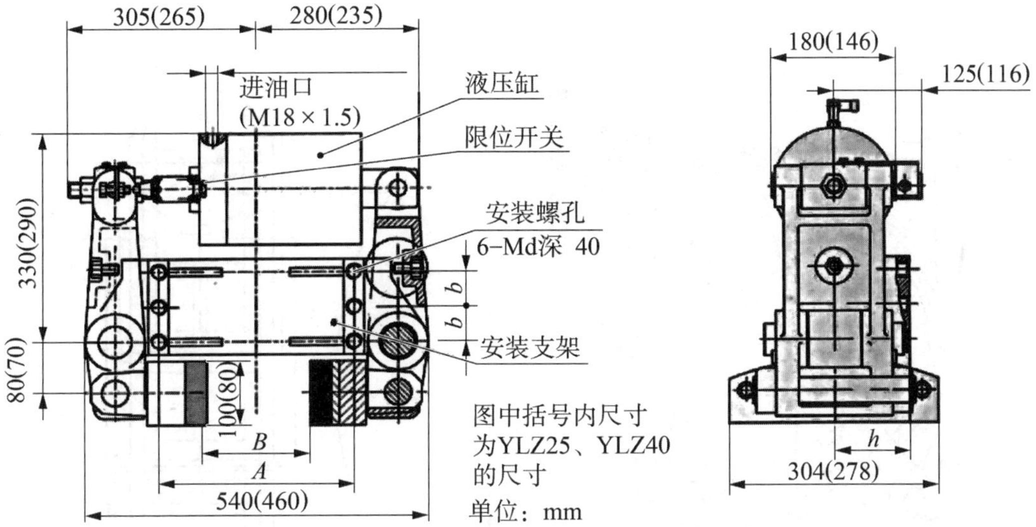

图 F3-6 YLZ 液压式轮边制动器

注:图示为Ⅰ型,Ⅱ型与Ⅰ型完全对称。

型号说明：

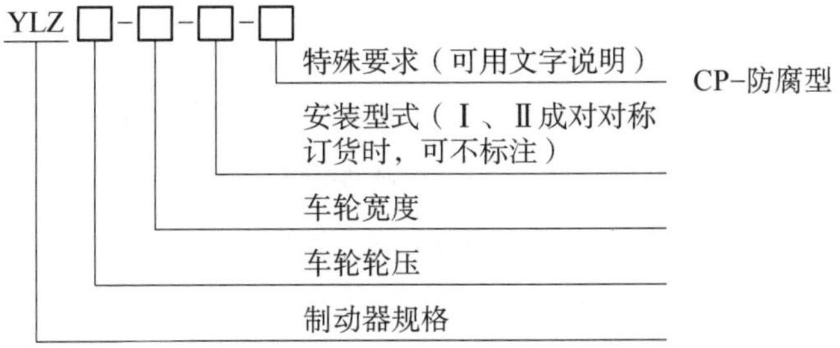

表 F3-5 YLZ 系列轮边制动器技术参数及尺寸

型号	额定夹紧力/kN	额定静摩擦力/kN	开闸油量/mL	开闸压力/MPa	尺寸/mm					质量/kg
					B	A	b	h	d	
YLZ25	50	42	70	8	150～200	250	50	85	20	95
YLZ40	73	63								98
YLZ63	114	96	80	12	150～210	290	55	95	24	142
YLZ100	180	150	125							158

（三）TYW 液压鼓式制动器

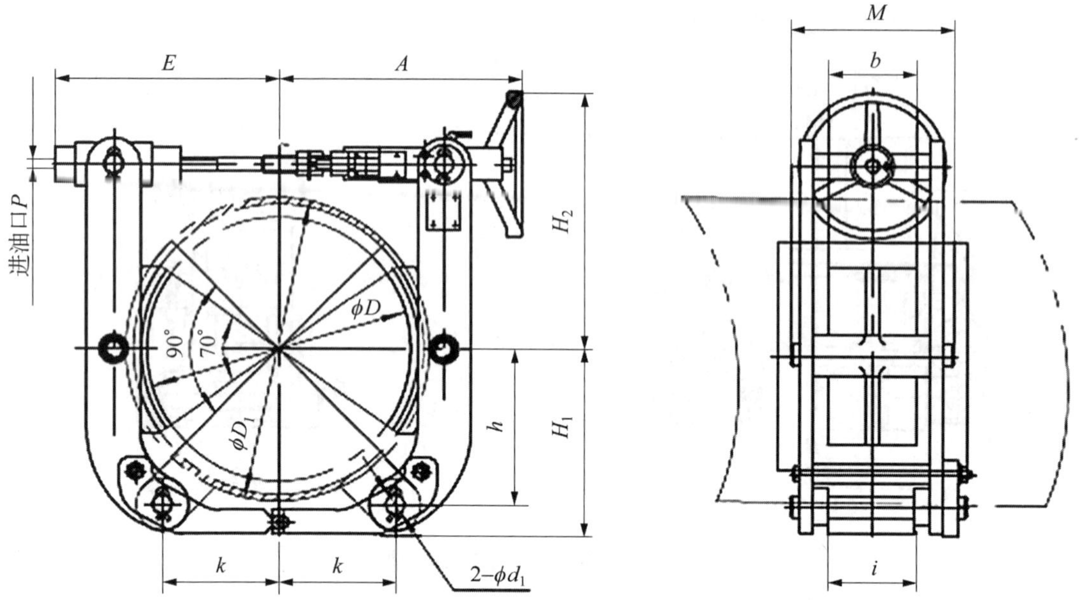

图 F3－7 TYW 液压鼓式制动器

型号说明：

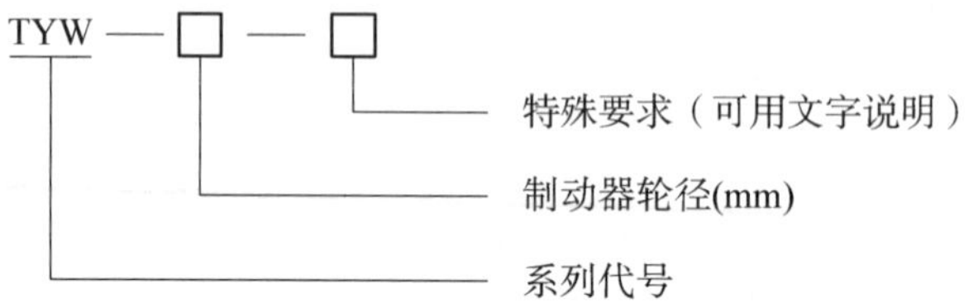

表 F3－6 技术参数与外形尺寸

型号	油压/MPa	额定制动力矩/(N·m)	P	D	h	k	b	i	d_1	A	E	H_1	H_2	D_1	M	质量/kg
TYW－300	1～2	200～400	M10X1	300	190	135	125	100	30	330	320	235	380	380	200	40
TYW－315				315			110									42
TYW－400	2～3	600～800		400	235	177	120			365	355	280	380	470	220	50
TYW－500	2	1400		500	280	195	160	104		440	500	342	480	570	224	80

注：尺寸单位为 mm。

附录4 联轴器

一、鼓形齿式联轴器

(一) GICL 型和 GICLZ 型鼓形齿式联轴器

本样本摘自标准《GICL、GICLZ 型鼓形齿式联轴器》(JB/T 8854.3—2001)。

GICL 型鼓形齿式联轴器的基本参数和主要尺寸如图 F4－1 和表 F4－1 所示;GICLZ 型(窄型)鼓形齿式联轴器的基本参数和主要尺寸如图 F4－2 和表 F4－2 所示。

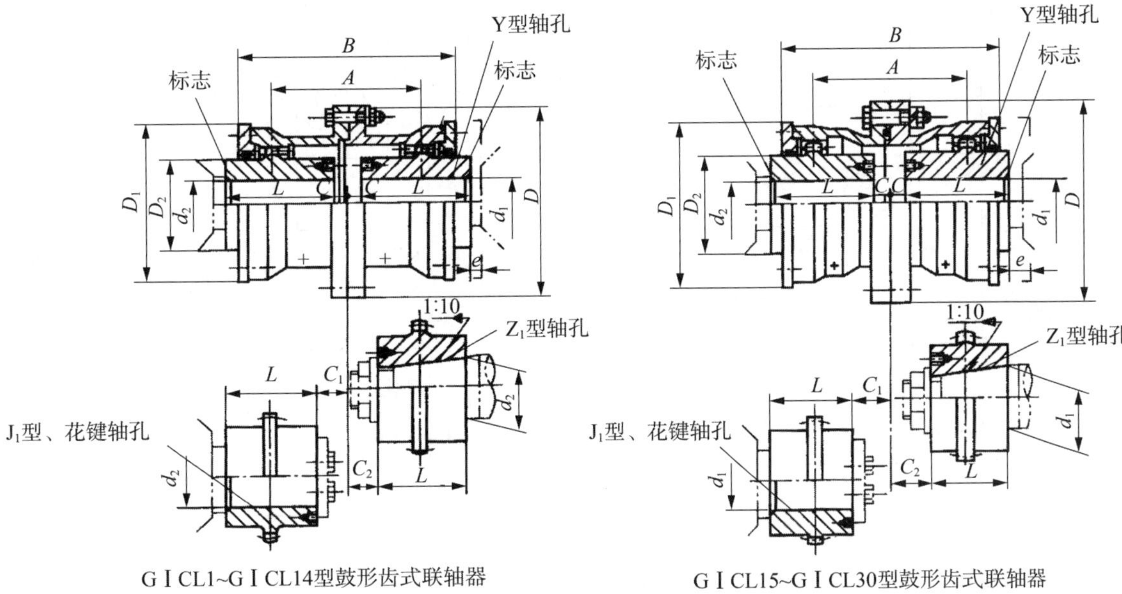

图 F4－1 GICL 型和 GICLZ 型鼓形齿式联轴器

表 F4－1 GICL 型联轴器基本参数和主要尺寸

型号	公称转矩 T_n/(N·m)	许用转速 [n]/(r/min)	轴孔直径 d_1, d_2, d_z	轴孔长度 L Y型	轴孔长度 L J_1型, Z_1型	D	D_1	D_2	B	A	C	C_1	C_2	e	转动惯量/(kg·m^2)	润滑脂用量/mL	质量/kg
			mm														
GICL1	800	7100	16, 18, 19	42	—	125	95	60	115	75	20	—	—	30	0.009	55	5.9
			20, 22, 24	52	38						10	—	24				
			25, 28	62	44						2.5	—	19				
			30, 32, 35, 38	82	60							15	22				

（续表）

型号	公称转矩 T_n/(N·m)	许用转速 $[n]$/(r/min)	轴孔直径 d_1, d_2, d_z	轴孔长度 L Y型	轴孔长度 L J_1型, Z_1型	D	D_1	D_2	B	A	C	C_1	C_2	e	转动惯量/(kg·m²)	润滑脂用量/mL	质量/kg
			mm														
GICL2	1400	6300	25, 28	62	44	145	120	75	135	88	10.5	—	29	30	0.02	100	9.7
			30, 32, 35, 38	82	60						2.5	12.5	30				
			40, 42, 45, 48	112	84							13.5	28				
GICL3	2800	5900	30, 32, 35, 38	82	60	170	140	95	155	106	3	24.5	25	30	0.047	140	17.2
			40, 42, 45, 48, 50, 55, 56	112	84							17	28				
			60	142	107								35				
GICL4	5000	5400	32, 35, 38	82	60	195	165	115	178	125	14	37	32	30	0.091	170	24.9
			40, 42, 45, 48, 50, 55, 56	112	84						3	17	28				
			60, 63, 65, 70	142	107								35				
GICL5	8000	5000	40, 42, 45, 48, 50, 55, 56	112	84	225	183	130	198	142	3	25	28	30	0.167	270	38
			60, 63, 65, 70, 71, 75	142	107							20	35				
			80	172	132							22	43				
GICL6	11200	4800	48, 50, 55, 56	112	84	240	200	145	218	160	6	35	35	30	0.267	380	48.2
			60, 63, 65, 70, 71, 75	142	107						4	20					
			80, 85, 90	172	132							22	43				
GICL7	15000	4500	60, 63, 65, 70, 71, 75	142	107	260	230	160	244	180	4	25	35	30	0.453	570	68.9
			80, 85, 90, 95	172	132							22	43				
			100	212	167								48				
GICL8	21200	4000	65, 70, 71, 75	142	107	280	245	175	264	193	5	35	35	30	0.646	660	83.3
			80, 85, 90, 95	172	132							22	43				
			100, 110	212	167								48				
GICL9	26500	3500	70, 71, 75	142	107	315	270	200	284	208	10	45	45	30	1.036	700	110
			80, 85, 90, 95	172	132						5	22	43				
			100, 110, 120, 125	212	167								49				
GICL10	42500	3200	80, 85, 90, 95	172	132	345	300	220	330	249	5	43	43	30	1.88	900	156.7
			100, 110, 120, 125	212	167							22	49				
			130, 140	252	202							29	54				

（续表）

型号	公称转矩 T_n/(N·m)	许用转速 $[n]$/(r/min)	轴孔直径 d_1，d_2，d_z	轴孔长度L Y型	轴孔长度L J_1型，Z_1型	D	D_1	D_2	B	A	C	C_1	C_2	e	转动惯量/(kg·m²)	润滑脂用量/mL	质量/kg
			mm														
GICL11	60000	3000	100，110，120	212	167	380	330	260	360	267	6	29	49	40	3.28	1200	217.1
			130，140，150	252	202								54				
			160	302	242								64				
GICL12	80000	2600	120	212	167	440	380	290	416	313	6	57	57	40	5.08	2000	305.1
			130，140，150	252	202							29	55				
			160，170，180	302	242								68				
GICL13	112000	2300	140，150	252	202	480	420	320	476	364	7	54	57	40	10.06	3000	419.4
			160，170，180	302	242							32	70				
			190，200	352	282								80				
GICL14	160000	2100	160，170，180	302	242	520	465	360	532	415	8	42	70	40	16.774	4500	593.9
			190，200，220	352	282							32	80				
GICL15	224000	1900	190，200，220	352	282	580	510	400	556	429	10	34	80	40	26.55	5000	783.3
			240，250	410	330							38	—				
GICL16	355000	1600	200，220	352	282	680	595	465	640	501	10	58	80	50	52.22	8000	11344
			240，250，260	410	330							38	—				
			280	470	380												
GICL17	400000	1500	220	352	282	720	645	495	672	512	10	74	80	50	69	10000	1305
			240，250，260	410	330							39	—				
			280，300	470	380												
GICL18	500000	1400	240，250，260	410	330	775	675	520	702	524	10	46	—	50	96.16	11000	1626
			280，300，320	470	380							41					
GICL19	630000	1300	260	410	330	815	715	560	744	560	10	67	—	50	115.6	13000	1773
			280，300，320	470	380							41					
			340	550	450												
GICL20	710000	1200	280，300，320	470	380	855	755	585	786	595	13	44	—	50	167.41	16000	2263
			340，360	550	450												
GICL21	900000	1100	300，320	470	380	915	795	620	808	611	13	59	—	50	215.7	20000	2593
			340，360，380	550	450							44					
GICL22	950000	950	340，360，380	550	450	960	840	665	830	632	13	44	—	60	278.07	26000	3036
			400	650	540												

（续表）

型号	公称转矩 T_n/(N·m)	许用转速 $[n]$/(r/min)	轴孔直径 d_1, d_2, d_z	轴孔长度 L Y型	轴孔长度 L J_1型, Z_1型	D	D_1	D_2	B	A	C	C_1	C_2	e	转动惯量/(kg·m²)	润滑脂用量/mL	质量/kg
			mm														
GICL23	1120000	900	360，380	550	450	1010	890	710	870	666	13	44	—	60	379.4	29000	3668
			400，420	650	540							48					
GICL24	1250000	875	300	550	450	1050	925	730	890	685	15	46		60	448.1	32000	3964
			400，420，450	650	540							50					
GICL25	1400000	850	400，420，450，480	650	540	1120	970	770	930	724	15	50	—	60	564.64	34000	4443
GICL26	1600000	825	420，450，480，500	650	540	1160	990	800	950	733	15		—	60	637.4	37000	4791
GICL27	1800000	800	450，480，500	650	540	1210	1060	850	958	739	15	50	—	70	866.26	45000	5758
			530	800	680												
GICL28	2000000	770	480，500	650	540	1250	1080	890	1034	805	20	55	—	70	1020.76	47000	6232
			530，560	800	680												
GICL29	2800000	725	500	650	540	1340	1200	960	1034	792	20	57	—	80	1450.84	50000	7549
			530，560，600	800	680							55					
GICL30	3200000	700	560，600，630	800	680	1390	1240	1005	1050	806	20	55	—	80	1974.17	59000	9541

注：1. 联轴器质量和转动惯量是按各型号中轴孔最小直径的最大长度计算的近似值。
2. $D_2 \geqslant 465$ mm，其O形圈采用圆形断面橡皮条黏结而成。
3. J_1 型轴孔根据需要，也可以不使用轴端挡圈。
4. d_z 最大直径为 220 mm。
5. 当齿面采用氮化或表面淬火处理时，相应的公称转矩值由表中对应值乘以 1.3。

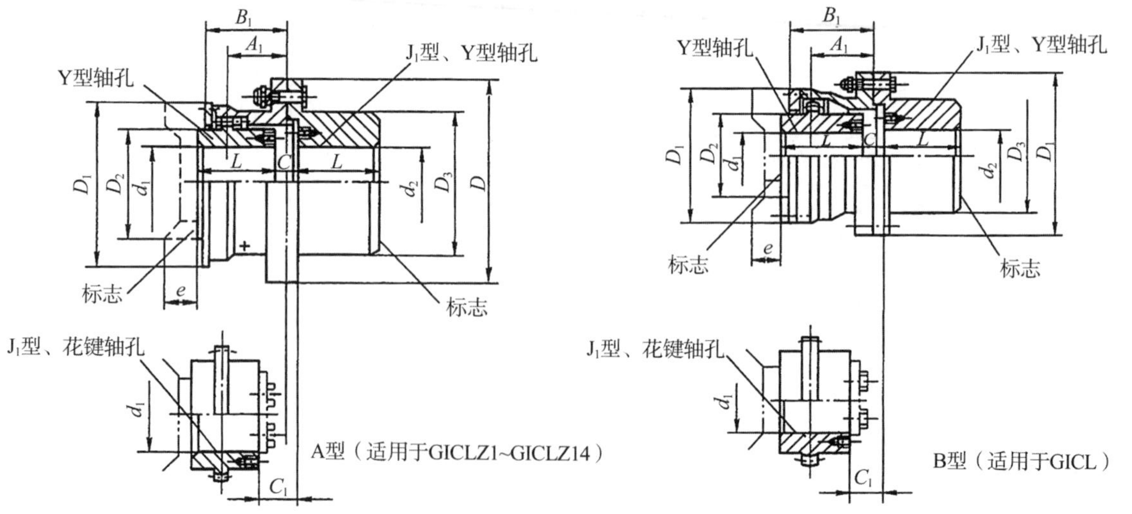

图 F4-2　GICLZ 型鼓形齿式联轴器

表 F4－2　GICLZ 型联轴器基本参数和主要尺寸

型号	公称转矩 T_n/(N·m)	许用转速 $[n]$/(r/min)	轴孔直径 d_1, d_2, d_z	轴孔长度 L Y型	轴孔长度 L J_1型	D	D_1	D_2	D_3	B_1	A_1	C	C_1	e	转动惯量/(kg·m²)	润滑脂用量/mL	质量/kg
			mm														
GICLZ1	800	7100	16, 18, 19	42	—	125	95	60	80	57	37	24	—	30	0.0084	30	5.4
			20, 22, 24	52	38							14					
			25, 28	62	44							6.5					
			30, 32, 35, 38	82	60								19				
			40*, 42*, 45*, 48*, 50*	112	84												
GICLZ2	1400	6300	25, 28	62	44	145	120	75	95	67	44	16	—	30	0.018	60	9.2
			30, 32, 35, 38	82	60							8	18				
			40, 42, 45, 48, 50*, 55*, 56*	112	84								19				
			60*	142	107												
GICLZ3	2800	5900	30, 32, 35, 38	82	60	170	140	95	115	77	53	7	29	30	0.0427	80	16.4
			40, 42, 45, 48, 50, 55, 56	112	84								22				
			60, 63*, 65*, 70*	142	107												
GICLZ4	5000	5400	32, 35, 38	82	60	195	165	115	130	89	62	19	42	30	0.076	90	22.7
			40, 42, 45, 48, 50, 55, 56	112	84							8.5	22				
			60, 63, 65, 70, 71*, 75*	142	107												
			80*	172	132												
GICLZ5	8000	5000	40, 42, 45, 48, 50, 55, 56	112	84	225	183	130	150	99	71	9.5	31	30	0.0149	140	36.2
			60, 63, 65, 70, 71, 75	142	107								26				
			80, 85*, 90*	172	132								28				
GICLZ6	11200	4800	48, 50, 55, 56	112	84	240	200	145	170	109	80	11.5	41	30	0.24	200	46.2
			60, 63, 65, 70, 71, 75	142	107							9.5	26				
			80, 85, 90, 95*	172	132								28				
			100*	212	167												
GICLZ7	15000	4500	60, 63, 65, 70, 71, 75	142	107	260	230	160	195	122	90	10.5	31	30	0.43	290	68.4
			80, 85, 90, 95	172	132								28				
			100, 110*, 120*	212	167												

（续表）

型号	公称转矩 T_n/(N·m)	许用转速 $[n]$/(r/min)	轴孔直径 d_1, d_2, d_z	轴孔长度 L Y型	轴孔长度 L J_1型	D	D_1	D_2	D_3	B_1	A_1	C	C_1	e	转动惯量/(kg·m^2)	润滑脂用量/mL	质量/kg
			mm	mm	mm	mm	mm	mm	mm	mm	mm	mm	mm	mm			
GICLZ8	21 200	4 000	65, 70, 71, 75	142	107	280	245	175	210	132	96	12	41	30	0.61	350	81.1
			80, 85, 90, 95	172	132								28				
			100, 110, 120*	212	167												
			130*	252	202												
GICLZ9	26 500	3 500	70, 71, 75	142	107	315	270	200	225	142	104	18	53	30	0.94	370	100.1
			80, 85, 90, 95	172	132							13	30				
			100, 110, 120, 125	212	167												
			130*, 140*	252	202												
GICLZ10	42 500	3 200	80, 85, 90, 95	172	132	345	300	220	250	165	124	14	51	30	1.67	500	147.1
			100, 110, 120, 125	212	167								30				
			130, 140, 150*	252	202								37				
			160*	302	242												
GICLZ11	60 000	3 000	100, 110, 120	212	167	380	330	260	285	180	133	14	37	40	2.98	650	206.3
			130, 140, 150	252	202												
			160, 170*, 180*	302	242												
GICLZ12	80 000	2 600	120	212	167	440	380	290	325	208	158	14	65	40	5.31	1 100	284.5
			130, 140, 150	252	202								37				
			160, 170, 180	302	242												
			190*, 200*	352	282												
GICLZ13	112 000	2 300	140, 150	252	202	480	420	320	360	238	182	15	62	40	9.26	1 600	402
			160, 170, 180	302	242								40				
			190, 200, 220*	352	282												
GICLZ14	160 000	2 100	160, 170, 180	302	242	520	465	360	420	266	207	16	50	40	15.92	2 300	582.2
			190, 200, 220	352	282								40				
			240*, 250*	410	330												
GICLZ15	224 000	1 900	190, 200, 220	352	282	580	510	400	450	278	214	17	41	40	25.78	2 600	778.2
			240, 250, 260*	410	330								45				
			280*	470	380												

（续表）

型号	公称转矩 T_n/(N·m)	许用转速 [n]/(r/min)	轴孔直径 d_1, d_2, d_z	轴孔长度 L Y型	轴孔长度 L J_1型	D	D_1	D_2	D_3	B_1	A_1	C	C_1	e	转动惯量/(kg·m²)	润滑脂用量/mL	质量/kg
			mm														
GICLZ16	355 000	1 600	200, 220	352	282	680	595	465	500	320	250	16.5	65	50	16.89	4 100	1071
			240, 250, 260	410	330							15.5	45				
			280, 300*, 320*	470	380												
GICLZ17	400 000	1 500	220	352	282	720	645	495	530	336	256	17	81	50	60.59	5 100	1 210
			240, 250, 260	410	330								46				
			280, 300, 320	470	380												
GICLZ18	500 000	1 400	240, 250, 260	410	330	775	675	520	540	351	262	16.5	53	50	81.75	6 000	1 475
			280, 300, 320	470	380								48				
			340*	550	450												
GICLZ19	630 000	1 300	260	410	330	815	715	560	580	372	280	17	74	50	101.57	6 700	1 603
			280, 300, 320	470	380								48				
			340, 360*	550	450												
GICLZ20	710 000	1 200	280, 300, 320	470	380	855	755	585	600	393	297	20	51	50	140.03	8 100	2 033
			340, 360, 380*	550	450												

（二）GIICL 型和 GIICLZ 型鼓形齿式联轴器

本样本摘自标准《GIICL 型、GIICLZ 型鼓形齿式联轴器》(JB/T 8854.2—2001)。GIICL 型鼓形齿式联轴器的基本参数和主要尺寸如图 F4-3 和表 F4-3 所示，GIICLZ 型(窄型)鼓形齿式联轴器的基本参数和主要尺寸如图 F4-4 和表 F4-4 所示。

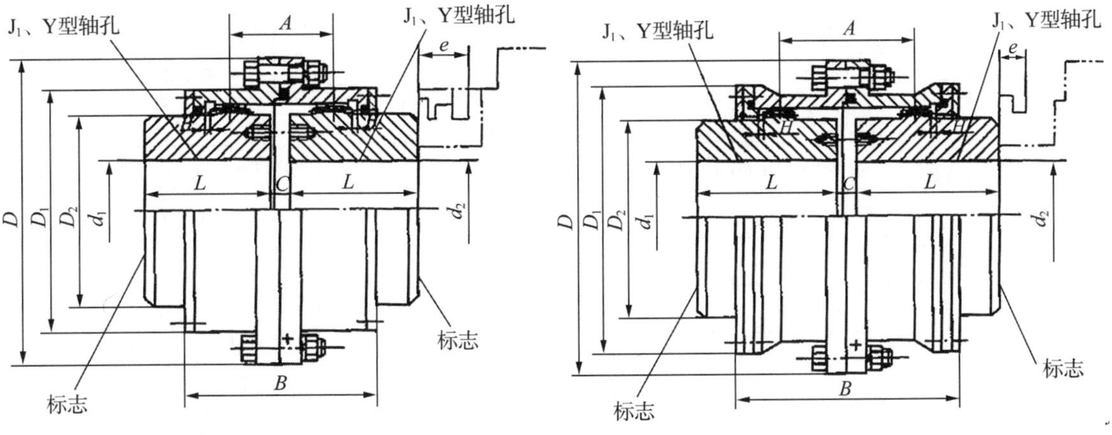

图 F4-3　GIICL 型鼓形齿式联轴器

表 F4－3 GIICL 型联轴器基本参数和主要尺寸

型号	公称转矩 T_n/(kN·m)	许用转速 [n]/(r/min)	轴孔直径 d_1, d_2	轴孔长度 L Y型	轴孔长度 L J_1型	D	D_1	D_2	C	H	A	B	e	转动惯量/(kg·m^2)	润滑脂用量/mL	质量/kg
			mm													
GIICL1	0.4	4000	16, 18, 19	42	—	103	71	50	8	2	36	76	38	0.0035	51	5.1
			20, 22, 24	52	38									0.0035		3
			25, 28	62	44									0.0035		3.1
			30, 32, 35	82	60									0.00375		3.6
GIICL2	0.71	4000	20, 22, 24	52	—	115	83	60	8	2	42	88	42	0.00575	70	4.9
			25, 28	62	44									0.00550		4.5
			30, 32, 35, 38	82	60									0.006		5.1
			40, 42, 45	112	84									0.00675		6.2
GIICL3	1.12	4000	22, 24	52	—	127	95	75	8	2	44	90	42	0.0105	68	7.5
			25, 28	62	44									0.010		7
			30, 32, 35, 38	82	60									0.010		6.9
			40, 42, 45, 48, 50, 55, 56	112	84									0.0113		8.6
GIICL4	1.8	4000	38	82	60	149	116	90	8	2	49	98	42	0.02	87	10.1
			40, 42, 45, 48, 50, 55, 56	112	84									0.0223		12.2
			60, 63, 65	142	107									0.0245		14.5
GIICL5	3.15	4000	40, 42, 45, 48, 50, 55, 56	112	84	167	134	105	10	2.5	55	108	42	0.0378	125	16.4
			60, 63, 65, 70, 71, 75	142	107									0.0433		19.6
GIICL6	5.00	4000	45, 48, 50, 55, 56	112	84	187	153	125	10	2.5	56	110	42	0.0663	148	22.1
			60, 63, 65, 70, 71, 75	142	107									0.075		26.5
			80, 85, 90	172	132									0.0843		31.2
GIICL7	7.1	3750	50, 55, 56	112	84	204	170	140	10	2.5	60	118	42	0.103	175	27.6
			60, 63, 65, 70, 71, 75	142	107									0.115		33.1
			80, 85, 90, 95	172	132									0.1298		39.2
			100, (105)	212	167									0.151		47.5
GIICL8	10.00	3300	55, 56	112	84	230	186	155	12	3	67	142	147	0.167	268	35.5
			60, 63, 65, 70, 71, 75	142	107									0.188		42.3
			80, 85, 90, 95	172	132									0.210		49.7
			100, 110, (115)	212	167									0.241		60.2

（续表）

型号	公称转矩 T_n/(kN·m)	许用转速 $[n]$/(r/min)	轴孔直径	轴孔长度 L		D	D_1	D_2	C	H	A	B	e	转动惯量/(kg·m²)	润滑脂用量/mL	质量/kg
			d_1, d_2	Y型	J_1型											
			mm													
GIICL9	16	3000	60, 63, 65, 70, 71, 75	142	107	256	212	180	12	3	69	146	47	0.316	310	55.6
			80, 85, 90, 95	172	132									0.356		65.6
			100, 110, 120, 125	212	167									0.413		79.6
			130, (135)	252	202									0.470		95.8
GIICL10	22.4	2650	65, 70, 71, 75	142	107	287	239	200	14	3.5	78	164	47	0.511	472	72
			80, 85, 90, 95	172	132									0.573		84.4
			100, 110, 120, 125	212	167									0.659		101
			130, 140, 150	252	202									0.745		119
GIICL11	35.5	2350	70, 71, 75	142	107	352	276	235	14	3.5	81	170	47	1.454	550	97
			80, 85, 90, 95	172	132									1.096		114
			100, 110, 120, 125	212	167									1.235		138
			130, 140, 150	252	202									1.340		161
			160, 170, (175)	302	242									1.588		189
GIICL12	50	2100	75	142	107	362	313	270	16	4	89	190	49	1.623	695	128
			80, 85, 90, 95	172	132									1.828		150
			100, 110, 120, 125	212	167									2.113		205
			130, 140, 150	252	202									2.40		213
			160, 170, 180	302	242									2.728		248
			190, 200	352	282									3.055		285
GIICL13	71	1850	150	252	202	412	350	300	18	4.5	98	208	49	3.925	1019	269
			160, 170, 180, (185)	302	242									4.425		315
			190, 200, 220, (225)	352	282									4.918		360
GIICL14	112	1650	170, 180, (185)	302	242	462	418	335	22	5.5	172	296	63	8.025	3900	421
			190, 200, 220	352	282									8.8		476
			240, 250	410	330									9.725		544
GIICL15	180	1500	190, 200, 220	352	282	512	465	380	22	5.5	182	316	63	14.300	3700	608
			240, 250, 260	410	330									15.850		696
			280, (285)	470	380									17.45		786

（续表）

型号	公称转矩 T_n/(kN·m)	许用转速 $[n]$/(r/min)	轴孔直径 d_1, d_2	轴孔长度 L Y型	轴孔长度 L J_1型	D	D_1	D_2	C	H	A	B	e	转动惯量/(kg·m²)	润滑脂用量/mL	质量/kg
			mm													
GIICL16	250	1300	220	352	282	580	522	430	28	7	209	354	67	23.925	4500	799
			240, 250, 260	410	330									26.45		913
			280, 300, 320	470	380									29.1		1027

注：1. 转动惯量与质量按 J_1 型轴伸计算，并包括轴伸在内。
2. 推荐选用 J_1 型轴伸系列。
3. 括号的轴孔直径新设计时不用。

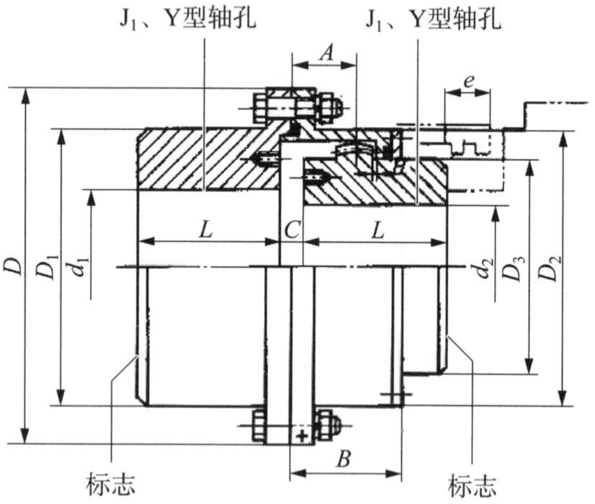

GIICLZ1～GIICLZ13 型鼓形齿式联轴器

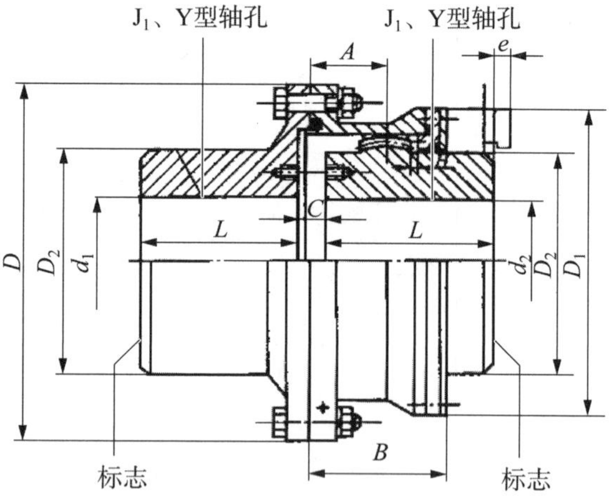

GIICLZ14～GIICLZ25 型鼓形齿式联轴器

图 F4-4 GIICLZ 型鼓形齿式联轴器

表 F4-4 GIICLZ 型联轴器基本参数和主要尺寸

型号	公称转矩 T_n/(kN·m)	许用转速 $[n]$/(r/min)	轴孔直径 d_1, d_2	轴孔长度 L Y型	轴孔长度 L J_1型	D	D_1	D_2	D_3	C	H	A	B	e	转动惯量/(kg·m²)	润滑脂用量/mL	质量/kg
			mm														
GIICLZ1	0.4	4000	16, 18, 19	42	—	103	71	71	50	8	2	18	38	38	0.004	31	3.5
			20, 22, 24	52	38										0.00375		3.3
			25, 28	62	44										0.004		3.5
			30, 32, 35, 38*	82	60										0.005		4.1
			40*, 42*, 45*, 48*, 50*	112	84										0.007		5.7
GIICLZ2	0.71	4000	20, 22, 24	52	—	115	83	83	60	8	2	21	44	42	0.00675	42	5.3
			25, 28	62	44										0.00625		4.8
			30, 32, 35, 38	82	60										0.007		5.7

（续表）

型号	公称转矩 T_n/(kN·m)	许用转速 $[n]$/(r/min)	轴孔直径 d_1，d_2	轴孔长度 L Y型	轴孔长度 L J_1型	D	D_1	D_2	D_3	C	H	A	B	e	转动惯量/(kg·m^2)	润滑脂用量/mL	质量/kg
			mm														
			40，42，45，48*，50*，55*，56*	112	84										0.008		7.2
			60*	142	107										0.01		9.2
GIICLZ3	1.12	4000	22，24	52	—	127	95	95	75	8	2	22	45	42	0.009	42	3.8
			25，28	62	44										0.011		7.8
			30，32，35，38	82	60										0.011		7.6
			40，42，45，48，50，55，56	112	84										0.01325		9.8
			60*，63*，65*，70*	142	107										0.01675		12.5
GIICLZ4	1.8	4000	38	82	60	149	116	116	90	8	2	24.5	49	42	0.02125	53	10.5
			40，42，45，48，50，55，56	112	84										0.0255		13.5
			60，63，65，70*，71*，75*	142	107										0.039		16.5
			80*	172	132										0.04875		19.4
GIICLZ5	3.15	4000	40，42，45，48，50，55，56	112	84	167	134	134	105	10	2.5	27.5	54	42	0.044	77	18.1
			60，63，65，70，71，75	142	107										0.05175		23.1
			80*，85*，90*	172	132										0.0625		28.5
GIICLZ6	5.00	4000	45，48，50，55，56	112	84	187	153	153	125	10	2.5	28	55	42	0.075	91	23.9
			60，63，65，70，71，75	142	107										0.089		29.3
			80，85，90，95*	172	132										0.10425		35.4
			100*，(105)*	212	167										0.1065		36.2
GIICLZ7	7.1	3750	50，55，56	112	84	204	170	170	140	10	2.5	30	59	42	0.1145	108	29.6
			60，63，65，70，71，75	142	107										0.1335		36.3
			80，85，90，95	172	132										0.157		43.8
			100，(105)，110*，(105)*	212	167										0.1898		54.3
GIICLZ8	10.00	3300	55，56	112	84	230	186	186	155	12	3	33.5	71	47	0.184	161	37.8
			60，63，65，70，71，75	142	107										0.215		46.1
			80，85，90，95	172	132										0.249		54.9

（续表）

型号	公称转矩 T_n/(kN·m)	许用转速 $[n]$/(r/min)	轴孔直径 d_1, d_2 (mm)	轴孔长度 L Y型 (mm)	轴孔长度 L J_1型 (mm)	D (mm)	D_1 (mm)	D_2 (mm)	D_3 (mm)	C (mm)	H (mm)	A (mm)	B (mm)	e (mm)	转动惯量/(kg·m²)	润滑脂用量/mL	质量/kg
			100, 110, (115), 120*, 125*	212	167										0.297		67.4
GIICLZ9	16	3000	60, 63, 65, 70, 71, 75	142	107	256	212	212	180	12	3	34.5	73	47	0.358	184	60
			80, 85, 90, 95	172	132										0.415		71.8
			100, 110, 120, 125	212	167										0.499		88
			130, (135), 140*, 150*	252	202										0.575		104.4
GIICLZ10	22.4	2650	65, 70, 71, 75	142	107	287	239	239	200	14	3.5	39	82	47	0.58	276	76.1
			80, 85, 90, 95	172	132										0.6725		91.1
			100, 110, 120, 125	212	167										0.8025		111.5
			130, 140, 150	252	202										0.935		133.5
GIICLZ11	35.5	2350	110, 120, 125	212	167	325	250	276	235	14	3.5	40.5	85	47	1.223	322	137
			130, 140, 150	252	202										1.41		162.4
			160, 170, (175)	302	242										1.625		193
GIICLZ12	50	2100	130, 140, 150	252	202	362	286	313	270	16	4	44.5	95	49	2.39	404	212.8
			160, 170, 180	302	242										2.763		268
			190, 200	352	282										3.093		290
GIICLZ13	71	1850	150	252	202	412	322	350	300	18	4.5	49	104	49	3.93	585	272.3
			160, 170, 180, (185)	302	242										4.535		320
			190, 200, 220, (225)	352	282										6.34		370
GIICLZ14	112	1650	170, 180, (185)	302	242	462	420	335	—	22	5.5	86	148	63	6.9	1600	389
			190, 200, 220	352	282										7.675		438
			240, 250	410	330										8.6		509
GIICLZ15	180	1500	190, 200, 220	352	282	512	465	380	—	22	5.5	91	158	63	12.425	2100	566
			240, 250, 260	410	330										13.975		650
			280, (285)	470	380										15.575		740

注：1. 转动惯量与质量按 J_1 型轴伸计算，并包括轴伸在内。
2. 轴孔直径栏中标注 * 的轴孔尺寸，只适用于 d_1 选用。
3. 推荐选用 J_1 型轴伸系列。
4. 括号的轴孔直径新设计时不用。

二、梅花形弹性联轴器

(一) ML 型梅花形弹性联轴器

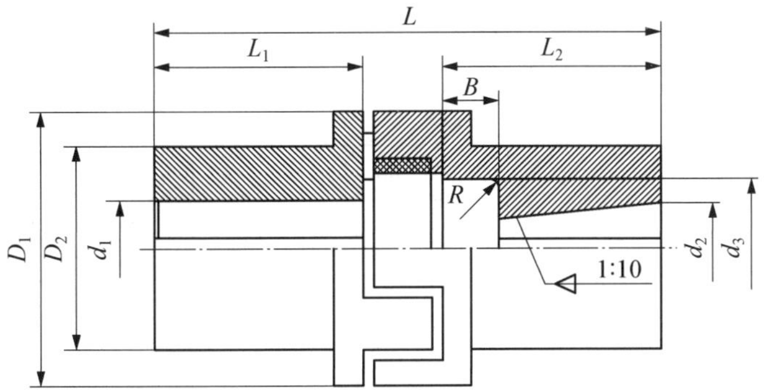

图 F4－5　ML 型梅花形弹性联轴器

表 F4－5　ML 型梅花形弹性联轴器主要参数及尺寸

型号	公称转矩 T_n/(N·m)	许用转速 n/(r/min)	轴孔直径 d_1、d_2/mm	轴孔长度 L_1、L_2 Y、Z/mm	L/mm	D_1/mm	D_2/mm	B/mm	D_3/mm	R/mm	弹性件型号	质量 m/kg	转动惯量 I/(kg·m²)
			12、14	32	80								
ML1	25	15300	16、18、19	42	100	50	40				MT1－b	1.22	0.00026
			20、22、24	52	120								
			20、22、24	52	127								
ML2	100	10900	25、28	62	147	70	48				MT2－b	2.9	0.001
			30、32	82	187								
			22、24	52	128								
ML3	140	9000	25、28	62	148	85	60				MT3－b	4.33	0.0023
			30、32、35、38	82	188								
			25、28	82	151								
ML4	250	7300	30、32、35、38	62	191	105	72	14	38	1.5	MT4－b	7.78	0.0063
			40、42	82	251								
ML5	400	6100	30、32、35、38	112	197	125	90	18	48	1.5	MT5－b	11.72	0.015
			40、42、45、48	82	257								
ML6	630	5300	35、38	112	203	145	104	22	65	2	MT6－b	14.83	0.027
			40、42、45、48、50、55	112	263								

（续表）

型号	公称转矩 T_n/(N·m)	许用转速 n/(r/min)	轴孔直径 d_1、d_2/mm	轴孔长度 L_1、L_2 Y、Z/mm	L/mm	D_1/mm	D_2/mm	B/mm	D_3/mm	R/mm	弹性件型号	质量 m/kg	转动惯量 I/(kg·m^2)
ML7	1120	4500	45、48、50、55	112	265	170	110	28	80	2	MT7-b	26.69	0.061
			60、63、65	142	325								
ML8	1800	3800	50、55	112	272	200	135	28	95	2.5	MT8-b	40.57	0.13
			60、63、65、70、71、75	142	332								
ML9	2800	3300	60、63、65、70、75	142	334	230	160	35	105	2.5	MT9-b	65.2	0.274
			80、85、90、95	172	394								
ML10	4500	2900	70、71、75	142	344	262	180	40	140	2.5	MT10-b	101.6	0.53
			80、85、90、95	172	404								
			100、110	212	484								
ML11	7100	2500	80、85、90、95	172	411	300	200	40	160	3	MT11-b	131.2	0.963
			100、110、120	212	491								
ML12	11200	2100	90、95	172	417	360	225	45	210	3	MT12-b	200.4	2.091
			100、110、120、125	212	497								
			130	252	577								
ML13	12500	1900	100、110、120、125	212	497	400	225	50	235	4	MT13-b	247.6	3.19
			130、140	252	577								
ML14	20000	1650	110、120、125	212	499	460	260	50	265	4	MT14-b	292	5.95
			130、140、150	252	579								
ML15	25000	1500	120、125	212	504	500	300	60	310	5	MT15-b	355	9.62
			130、140、150	252	584								
			160、170、180	302	684								
ML16	31500	1350	130、140、150	252	584	550	340	70	330	5	MT16-b	405	12.71
			160、170、180	302	684								
			190、200	352	784								

(二) MLPK 型带制动盘梅花形弹性联轴器

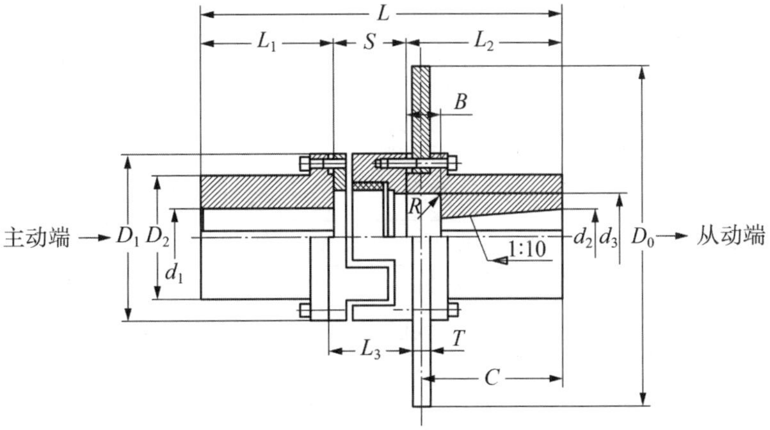

图 F4-6　MLPK 型带制动盘梅花形弹性联轴器

表 F4-6　MLPK 型带制动盘梅花形弹性联轴器

型号	公称转矩 T_n/(N·m)	制动力矩 T_b/(N·m)	许用转速 n/(r/min)	轴孔直径 d_1、d_2/mm	轴孔长度 L_1、L_2 Y、Z/mm	L/mm	S/mm	L_3/mm	D_1/mm	D_2/mm	B/mm	d_3/mm	R/mm	C/mm	$D_0 \times T$/(mm×mm)	弹性件型号	质量 m/kg	转动惯量 I/(kg·m²)
MLPK6	630	1800	3500	35、38	82	231	67	71	145	85	22	65	2	70	355×20	MT6-b	27	0.279
				40、42	112	291								100	400×20		35	0.452
				45、48、50、55										95	450×30		55	0.99
MLPK7	1120	2850	3250	45、48	112	291	67	71	170	110	28	80	2	95	400×30	MT7-b	54	0.66
				50、55											450×30		62	1.02
				60、63、65	142	351								125	500×30		71	1.51
MLPK8	1800	4950	3000	50、55	112	300	76	81	200	135	28	95	2.5	94	400×30	MT8-b	76	0.80
				60、63	142	360								124	450×30		84	1.16
				65、70											500×30		93	1.66
				71、75											560×30		150	2.48
MLPK9	2800	7740	2800	60、63	142	364	80	86	230	160	35	116	2.5	124	500×30	MT9-b	116	1.78
				65、70、71、75											560×30		128	2.61
				80、85、90、95	172	424								154	630×30		143	3.98
MLPK10	4500	11940	2600	70、71、75	142	379	95	101	262	180	40	140	2.5	124	500×30	MT10-b	139	2.12
				80、85	172	439								154	560×30		150	2.96
				90、95											630×30		168	4.33
				100、110	212	519								194	710×30		185	6.66

（续表）

型号	公称转矩 T_n/(N·m)	制动力矩 T_b/(N·m)	许用转速 n/(r/min)	轴孔直径 d_1、d_2/mm	轴孔长度 L_1、L_2 Y、Z/mm	L/mm	S/mm	L_3/mm	D_1/mm	D_2/mm	B/mm	d_3/mm	R/mm	C/mm	$D_0×T$/(mm×mm)	弹性件型号	质量 m/kg	转动惯量 I/(kg·m^2)
MLPK11	7100	17550	2250	80、85	172	455	111	117	300	200	40	150	3	154	630×30	MT11-b	189	4.70
				90、95											710×30		225	6.92
				100、110、120	212	535								194	800×30		250	10.5
MLPK12	11200	29100	2000	90、95	172	460	124	130	360	225	45	160	3	154	710×30	MT12-b	243	8.29
				100、110、120、125	212	548								194	800×30		311	13.55
				130	252	628								234	900×30		374	20.57
MLPK13	12500	40050	1800	100、110、120、125	212	548	124	130	400	225	50	160	3	194	900×30	MT13-b	390	21.38
				130、140	252	628								234	1000×30		441	29.12
MLPK14	20000	42000	1500	110、120、125	212	548	124	130	460	260	50	180	4	194	1000×30	MT14-b	467	30.67
				130、140、150	252	628								229	1000×40		550	40.75
MLPK15	25000	50000	1200	120、125	212	559	135	141	500	300	60	215	5	194	1000×30	MT15-b	548.2	35.72
				130、140、150	252	639								234	1250×30		652.2	43.03
				160、170、180	302	739								279	1250×40		751.6	54.17
MLPK16	31500	63000	1000	130、140、150	252	639	135	141	550	340	70	250	5	234	1000×30	MT16-b	598.2	38.81
				160、170、180	302	739								284	1250×30		702.2	46.12
				190、200	352	839								329	1250×40		801.6	57.26

三、极限力矩联轴器

电动机驱动时带摩擦片式极限力矩联轴器或锥盘式极限力矩联轴器，如图 F4－7 所示。联轴器的型号和几何参数如表 F4－7 和表 F4－8 所示。

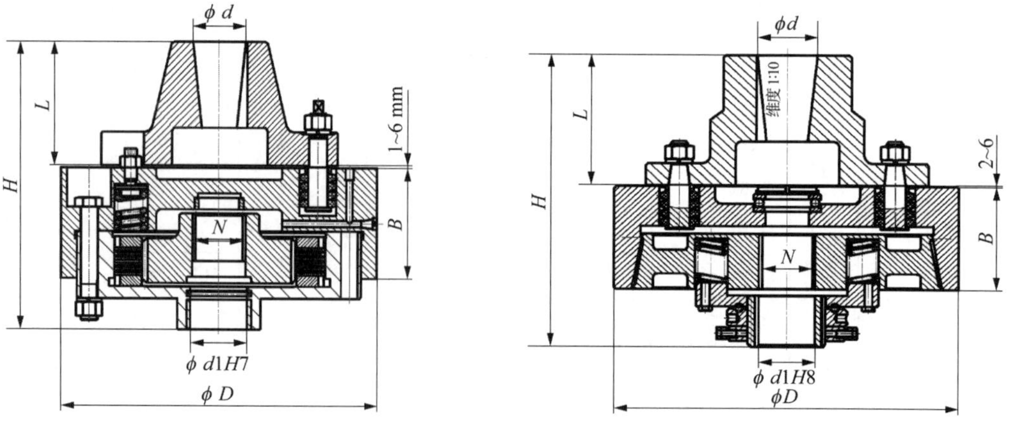

(a)　　(b)

图 F4－7　极限力矩联轴器

(a) 摩擦片式；(b) 锥盘式

表 F4－7　摩擦片式极限力矩联轴器

联轴器代号	最大扭矩/(N·m)	外形尺寸/mm						
		$d(H7)$	$d1(H7)$	D	N	L	H	B
MQA30	500	42	43.7	300	6H7－40H7X35H12X10E8	125	325	127
		56						
		60						
MQA40	1400	60	70	400	6H7－65H7X58H12X16E8	156	365	140
		65						
		70						
		85						
MQA50	1400	85	70	500	6H7－65H7X58H12X16E8	180	410	180
		95						

表 F4－8　锥盘式极限力矩联轴器

联轴器代号	最大扭矩/(N·m)	外形尺寸/mm						
		$d(H7)$	$d1(H7)$	D	N	L	H	B
T31	280	55	60	300	平键连接	142	405	130
		60						
		65						
T41	550	55	65	400	6H7－65H7X58H12X16E8	165	370	130
	750	60						
	850	65						
	850	70						
	1050	85						
T51	1250	85	70	500	6H7－65H7X58H12X16E8	180	426	180
		95						

四、卷筒用联轴器

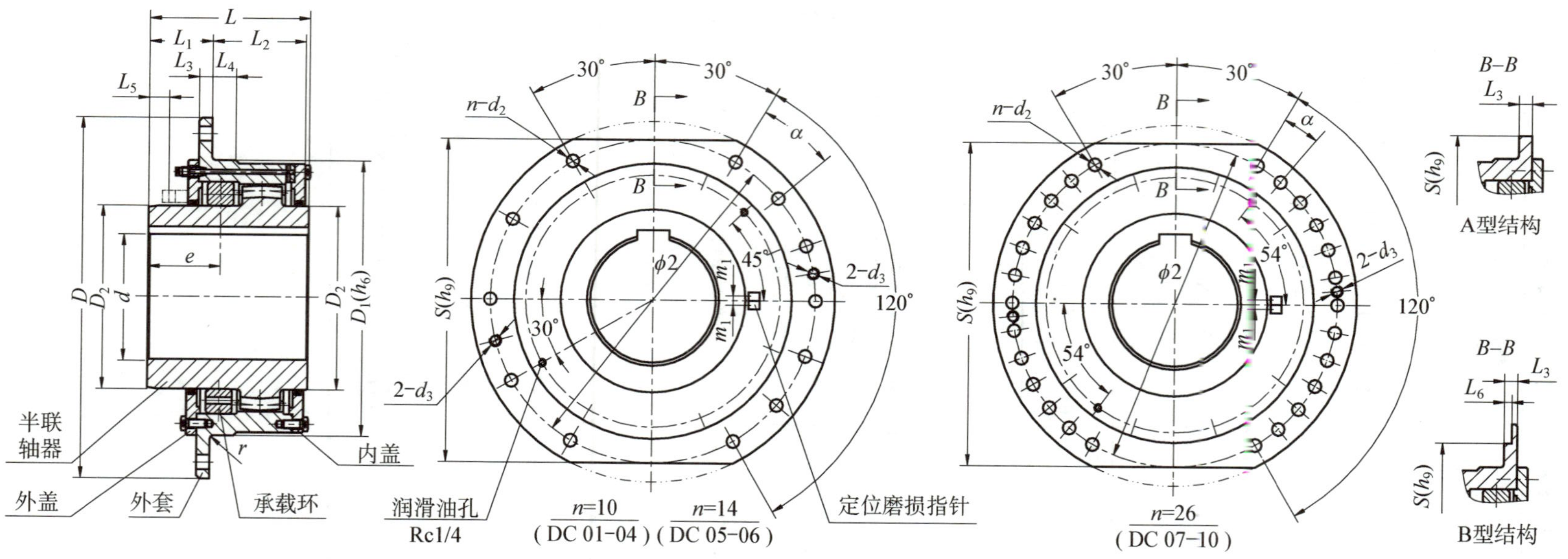

图 F4-8　卷筒用联轴器

表 F4-9　DC 系列卷筒用联轴器的基本参数和主要尺寸

型号	许用转速	公称转矩	径向载荷	轴孔 直径	轴孔 长度	外形尺寸									卷筒联结尺寸							磨损刻度	轴向间隙	载荷位置	转动惯量	质量
	n_{max}/(r/min)	T_{max}/(N·m)	F_{rmax}/N	$d(H_7)$/mm	L_{min}/mm	D/mm	$D_1(h_6)$/mm	$D_2(h_9)$/mm	L_1/mm	L_2/mm	L_3/mm	L_4/mm	L_5/mm	L_6/mm	$S(h_9)$/mm	ϕ_2/mm	$n-d_2$/mm	螺栓	α/(°)	$2-d_3$/mm	r/mm	m_1/mm	x_{max}	e	I/(kg·m²)	m/kg
DC01A DC01B	200	16000	18000	110	185	400	280	180	80	85	15 20	25	26 21	11	360	360	10-18	M16	30	M16	2.5	0.8	±2.5	85	1.0	80

（续表）

型号	许用转速	公称转矩	径向载荷	轴孔		外形尺寸									卷筒联结尺寸							磨损刻度	轴向间隙	载荷位置	转动惯量	质量
				直径	长度																					
	n_{max}/(r/min)	T_{max}/(N·m)	F_{max}/N	d (H_7) /mm	L_{min} /mm	D /mm	D_1 (h_6) /mm	D_2 (h_9) /mm	L_1 /mm	L_2 /mm	L_3 /mm	L_4 /mm	L_5 /mm	L_6 /mm	S (h_9) /mm	ϕ_2 /mm	$n-d_2$ /mm	螺栓	α/(°)	$2-d_3$ /mm	r /mm	m_1 /mm	x_{max}	e	I/(kg·m^2)	m/kg
DC02A DC02B	200	22400	25000	125	200	420	310	212	80	95	15 20	25	26 21	11	380	380	10 - 18	M16	30	M16	2.5	0.8	±2.5	85	1.5	100
DC03A DC03B	200	31500	35500	150	225	450	340	230	80	105	20	25	34	11	400	400	10 - 22	M20	30	M20	2.5	1.1	±2.5	85	2.5	120
DC35A DC35B	200	45000	50000	160	235	500	380	243	95	115	20 25	30	34 29	15	460	450	10 - 22	M20	30	M20	2.5	1.4	±2.5	106	3.0	150
DC04A DC04B	200	63000	71000	200	250	550	420	280	95	130	20 25	30	34 29	15	500	500	10 - 22	M20	30	M20	2.5	1.4	±2.5	106	4.5	190
DC05A DC05B	200	90000	90000	220	265	580	450	315	95	145	20 25	30	34 29	15	530	530	14 - 22	M20	20	M20	2.5	1.8	±2.5	106	7.25	245
DC55A DC55B	200	125000	112000	240	290	620	500	345	101	160	25 30	35	35 30	19	560	560	14 - 22	M20	20	M20	2.5	1.8	±2.5	115	10.3	330
DC06A DC06B	200	160000	140000	260	300	650	530	375	101	170	25 30	35	35 30	19	580	600	14 - 22	M20	20	M20	2.5	1.8	±2.5	115	15.5	385
DC07A DC07B	200	224000	180000	280	310	680	560	400	101	180	25 30	35	35 30	19	600	630	26 - 22	M20	10	M20	4	1.8	±2.5	115	21.4	485
DC08A DC08B	200	315000	224000	300	345	720	600	437	111	185	35	43	35	21	640	660	26 - 26	M24	10	M24	4	2.2	±2.5	121	30.6	550
DC09A DC09B	200	450000	280000	340	380	780	670	487	111	200	35	43	35	21	700	730	26 - 26	M24	10	M24	4	2.2	±2.5	121	40.2	650
DC10A DC10B	200	560000	355000	380	420	850	730	545	111	215	35	43	35	21	760	800	26 - 26	M24	10	M24	4	2.2	±2.5	121	65.1	890

附录 5 电动机

一、变频调速电动机

YZP 系列起重及冶金用变频调速三相异步电动机技术条件参见标准 GB/T 21972.1—2008。

1. 不同工作制下功率换算关系

变频电机基准工作制为 S3—40%，中心高 280 mm 其他工作制功率换算关系如表 F5-1 所示，其他需与厂家联系。

表 F5-1 工作制功率换算关系

工作制	S2		S3				S4 和 S5	
	30 min	60 min	15%	25%	40%	60%	150 次/小时	300 次/小时
功率折算系数	1.1	1	1.35	1.1	1	0.83	0.83	0.73

2. 性能数据

表 F5-2 电动机性能参数表

型号	功率/kW	转速/(r/min)	额定转矩/(N·m)	堵转转矩/额定转矩 T_{st}/T_N	最大转矩额定转矩 T_{max}/T_N	转动惯量/(kg·m²)	轴流风机		质量/kg
							电压/V	功率/W	
同步转速为 1500 r/min									
YZP112M1-4	3.0	1435	20	1.8	2.4	0.019	380	55	60
YZP112M2-4	4.0	1435	26	1.8	2.4	0.028	380	55	71
YZP132M1-4	5.5	1445	35	1.8	2.4	0.052	380	55	82
YZP132M2-4	6.3	1445	40	1.8	2.6	0.063	380	55	93
YZP160M1-4	7.5	1455	48	1.8	2.6	0.10	380	80	120
YZP160M2-4	11	1455	70	1.8	2.8	0.13	380	80	133
YZP160L-4	15	1455	96	1.8	2.8	0.17	380	80	154
YZP180L-4	22	1465	140	1.8	2.8	0.31	380	80	208
YZP200L-4	30	1475	195	1.8	2.8	0.56	380	150	281
YZP225M-4	37	1480	236	1.8	2.8	0.74	380	200	352
YZP250M1-4	45	1480	287	1.8	2.8	1.28	380	230	472
YZP250M2-4	55	1480	350	1.8	2.8	1.53	380	230	515
YZP280S1-4	63	1485	405	1.8	2.8	1.94	380	320	705
YZP280S2-4	75	1485	478	1.8	2.8	2.19	380	320	740

（续表）

型号	功率/kW	转速/(r/min)	额定转矩/(N·m)	堵转转矩/额定转矩 T_{st}/T_N	最大转矩/额定转矩 T_{max}/T_N	转动惯量/(kg·m²)	轴流风机 电压/V	轴流风机 功率/W	质量/kg
同步转速为 1500 r/min									
YZP280M－4	90	1485	575	1.8	2.8	2.42	380	320	780
YZP315S1－4	110	1485	700	1.8	2.8	5.78	380	370	1035
YZP315M－4	132	1485	840	1.8	2.8	7.22	380	370	1180
YZP315M2－4	200	1485	1282	2.2	3.1	4.54	380	370	1180
同步转速为 1000 r/min									
YZP112M1－6	1.5	940	15	1.8	2.4	0.019	380	55	60
YZP112M2－6	2.2	940	21	1.8	2.4	0.028	380	55	71
YZP132M1－6	3.0	960	30	1.8	2.4	0.052	380	55	82
YZP132M2－6	4.0	960	40	1.8	2.4	0.063	380	55	93
YZP160M1－6	5.5	965	55	1.8	2.4	0.10	380	80	120
YZP160M2－6	7.5	965	75	1.8	2.6	0.13	380	80	133
YZP160L－6	11	965	105	1.8	2.8	0.17	380	80	154
YZP180L－6	15	975	145	1.8	2.8	0.31	380	80	208
YZP200L－6	22	980	210	1.8	2.8	0.56	380	150	281
YZP225M－6	30	985	290	1.8	2.8	0.74	380	200	352
YZP250M1－6	37	980	355	1.8	2.8	1.28	380	230	472
YZP250M2－6	45	980	430	1.8	2.8	1.53	380	230	515
YZP280S1－6	55	985	530	1.8	2.8	1.94	380	320	705
YZP280S2－6	63	985	605	1.8	2.8	2.19	380	320	740
YZP280M－6	75	985	720	1.8	2.8	2.42	380	320	780
YZP315S1－6	90	990	860	1.8	2.8	5.78	380	370	1105
YZP315M－6	110	990	1050	1.8	2.8	7.22	380	370	1180
YZP355M－6	132	990	1260	1.8	2.8	9.7	380	600	1380
YZP355L1－6	160	990	1530	1.8	2.8	11.6	380	600	1550
YZP355L2－6	200	990	1910	1.8	2.8	14.3	380	600	1710
YZP400L1－6	250	990	2390	1.8	2.8	20.1	380	1100	2210
YZP400L2－6	300	990	2865	1.8	2.8	23.1	380	1100	2690
同步转速为 750 r/min									
YZP160L－8	7.5	710	95	1.8	2.6	0.17	380	80	154
YZP180L－8	11	710	140	1.8	2.8	0.31	380	80	208
YZP200L－8	15	720	195	1.8	2.8	0.56	380	150	281

(续表)

型号	功率/kW	转速/(r/min)	额定转矩/(N·m)	堵转转矩/额定转矩 T_{st}/T_N	最大转矩额定转矩 T_{max}/T_N	转动惯量/(kg·m²)	轴流风机		质量/kg
							电压/V	功率/W	
同步转速为 750 r/min									
YZP225M-8	22	720	280	1.8	2.8	0.74	380	200	352
YZP250M1-8	30	720	385	1.8	2.8	1.28	380	230	472
YZP250M2-8	37	725	475	1.8	2.8	1.53	380	230	515
YZP280S1-8	45	730	575	1.8	2.8	1.94	380	320	705
YZP280M-8	55	725	700	1.8	2.8	2.42	380	320	780
YZP315S1-8	63	735	805	1.8	2.8	5.78	380	370	1035
YZP315S2-8	75	735	955	1.8	2.8	6.51	380	370	1105
YZP315M-8	90	740	1146	1.8	2.8	7.22	380	370	1180
YZP355M-8	110	740	1400	1.8	2.8	9.7	380	600	1380
YZP355L1-8	132	740	1680	1.8	2.8	11.6	380	600	1550
YZP355L2-8	160	740	2040	1.8	2.8	14.3	380	600	1710
YZP400L1-8	200	745	2550	1.8	2.8	20.1	380	1100	2210
YZP400L2-8	250	745	3185	1.8	2.8	23.1	380	1100	2690
同步转速为 600 r/min									
YZP280S-10	37	590	590	1.8	2.8	1.94	380	320	740
YZP280M-10	45	590	720	1.8	2.8	2.42	380	320	780
YZP315S1-10	55	590	880	1.8	2.8	5.78	380	370	1035
YZP315S2-10	63	590	1010	1.8	2.8	6.51	380	370	1105
YZP315M-10	75	590	1200	1.8	2.8	7.22	380	370	1180
YZP355M-10	90	595	1440	1.8	2.8	9.7	380	600	1380
YZP355L1-10	110	595	1760	1.8	2.8	11.6	380	600	1550
YZP355L2-10	132	595	2110	1.8	2.8	14.3	380	600	1710
YZP400L1-10	160	595	2550	1.8	2.8	20.1	380	1100	2250
YZP400L2-10	200	595	3190	1.8	2.8	23.1	380	1100	2690

注:1. 性能数据是电压为 380 V、频率为 50 Hz、工作制为 S3-40%时的设计值。
2. 堵转转矩/额定转矩为 3 Hz 时的值。
3. 最大转矩/额定转矩为 50 Hz 时的值。

3. 外形及安装尺寸

1）IM1001、IM1002、IM1003、IM1004 卧式安装

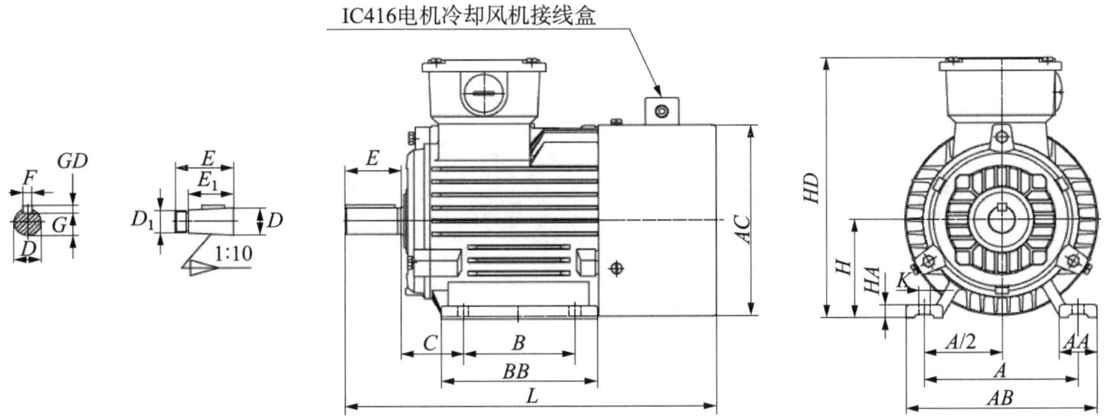

图 F5-1 几何尺寸示意图

表 F5-3 几何尺寸参数表

机座号	凸缘号	安装尺寸/mm														外形尺寸/mm		
		D	D_1	E	E_1	F	G	M	N	P	R	S	螺栓直径	T 最大	孔数/个	L	LA	LB
112M	FF215	32	—	80	—	10	27	265	230	300	0	15	M12	4	4	420	14	340
132M	FF265	38	—	80	—	10	33	265	230	300	0	15	M12	4	4	495	14	415
160M	FF300	48	—	110	—	14	42.5	300	250	350	0	19	M16	5	4	610	18	500
160L	FF300	48	—	110	—	14	42.5	300	250	350	0	19	M16	5	4	650	18	540
180L	FF300	55	M36×3	110	82	14	19.9	300	250	350	0	19	M16	5	4	685	18	575
200L	FF400	60	M42×3	140	105	16	21.4	400	350	450	0	19	M16	5	8	780	20	640
225M	FF400	65	M42×3	140	105	16	23.9	400	350	450	0	19	M16	5	8	850	20	710
250M	FF500	70	M48×3	140	105	18	25.4	500	450	550	0	19	M16	5	8	935	22	795
280S	FF500	85	M56×4	170	130	20	31.7	500	450	550	0	19	M16	5	8	1000	22	830
280M	FF500	85	M56×4	170	130	20	31.7	500	450	550	0	19	M16	5	8	1060	22	890
315S	FF600	95	M64×4	170	130	22	35.2	600	550	660	0	24	M20	6	8	1130	25	960
315M	FF600	95	M64×4	170	130	22	35.2	600	550	660	0	24	M20	6	8	1180	25	1010

2）IM3011、IM3013 立式安装

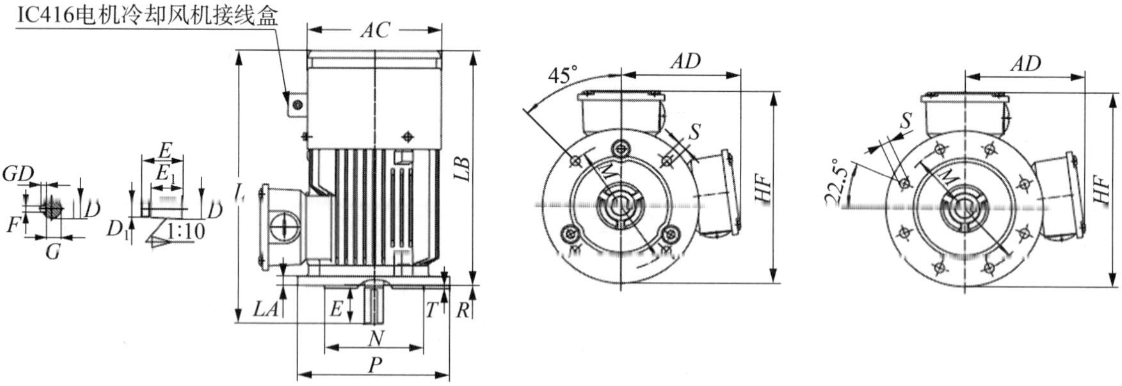

图 F5－2　几何尺寸示意图

表 F5－4　几何尺寸参数表

单位：mm

机座号	凸缘号	安装尺寸														外形尺寸			
		D	D_1	E	E_1	F	G	M	N	P	R	S	螺栓直径	T 最大	孔数/个	AD	L	LA	LB
112M	FF215	32	—	80	—	10	27	265	230	300	0	15	M12	4	4	220	460	14	380
132M	FF265	38	—	80	—	10	33	265	230	300	0	15	M12	4	4	230	535	14	455
160M	FF300	48	—	110	—	14	42.5	300	250	350	0	19	M16	5	4	260	660	18	550
160L	FF300	48	—	110	—	14	42.5	300	250	350	0	19	M16	5	4	260	700	18	590
180L	FF300	55	M36×3	110	82	14	19.9	300	250	350	0	19	M16	5	4	280	735	18	625
200L	FF400	60	M42×3	140	105	16	21.4	400	350	450	0	19	M16	5	8	320	830	20	690
225M	FF400	65	M42×3	140	105	16	23.9	400	350	450	0	19	M16	5	8	335	900	20	760
250M	FF500	70	M48×3	140	105	18	25.4	500	450	550	0	19	M16	5	8	385	995	22	855
280S	FF500	85	M56×4	170	130	20	31.7	500	450	550	0	19	M16	5	8	435	1060	22	890
280M	FF500	85	M56×4	170	130	20	31.7	500	450	550	0	19	M16	5	8	435	1120	22	950
315S	FF600	95	M64×4	170	130	22	35.2	600	550	660	0	24	M20	6	8	520	1190	25	1020
315M	FF600	95	M64×4	170	130	22	35.2	600	550	660	0	24	M20	6	8	520	1240	25	1070

二、三相异步电动机

YZR 系列起重及冶金用绕线转子三相异步电动机技术条件参见标准 JB/T 10105—2017。

1. 不同工作制下的功率转换

电动机的设计基准工作制是 S3 - 40%，每小时启动 6 次。其他工作制下的功率转换公式如表 F5 - 4 所示，选型系列如表 F5 - 5 所示。

表 F5 - 5 不同工作制下的功率转换公式

工作方式	S4 及 S5				
	150 次/小时			300 次/小时	
负载持续率/%	25	40	60	25	40
额定功率/kW	0.96P	0.86P	0.75P	0.76P	0.70P

2. 电动机选型表

表 F5-6　电动机选型表

机座号	工作方式																															
	S2								S3 6次/小时																							
	FC																															
	30 min				60 min				15%				25%				40%								60%				100%			
	项目																															
	额定功率/kW	I1额定电流/A	I2额定转子电流/A	n转速/(r/min)	额定功率/kW	I1额定电流/A	I2额定转子电流/A	n转速/(r/min)	额定功率/kW	I1额定电流/A	I2额定转子电流/A	n转速/(r/min)	额定功率/kW	I1额定电流/A	I2额定转子电流/A	n转速/(r/min)	额定功率/kW	I1额定电流/A	I2额定转子电流/A	最大/额定转矩/(V·m)	空载电流/A	n转速/(r/min)	效率/%	功率因数(cos φ)	额定功率/kW	I1额定电流/A	I2额定转子电流/A	n转速/(r/min)	额定功率/kW	I1额定电流/A	I2额定转子电流/A	n转速/(r/min)
1000 r/min																																
YZR 112M	1.8	5.3	13.4	815	1.5	4.63	12.5	866	2.2	6.6	18.4	725	1.8	5.3	13.4	815	1.5	4.6	12.5	2.3	3.37	866	62.9	0.79	1.1	3.8	7.3	912	0.8	3.5	5.16	940
132M1	2.5	6.5	12.9	892	2.2	6.05	12.6	908	3.0	8	16.1	855	2.5	6.5	12.9	892	2.2	6.1	12.6	2.9	4.04	908	73	0.76	1.8	5.4	9	924	1.5	5	7.3	940
132M2	4.0	9.7	14.2	900	3.7	9.2	14.5	908	5	12.3	18.2	875	4	9.7	14.2	900	3.7	9.2	14.5	2.5	5.58	908	77	0.8	3.0	7.9	10.2	937	2.5	7.2	8.4	950
160M1	6.3	16.4	29.4	921	5.5	15	25.7	930	7.5	18.5	35.4	910	6.3	16.4	29.4	921	5.5	15	25.7	2.6	7.95	930	75.7	0.74	5.0	14	22.9	935	4	12.5	18.2	944
160M2	8.5	19.6	29.8	930	7.5	18	26.5	940	11	24.6	39.6	908	8.5	19.6	29.8	930	7.5	18	26.5	2.8	11.2	940	79.4	0.8	6.3	16	21.7	949	5.5	15	18.8	956
160L	13	28.6	31.6	942	11	24.5	27.6	957	15	34.7	39	920	13	28.6	31.6	942	11	24.9	27.6	2.5	13	945	82	0.82	9	21	22.3	952	7.5	18.8	18.5	970
180L	17	36.7	49.8	955	15	33.8	46.5	962	20	42.6	58.7	946	17	36.7	49.8	955	15	33.8	46.5	3.2	18.8	962	83	0.81	13	29.7	37.3	968	11	25.5	31.4	975
200L	26	56.1	82.4	956	22	49.1	69.9	964	33	62	68	942	26	56.1	82.4	956	22	49.5	69.9	2.88	26.6	964	86	0.803	19	44.5	60.5	969	17	40.5	52.6	973
225M	34	70	85	957	30	62	74.4	962	40	80	101	947	34	70	85	957	30	62	74.4	3.1	29.9	962	88.3	0.83	26	55	64.5	968	22	50	54.2	975
250M1	42	80	103	960	37	70.5	91.5	965	50	99	123	950	42	80	103	960	37	70.5	91.5	3.1	26.5	960	89.2	0.9	32	61	79	970	28	55	69	975
250M2	52	97	110	958	45	84.5	95	965	63	121	134	947	52	97	110	958	45	84.5	95	3.1	28.2	965	90.6	0.89	39	73	83	969	33	64	71	974
280S	63	118	142	966	55	101.5	129.8	969	75	144	169.5	960	63	118	142	966	55	101.5	119.8	3.0	34	969	89	0.9	48	88	107.1	972	40	76	88.9	976
280M	85	157	140	966	75	139	124	970	100	185	166	960	85	157	140	966	75	138	122.6	3.1	50	969	91	0.906	63	118	104	975	50	96.3	82	980

（续表）

机座号	工作方式																															
	S2								S3 6次/小时																							
	FC																															
	30 min				60 min				15%				25%				40%								60%				100%			
	项目																															
	额定功率/kW	I1 额定电流/A	I2 额定转子电流/A	n 转速/(r/min)	额定功率/kW	I1 额定电流/A	I2 额定转子电流/A	n 转速/(r/min)	额定功率/kW	I1 额定电流/A	I2 额定转子电流/A	n 转速/(r/min)	额定功率/kW	I1 额定电流/A	I2 额定转子电流/A	n 转速/(r/min)	额定功率/kW	I1 额定电流/A	I2 额定转子电流/A	最大/额定转矩/(V·m)	空载电流/A	n 转速/(r/min)	效率/%	功率因数(cos φ)	额定功率/kW	I1 额定电流/A	I2 额定转子电流/A	n 转速/(r/min)	额定功率/kW	I1 额定电流/A	I2 额定转子电流/A	n 转速/(r/min)
750 r/min																																
YZR 160L	9	22.4	28.1	694	7.5	19.1	23	705	11	27.5	35.3	676	9	22.4	28.1	694	7.5	19.1	23	2.7	12.7	705	83	0.73	6	16.4	18.2	717	5	14	15	724
180L	13	29.1	47.8	700	11	27	44	700	15	34	56	690	13	29.1	47.8	700	11	27	44	2.7	14.8	700	81	0.77	9	21.9	32.1	720	7.5	19.6	26.6	726
200L	18.5	40	67.2	701	15	33.5	53.5	712	22	48	81	690	18.5	40	67.2	701	15	33.5	53.5	2.9	17.7	712	85	0.79	13	30	46.1	718	11	27	38.7	723
225M	26	55	71.2	708	22	46.9	59.1	715	33	70	92	696	226	55	71.2	708	22	46.9	59.1	2.9	24.2	715	87.4	0.82	18.5	41	49.5	721	17	38	45	723
250M1	35	64	80	715	30	63.4	67.7	720	42	75	97.5	710	35	64	80	715	30	63.4	68.8	2.8	31.4	720	87	0.80	26	52	59.1	725	22	46	49.7	729
250M2	42	86	79	716	37	78	70	720	52	103	98	706	42	86	79	716	37	78	70	2.8	36.9	720	85	0.80	32	68	60	725	27	60	51	729
280S	52	108	106	712	45	93.5	94	723	60	120	126	713	52	106	106	712	45	93.5	94	3.1	48.5	723	89	0.81	38	82	80	728	34	75	70.5	729
280M	63	126	110	722	55	110.5	92.5	725	75	150	132	715	63	126	110	722	55	110.5	92.5	2.8	52.3	725	89.5	0.84	48	103	82.8	730	40	93	68.7	732
315S	85	148	180	724	75	134	159	727	100	172	213	719	85	148	180	724	75	134	159	2.9	62	727	89.5	0.87	63	116	132	731	55	104	115	734
315M	100	190	183	715	90	172	160.9	720	125	250	232	717	100	190	183.5	715	90	172	160.9	3.1	57.7	720	90.2	0.88	75	140	136	725	63	124	113.8	728
600 r/min																																
YZR 280S	42	92	177.1	571	37	84.8	153.2	560	55	112	235.2	564	42	92	177.1	571	37	84.8	153.2	2.8	44.2	572	87	0.76	32	77	133.4	578	27	69	111.8	582
280M	55	127	207	556	45	103.8	165	560	63	146	241	548	55	127	207	556	45	103.8	165	3.2	63.6	560	85.6	0.78	37	90	136	569	33	89.6	118	587
315S	63	132	161.9	580	55	118.3	138.7	580	75	154	194	574	63	132.5	161.9	580	55	118.3	138.7	3.1	62.5	580	89.3	0.79	48	106.6	122	585	40	95.2	101	588
315M	85	179	171	576	75	160	149.3	679	100	210	203	570	85	179	171	576	75	160	149.3	3.1	85.3	579	89.7	0.79	63	140	124.8	584	50	125	98.5	587
355M	110	218	207	581	90	180	166.6	585	132	266	252	576	110	218	207	581	90	180	166.6	3.1	83	589	92.1	0.825	75	154	140	588	63	136	117	589

（续表）

机座号	工作方式																															
	S2								S3																							
									6次/小时																							
	FC																															
	30 min				60 min				15%				25%				40%								60%				100%			
	项目																															
	额定功率/kW	I1 额定电流/A	I2 额定转子电流/A	n 转速/(r/min)	额定功率/kW	I1 额定电流/A	I2 额定转子电流/A	n 转速/(r/min)	额定功率/kW	I1 额定电流/A	I2 额定转子电流/A	n 转速/(r/min)	额定功率/kW	I1 额定电流/A	I2 额定转子电流/A	n 转速/(r/min)	额定功率/kW	I1 额定电流/A	I2 额定转子电流/A	最大/额定转矩/(V·m)	空载电流/A	n 转速/(r/min)	效率/%	功率因数(cos φ)	额定功率/kW	I1 额定电流/A	I2 额定转子电流/A	n 转速/(r/min)	额定功率/kW	I1 额定电流/A	I2 额定转子电流/A	n 转速/(r/min)
355L1	132	257	213	576	110	217	172	582	160	314	261	571	132	257	213	578	110	217	172	2.9	90	582	92.2	0.84	90	181	143	585	75	157	119	588
355L2	150	275	194	588	132	262	167.5	588	185	353	241	585	150	293	194	585	132	262	167.5	3.3	126	588	92.4	0.815	110	226	141.8	591	90	191	115.6	592
400L1	190	390	290	585	160	339	250	588	236	472	370	582	190	390	300	585	160	339	250	3.0	182	588	91	0.79	135	300	210	590	110	263	174	592
400L2	240	490	302	585	200	427	258	588	270	540	340	582	240	490	308	586	200	423	258	2.85	213	589	92	0.77	177	372	224	591	145	332	183	592

3. 外形及安装尺寸

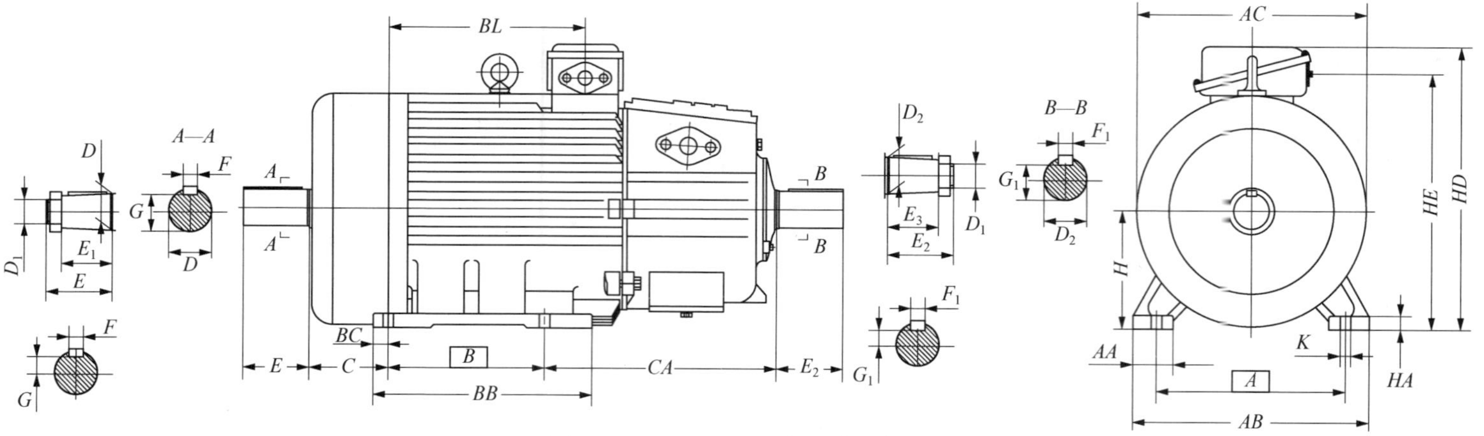

图 F5-3 YZR 系列几何尺寸示意图

表 F5 - 7　YZR 系列几何尺寸参数表

单位：mm

机座号	项目																												
	安装尺寸							外形尺寸(不大于)											轴伸尺寸										
	代号																												
	H	A	B	C	CA	K	d	AA	AB	AC	BB	BC	BL	HA	HD	HE	L	LC	D	D_1	D_2	E	E_1	E_2	E_3	F	F_1	G	G_1
112M	$112^{0}_{-0.5}$	190	140	70±2.0	300	12	M10	50	250	245	235	20	177	15	330	270	590	670	32K6($^{+0.018}_{+0.002}$)	—	32K6($^{+0.018}_{+0.002}$)	80±0.37	—	80±0.37	—	10N9($^{0}_{-0.036}$)	10N9($^{0}_{-0.036}$)	$27^{0}_{-0.2}$	$27^{0}_{-0.2}$
132M	$132^{0}_{-0.5}$	216	178	89±2.0	300	12	M10	50	285	275	260	20	216	17	360	301	645	727	38K6($^{+0.018}_{+0.002}$)	—	38K6($^{+0.018}_{+0.002}$)	80±0.37	—	80±0.37	—	10N9($^{0}_{-0.036}$)	10N9($^{0}_{-0.036}$)	$33^{0}_{-0.2}$	$33^{0}_{-0.2}$
160M	$160^{0}_{-0.5}$	254	210	108±3.0	330	15	M12	60	325	320	290	25	254	20	420	350	758	868	48K6($^{+0.018}_{+0.002}$)	—	48K6($^{+0.018}_{+0.002}$)	110±0.44	—	110±0.44	—	14N9($^{0}_{-0.043}$)	14N9($^{0}_{-0.043}$)	$42.5^{0}_{-0.2}$	$42.5^{0}_{-0.2}$
160L	$160^{0}_{-0.5}$	254	254	108±3.0	330	15	M12	60	325	320	335	25	298	20	420	350	800	912	48K6($^{+0.018}_{+0.002}$)	—	48K6($^{+0.018}_{+0.002}$)	110±0.44	—	110±0.44	—	14N9($^{0}_{-0.043}$)	14N9($^{0}_{-0.043}$)	$42.5^{0}_{-0.2}$	$42.5^{0}_{-0.2}$
180L	$180^{0}_{-0.5}$	279	279	121±3.0	360	15	M12	70	360	360	380	25	314	20	460	391	870	980	55*	M36×3	55*	110±0.44	82	110±0.44	82	14N9($^{0}_{-0.043}$)	14N9($^{0}_{-0.043}$)	$19.9^{0}_{-0.2}$	$19.9^{0}_{-0.2}$
200L	$200^{0}_{-0.5}$	318	305	133±3.0	400	19	M16	90	405	405	400	30	342	25	510	445	975	1118	60*	M42×3	60*	140±0.5	105	140±0.5	105	16N9($^{0}_{-0.043}$)	16N9($^{0}_{-0.043}$)	$21.4^{0}_{-0.2}$	$21.4^{0}_{-0.2}$
225M	$225^{0}_{-0.5}$	356	311	149±4.0	450	19	M16	90	455	430	410	30	397	25	545	485	1050	1190	65*	M42×3	65*	140±0.5	105	140±0.5	105	16N9($^{0}_{-0.043}$)	16N9($^{0}_{-0.043}$)	$23.9^{0}_{-0.2}$	$23.9^{0}_{-0.2}$
250M	$250^{0}_{-0.5}$	406	349	168±4.0	540	24	M20	95	515	480	510	35	460	30	605	535	1195	1337	70*	M48×3	70*	140±0.5	105	140±0.5	105	18N9($^{0}_{-0.043}$)	18N9($^{0}_{-0.043}$)	$25.4^{0}_{-0.2}$	$25.4^{0}_{-0.2}$
280*S*	$280^{0}_{-0.8}$	457	368	190±4.0	540	24	*M*20	100	575	535	530	35	459	32	665	577	1265	1438	85*	*M*56×4	85*	170±0.5	130	170±0.5	130	20*N*9($^{0}_{-0.052}$)	20*N*9($^{0}_{-0.052}$)	$31.7^{0}_{-0.2}$	$31.7^{0}_{-0.2}$
280*M*	$280^{0}_{-0.8}$	457	419	190±4.0	540	24	*M*20	100	575	535	580	35	510	32	665	577	1315	1489	85*	*M*56×4	85*	170±0.5	130	170±0.5	130	20*N*9($^{0}_{-0.052}$)	20*N*9($^{0}_{-0.052}$)	$31.7^{0}_{-0.2}$	$31.7^{0}_{-0.2}$
315*S*	$315^{0}_{-1.0}$	508	406	216±4.0	600	28	*M*24	110	640	620	580	42	513	35	750	652	1390	1562	95*	*M*64×4	95*	170±0.5	130	170±0.5	130	22*N*9($^{0}_{-0.052}$)	22*N*9($^{0}_{-0.052}$)	$35.2^{0}_{-0.2}$	$35.2^{0}_{-0.2}$
315*M*	$315^{0}_{-1.0}$	508	457	216±4.0	600	28	*M*24	110	640	620	630	42	563	35	750	652	1440	1613	95*	*M*64×4	95*	170±0.5	130	170±0.5	130	22*N*9($^{0}_{-0.052}$)	22*N*9($^{0}_{-0.052}$)	$35.2^{0}_{-0.2}$	$35.2^{0}_{-0.2}$
355*M*	$355^{0}_{-1.0}$	610	560	254±4.0	630	28	*M*24	120	740	710	730	41	669	38	840	736	1650	1864	110*	*M*80×4	110*	210±0.58	165	210±0.58	165	25*N*9($^{0}_{-0.052}$)	25*N*9($^{0}_{-0.052}$)	$41.9^{0}_{-0.2}$	$41.9^{0}_{-0.2}$
355*L*	$355^{0}_{-1.0}$	610	630	254±4.0	630	28	*M*24	120	740	710	800	41	739	38	840	736	1720	1934	110*	*M*80×4	110*	210±0.58	165	210±0.58	165	25*N*9($^{0}_{-0.052}$)	25*N*9($^{0}_{-0.052}$)	$41.9^{0}_{-0.2}$	$41.9^{0}_{-0.2}$
400*L*	$400^{0}_{-1.0}$	686	710	280±4.0	630	35	*M*30	160	855	840	910	68	672	45	950	925	1865	2120	130*	*M*100×4	130*	250±0.58	200	250±0.58	200	28*N*9($^{0}_{-0.052}$)	28*N*9($^{0}_{-0.052}$)	$50^{0}_{-0.2}$	$50^{0}_{-0.2}$

附录 6　减速器

一、起重机用减速器

起重机用底座式硬齿面减速器参见标准 JB/T 10816—2007，起重机用三支点硬齿面减速器参见标准 JB/T 10817—2007。下面给出了某国外厂商的详细选型资料，以供参考。

1. 选型计算

1）减速器效率 η

起重机用减速器效率选择如表 F6－1 所示。

表 F6－1　减速器效率

传动方案	单级	二级	三级	四级	五级
效率 η	0.985	0.97	0.955	0.94	0.93

2）运行功率 P_{K1} 和运行转矩 M_{K2}

$$P_{K1}=\frac{M_{K2}n_2}{9\,550\eta}$$

式中，M_{K2} 为减速器低速端所要承受的转矩（N·m）；n_2 为减速器低速端的转速（r/min）。

3）减速器选型

选型时需考虑使用系数 F_S，该系数由原动机和从动机的载荷特性来确定，如表 F6－2 所示。

选型公式：$P_{K1}F_S \leqslant P_{N1}$

从功率表选择减速器的尺寸，使其额定功率 P_{N1} 满足传动比 i_N 和输入转速 n_1 的要求。

表 F6－2　使用系数 F_S

驱动机（原动机）	从动机负载等级	每天使用小时数		
		<3	3～10	>10
电动机，蒸汽机或汽油机，水轮机，液压马达	类别 U	1.00	1.10	1.25
	类别 M	1.15	1.25	1.50
	类别 C	1.35	1.50	1.75
	类别 H	1.55	1.75	2.00
多气缸内燃机	类别 U	1.15	1.25	1.50
	类别 M	1.35	1.50	1.75
	类别 C	1.55	1.75	2.00
	类别 H	1.80	2.00	2.25

注：U 类为均匀载荷；M 类为中等冲击载荷；C 类为相当大的冲击载荷；H 类为强冲击载荷，详见表 F6－3。

表 F6-3 从动机载荷分类

应用		载荷类别	应用		载荷类别
输送机(均匀负载或进料)	平板式、链板式、螺旋式	U	起重机	斗式重负载	M
	皮带式、料斗式、链条式	U		斗式均匀负载	U
输送机(重负载,进料不均匀)	平板式、链板式、螺旋式	M	升降机	自动扶梯	M
	皮带式、料斗式、链条式	M		货梯	M
	传动辊式	*		客梯	*
	摆动式往复	H			

注:“*”表示需向厂家查询。

4)减速器的校核

最大功率:$P_{\mathrm{K1max}} \leqslant \dfrac{2P_{\mathrm{N1}}}{F_{\mathrm{F}}}$

最大转矩:$M_{\mathrm{K2max}} \leqslant \dfrac{2M_{\mathrm{N2}}}{F_{\mathrm{F}}}$

式中,F_{F} 为最大载荷出现系数,如表 F6-4 所示。

表 F6-4 最大载荷出现系数 F_{F}

最大载荷出现次数/h	1~5	6~20	21~40	41~80	81~160	>160
F_{F}	1.00	1.20	1.30	1.50	1.75	2.00

热功率:$P_T = P_{\mathrm{TH}} f_1 f_2 f_3 f_4 f_5$

式中,P_T 为减速器连续传动、不超过计算油温+90℃时的实际功率;P_{TH} 为减速器的额定热功率,如表 F6-5 所示;f_1 为海拔系数,如表 F6-6 所示;f_2 为运行周期系数,如表 F6-7 所示;f_3 为安装位置系数,如表 F6-8 所示;f_4 为润滑系数,压力润滑时,$f_4=1.10$;飞溅和浸油式润滑时,$f_4=1.0$。f_5 为风冷系数,如表 F6-9 所示。

表 F6-5 减速器热功率

规格	热功率 P_{TH}/kW									
	额定传动比/环境温度									
	ML2P, $i_{\mathrm{N}}=20\sim80$					ML3P, $i_{\mathrm{N}}=20\sim80$				
	10℃	20℃	30℃	40℃	50℃	10℃	20℃	30℃	40℃	50℃
100	488	436	371	292	222	390	348	296	233	177

（续表）

规格	热功率 P_{TH}/kW									
	额定传动比/环境温度									
	ML2P，i_N=20～80					ML3P，i_N=20～80				
	10℃	20℃	30℃	40℃	50℃	10℃	20℃	30℃	40℃	50℃
110	587	524	445	351	267	468	418	355	280	213
120	778	695	591	466	354	624	557	473	373	284
130	917	819	696	549	418	745	665	565	440	000
140	1131	1010	859	677	515	918	820	697	549	410

表 F6－6　海拔系数

系数	海拔高度(海平面以上高度)/m				
	0	1000	2000	3000	4000
f_1	1.0	0.95	0.91	0.87	0.83

表 F6－7　运行周期系数

系数	每小时运行次数/%				
	100	80	60	40	20
f_2	1	1.06	1.16	1.35	1.78

表 F6－8　安装位置系数

系数	安装位置		
	敞开区域 空气流速≥3.7 m/s	大空间　如车间 ≥1.4 m/s	小空间 ≥0.5 m/s
f_3	1.0	0.75	0.53

表 F6－9　风冷系数

系数	风扇个数	ML 系列，径向风扇 输入转速 n_1		
		750/(r/min)	1000/(r/min)	1500/(r/min)
f_5	0	1.15	1.10	1.0
	1	1.35	1.45	1.70
	2	1.60	1.85	2.20

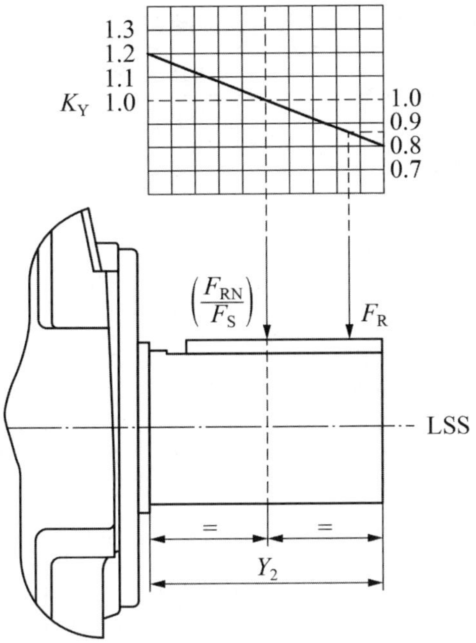

图 F6-1 径向力位置的影响

在实际环境温度下确定减速器的热功率 P_T。如果 $P_{K1} > P_T$，需检查是否需用外部压力润滑和冷却装置。

许用径向力：$F_R = \frac{F_{RN}}{F_S} K_Y$

式中，F_R 为实际许用径向力；F_{RN} 为轴端中点许用额定径向力；K_Y 为径向力位置的影响系数，如图 F6-1 所示。

表 F6-10 许用径向力

减速器规格	高速轴许用额定径向力 F_{RN}/kN				低速轴轴端中心的 F_{RN}/kN		
	ML2P 速比		ML3P 速比		低速轴转速/(r/min)		
	低	高	低	高	≤13	≤22	≤50
100	30	24	20	12	240	290	150
110	35	28	24	16	370	330	300
120	43	32	28	20	430	380	350
130	52	40	33	24	400	350	325
140	60	50	38	29	500	440	405

注：表中为轴向力 $F_A = 0$ 时的许用额定径向力值。

2. 选型参数表

表 F6－11 ML2P 系列减速器功率和公称传动比

规格/ML2P	n_1/min^{-1}	额定机械功率 P_{N1}/kW									
		公称传动比 i_N									
		5.6	6.3	7.1	8	9	10	11.2	12.5	14	16
100	1800	3967	3775	3599	3297	3004	2700	2502	2345	2058	1690
	1500	3455	3260	3110	2852	2600	2315	2126	1974	1732	1422
	1200	2979	2785	2634	2394	2142	1889	1717	1594	1399	1149
	1000	2557	2391	2239	2015	1803	1590	1445	1342	1178	967
110	1800	5090	4856	4585	4305	3832	3407	2083	2632	2626	2316
	1500	4433	4194	3962	3722	3317	2973	2535	2215	2210	1949
	1200	3822	3583	3356	3125	2732	2425	2048	1790	1785	1575
	1000	3280	3076	2853	2631	2299	2041	1724	1506	1503	1325
120	1800	—	—	—	—	—	—	—	—	—	—
	1500	5983	5636	5128	4827	4493	3705	3347	3252	3132	2671
	1200	5158	4815	4343	4053	3701	3023	2704	2628	2531	2158
	1000	4427	4133	3692	3411	3115	2544	2276	2212	2130	1817
130	1800	—	—	—	—	—	—	—	—	—	—
	1500	8292	7592	7157	6712	6271	5788	5273	4910	4618	3919
	1200	7149	6486	6063	5635	5166	4722	4260	3967	3731	3166
	1000	6136	5567	5153	4743	4348	3974	3586	3338	3141	2665
140	1800	—	—	—	—	—	—	—	—	—	—
	1500	—	—	—	—	—	—	—	—	—	—
	1200	9234	8572	7705	7166	6584	6011	5674	5021	4575	4181
	1000	7926	7358	6549	6032	5541	5059	4776	4226	3851	3519

表 F6－12 ML3P 系列减速器功率和公称传动比

规格/ML3P	n_1/min^{-1}	额定机械功率 P_{N1}/kW												
		公称传动比 i_N												
		20	22.5	25	28	31.5	35.5	40	45	50	56	63	71	80
100	1800	1383	1315	1208	1050	915	866	779	706	606	536	470	427	395
	1500	1204	1135	1044	908	792	742	662	594	510	451	396	360	333
	1200	1038	970	884	762	652	606	535	480	412	365	320	290	269
	1000	891	833	751	642	549	510	450	404	347	307	269	244	226
110	1800	1853	1717	1509	1475	1330	1209	1057	945	824	768	645	584	524
	1500	1614	1483	1304	1275	1151	1037	898	795	693	646	543	491	441
	1200	1391	1267	1105	1071	948	846	726	643	560	522	439	397	356
	1000	1194	1087	939	901	798	712	611	541	472	439	369	334	300
120	1800	2647	2488	2287	2086	1807	1680	1455	1367	1206	1092	895	795	702
	1500	2305	2148	1977	1804	1563	1441	1237	1150	1015	919	753	669	591
	1200	1987	1835	1674	1514	1288	1175	999	929	820	742	609	540	477
	1000	1706	1575	1423	1274	1084	989	841	782	690	625	512	455	402

（续表）

规格/ML3P	n_1/min^{-1}	额定机械功率 P_{N1}/kW												
		公称传动比 i_N												
		20	22.5	25	28	31.5	35.5	40	45	50	56	63	71	80
130	1800	—	—	—	—	—	—	—	—	—	—	—	—	—
	1500	3114	2853	2502	2293	2061	1888	1662	1508	1337	1159	1032	943	825
	1200	2685	2437	2119	1925	1698	1540	1343	1218	1080	937	834	762	667
	1000	2305	2092	1801	1620	1429	1296	1130	1025	909	788	702	641	561
140	1800	—	—	—	—	—	—	—	—	—	—	—	—	—
	1500	4491	3961	3613	3442	3136	2776	2469	2197	1940	1674	1483	1305	1229
	1200	3872	3384	3061	2890	2583	2265	1995	1775	1568	1353	1199	1054	993
	1000	3323	2905	2602	2432	2174	1906	1679	1494	1319	1138	1009	887	836

注：功率大于500 kW时，建议使用压力润滑。

表 F6-13　减速器的实际传动比

规格/ML2P	实际传动比 i_{ex}									
	公称传动比 i_N									
	5.6	6.3	7.1	8	9	10	11.2	12.5	14	16
100	5.700	6.321	7.038	7.875	8.864	10.050	10.755	12.307	14.206	16.189
110	5.693	6.318	7.038	7.879	8.873	10.100	11.335	12.327	13.650	15.556
120	5.413	6.007	7.076	7.943	8.976	10.226	10.956	12.593	13.684	15.748
130	5.700	6.321	7.038	7.875	8.864	10.050	11.500	12.352	13.268	15.232
140	5.516	6.103	7.154	8.000	9.000	10.200	10.895	12.747	13.456	15.490

规格/ML3P	实际传动比 i_{ex}												
	公称传动比 i_N												
	20	22.5	25	28	31.5	35.5	40	45	50	56	63	71	80
100	19.795	21.843	24.205	28.518	32.335	34.604	39.171	44.238	50.524	54.271	63.114	71.703	76.070
110	19.816	21.865	25.553	26.988	30.614	34.313	39.280	44.361	49.959	54.104	61.444	69.222	77.875
120	20.364	22.185	24.634	27.510	31.335	35.327	40.525	43.572	49.394	53.675	62.024	71.054	79.617
130	20.301	22.312	25.909	28.807	32.663	36.089	41.295	44.354	50.025	57.960	62.428	69.197	78.699
140	19.452	22.821	25.269	27.750	31.091	35.236	38.499	43.646	49.494	56.017	63.323	71.988	76.962

表 F6-14　减速器的额定输出转矩

规格/ML3P	额定输出转矩 M_{N2}/(kN·m)												
	公称传动比 i_N												
	20	22.5	25	28	31.5	35.5	40	45	50	56	63	71	80
100	161	166	166	167	162	161	161	163	160	152	155	160	157
110	216	217	219	222	223	223	219	219	215	217	207	211	213

（续表）

规格/ML3P	额定输出转矩 M_{N2}/(kN·m)												
	公称传动比 i_N												
	20	22.5	25	28	31.5	35.5	40	45	50	56	63	71	80
120	317	319	320	320	310	319	311	311	311	306	290	295	292
130	427	426	426	426	426	427	426	415	415	417	400	405	403
140	590	605	600	616	617	613	590	595	596	582	583	583	587

规格/ML2P	额定输出转矩 M_{N2}/(kN·m)									
	公称传动比 i_N									
	5.6	6.3	7.1	8	9	10	11.2	12.5	14	16
100	135	140	146	147	148	148	144	153	155	145
110	173	180	186	192	189	191	181	172	190	191
120	222	230	242	251	259	241	231	258	270	265
130	324	326	336	346	357	370	382	382	386	376
140	405	416	434	447	462	478	482	499	480	505

3. 安装尺寸(ML3P 型)

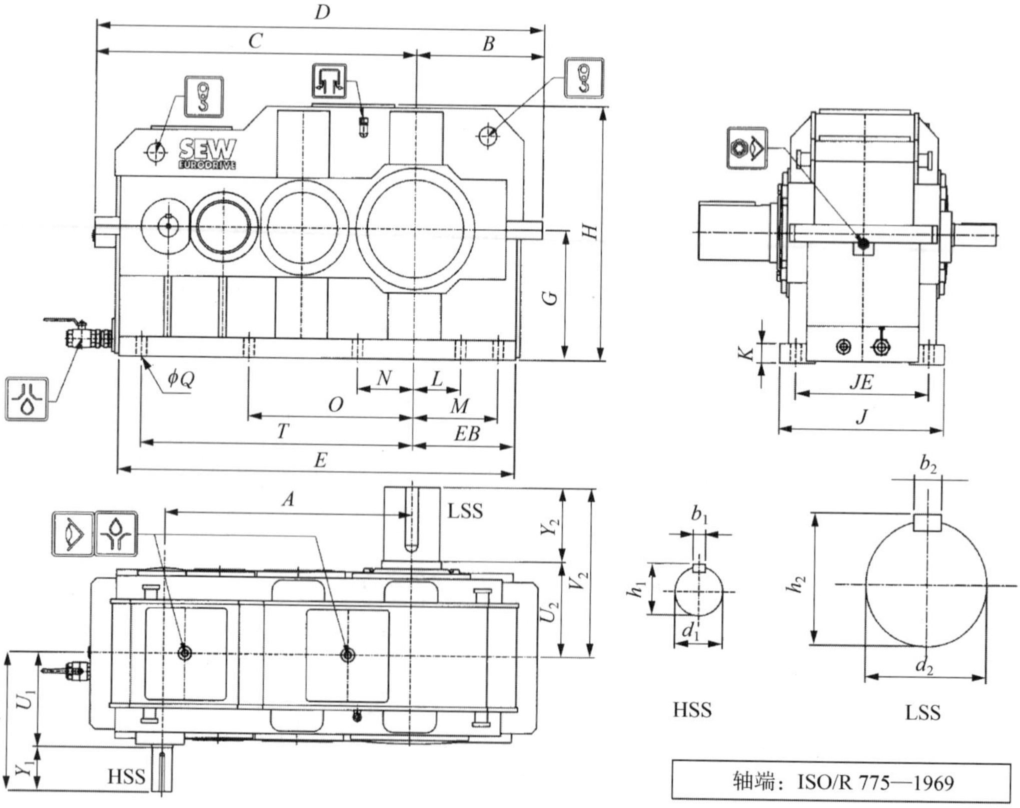

图 F6－2　ML3P 型安装尺寸

表 F6 - 15 成速器的尺寸参数

规格	箱体尺寸/mm									底脚安装/mm							
	A^*	B	C	D	E	EB	G	H	J	K	JE	L	M	N	O	T	Q
100	990	505	1285	1790	1590	405	500	975	652	72	526	185	335	225	660	1095	42
110	1105	565	1383	1948	1750	466	560	1090	710	82	590	240	400	260	750	1212	48
120	1240	650	1582	2232	2000	538	630	1225	834	92	664	270	470	280	800	1370	54
130	1395	715	1750	2465	2225	595	710	1370	888	102	718	280	500	330	950	1535	54
140	1565	812	1968	2780	2500	672	800	1525	940	112	770	300	580	380	1050	1728	54

规格	i_N	高速轴尺寸/mm						低速轴尺寸/mm						质量/kg
		U_1	Y_1	V_1	d_1	b_1	h_1	d_2	b_2	h_2	Y_2	U_2	V_2	
100	20～40	360	150	510	85m6	22h9	90	220m6	50h9	231	280	370	650	3300
	45～80		125	485	65m6	18h9	69							
110	20～40	400	150	550	95m6	25h9	100	260m6	56h9	272	330	420	750	4400
	45～80		125	525	75m6	20h9	79.5							
120	20～40	435	190	625	100m6	28h9	106	300m6	70h9	314	380	450	830	5800
	45～80		150	585	80m6	2h9	85							
130	20～40	460	190	650	110m6	28h9	116	340m6	80h9	355	450	485	935	7600
	45～80		150	610	90m6	25h9	95							
140	20～40	510	190	700	120m6	32h9	127	380m6	80h9	395	450	535	985	9800
	45～80		190	700	100m6	28h9	106							

二、三合一减速器

起重机用三合一减速器参见标准 JB/T 9003—2004。下面所列为斜齿-螺旋锥齿轮三合一减速器，其安装型式如图 F6 - 3 所示，连接方式如图 F6 - 4 所示。

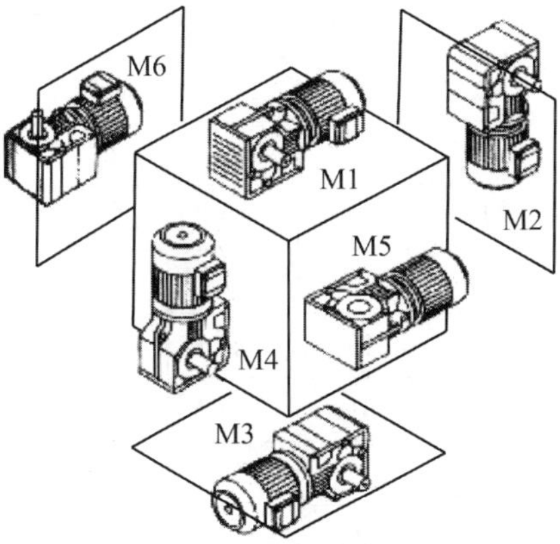

图 F6 - 3 安装型式

图 F6 - 4 连接方式

表 F6－16　参考质量

机型号	37	47	57	67	77	87	97	107	127	157	167	187
质量/kg	11	20	27	33	57	85	130	250	380	610	1015	1700

表 F6－17　输入功率及许用转矩

机型号	37	47	57	67	77	87	97	107	127	157	167	187
输入功率/kW	0.18～3	0.18～3	0.18～5.5	0.18～5.5	0.37～11	0.75～22	1.1～30	3～45	7.5～90	11～160	11～200	18.5～200
传动比	5.36～106.38	5.81～131.87	6.57～145.14	7.14～144.79	7.24～192.18	7.19～197.37	8.95～176.05	8.74～141.46	8.68～146.07	12.65～150.41	17.28～163.91	17.27～180.78
许用转矩/(N·m)	200	400	600	820	1550	2700	4300	8000	13000	18000	32000	50000

表 F6－18　选型参数表

输出转速/(r/min)	输出扭矩/(N·m)	传动比 i	使用系数 f_B	机型号	极数 p	输出转速/(r/min)	输出扭矩/(N·m)	传动比 i	使用系数 f_B	机型号	极数 p
5.5 kW						5.9	8423	122.83	2.0		
3.4	13570	418	0.90	K127R87	4	7.2	6833	99.65	2.5		
3.9	11914	367	1.03			7.8	6338	92.42	2.7		
4.4	10713	330	1.14			5.3	9253	134.94	1.3	K127	8
5.0	9414	290	1.30			5.9	8399	122.60	1.5		
5.7	8213	253	1.49			6.5	7556	110.13	1.6		
6.7	6980	215	1.75			8.1	6143	89.43	2.0		
7.1	6590	203	1.71			7.1	6940	134.94	1.76	K127	6
8.6	5454	168	2.1			7.8	6299	122.60	1.94		
9.7	4805	148	2.3			8.7	5667	110.13	2.2		
6.7	6980	215	1.08	K107R77	4	11	4599	89.43	2.7		
7.6	6136	189	1.23			8.7	5700	110.83	1.32	K107	6
8.6	5454	168	1.38			9.7	5109	99.34	1.47		
9.7	4837	149	1.55			11	4612	89.68	1.63		
11	4383	135	1.72			12	4190	81.46	1.79		
4.8	10288	150.03	1.64	K157	8	10	4866	141.93	1.55	K107	4

（续表）

输出转速 /(r/min)	输出扭矩 /(N·m)	传动比 i	使用系数 f_B	机型号	极数 p	输出转速 /(r/min)	输出扭矩 /(N·m)	传动比 i	使用系数 f_B	机型号	极数 p
12	4100	119.58	1.83			4.0	16024	367	1.88		
13	3800	110.83	1.98			3.4	18906	433	0.89	K157R97	4
14	3406	99.34	2.2			3.9	16504	378	1.03		
16	3075	89.68	2.4			4.4	14496	332	1.17		
18	2793	81.46	2.7			5.0	12662	290	1.34		
12	4273	124.61	0.95	K97	4	4.4	14408	330	0.85	K127R87	4
14	3558	103.78	1.14			5.0	12662	290	0.97		
15	3319	96.80	1.22			5.8	11046	253	1.11		
17	2967	86.52	1.36			6.8	9387	215	1.30		
18	2671	77.89	1.51			7.2	8863	203	1.38		
20	2419	70.54	1.67			8.7	7335	168	1.67		
23	2145	62.55	1.88			9.9	6462	148	1.89		
25	1939	56.55	2.1			4.4	15382	164.44	2.0	K167	8
30	1643	47.93	2.5			5.3	12623	135.38	2.4		
7.5 kW						5.8	11537	164.44	2.61	K167	6
1.8	36021	825	1.30	K187R107	4	7.1	9467	135.38	3.18		
2.0	31437	720	1.50			6.4	10522	150.03	1.6	K157	6
2.4	26808	614	1.75			7.8	8614	122.83	2.0		
1.2	52220	1196	0.90	K187R97	4	9.6	6989	99.65	2.4		
1.4	45670	1046	1.03			10	6482	92.42	2.6		
1.5	41129	942	1.14			12	5593	79.75	3.0		
2.0	32179	737	1.46			7.1	9464	134.94	1.29	K127	6
2.4	27027	619	1.74			7.8	8590	122.48	1.42		
2.8	22879	524	2.1			8.7	7727	110.18	1.58		
1.7	36807	843	0.82	K167R97	4	11	6272	89.43	1.95		
1.9	33052	757	0.91			10	6736	146.07	1.81	K127	4
2.3	27507	630	1.09			11	6223	134.94	1.96		
2.6	24494	561	1.23			12	5648	122.60	2.2		
3.0	20914	479	1.44			13	5081	110.13	2.4		
3.5	18425	422	1.63			16	4124	89.43	3.0		

（续表）

输出转速 /(r/min)	输出扭矩 /(N·m)	传动比 i	使用系数 f_B	机型号	极数 p	输出转速 /(r/min)	输出扭矩 /(N·m)	传动比 i	使用系数 f_B	机型号	极数 p
18	3805	82.52	3.2			4.0	23374	365	2.0		
21	3272	70.95	3.7			2.0	47196	737	1.00	K187R97	4
10	6545	141.93	1.15	K107	4	2.4	39639	619	1.19		
12	5514	119.58	1.36			2.8	33556	524	1.40		
13	5111	110.83	1.47			4.7	20044	313	1.50	K167R107	4
15	4581	99.34	1.64			5.3	17482	273	1.72		
16	4136	89.68	1.82			5.8	16009	250	1.88		
18	3757	81.46	2.00			6.7	13960	218	2.2		
20	3333	72.27	2.3			7.2	13000	203	2.3		
22	3024	65.58	2.5			2.6	35925	561	0.84	K167R97	4
26	2599	56.37	2.9			3.0	30674	479	0.98		
30	2269	49.20	3.2			3.5	27024	422	1.11		
35	1925	41.74	3.6			4.0	23502	367	1.28		
40	1682	36.48	4.0			4.4	21260	332	0.80	K157R97	4
15	4464	96.80	0.91	K97	4	5.0	18571	290	0.91		
17	3990	86.52	1.01			6.8	13768	215	0.89	K127R87	4
19	3592	77.89	1.13			7.2	13000	203	0.94		
21	3253	70.54	1.24			8.7	10758	168	1.14		
23	2884	62.55	1.40			9.9	9478	148	1.29		
26	2608	56.55	1.55			5.4	18313	135.38	1.64	K167	8
30	2210	47.93	1.83			6.6	14932	110.38	2.0		
35	1931	41.87	2.1			5.9	16740	164.44	1.80	K167	6
38	1766	38.30	2.3			7.2	13782	135.38	2.2		
43	1579	34.23	2.6			8.9	11122	164.44	2.7	K167	4
11 kW						11	9158	135.38	3.3		
1.8	52831	825	0.89	K187R107	4	5.9	16615	122.83	1.02	K157	8
2.0	46107	720	1.02			7.3	13480	99.65	1.26		
2.4	39319	614	1.20			7.9	12502	92.42	1.35		
2.8	32915	514	1.43			9.2	10788	79.75	1.57		
3.3	28753	449	1.63			6.5	15273	150.03	1.11		

（续表）

输出转速/(r/min)	输出扭矩/(N·m)	传动比 i	使用系数 f_B	机型号	极数 p
7.9	12504	122.83	1.35	K157	6
9.7	10144	99.65	1.67		
10	9408	92.42	1.80		
12	8119	79.75	2.1		
9.7	10147	150.03	1.67	K157	4
12	8308	122.83	2.0		
15	6740	99.65	2.5		
16	6251	92.42	2.7		
11	9127	134.94	1.34	K127	4
12	8295	122.60	1.47		
13	7449	110.13	1.64		
16	6049	89.43	2.0		
18	5581	82.52	2.2		
21	4799	70.95	2.5		
13	7496	110.83	1.00	K107	4
15	6719	99.34	1.12		
16	6066	89.68	1.24		
18	5510	81.46	1.36		
20	4888	72.27	1.54	K107	4
22	4435	65.58	1.70		
26	3813	56.37	1.97		
30	3328	49.2	2.2		
35	2823	41.74	2.5		
40	2467	36.48	2.7		
21	4771	70.54	0.85	K97	4
23	4231	62.55	0.96		
26	3825	56.55	1.06		
30	3242	47.93	1.25		
35	2832	41.87	1.43		
38	2590	38.3	1.56		

输出转速/(r/min)	输出扭矩/(N·m)	传动比 i	使用系数 f_B	机型号	极数 p
43	2315	34.23	1.75		
47	2085	30.82	1.94		
52	1888	27.91	2.1		
59	1674	24.75	2.4		
65	1513	22.37	2.7		
15 kW					
2.4	53617	614	0.88	K187R107	4
2.8	44884	514	1.05		
3.3	39208	449	1.20		
4.0	31873	365	1.47		
5.4	23403	268	2.0		
4.7	27332	313	1.10	K167R107	4
5.3	23839	273	1.26		
5.8	21831	250	1.38		
6.7	19037	218	1.58		
7.2	17727	203	1.70		
7.9	16155	185	1.86		
9.0	14234	163	2.1		
6.2	20696	237	0.82	K157R107	4
7.0	18338	210	0.92		
7.9	16068	184	1.05		
9.4	13535	155	1.25		
12	11003	126	1.54		
13	9606	110	1.76		
5.4	25096	180.78	1.87	K187	6
6.0	22285	160.53	2.1		
7.2	18793	135.38	1.60	K167	6
8.8	15324	110.39	1.96		
8.9	15166	164.44	1.12	K167	4
11	12486	135.38	1.36		

（续表）

输出转速 /(r/min)	输出扭矩 /(N·m)	传动比 i	使用系数 f_B	机型号	极数 p	输出转速 /(r/min)	输出扭矩 /(N·m)	传动比 i	使用系数 f_B	机型号	极数 p
7.9	16990	122.39	1.00	K157	6	30	4421	47.93	0.91	K97	4
9.7	13833	99.65	1.22			35	3862	41.87	1.05		
10	12830	92.42	1.32			38	3532	38.3	1.14		
12	11071	79.75	1.53			43	3157	34.23	1.28		
14	9770	70.38	1.73			47	2843	30.82	1.42		
9.7	13837	150.03	1.22	K157	4	52	2574	27.91	1.57		
12	11329	122.83	1.49			59	2283	24.75	1.77		
15	9191	99.65	1.84			65	2063	22.37	1.96		
16	8524	92.42	2.0			77	1749	18.96	2.3		
18	7355	79.75	2.3			88	1527	16.56	2.6		
11	12445	134.94	0.97	K127	4	18.5 kW					
12	11307	122.60	1.08			2.9	54981	514	0.85	K187R107	4
13	10157	110.13	1.20			3.3	48028	449	0.98		
16	8248	89.43	1.48			4.0	39043	365	1.20		
18	7611	82.52	1.61			5.5	28667	268	1.64		
21	6544	70.95	1.87			6.5	24281	227	1.9		
23	5774	62.60	2.1			4.7	33481	313	0.90	K167R107	4
27	4987	54.07	2.5			5.4	29202	273	1.03		
31	4410	47.82	2.8			5.9	26742	250	1.12		
16	8271	89.68	0.91	K107	4	6.7	23319	218	1.29		
18	7513	81.46	1.00			7.2	21714	203	1.39		
20	6665	72.27	1.13			7.9	19789	185	1.52		
22	6048	65.58	1.24			9.0	17436	163	1.73		
26	5199	56.37	1.45			11	14868	139	2.0		
30	4538	49.2	1.62			12	12943	121	2.3		
35	3850	41.74	1.80			8.0	19682	184	0.86	K157R107	4
40	3365	36.48	2.0			9.5	16580	155	1.02		
45	2972	32.22	2.3			12	13478	126	1.26		
47	2844	30.84	2.2			13	11766	110	1.44		
51	2637	28.59	2.6			5.4	30951	180.78	1.52	K187	6

（续表）

输出转速 /(r/min)	输出扭矩 /(N·m)	传动比 i	使用系数 f_B	机型号	极数 p	输出转速 /(r/min)	输出扭矩 /(N·m)	传动比 i	使用系数 f_B	机型号	极数 p
6.0	27484	160.53	1.71			27	6133	54.29	2.8		
6.7	24745	144.53	1.9			31	5286	46.79	3.2		
7.4	22317	130.35	2.1			39	4295	38.02	3.9		
8.1	20424	180.78	2.3	K187	4	13	12442	110.13	0.98	K127	4
9.2	18136	160.53	2.6			16	10103	89.43	1.21		
10	16328	144.53	2.9			18	9823	82.52	1.31		
11	14726	130.35	3.2			21	8016	70.95	1.52		
11	15195	134.5	1.98	K167	4	23	7072	62.60	1.73		
13	12471	110.39	2.4			27	6109	54.07	2.0		
17	9851	87.20	3.1			31	5403	47.82	2.3		
10	17061	99.65	0.99	K157	6	37	4540	40.19	2.7		
11	15823	92.42	1.08			41	4121	36.48	3.0		
12	13654	79.75	1.24			47	3544	31.36	3.4		
14	12050	70.38	1.4			53	3127	27.67	3.9		
12	13827	122.39	1.22	K157	4	20	8165	72.27	0.92	K107	4
15	11258	99.65	1.50			22	7409	65.58	1.01		
16	10441	92.42	1.62			26	6368	56.37	1.18		
18	9010	79.75	1.88			30	5558	49.2	1.35		
21	7951	70.38	2.1			35	4716	41.74	1.47		
24	6894	61.02	2.5			40	4121	36.48	1.64		

K型

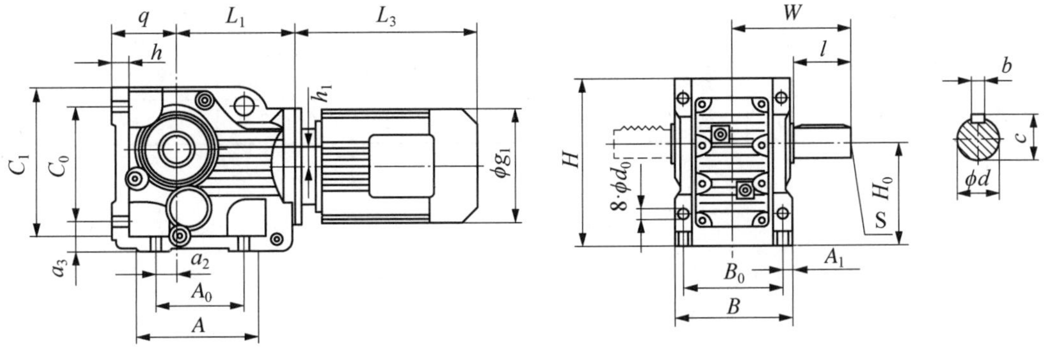

KAB型

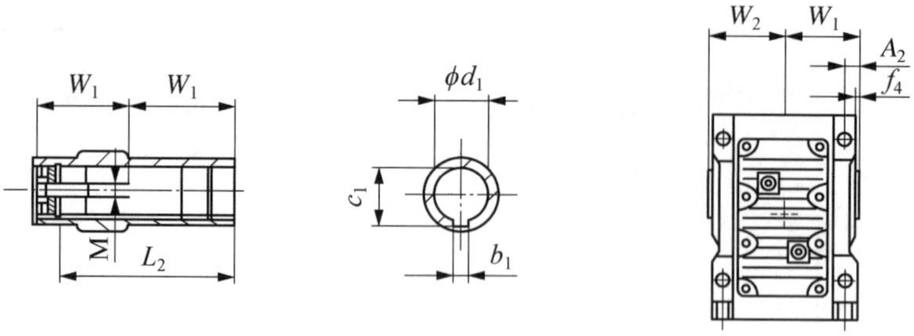

图 F6－5 减速器的尺寸示意图

表 F6－19 K 型减速器的尺寸参数

单位：mm

型号	安装尺寸					轴伸尺寸				外形尺寸			
	H_0	B_0	C_0	a_3	A_1	d	l	s	b	B	L_1	W	A
		A_0	a_2	q	d_0				c	H	h	h_1	C_1
K97	265	240	295	75	31	70m6	140	M20	20	290	277	291	320
		240	75	160	26				74.5	414	36	32.3	372
K107	315	270	360	95	42	90m6	170	M24	25	340	341	347	390
		280	95	200	33				95	505	40	52	455
K127	375	330	420	110	43	110m6	210	M24	28	400	390	418	460
		350	115	225	39				116	592	45	53	526
K157	450	420	500	130	37	120m6	210	M24	32	500	426	457	495
		380	140	280	39				127	705	50	71.7	634

表 F6－20 KAB 型减速器的尺寸参数

单位：mm

型号	安装尺寸					外形尺寸				
	W_1	W_2	f_4	A_2	M	d_1	c_1	b_1	L_2	g_1
KAB97	150	153	4	30	M20×50	70H7	74.9	20	270	300
KAB107	175	178	2.5	40	M24×60	90H7	95.4	25	310	350
KAB127	205	208	2.5	40	M24×60	100H7	106.4	28	370	450
KAB157	250	253	0	40	M24×60	120H7	127.4	32	457	550

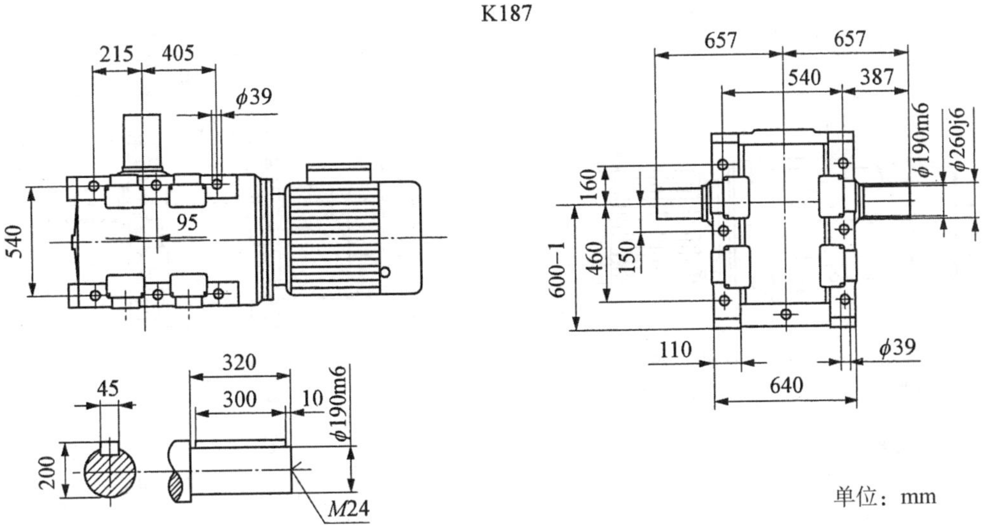

图 F6－6 K187 型减速器几何参数示意图

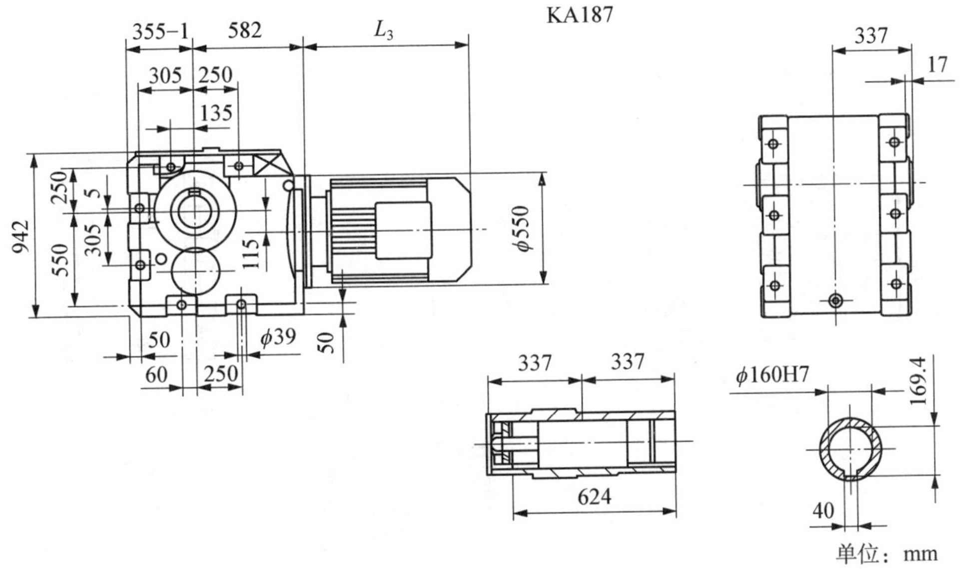

图 F6－7 KA187 型减速器几何参数示意图

K167

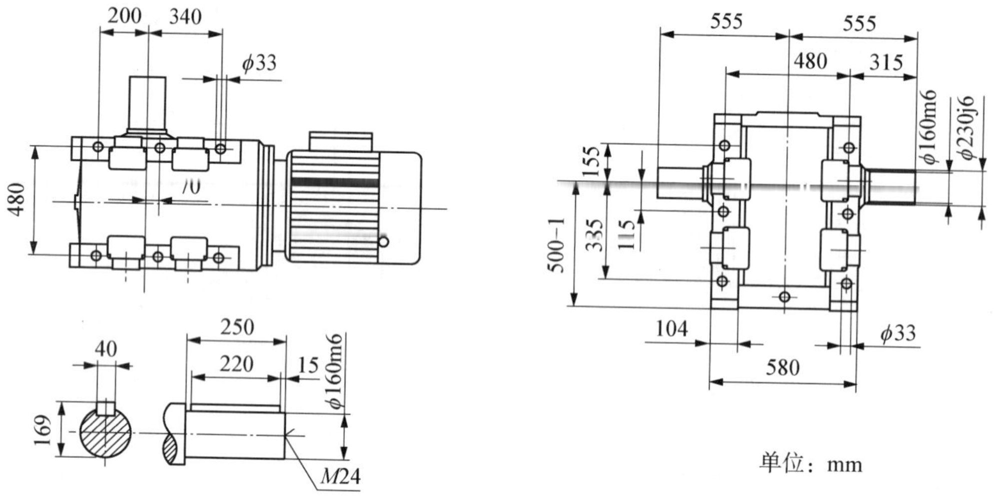

单位：mm

图 F6-8　K167 型减速器几何参数示意图

KA167

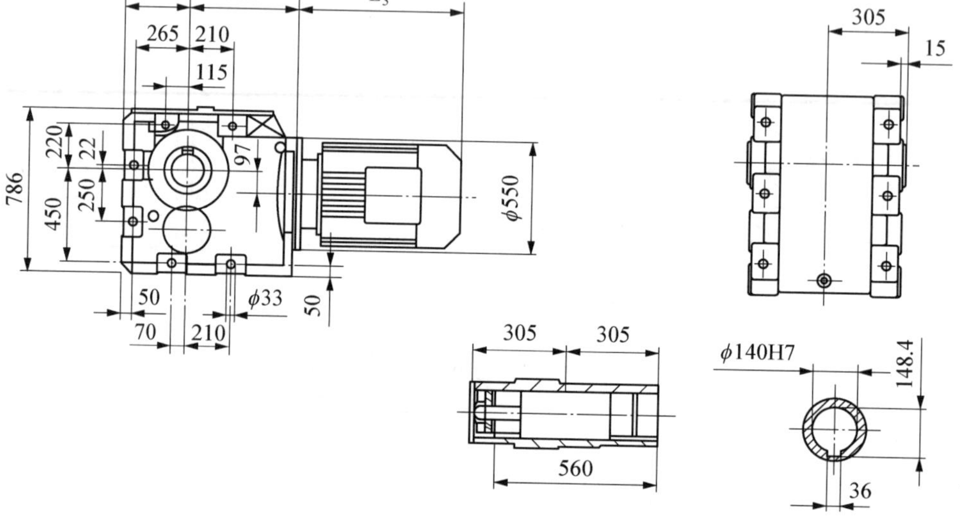

单位：mm

图 F6-9　KA167 型减速器几何参数示意图

三、回转机构专用减速器

回转机构专用减速器为行星减速器(见图 F6－10),其通过极限力矩联轴器与电动机相连接,在联轴器上设置制动器。行星减速器下端输出轴上设置有驱动小齿轮,小齿轮与回转轴承相互啮合实现回转运动。

JVP 型回转减速器的型号标记方式如图 F6－11 所示,其公称传动比如表 F6－21 所示。

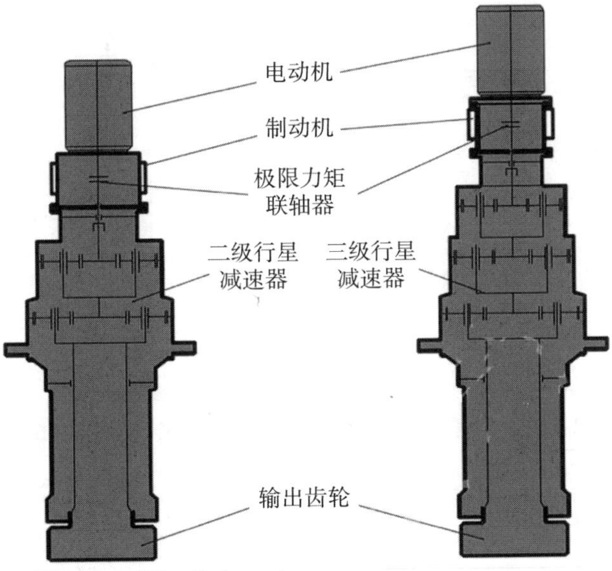

图 F6－10　JVP 回转减速器

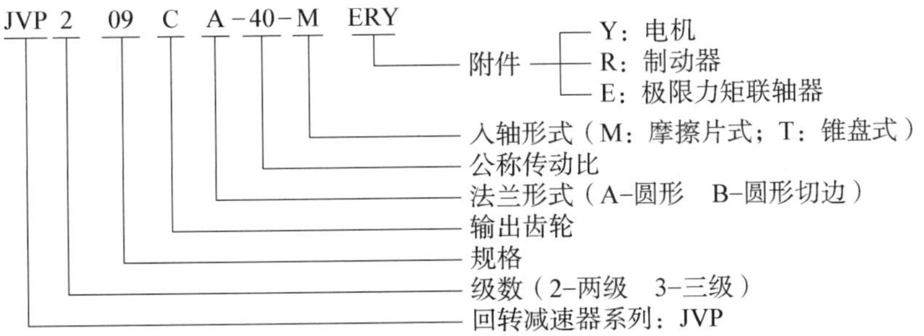

图 F6－11　型号标记方式

表 F6－21　传动比

	公称传动比												
两级同轴		20	22.4	25	28	31.5	35.5	40	45	50	56	59	63
三级同轴	71	80	90	100	112	125	140	160	180	200	224	250	280

减速器技术参数和电动机连接尺寸如图 F6－12 和表 F6－22 所示。

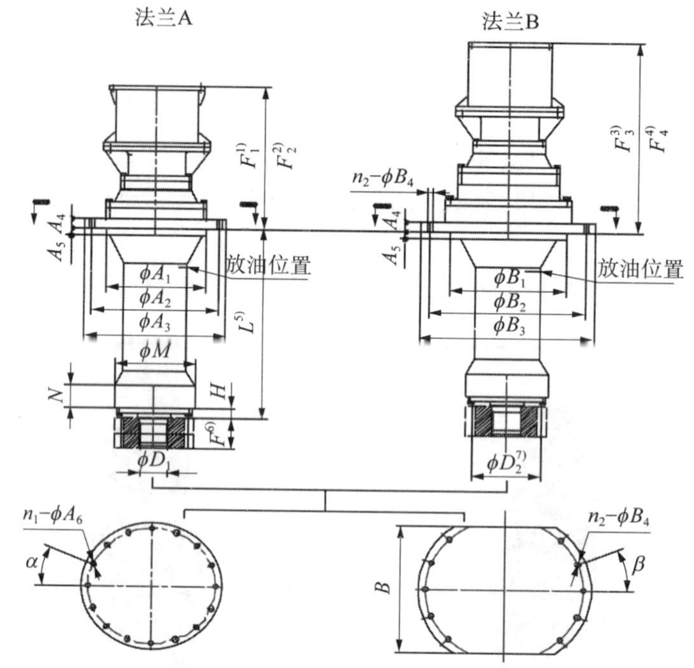

图 F6－12　技术数据及外形尺寸示意图

表 F6－22　技术数据及法兰连接尺寸(电机输入转速 750～1500 r/min)

型号	输出转矩		速比	减速机连接尺寸/mm														
				法兰 A								法兰 B						
	TNom/(N·m)	TSTAT/(N·m)	i	A_1 h_7	$A_2\pm0.2$	A_3	A_4	A_5	A_6	n_1	α	B	B_1 h_7	$B_2\pm0.2$	B_3	B_4	n_2	β
JVP206	6500	10500	20～63	320	365	400	30	20	18	16	22.5	340	330	410	460	22	10	22.5
JVP207	11000	17500	20～63	360	410	450	40	20	18	20	18	400	390	470	520	22	10	22.5
JVP2(3)08	14500	23000	20～280	400	440	475	40	20	18	24	15	460	450	540	600	26	10	22.5
JVP2(3)09	22000	35000	20～280	450	510	555	50	25	22	20	18	540	520	620	680	26	10	22.5
JVP2(3)10	31000	50000	20～280	500	555	600	50	25	22	24	15	580	550	680	750	33	10	22.5
JVP2(3)11	45000	68000	20～280	550	630	680	50	25	26	20	18	620	580	730	800	33	10	22.5
JVP2(3)12	55000	88000	20～280	630	690	740	50	25	26	24	15	680	660	820	900	33	10	22.5
JVP2(3)13	85000	140000	20～280	700	780	840	50	25	33	20	18	840	760	890	980	39	14	20
JVP314	110000	170000	71～280	780	860	920	60	30	33	24	15	940	840	950	1050	39	14	20
JVP316	170000	260000	71～280	900	990	1070	60	30	39	20	18	1000	940	1090	1190	45	14	20
JVP318	230000	350000	71～280	1000	1100	1180	70	35	39	24	15	1100	1030	1180	1280	45	14	20
JVP320	350000	550000	71～280	1120	1240	1330	70	35	45	20	18	1200	1160	1340	1450	52	14	18
JVP322	420000	670000	71～280	1200	1330	1420	70	35	45	24	15	1300	1260	1430	1540	52	14	18

回转减速器输入端连接方式和尺寸如图 F6－13 和表 F6－23 所示。

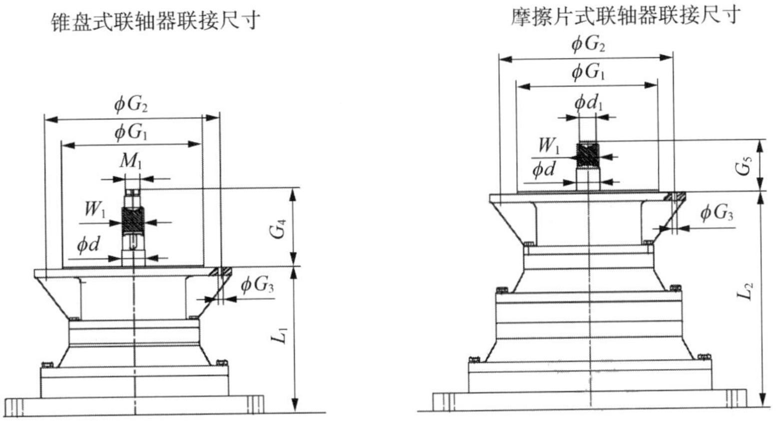

图 F6－13　输入轴连接方式

表 F6－23　输出轴及电动机驱动连接尺寸　　单位：mm

型号	输出轴							电机驱动									
								二级					三级				
	H	L①	M	N	F②	D1(GB 3478.1—83)	$D_2$③	G_1	G_2	G_3	$F_1$④	$F_2$⑤	G_1	G_2	G_3	$F_3$⑥	$F_4$⑦
JVP206	30	860	200	60	100	EXT 32z×2m×30P×6h	根据输出齿轮参数确定	250	280	8－M12	667	747					
JVP207	40	860	240	80	120	EXT 28z×3m×30P×6h		300	340	8－M16	687	767					
JVP2(3)08	40	950	260	100	130	EXT 32z×3m×30P×6h		300	340	8－M16	725	805	250	280	8－M12	790	870
JVP2(3)09	60	950	300	100	130	EXT 40z×3m×30P×6h		300	340	8－M16	763	843	300	340	8－M16	833	913
JVP2(3)10	60	1 200	350	120	150	EXT 44z×3m×30P×6h		300	340	8－M16	808	888	300	340	8－M16	883	963
JVP2(3)11	60	1 603	400	140	180	EXT 50z×3m×30P×6h		435	540	8－M16	894	899	300	340	8－M16	1 065	1 070
JVP2(3)12	80	1 603	450	150	190	EXT 56z×3m×30P×6h		435	540	8－M16	927	932	300	340	8－M16	1 122	1 127
JVP2(3)13	80	1 755	480	150	190	EXT 38z×5m×30P×6h		435	540	8－M16	1 039	1 055	435	540	8－M16	1 143	1 148
JVP314	80	1 800	500	160	190	EXT 44z×5m×30P×6h							435	540	8－M16	1 209	1 225
JVP316	90	1 800	540	160	210	EXT 48z×5m×30P×6h							435	540	8－M16	1 209	1 225
JVP318	100	1 800	540	160	210	EXT 52z×5m×30P×6h							535	640	16－M20	1 236	1 252
JVP320	100	1 800	640	180	240	EXT 60z×5m×30P×6h							535	640	16－M20	1 362	1 378
JVP322	110	1 800	660	180	250	EXT 64z×5m×30P×6h							535	640	16－M20	1 362	1 378

① 尺寸 L 根据实际需要而定。
② 尺寸 F 输出小齿轮的宽度，订货时请给出。
③ 尺寸 D_2 为输出齿轮的分度圆直径，订货时请给出齿轮参数。
④ F_1 为二级行星配摩擦片式联轴器高度尺寸。
⑤ F_2 为二级行星配锥盘联轴器高度尺寸。
⑥ F_3 为三级行星配摩擦片式联轴器高度尺寸。
⑦ F_4 为三级行星配锥盘联轴器高度尺寸。

输出轴连接尺寸如表 F6－24 所示。

表 F6－24 输入轴连接尺寸

单位：mm

型号	输入轴								行星	
	锥盘联轴器				摩擦片联轴器				二级	三级
	M_1	W_1	d	G_4	d_1	W_1	d	G_5	L_1	L_2
JVP206	M45×1.5	EXT30Z×2m×30P×6h (GB/T 3478.1—1995)	65	265	30	6 - 35b12×40g6×10f9 (GB/T 1144—1999)	45	152	342	
JVP207									362	
JVP2(3)08									400	465
JVP2(3)09									438	508
JVP2(3)10									483	558
JVP2(3)11	M42×1.5	6 - 58b12×65g6×16f9 (GB/T 1144—1999)	70	280	50	6 - 58b12×65g6×16f9 (GB/T 1144—1999)	70	187	529	700
JVP2(3)12									562	757
JVP2(3)13									629	778
JVP314										799
JVP316										799
JVP318										826
JVP320										952
JVP322										952

减速器选型的工况系数 K 如表 F6－25 所示。

表 F6－25 工况系数

机构载荷情况			机构工作级别及工况系数 K						
L1	轻	很少起升额定载荷，一般起升轻微载荷	M1 0.90	M2 0.90	M3 0.90	M4 0.90	M5 0.95	M6 1.05	M7 1.20
L2	中	有时起升额定载荷，一般起升中等载荷	M2 0.90	M3 0.95	M4 0.95	M5 1	M6 1.15	M7 1.3	M8 1.50
L3	重	经常起升额定载荷，一般起升较重载荷	M3 1.05	M4 1.05	M5 1.10	M6 1.25	M7 1.4	M8 1.60	M8 1.80
L4	特重	频繁起升额定载荷	M4 1.25	M5 1.30	M6 1.45	M7 1.65	M8 1.85	M8 2.10	M8 2.40

附录 7 车 轮

起重机用圆柱车轮的基本结构型式、尺寸、踏面形状以及车轮与钢轨的匹配、技术要求等遵循规范《起重机车轮》(JB/T 6392—2008)。按其结构形状分为双轮缘车轮,代号为 SL;单轮缘车轮,代号为 DL;无轮缘车轮,代号为 WL。车轮的结构形状如图 F7-1 所示,其基本尺寸系列如表 F7-1 所示。

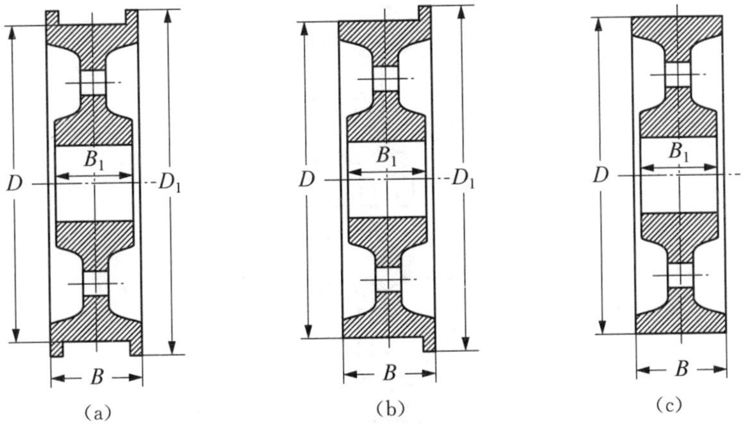

图 F7-1 车轮的结构形状

表 F7-1 车轮的基本尺寸系列(JB/T 6392—2008) 单位:mm

基本尺寸			
D	D_1	B	B_1
100	130	80～100	95～100
125	140	80～100	95～100
160	190	90～100	95～100
200	230	95～100	95～100
250	280	95～140	95～140
315	350	95～210	95～210
400	440	105～210	105～210
500	540	105～210	105～210
630	680	120～210	120～210
710	760	140～210	140～210
800	850	140～210	140～210
900	950	145～220	140～220
1000	1060	145～220	140～220
(1250)	1310	145～220	140～220

注:本表中的基本参数(除括号内)宜优先使用。

一、起重机常用车轮

起重机常用车轮基本尺寸如图 F7-2、图 F7-3 和表 7-2 所示。

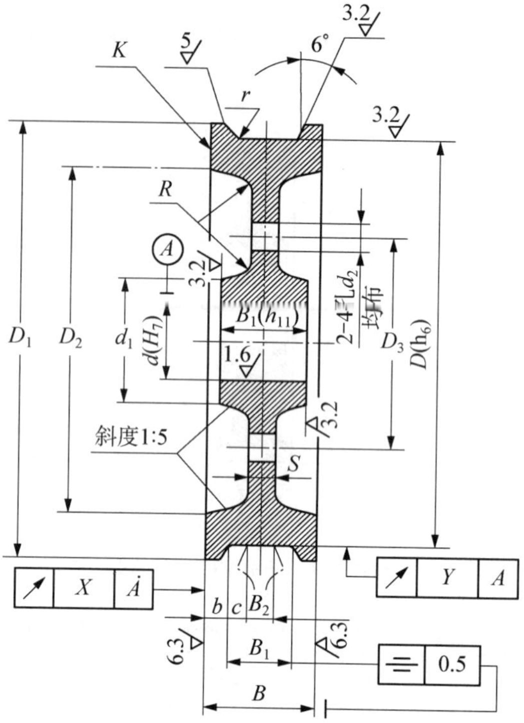

图 F7－2 双轮缘车轮

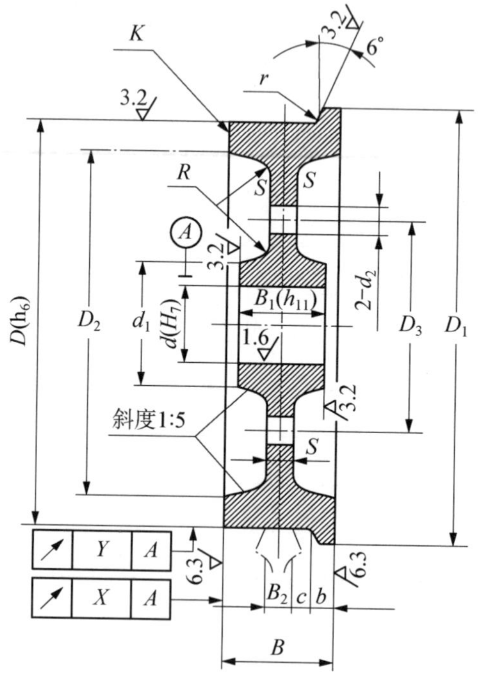

图 F7－3 单轮缘车轮

表 F7-2 车轮基本尺寸

基本尺寸										参考尺寸							参考质量
D	D_1	B	B_1	d	B_{2max}	c_{min}	b_{min}	X_{max}	Y_{max}	S	d_1	d_2	D_2	D_3	R	r	
mm								μm		mm							kg
250	280	90	50	70	40	5	20	50		25	120	30	210	165	10	5	24.2
315	355	110	70	110	60	5	20	60		30	175	30	265	220			45.8
		155	105	120	80	12.5	25				190		255				61.8
400	440	125	85	120	70	7.5	20			35	190	35	340	265			79.4
	450	155	105	130	80	12.5	25				205		330				99.4
500	540	130	90	130	70	10	20			40	205	40	430	315	20		121.0
	550	175	125	140	100	12.5	25				220			325			147.0
630	680	145	95	160	70	12.5	25	80		45	255	50	560	405			205.0
		175	125		100												221.2
		210	150	180	120	15	30			60	285		539				309.6
710	760	155	105	170	80	12.5	25			50	270	55	630	450	25	6	277.5
		195	15		120												304.3
		210	150	190		15	30			65	300		600				397.0
800	850	155	105	180	80	12.5	25			50	285	60	710	500			344.4
		195	145		120												378.4
		210	150	200		15	30			70	320		680				448.5
900	950	155	105	190	80	12.5	25	100		55	300	65	800	550	30		446.5
		195	145		120												489.0
		210	150	230		15	30			75	365		770	565			578.5

注：1. 端面圆跳动量 X 的测量位置应在直径 D 的圆周上，径向圆跳动量 Y 的测量位置应在踏面中心。
2. K 平面为基准端面，以车出深约 1.5mm 的 V 形小沟做标记。
3. 斜度 1∶5 为参考拔模斜度。
4. 标记方法，直径 $D=710$mm，轮宽 $B=195$mm 的双轮缘车轮，标记为车轮 SL-710×195 JB/T 6392—2008。

二、车轮组

常用的车轮组尺寸如图 F7-4 和表 F7-3 所示。车轮组的许用轮压如表 F7-4 所示。

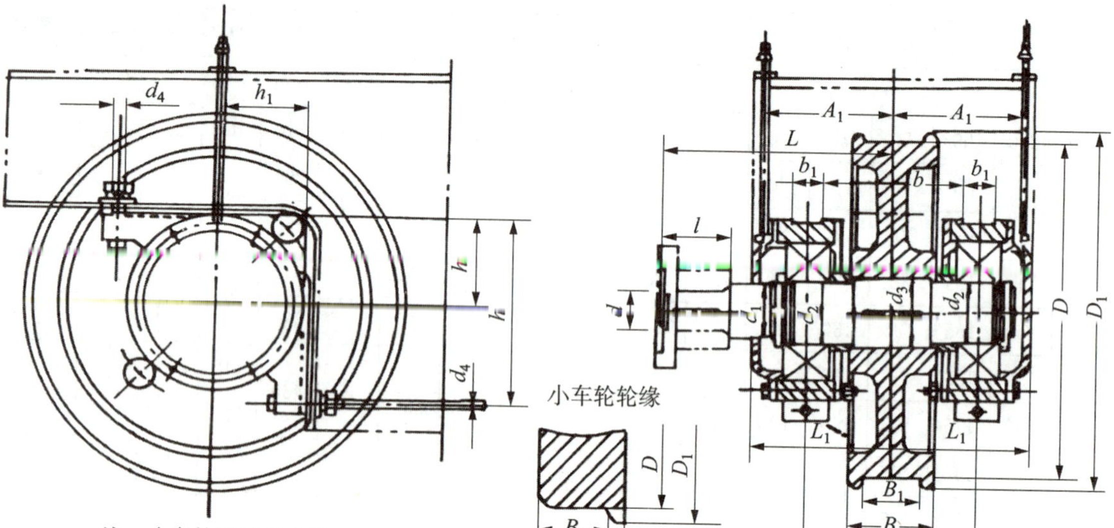

注：小车轮组不带油管

图 F7－4 车轮组

表 F7－3 车轮组尺寸

名称规格		尺寸/mm																		轴承		质量/kg
		A	A_1	B	B_1	D	D_1	b	$b_1\left(\frac{h_9}{f_9}\right)$	$d(S_6)$	$d_1\left(\frac{h_{12}}{c_{12}}\right)$	$d_2(m_6)$	d_3	d_4	h	h_1	l	L	L_1	型号	数量	
小车车轮组	ϕ250	180	—	90	70	250	280	150	30	45	50	60	70	M20	180	80	85	225/130	130	7 512	2	45/42
	ϕ350	200	—	110	80	350	380	150	50	65	85	90	100		225	105	105	300/150	150	7 518	2	112/105
	ϕ400	240	—	125	100	400	440	190	50	80	85	100	110		260	120	130	365/170	170	7 520	2	155/148
	ϕ500	270	—	130	110	500	540	220	50	80	110	120	130		300	140	130	365/190	195	7 524	2	250/248
大车车轮组	ϕ500	280	215	175	125	500	540	230	50	75	85	100	120	M24	310	140	105	400/230	230	7 520	4	288/281
	ϕ600	280	215	175	125	600	640	230	50	85	90	100	120		310	140	115	415/230	230	7 520	4	338/328
	ϕ700	315	240	195	145	700	750	235	80	90	100	120	140	M30	350	160	125	455/270	270	7 524	4	536/523
	ϕ800	365	280	195	145	800	850	275	90	95	120	150	160		410	190	145	500/300	300	7 530	4	788/776
	ϕ900	365	280	210	150	900	950	275	90	110	120	150	170		410	190	165	500/300	300	7 530	4	887/869

注：1. 分子为主动车轮组质量；分母为从动车轮组质量。

2. d_3 的配合，主动车轮采用 H_7/S_6；从动车轮采用 H_8/t_6。

表 F7-4 车轮组最大许用轮压(大连起重机厂资料)

车轮直径/mm		轨道型号	工作级别	运行速度/(m/min)								
				<60			60~90			>90~180		
				Q/G								
				1.1	0.5	0.15	1.1	0.5	0.15	1.1	0.5	0.15
大车轮	500	P38	M1~M3	20.6	19.7	18	18.7	17.9	16.4	17.2	16.4	15
			M4、M5	17.2	16.4	15	15.6	15	13.7	14.4	13.7	12.5
			M6、M7	14.7	14.1	12.9	13.4	12.8	11.7	12.3	11.7	10.7
			M8	12.9	12.3	11.3	11.7	11.2	10.3	10.7	10.3	9.4
		QU70	M1~M3	26	24.3	22.7	23.6	22.6	20.6	21.7	20.7	19
			M4、M5	21.7	20.7	19	19.7	18.9	17.2	18.1	17.3	15.9
			M6、M7	18.6	17.7	16.2	16.9	16.2	14.7	15.5	14.8	13.6
			M8	16.3	15.5	14.2	14.8	14.1	12.9	13.6	12.9	11.6
	600	P38 P43	M1~M3	24.6	23.5	21.5	22.4	21.4	19.5	20.6	19.6	18
			M4、M5	20.6	19.6	18	19.7	17.8	16.3	17.2	16.4	15
			M6、M7	17.6	16.8	15.4	16	15.3	14	14.7	14	12.9
			M8	15.4	14.7	13.4	14	13.4	12.2	12.9	12.3	11.3
		QU70	M1~M3	32	30.5	27.9	29.2	27.8	25.4	26.7	25.5	23.3
			M4、M5	26.7	25.5	23.3	24.4	23.2	21.2	22.3	21.3	19.4
			M6、M7	22.9	21.8	19.9	20.9	19.9	18.1	19.1	18.2	16.7
			M8	20	19.1	17.4	18.3	17.4	15.8	16.7	15.9	14.0
	700	P43	M1~M3	28	26.8	24.5	25.5	24.4	22.3	23.4	22.4	20.4
			M4、M5	23.4	22.4	20.4	21.3	20.4	18.6	19.5	18.7	17
			M6、M7	20	19.2	17.5	18.3	17.4	15.9	16.7	16	14.6
			M8	17.5	16.7	15.3	15.9	15.2	13.9	14.6	14	12.7
		QU70	M1~M3	38.6	36.8	33.6	35.2	33.5	30.6	32.2	30.7	28
			M4、M5	32.2	30.7	28	29.4	28	25.6	26.9	25.6	23.4
			M6、M7	27.6	26.3	24	25.2	24	21.9	23	22	20
			M8	24.2	23	21	22	21	19.1	20.1	19.2	17.5
	800	QU70	M1~M3	43.7	41.7	38.1	39.8	38	34.7	36.4	34.8	31.8
			M4、M5	36.4	34.8	31.8	33.2	31.7	29	30.4	29	26.6
			M6、M7	31.2	29.8	27.2	28.4	27.2	24.8	26	24.9	22.7
			M8	27.3	26.1	23.8	24.9	23.8	21.7	22.8	21.8	19.8
	900	QU80	M1~M3	50.5	48.1	44	46	43.7	40	42.2	40.2	36.8
			M4、M5	42.2	40.2	36.8	38.4	36.5	33.4	35.2	33.6	30.7
			M6、M7	36.1	34.4	31.5	32.9	31.2	28.6	30.2	28.8	26.3
			M8	31.6	30.1	27.5	28.8	27.3	25	26.4	25.1	23

车轮直径/mm		轨道型号	工作级别	运行速度/(m/min)							
				<60		60~90		>90~180		>180	
				Q/G							
				≥1.6	0.9	≥1.6	0.9	≥1.6	0.9	≥1.6	0.9
小车轮	250	P11	M1~M3	3.3	3.09	2.91	2.81	2.67	2.58	2.46	2.34
			M4、M5	2.67	2.58	2.43	2.34	2.23	2.15	2.5	1.98
			M6、M7	2.38	2.21	2.08	2.01	1.91	1.84	1.76	1.7
			M8	2	1.93	1.82	1.76	1.67	1.61	1.54	1.48

（续表）

车轮直径/mm	轨道型号	工作级别	运行速度/(m/min)							
			<60		60～90		>90～180		>180	
			Q/G							
			≥1.6	0.9	≥1.6	0.9	≥1.6	0.9	≥1.6	0.9
350	P18	M1～M3	4.18	4.03	3.8	3.66	3.49	3.36	3.22	3.1
		M4、M5	3.49	3.36	3.17	3.06	2.91	2.8	2.68	2.59
		M6、M7	2.99	2.88	2.72	2.62	2.5	2.4	3.2	2.22
		M8	2.61	2.52	2.38	2.29	2.18	2.1	2.01	1.94
	P24	M1～M3	14.1	13.5	12.8	12.3	11.8	11.3	10.9	10.4
		M4、M5	11.8	11.3	10.7	10.3	9.85	9.45	9.1	8.7
		M6、M7	10.1	9.65	9.15	8.8	8.45	8.1	7.8	7.45
		M8	8.8	8.45	8	7.7	7.4	7.06	6.8	6.5
400	P38	M1～M3	16	15.4	14.6	14	13.4	12.8	12.3	11.85
		M4、M5	13.4	15.8	12.2	11.7	11.2	10.7	10.3	9.9
		M6、M7	11.4	11	10.4	10	9.6	9.15	8.8	8.5
		M8	10	9.6	9.15	8.75	8.4	8	7.7	7.4
500	P43	M1～M3	19.8	19.1	18	17.4	16.5	15.9	15.2	14.7
		M4、M5	16.5	15.9	15	14.5	13.8	13.3	12.7	12.25
		M6、M7	14.15	13.7	12.9	12.45	11.8	11.4	10.9	10.5
		M8	12.4	11.9	11.25	10.9	10.3	9.95	9.5	9.2

注：此表数值是按车轮材料为 ZG310—570、HB320 算出的；若车轮材料用 ZG50MnMo，车轮轴用 45、HB：228～255 时，最大许用轮压可以提高 20%；Q 为起重机起质量；G 为起重机自重。

大型起重机用车轮组参数和尺寸如图 F7－5 和表 F7－5 所示。

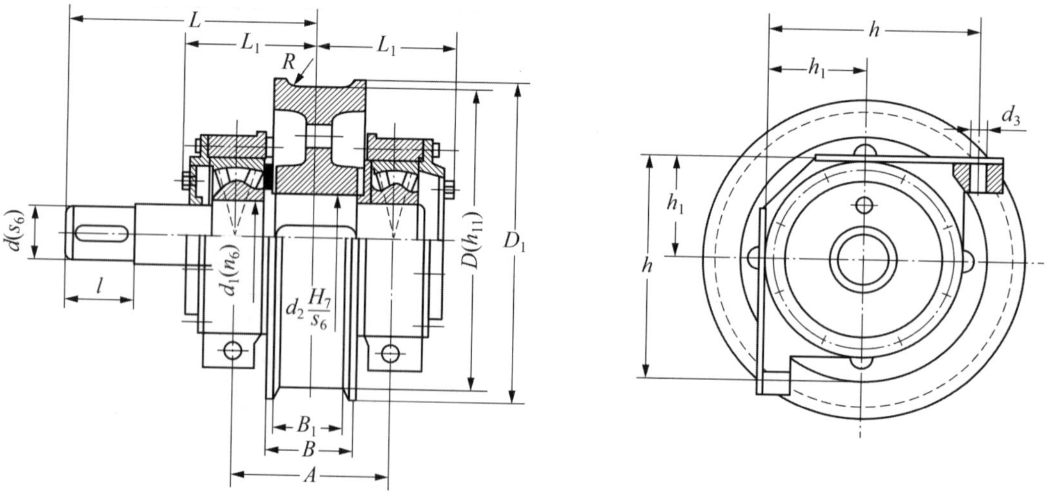

图 F7－5 大型起重机用车轮组

表 F7－5　车轮组参数和尺寸

车轮直径	轨道型号	轴承型号	车轮材料	许用轮压 P/kN			D_1/mm	d/mm	d_1/mm	d_2/mm	d_3/mm	B/mm	B_1/mm	l/mm	L/mm	L_1/mm	A/mm	h/mm	h_1/mm	质量 m/kg
				轻级	中级	重级														
D400	P43	22320	65Mn	246	226	194	450	80	100	110	25	140	90	115	380	220	260	295	133	224
D600	QU100	22326	ZG35CrMnSi	450	412	353	650	115	130	175	35	210	130	140	495	280	330	385	175	573
			65Mn	600	550	470														
	QU120		ZG35CrMnSi	493	452	387							50							
D700	QU100	22334	ZG35CrMnSi	543	493	422	750	130	170	215	35	210	130	160	590	310	380	490	225	966
			65Mn	715	656	563														
	QU120		ZG35CrMnSi	593	544	465							150							956
			65Mn	780	720	610														
D800	QU120	22338	65Mn	907	831	713	850	150	190	230	35	210	150	180	630	344	400	530	245	1234

附录 8　缓冲器

一、弹簧缓冲器

起重机弹簧缓冲器参见标准 JB/T 8110.1—1999。

(一) HT1 型壳体焊接式弹簧缓冲器

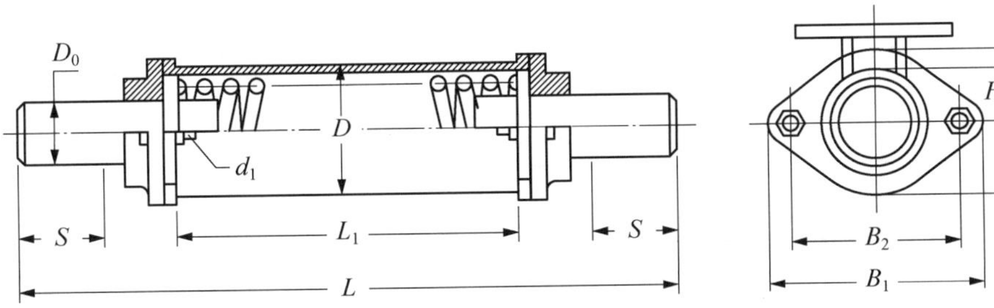

图 F8－1　HT1 型壳体焊接式弹簧缓冲器结构

表 F8－1　HT1 型壳体焊接式弹簧缓冲器尺寸和参数

型号	缓冲容量 W/(kN·m)	缓冲行程 S/mm	缓冲力 F/kN	主要尺寸/mm									质量/kg
				L	L_1	B_1	B_2	B_3	H_1	D_0	D	$D_1\times l$	
HT1－16	0.16	80	5	435	200	160	120	85	35	40	70	M20×50	13.6
HT1－40	0.40	95	8	720	370	170	130	90	38	45	76	M20×50	17.0

（续表）

型号	缓冲容量 W/(kN·m)	缓冲行程 S/mm	缓冲力 F/kN	主要尺寸/mm									质量/kg
				L	L_1	B_1	B_2	B_3	H_1	D_0	D	$D_1 \times l$	
HT1-63	0.63	115	11	850	420	190	145	100	45	45	89	M20×60	26.0
HT1-100	1.00	115	18	880	450	220	170	125	57	55	114	M24×60	34.0

（二）HT2 型底座焊接式弹簧缓冲器

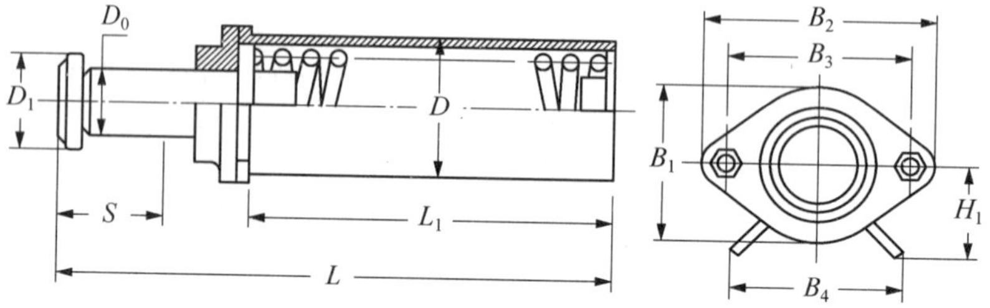

图 F8-2　HT2 型底座焊接式弹簧缓冲器结构

表 F8-2　HT2 型底座焊接式弹簧缓冲器尺寸和参数

型号	缓冲容量 W/(kN·m)	缓冲行程 S/mm	缓冲力 F/kN	主要尺寸/mm											质量/kg
				L	L_1	B_1	B_2	B_3	B_4	D_0	D	D_1	H_1	$D_1 \times l$	
HT2-100	1.00	135	15	630	400	165	265	215	200	70	146	100	90	M20×60	31.5
HT2-160	1.60	145	20	750	520	160	265	215	200	70	140	100	90	M20×60	41.5
HT2-250	2.50	125	37	820	575	165	265	215	200	80	146	110	90	M20×60	53.1
HT2-315	3.15	150	45	820	575	215	320	265	230	80	194	110	115	M20×60	78.6
HT2-400	4.00	135	57	710	475	265	375	320	280	100	245	130	140	M24×70	92.2
HT2-500	5.00	145	66	860	610	245	345	290	255	100	219	130	135	M24×70	97.7
HT2-600	6.30	150	88	870	610	270	375	320	280	100	245	130	140	M24×70	122.7

（三）HT3 型端部安装式弹簧缓冲器

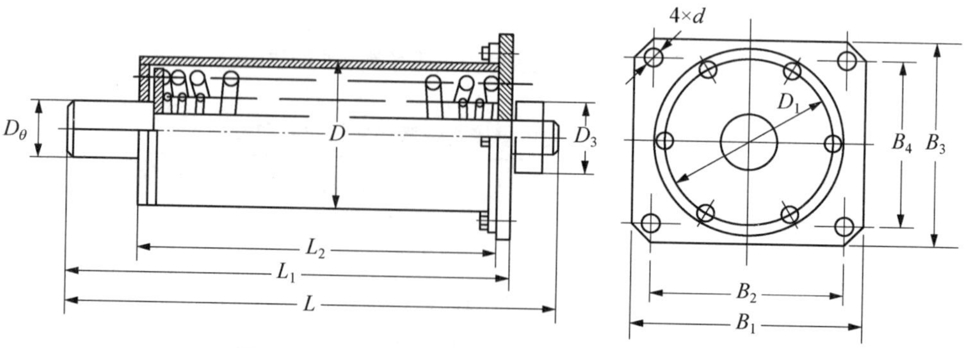

图 F8-3　HT3 型端部安装式弹簧缓冲器结构

表 F8－3 HT3 型端部安装式弹簧缓冲器尺寸和参数

型号	缓冲容量 W/(kN·m)	缓冲行程 S/mm	缓冲力 F/kN	主要尺寸/mm												质量/kg
				L	L_1	L_2	B_1	B_2	B_3	B_4	D_0	D	D_1	D_3	d	
HT3－630	6.30	150	88	885	810	615	420	350	375	305	90	245	305	105	35	145.8
HT3－800	8.0	143	108	900	820	620	520	450	380	310	110	273	345	135	35	176.9
HT3－1000	10.0	135	131	830	750	560	520	450	450	390	120	325	395	135	35	204.6
HT3－1250	12.5	135	165	830	750	560	520	450	450	390	120	325	395	135	42	231.3
HT3－1600	16.0	120	273	980	900	730	780	700	480	400	120	325	395	135	42	338.0
HT3－2000	20.0	150	293	1140	1050	820	780	700	480	400	120	325	395	135	42	393.8

(四) HT4 型中部安装式弹簧缓冲器

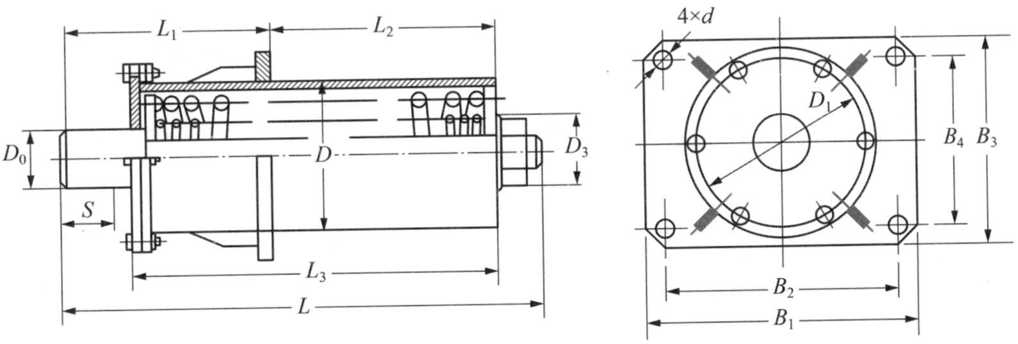

图 F8－4 HT4 型中部安装式弹簧缓冲器结构

表 F8－4 HT4 型中部安装式弹簧缓冲器尺寸和参数

型号	缓冲容量 W/(kN·m)	缓冲行程 S/mm	缓冲力 F/kN	主要尺寸/mm													质量/kg
				L	L_1	L_2	L_3	B_1	B_2	B_3	B_4	D_0	D	D_1	D_3	d	
HT4－800	8.0	143	108	910	400	430	640	520	450	380	310	110	273	313	135	35	180.9
HT4－1000	10.0	135	131	840	400	360	580	520	450	450	390	120	325	365	135	35	208.6
HT4－1250	12.5	135	165	840	400	360	580	520	450	450	390	120	325	365	135	42	235.3
HT4－1600	16.0	120	273	1010	400	530	750	780	700	480	400	120	325	365	135	42	342.0
HT4－2000	20.0	150	293	1140	450	600	840	780	700	480	400	120	325	365	135	42	397.8

二、聚氨酯缓冲器

起重用聚氨酯缓冲器参见标准 JB/T 10833—2008。下面是法兰盘型聚氨酯缓冲器。

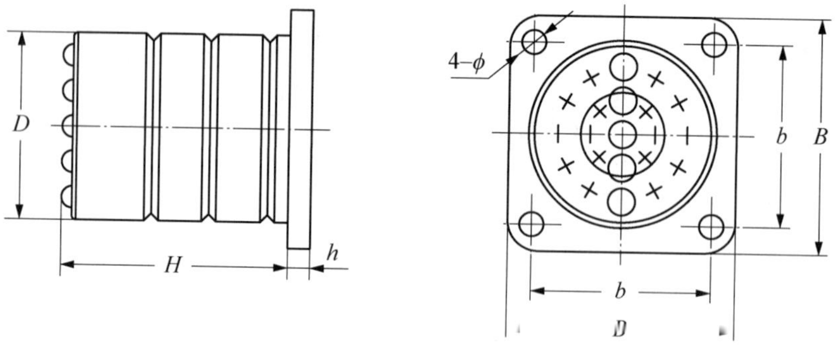

图 F8－5 法兰盘型聚氨酯缓冲器结构

表 F8－5 法兰盘型聚氨酯缓冲器尺寸及参数

序号	型号	D/mm	H/mm	h/mm	B/mm	b/mm	φ/mm	缓冲容器/(kN·m)	缓冲行程/mm	缓冲力/kN	质量/kg
1	XJHQ－C－1	65	80	8	100	70	12	0.42	60	52	0.82
2	XJHQ－C－2	80	80	8	115	85	12	0.64	60	79	1.12
3	XJHQ－C－3	80	100	8	115	85	12	0.80	75	79	1.18
4	XJHQ－C－4	100	80	8	130	100	14	1.00	60	123	1.48
5	XJHQ－C－5	100	100	8	130	100	14	1.25	75	123	1.58
6	XJHQ－C－6	100	125	8	130	100	14	1.56	90	123	1.71
7	XJHQ－C－7	125	100	10	165	130	14	1.95	75	192	2.85
8	XJHQ－C－8	125	125	10	165	130	14	2.44	94	192	3.06
9	XJHQ－C－9	125	160	10	165	130	14	3.12	120	192	3.34
10	XJHQ－C－10	160	125	10	200	160	18	4.00	94	315	4.60
11	XJHQ－C－11	160	160	10	200	160	18	5.12	120	315	5.07
12	XJHQ－C－12	160	200	10	200	160	18	6.40	150	315	5.60
13	XJHQ－C－13	200	160	12	250	200	18	8.00	120	492	8.54
14	XJHQ－C－14	200	200	12	250	200	18	10.00	150	492	9.38
15	XJHQ－C－15	200	250	12	250	200	18	12.50	188	492	10.42
16	XJHQ－C－16	250	200	12	320	250	22	15.60	150	768	15.19
17	XJHQ－C－17	250	250	12	320	250	22	19.50	188	768	16.82
18	XJHQ－C－18	250	320	12	320	250	22	25.00	240	768	19.06
19	XJHQ－C－19	320	250	14	400	315	22	32.00	188	1258	28.40
20	XJHQ－C－20	320	320	14	400	315	22	41.00	240	1258	32.00
21	XJHQ－C－21	320	400	14	400	315	22	51.30	300	1258	38.25
22	XJHQ－C－22	320	450	14	400	315	22	57.70	337	1258	38.90

（续表）

序号	型号	D/mm	H/mm	h/mm	B/mm	b/mm	ϕ/mm	缓冲容器/(kN·m)	缓冲行程/mm	缓冲力/kN	质量/kg
23	XJHQ-C-23	400	450	14	460	370	22	90.00	337	1965	56.64
24	XJHQ-C-24	400	300	14	460	370	22	60.00	225	1965	44.30
25	XJHQ-C-25	430	450	14	460	370	22	104.00	337	2270	62.45
26	XJHQ-C-26	430	480	14	460	370	22	111.00	360	2270	65.30
27	XJHQ-C-27	430	500	14	460	370	22	115.60	375	2270	67.30
28	XJHQ-C-28	500	450	14	640	500	24	140.60	337	3070	98.34

三、液压缓冲器

起重机用液压缓冲器参见标准 JB/T 7017—1993。

（一）LQH-HYG 高频度单向型液压缓冲器

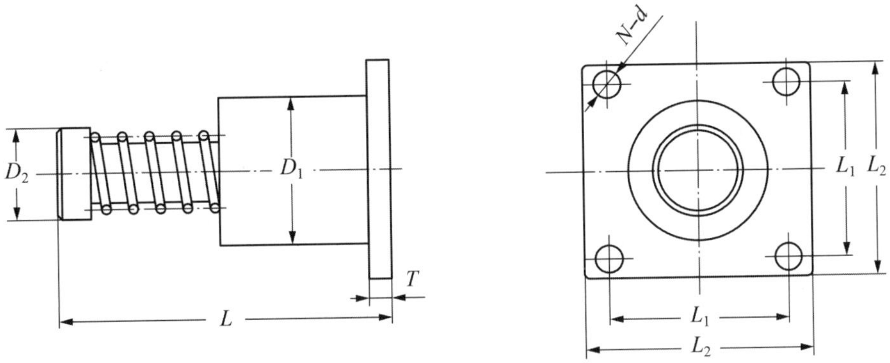

图 F8-6　LQH-HYG 高频度单向型液压缓冲器结构

表 F8-6　LQH-HYG 高频度单向型液压缓冲器

型号	缓冲容量 W/(kN·m)	缓冲行程 S/mm	缓冲力 F/kN	主要尺寸/mm							质量/kg
				D_1	D_2	L	L_1	L_2	T	$N-d$	
LQH-HYG2-60	2.5	60	45	127	62	276	125	160	16	4-13	10.5
LQH-HYG4-90	4.0	90	45	127	62	370	125	160	16	4-13	12
LQH-HYG6-80	5.6	80	70	159	80	445	155	200	20	4-17	19
LQH-HYG8-110	8.0	110	75	159	80	445	155	200	20	4-17	21
LQH-HYG12-90	12.5	90	140	203	100	505	195	250	25	4-21	37
LQH-HYG18-120	18	120	150	203	100	505	195	250	25	4-21	40

（续表）

型号	缓冲容量 W/(kN·m)	缓冲行程 S/mm	缓冲力 F/kN	主要尺寸/mm							质量/kg
				D_1	D_2	L	L_1	L_2	T	$N-d$	
LQH-HYG25-130	25	130	200	245	125	610	230	285	30	4-26	63
LQH-HYG40-180	40	180	230	245	125	670	230	285	30	4-26	76
LQH-HYG56-200	56	200	280	299	170	825	280	360	35	4-32	126
LQH-HYG80-370	80	370	300	299	170	996	280	360	35	4-32	140
LQH-HYG125-220	125	220	570	351	205	965	350	430	40	4-38	221
LQH-HYG180-320	180	320	570	351	205	1 260	350	430	40	4-38	247
LQH-HYG250-270	250	270	950	485	248	1 210	450	560	55	4-38	462
LQH-HYG355-350	355	350	1 020	485	248	1 420	450	560	55	4-38	492

（二）LQH-HYD低频度单向型液压缓冲器

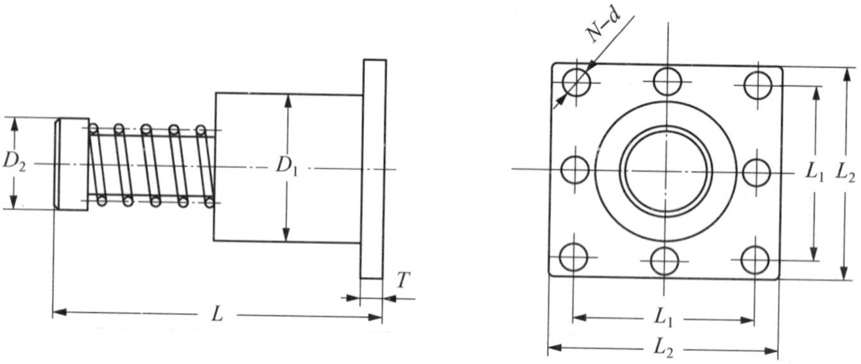

图 F8-7　LQH-HYD低频度单向型液压缓冲器结构

表 F8-7　LQH-HYD低频度单向型液压缓冲器尺寸及参数

型号	缓冲容量 W/(kN·m)	缓冲行程 S/mm	缓冲力 F/kN	主要尺寸/mm							质量/kg
				D_1	D_2	L	L_1	L_2	T	$N-d$	
LQH-HYD4-50	4.0	50	80	92	60	265	100	130	16	4-14	7.2
LQH-HYD7-100	7.1	100	75	92	60	420	100	130	16	4-14	9.5
LQH-HYD10-70	10	70	150	130	80	330	130	170	20	4-22	17.5
LQH-HYD16-150	16	150	110	130	100	555	130	170	25	4-22	25
LQH-HYD25-80	25	80	315	170	100	414	170	220	25	4-28	36
LQH-HYD31.5-150	31.5	150	210	170	100	600	170	220	25	4-28	42
LQH-HYD40-100	40	100	400	180	120	480	190	250	25	434	51

（续表）

型号	缓冲容量 W/(kN·m)	缓冲行程 S/mm	缓冲力 F/kN	主要尺寸/mm							质量/kg
				D_1	D_2	L	L_1	L_2	T	$N-d$	
LQH－HYD50－150	50	150	355	190	120	620	190	250	25	4－34	58
LQH－HYD63－100	63	100	630	258	140	527	350	410	30	8－28	113
LQH－HYD100－200	100	200	500	258	160	840	350	410	35	8－28	144
LQH－HYD140－150	140	150	935	300	180	740	400	460	35	8－28	168
LQH－HYD200－250	200	250	800	300	230	1000	400	460	40	8－28	214
LQH－HYD250－250	250	250	1000	356	230	1027	480	580	60	8－40	358
LQH－HYD315－400	315	400	800	356	280	1365	480	580	60	8－40	415

参考文献

[1] 董达善,梅潇.港口起重机[M].上海:上海交通大学出版社,2014.
[2] 万力、徐格宁、顾迪民,等.GB/T 3811—2008 起重机设计规范[S].北京:中国标准出版社,2008.
[3] 上海港机重工有限公司.港口起重运输机械设计手册[M].北京:人民交通出版社,2007.
[4] 张质文,虞和谦.起重机设计手册[M].北京:中国铁道出版社,1998.
[5] 交通部水运司.港口起重运输机械设计手册[M].北京:人民交通出版社,2001.
[6] 陶德馨.工程机械手册——港口机械[M].北京:清华大学出版社,2017.
[7] 郭燕,严彬.港口起重机械[M].武汉:武汉理工大学出版社,2013.
[8] 陆国贤,倪庆兴,张荣康,等.门座起重机设计[M].北京:人民交通出版社,1985.
[9] 陈国璋.起重机计算实例[M].第1版.北京:中国铁道出版社,1985.
[10] 胡宗武,汪西应,汪春生.起重机设计与实例[M].北京:机械工业出版社,2009.
[11] 陈道南,盛汉中.起重机课程设计[M].北京:冶金工业出版社,2000.
[12] 唐风.起重机械习题集[M].第1版.北京:机械工业出版社,1992.
[13] 余洲生.港口装卸机械[M].北京:人民交通出版社,1984.
[14] 董达善.起重机械金属结构[M].上海:上海交通大学出版社,2011.
[15] 倪庆兴,王焕勇.起重机械[M].上海:上海交通大学出版社,1990.
[16] 顾迪民.工程起重机[M].北京:中国建筑工业出版社,1988.
[17] 符敦鉴.岸边集装箱起重机[M].武汉:湖北科学技术出版社,2007.
[18] 顾敏童.船舶设计原理[M].上海:上海交通大学出版社,2001.
[19] 黄大巍,李风,毛文杰,等.现代起重运输机械[M].北京:化学工业出版社,2006.
[20] 中国船级社.船舶与海上设施起重设备规范[S].北京:人民交通出版社,2007.